国家社科基金项（12BKS036）成果作品

地方行政程序制度研究

◎黄 捷 著

湖南师范大学出版社

图书在版编目（CIP）数据

地方行政程序制度研究 / 黄捷著. --长沙：湖南师范大学出版社，2024.6 -- ISBN 978 - 7 - 5648 - 5236 - 8

Ⅰ. D922. 104

中国国家版本馆 CIP 数据核字第 2024S0W278 号

地方行政程序制度研究

Difang Xingzheng Chengxu Zhidu Yanjiu

黄 捷 著

◇出 版 人：吴真文

◇责任编辑：胡 雪

◇责任校对：谢兰梅

◇出版发行：湖南师范大学出版社

     地址/长沙市岳麓区 邮编/410081

     电话/0731 - 88873071 88873070

     网址/https：//press. hunnu. edu. cn

◇经销：新华书店

◇印刷：长沙雅佳印刷有限公司

◇开本：787 mm × 1092 mm 1/16

◇印张：19

◇字数：370 千字

◇版次：2024 年 6 月第 1 版

◇印次：2024 年 6 月第 1 次印刷

◇书号：ISBN 978 - 7 - 5648 - 5236 - 8

◇定价：68. 00 元

序①

　　我同黄捷教授还有他率领的研究团队相识，已有十余年了。在这些年里，每一年我都有机会参加他们的研讨活动，我真切地感受到这是一位有活力的学者，他的团队也是充满活力的团队。说这个研究集体有活力，不仅仅是看到他们每年都有种种学术活动、学术成果不断涌现，更是我看到的他们对活生生的现实问题的关注。他们关注县级政府法治形象的质量，连续多年到全省各县实地问卷调查，根据调查了解到的情况，对县级政府法治形象作横向比较，并以适当的方式反馈调查比较的结果。新冠病毒来袭，疫情期间他们针对突发公共卫生紧急状态下的行政执法程序问题，多次开展研讨，通过多种途径会同执法一线的同志共商程序完善对策。法治湖南建设过程中，基层的鲜活治理经验，他们敏感捕捉，扑下身子去经验现场实地总结。永州公安基于现代通信技术打造"快反135"警务机制，取得亮眼成绩；浏阳政法针对我国犯罪动态新形势探索"轻刑快办"新机制初见成效，黄捷教授率其团队均在第一时间里作出了学术反应。

　　正是因为长期扎根于湖南地方的法治实践，因此这个团队即将出版的《地方行政程序制度研究》书稿小样，作为国家社科基金项目的最终成果，摆上我的案头时，我更多感受到的不是书卷气，而是来自土地的清新气息。譬如，开篇关于"行政权利"的新议，它与"行政权力"相区别，是"民事权利"的亲兄弟。接下来，以行政权力与行政权利的区分为准则，在讨论地方的行政程序结构时，书中区分了权力—权利型线型结构和权力—权力型线型结构；讨论地方行政程序会议制度时，区分了权力属性型会议、权利属性型会议和双权属性型会议；讨论地方行政程序规则特征时，区分了权力属性程序规则、权利属性程序规则和混合属性程序规则；等等。我感觉，这里的讨论和分析，融汇了作者们在湖南地方法治实践中的所见所闻、所思所想。也正因为如此，在地方行政程序研究方面，这一部书稿透出了清新的气息。

　　毫无疑问，本书不会是黄捷教授和他的团队关于地方程序制度研究的终了篇，况

――――――――――

　　① 本序由第十四届全国人民代表大会常务委员会监察与司法委员会委员、博士生导师、湖南省法学会程序法学研究会名誉会长谢勇教授所提。

且书中青涩突兀之处还时有所见。他们一定会继续扎根湖南地方治理法治实践沃土，他们的观察会更加深入和细致，他们所作出的学术概括会更加贴切和精准，他们在书中谈到的那些概念、观点和分析判断，也会因此发生变化。而在我而言，更期待这些学术研究成果能够转化为更具针对性和操作性的对策建议，为湖南地方治理和"三高四新"发展战略实施，奉献程序法制研究的学术力量。

2024 年 3 月 3 日于长沙

目　录

第一章
地方行政程序制度概述

　　根据中国共产党多年来和党的重要报告中一系列关于中国特色社会主义的论述，我们可以认为中国特色社会主义是指在"中国特色社会主义理论"指导下，中国共产党和中国人民结合我国实际情况所建设的富强、民主、文明、和谐、美丽的社会主义现代化国家制度和社会生活。邓小平同志 1992 年初在南方谈话中指出，社会主义的本质是解放生产力，发展生产力，消灭剥削，消除两极分化，最终达到共同富裕。小平同志还提出了"什么不是社会主义"：贫穷不是社会主义、发展太慢也不是社会主义；平均主义不是社会主义、两极分化也不是社会主义；僵化封闭不能发展社会主义、照搬外国经验也不能发展社会主义；没有民主就没有社会主义、没有法制也没有社会主义；不重视物质文明搞不好社会主义、不重视精神文明也搞不好社会主义。党的十六届六中全会《决定》第一次提出："社会和谐是中国特色社会主义的本质属性。"这是根据我国新世纪新阶段经济社会发展的阶段性特征提出的重要论断，是总结我国社会主义建设长期历史经验得出的基本结论，是一个重大的理论创新。这一理论创新是在实践发展的基础上对社会主义本质认识的深化丰富、发展和完善了中国特色社会主义理论。党的十八大报告中首次将"中国特色社会主义制度"写入党的报告，对中国特色社会主义道路、中国特色社会主义理论体系、中国特色社会主义制度内涵作了深刻阐述，同时指出道路是"实现途径"，理论体系是"行动指南"，制度是"根本保障"，"三者统一于中国特色社会主义伟大实践"，是中国特色社会主义进一步走向成熟的标志之一。这里所称的中国特色主要表现为，与苏联创造的社会主义模式相比，中国特色社会主义是一种在经济、政治、文化、社会等方面都具有鲜明中国特色、符合中国国情的社会主义，是中国共产党人和中国人民基于中国国情自主探索的结果，其中最本质的特征和最大的制度优势是中国共产党领导。

关于中国特色社会主义的认识和研究，我国的理论与实践已经取得深入和丰富的成果。所以，本书是在这一宏观背景和前提下，着重针对我国的地方行政程序制度展开探讨。

法治建设的核心内容是行政法治建设，而行政法治建设的重中之重或基本内容便是行政程序制度的健全和完善。地方行政程序制度的健全和完善又是全国行政程序制度建设的基础或重要体现。它在当前的理论或实务领域已经被普遍关注，是一个不容回避和绕行的问题。

本书中，"中国特色社会主义"主要用于界定我国地方行政程序制度所赖以存在的社会性质，以及与该社会性质相对应的理论体系。其作为本书的政治基础和底蕴始终对研究工作起到框定和定向的作用。但本书的思考和讨论的重点依旧是围绕着地方行政程序的理论问题而展开，此是本课题学术探讨的重点。笔者对此不辞浅陋，抛砖引玉，针对当前普遍存在的地方行政程序问题略作探讨。

第一节　地方行政程序制度的界定

地方行政程序制度是以地方意义视角来讨论行政程序制度问题，所以正确界定和认识什么是地方行政程序制度是开展下一步研究的前提。

一、地方行政程序制度的一般涵义

就狭义的地方行政程序而言，我国已经有十余个省市颁布了省级政府规章《地方行政程序规定》，但显然地方行政程序所涵盖的范围不仅如此。如何理解地方行政程序制度本身是个首要的问题。

（一）关于制度和程序的解析

顾名思义，地方行政程序制度应当属于地方行政制度中的内容，应当是其中具有程序性内容的那部分制度。而地方行政制度又显然是整个国家行政制度的内容，是国家行政制度中具有地方属性的行政制度。而国家行政制度显然又是国家整个政治体制的重要组成部分，是国家得以正常运行的组织管理和指挥控制，开展有序活动的保障。

1. 制度的涵义

汉语中"制"有节制、限制的意思，"度"有尺度、标准的意思。这两个字结合起来，表明制度是节制人们行为的尺度。在英文中，"system"与"institution"两个词都可以理解为制度，但二者在词义上又存在一些差别，如"system"有系统、体系、体制、秩序、规律、方法等含义；而"institution"则有公共机构、协会、学院等含义。一般认为 system 侧重于宏观的、有关社会整体的或抽象意义的制度体系，而"institution"则指相对微观的、具体的制度。需要说明的是，西方经济学中的制度都使用"institution"，而不用"system"，制度经济学在西方世界也被称为"institutional economics"。[1]

制度最一般的含义是要求大家共同遵守的办事规程或行动准则，是社会组织乃至整个社会形成的具有某种功能和实现特定目标的一系列规范体系。制度的第一含义便是指要求成员共同遵守、按一定程序办事的规程。

制度一词的意涵可大可小，大则可指称社会形态，如资本主义制度；小则可指称具体某个既定和重复发生的行为方式，如注册制度、打铃上课或上班或出操制度、值日制度、登记制度等。作为一种既定的社会现象，制度体现在社会生活的各个方面，包括经济制度（包括生产、消费、分配等）、政治制度、文化制度、教育制度、军事制度等一切人类关系和组织形式中的制度形式。

美国制度经济学的创始学者诺斯认为制度是一种规则，包括难以辨识的非正式制度和可辨别的正式制度。"制度是为人类设计的、构造着政治、经济和社会相互关系的一系列约束。制度是由非正式约束（道德约束力、禁忌、习惯、传统和行为准则）和正式的法规（宪法、法令、产权）所组成。通观历史，制度一直是由人们设计并用以创造交易秩序和减少交易中的不确定性。它们与正式的经济约束一道共同界定选择集合，并决定交易成本和生产成本，决定经济活动的盈利性和可行性。制度是逐渐演进的，过去同现在和未来密切相关；因此，历史大体上是一种制度演进的故事，其中经济的历史实绩只能被理解为其中的一部分。制度提供了一种经济的激励结构；随着激励结构的演进，制度决定经济变化的走向，是增长、停滞、还是衰退。"[2] 他还认为："制度是一个社会的游戏规则，更规范地说，它们是决定人们的相互关系而人为设定的一些规则。""制度是人类设计的、构造着政治、经济和社会相互关系的一系列的约束。制度是由非正式约束（道德约束、禁忌、习惯、传统和行为准则）和正式的法规（宪法、法令、产权）组成。"[3] 而且制度这些规则是由人设计的，这些规则对人具有约束力，"制度是一系列被制定出来的规则、守法秩序和行为道德、伦理规范，它旨在约束

① 顾自安. 制度本体论探索：什么是制度？[EB/OL]. (2005 - 12 - 13)[2023 - 11 - 23]. http://www.chinavalue.net/Finance/Article/2005 - 12 - 13/16182.html.

② 道格拉斯·C. 诺斯，李飞. 论制度[J]. 经济社会体制比较，1991(6)：55.

③ 道格拉斯·C. 诺斯. 制度、制度变迁与经济绩效[M]. 刘守英，译. 上海：上海三联书店，1994：3.

主体福利或效用最大化利益的个人行为"。①

西方新制度经济学派大多都持有这样的观点，把制度作为在各种政治经济单元之中构造着人际关系的正式规则、惯例，受到遵从的程序和标准的操作规程等。

毫无疑问，在诸多解读制度的表述中，我们可以认识到一个比较一致的观点：制度是规则或规则系统。对此，我们又可以分别从宏观和微观上加以理解。

宏观上，整个社会是由各个领域的规则或规则系统总和而成立的大系统，具有综合性和统一性，也具有整体性和概括性，可以被整体地判读为某一性质的社会制度，比如封建主义制度、资本主义制度、社会主义制度等。

从微观的角度观察，制度可以体现在不同的领域和不同的层次。如，人们在经济生活中的规则组成了经济制度，经济制度又可以分为产权制度、分配制度、市场交易制度和货币制度等；人们政治生活的规则构成政治制度系统，政治制度又可以包括选举制度、权力的分配与制衡的制度、权力的运行制度等；人们进行军事活动的规则形成了军事制度；人们从事文化教育活动的规则形成了文化教育制度等。经济制度、政治制度、军事制度、文化教育制度等等有机地结合起来构成了一个更大的系统即社会的制度系统。

制度作为规则系统，表明了它的系统性、领域性和层次性。但是，某种系统的制度被确立起来，并不直接表示该社会活动领域的规则全部已经建立起来，亦不能确定该领域的社会行动就能有序地、良好地运行。比如，市场经济体制的建立，并不意味着经济生活的市场化已然成型，假如各种具体规则没有建立或得到遵守，则往往会出现混乱的抢道、插队、加塞、哄抢等现象，在表面的繁荣之下隐藏着危机。所以，制度的建立和运行不是一劳永逸的事情，缺乏任何一环都可能会导致制度链条的脱节。

"制度实质上是一个有着不同层次的体系，它既包含社会的基本制度，也包括各种具体的制度，从经济学角度又可以看作正式的、成文的制度，也包含非正式的、不成文的制度。制度的功能主要是协调人与人之间的关系以及维护社会稳定、社会发展，概括说，主要体现在预期性、有序性、激励性以及社会整合性方面。"②

2. 关于程序的若干认识

程序的概念一般在两个意义上得到广泛使用。

一个是在计算机科学技术中的程序概念。程序是为实现特定目标或解决特定问题而用计算机语言编写的命令序列的集合，为实现预期目的而进行操作的一系列语句和

---

① 道格拉斯·C. 诺斯. 经济史中的结构与变迁 [M]. 陈郁，罗华平，等译. 上海：上海三联书店，1994：225－226.

② 庄江山. 制度的哲学思考 [D]. 上海：复旦大学，2007.

指令。一般分为系统程序和应用程序两大类。计算机中的程序在港澳台地区称为程式。程序就是为使电子计算机执行一个或多个操作，或执行某一任务，按序设计的计算机指令的集合。我国国务院 2013 年 1 月颁布的《计算机软件保护条例》第三条第一项亦明确："计算机程序，是指为了得到某种结果而可以由计算机等具有信息处理能力的装置执行的代码化指令序列，或者可以被自动转换成代码化指令序列的符号化指令序列或者符号化语句序列。同一计算机程序的源程序和目标程序为同一作品。"所以，这种意义上的程序是在电子智能技术中特指为实现特定目标而"用计算机语言编写的命令序列的集合"，或可以由信息处理能力装置执行的"代码化指令序列""符号化指令序列或者符号化语句序列"。

另一个是社会科学，或者更多是社会科学中法律学中的程序概念。在这个意义上的程序有着各种不同意义的表述：（1）我国《现代汉语词典》中把程序定义为："事情进行的先后次序。"（2）我国出版的《辞海》中所说的程序是："按时间先后或依次安排的工作步骤。"（3）学者孙笑侠说："现代汉语'程序'一词是个多义词，除了可以指称诉讼的法律过程外，还可以指称机器的操作规程、事项的展开过程和先后顺序等等。"①（4）还有说："程序，在一般意义上，通常被理解为步骤、次序、过程、方式，它反映人类行为的有序性，并与无序、混乱相区别。换言之，程序是人们对某种行为经过多次重复，对其规律的认识和确定。"②（5）也有人认为："在汉语中'程序'这一名词尤其缺乏严格的定义。事件的展开过程、节目的先后顺序、计算机的控制编码（program）、实验的操作手续、诉讼的行为关系都统称为程序。"③

总体而言，上述社会科学领域这些有关程序的表述都大致说出了程序的部分现象，是比较有代表性的相关认识。但笔者认为他们稍显偏颇或疏漏，在多数情况下其所指称的程序，实际其本质上是程序活动，程序活动是人们按照程序进行的系列行为，程序活动因为受程序制约而表现出顺序、步骤、次序，以及在其中人们彼此之间的行为关系等。在社会科学意义上，笔者将程序理解为：预置有关人们行为的"顺序"、"步骤"或"行为关系"的"特定规则群"或"规则集合体"。或者说："程序是指能够使一个相对独立的社会事务活动的进行过程得以有序的那些制约因素所共同组合成的一套规则系统或支持体系。他们通常表现为一整套特定规则（包括时间规则、地点规则、

---

① 孙笑侠. 程序的法理 [M]. 北京：商务印书馆. 2005：15.

② 司春燕. 程序法的现代理念 [N/OL]. 学习时报，2002 – 6 – 03 [2023 – 11 – 27]. https：//newspaper. duxiu. com/NPDetail. jsp？dxNumber = 300100473541&d = 87AA1F35AC7BD101EEAA7C47C0CCA2B4&sw = + % E7% A8% 8B% E5% BA% 8F% E6% B3% 95% E7% 9A% 84% E7% 8E% B0% E4% BB% A3% E7% 90% 86% E5% BF% B5&ecode = utf – 8.

③ 季卫东. 法律程序的意义——对中国法制建设的另一种思考 [J]. 中国社会科学，1993（1）：83 – 103.

行为方式规则、反应规则等）的集合体，这些规则集合体内的各规则彼此之间存在着内在的关联性。这一界定和计算机程序的原理相仿而不悖逆，计算机程序也同样是这样的一些'命令（规则）'的集合体，电子符号遵循这些编制好的'命令'而可以表现出有序的运动。社会活动中，这些可以被称为程序的'特定规则群'或'规则集合体'是人们凭借智慧、目标、欲望以及对相关事务内在联系的认识而设定的。他的最主要的功能就是使与其所对应的'活动'、'行为'受到制约而有序。"①

按照这一理解可以了解到，程序是针对每一个具体的社会活动而存在的规则的集合体，其具有必然的相对性或者说是对应性；程序因必须先社会活动而存在，所以亦必须具有预置在前的属性（预置性）；又因为针对某一特定社会活动并能使该活动趋于有序和规范的规则，非孤立之规则，必须为诸多规则之集合，该集合起来的规则不是孤立规则的简单相加，彼此间须具有关联性和集群性；而且这些规则集合起来之后还应当具有系统性，否则这些集合起来的规则会因为先后顺序或时间空间差异而出现必然的紊乱；并且，活动的过程以及其中所需要的阶段也是预设的，参加程序活动的社会主体必须在活动中重新界定自己的程序身份，以便于程序活动的统一规范和秩序维护，所以进入程序活动的社会主体，其程序角色相对社会生活有所不同，需要进行角色转移或更新，通过定位程序角色从而界定其在程序活动中的地位和相关权利，而程序中的角色往往具有设定性和程序独立性。

3. 程序和制度之间的联系与区别

根据上文的分析，我们可以大致看出程序和制度这两个词汇的涵义具有极高的相似性。但显然又包含着差别。

（1）程序和制度的相似性包括以下几点：

①二者都是人类的衍生物，是人们在长期社会生活根据需要而创立的东西；

②二者都表现为规则或规则系统，是由规则体现出来的社会现象；

③二者都对人们的行为具有规范性和约束力等。

（2）程序和制度的差异则亦较为明显。比如：

①程序意义中的规则必须集合为一个集体而系统性、集合性的存在。而制度意义中的规则则既包括具体的规则，亦包括抽象的规则或模糊的规则，甚至是象征意义的规则集群。制度显然具有更多元的涵义，制度的概念既可以是指单一的规则，因该规则而命名成立；亦可以是集体和系统的规则，因该集体或系统而命名成立。制度既可以是具体的亦可以是概括和模糊的。制度涵义中所指的规则具有比较大的灵活性和或然性，大多具有概括性；程序则不然。

---

① 黄捷，刘晓广，杨立云，等. 法律程序关系论 [M]. 长沙：湖南师范大学出版社，2009：7.

②程序必然针对特定社会活动而设立。程序重在通过规范活动中的行为而使活动达成秩序和协调；制度则重在节制或规范行为，达成模式，循环适用。制度不一定直接针对完整的具体活动，制度的内容既可以针对整个特定活动，也可以针对特定活动中的每个具体环节，也可以针对社会关系和动态活动所组成的整个系统而成立。

③程序必须相对特定活动预置而成立，制度则既包括预置好的制度，也包括即时而生的现行的制度，还包括可期待成立的制度（规则或系统）。

④程序可以是一次性特例程序，也可以是反复适用的程序；制度则应当是反复适用的规则或规则体系，一经确立便具有相对的稳定性。凡程序仅仅适用于某种特定事项之后便不再发生作用，属于一次性存在，不会具有制度性的意义；凡程序经过使用而沉淀下来，继续得以适用便形成了制度化的程序。法律意义的程序自然是成为制度意义的程序，而指向明确并系统化的制度亦是程序意义的制度。

总之，制度的概念中包括有更多的元素和含义，适用面较宽，具有包容性。程序的概念中更多的涵义则指向调整对象的秩序性和可控性。

根据上文可以看出，程序更多是生存在制度的一般意义中，法律程序因其规范性和稳定性和普遍约束力等特点，属于制度的重要组成部分。本课题将其表述为"程序制度"，即表现为针对一定社会活动确立的系统行为规则和准则，也即本文所称的"程序制度"，下文则围绕地方性的"程序制度"问题开展具体的讨论。

（二）何谓地方行政程序制度

1. 地方行政制度

地方行政制度中的地方，实际是一种将国家地域化整为零，实行空间区分之后的空间区域，其制度当然亦便是国家通过该空间区域分别施政的国家行政制度。地方行政制度是国家行政制度在地域上的体现和落实，是国家实施行政管理的重要方式方法。其具体含义一般是指国家为了方便行政管理的实施，而划分行政区域、设立或分层级设立地方分治机构，由此而形成的地方性治理的制度和惯例等，是这种制度和惯例的统称。

关于政治制度性质的基础性前提暂且不论。国家疆域大小，人口的多少，管理手段与通信交通能力的强弱都会不同程度地影响到国家地方行政制度的状态。而地方行政制度的类型、层次、权限、运作模式等是否合理，是否科学，亦会影响整个国家的行政状态和水平，以及国家政治生活的品质。

2. 地方行政程序制度的含义

行政程序制度是国家享有立法权的主体通过立法或授权确认或构建的国家行政主体在行政过程中必须遵循和反复适用的基本行为方式。其主要内容包括决策程序、执法程序、特别行政程序、监督程序，以及其他如紧急状态行政程序等。就每一类型的程序制度而言，其更具体的制度内容一般包括有：①听证制度，是指行政机关以听证会的形式听取当事人意见的制度，它的内涵是"听取当事人的意见"；②信息公开制度，是指行政机关主动将政府信息向社会公众或依据申请人的申请向特定的公民、法人或组织公开的制度；③说明理由制度，是指行政机关在行政执法过程中依法告知当事人、利害关系人相关的执法事实、理由、依据、法定权利和义务，以及在行政决策过程中对不予采纳的专家及公众意见要说明理由的制度；④阅览卷宗制度，是指公民、法人或者其他组织可以查阅与其相关的行政执法案卷的制度；⑤行政协助制度，是指行政机关在执行职务时请求其他行政机关给予帮助的制度；⑥管辖制度，是指不同行政主体之间就某一行政事务的首次处置所作的权限分工的制度，它是确保行政权有效行使的重要前提；⑦证据制度，是指行政机关在认定事实，作出决定的过程中如何适用证据材料和完成证明的规则；⑧回避制度，是指行政机关工作人员在行使职权过程中，因为与所处理的事务有利害关系或其他情形，自行或依当事人申请，退出该事务处理的制度；⑨时效制度，是指行政机关或相对人要遵守一定的时间规则，在法定期限内作出或不作出某种行为，否则承担一定法律后果的制度；⑩先行教育制度，是指行政机关在执法时，应当及时告知当事人享有的程序权利，先采用教育、劝诫、疏导等手段，促使当事人自觉履行法定义务、纠正错误的制度；⑪电子政务制度，是指行政机关通过互联网实施行政管理开展行政活动的制度；等等。

地方行政程序制度是地方行政制度的基本内容。地方行政制度应当有极其丰富的理论构成和现实状态。其余不论，仅就其表现状态，总体上可以分为实体和程序两大部分。

实体重价值判断和结果状态，其中在地方行政制度中的那些衡量特定关系或特定主体、特定事务的价值内核，确定活动目标，明确行为目的，追求行动结果的成分，往往可被视为其中的实体性内容。程序重操作技术和过程安排，地方行政制度中的那些对应特定活动的秩序和步骤安排，亦即制度内容中具有操作性，过程性，关节性和技术性的成分，则可以归之于程序性内容。这些属于程序性内容的部分便是我们所要讨论的地方行政程序制度赖以形成的基础，或者说是地方行政制度中的程序问题。

地方行政程序制度本质上是突出了地方行政制度中对应特定行为和特定活动的操作性、技术性的内容，其并不能和地方行政制度截然分开和脱离。当然，我们亦没有另一种专门的"地方行政实体制度"的说法，因为行政制度中的大多数实体性的内容都内化在程序的流程之中，或者贯穿在程序的各个环节中。行政立法中的单纯的实体立法并不多见，因为行政管理和行政执法的领域中以管理活动和执法活动为主要内容，对程序法的立法需求相对突出。而实体规范较多融合在程序立法中，不宜单独表现和突出。倘若对其单独表现和突显出来，其内容亦存在概括性和抽象性，因而不同立场的人对制度的实体内容部分的解读容易发生歧义。

地方行政程序制度是将地方行政制度，在理论逻辑中一分为二，即区分为实体和程序之后，对应各种具体的行政活动，通过立法制定或通过实践生成的，具有具体的顺序、步骤、行为方式等操作性内容的规则体系或具体行为模式。从种属关系中考察，其仍然是地方行政制度概念所涵盖范围内的内容。

在我国全面建设法治中国的时代背景下，地方行政制度或者应当进一步指向具体的地方行政程序制度，其实质是由法律设置和规范的全部法律制度的重要组成部分。

本书把中国特色社会主义和地方行政程序制度两个概念结合在一起，尤其是将其中的中国特色社会主义内涵融合后，我们所理解的中国特色社会主义地方行政程序制度具体是指：在"中国特色社会主义理论"指导下，结合我国实际情况所形成的将国家行政区分为不同区域，并且在各个地方区域内分别对应各种具体的行政活动，通过立法制定或确认形成的具有具体运行性和操作性内容的规则体系或具体行为模式。这些规则体系和具体行为模式是对应地方行政工作的规范基础，亦是国家整体行政制度的组成部分。显然，这里的制度更侧重指向的是通过法治的规则体系固化了的人们的具体行为方式。

二、地方行政程序制度的特征

程序制度乃制度化了的程序，制度化了的程序具有程序的规范性和耐用性、反复适用性[1]，以及程序的稳定性和可鉴性[2]。这主要是因为程序，一经制度化之后，其也就有了制度的规范化，和需要反复适用于社会关系的相对恒定性。

地方行政程序制度在总体意义上，作为程序性质的内容，其必然吻合所有程序的一般性特点，即：对应性、预置性、集合性、过程和角色设定性等。但其未能通过法律形式表现出来的时候，这些可以被称为程序的规则集合，并不具有系统化和体系化的强制性和自觉性。但又因为其具有：中国特色、地方性、层级行政性、相对统一性和相对差异性等具体特点，而需要我们对其特别予以关注和开展探讨。

（一）程序制度的一般特征

地方行政程序制度作为程序制度的一部分，具有程序一般属性，决定了其必须具有程序制度共有的一般性特征。

---

[1]　本文在此提出"耐用性"、"反复适用性"，用于说明程序经过制度化之后，能够反复适用于特定的社会活动，而且会在适用过程中根据需要不断得到强化和巩固，完善。

[2]　提出"可鉴性"的概念，亦是用于指称程序经过制度化之后，因为具有了稳定性，从而可以被考察和被鉴别评价的特点。

1. 程序制度具有对应性

程序制度必须对应相关的社会活动，每一个程序制度首先是具体的，并且与社会生活中的某一具体活动形成对应关系。例如特定的会议活动，需要设置具体时间规则、地点规则，以及主体（参会人员）范围、会议目标等一系列规则；从而才能使得该特定会议召开过程具有秩序性。即，每一项特定的社会活动都必然需要与其对应的规则系统，这里的规则系统本质也就是广义的程序。广义的程序包括生活中各种与人们熟悉的娱乐和集会活动相应的规则组合等。程序制度作为制度化的程序对应的当然亦是经常进行的活动，特定的活动一旦经由程序预置予以制度化，也就意味着该活动获得了相对稳定了的模式，经常重复但又有规则可依，有章可循，人们只需要照章办事和进行行为，也就会形成秩序井然，安定祥和的社会生活。

2. 程序制度具有预置性

程序制度是指通过先于特定的活动生成或设置而成的规则集合或规则系统。即在时间顺序中，体现程序制度的规则系统必须是早于特定的活动行为本身的；特定的活动是晚于程序制度的。但除非一次性的程序相对特定活动发挥了特定作用后便被废弃不再适用（即没有制度化），其他相对特定活动可以反复适用，并固化和恒定形成制约和规范作用的程序（制度化）便可以被称为：某某某程序制度。该程序制度与特定的社会活动之间随着时间的演化能够或然形成"先有蛋还是先有鸡"的逻辑悖论。但是，相对一个具体的特定的社会活动而言，程序总是预先设置的。否则，临机或即时规范特定社会活动中的人们行为的规则或指令，只能来自现场的命令和即时的控制指挥。而现场命令与临机的控制指挥大多具有现场的随意性和情绪性，很可能还会随着指挥者的个人品性而具有恣意性，不属于程序。

3. 程序制度具有集合性

程序的集合性更突出的是指程序规则本身具有集合性，程序制度中的程序必须是表现为针对特定活动的一系列规则的集体。孤立的规则无法完成针对特定活动的规范需求。最简单的碰头约会活动，亦会产生最不可缺少的两个或两个以上的规则需要，即需要时间规则和地点规则。否则，活动本身无从开始或者开始了也缺乏统一而需要即时调整和协调，更无从谈起活动的秩序。这里活动所需的时间规则和地点规则，必须是彼此结合起来、形成组合效应，始能产生对约会活动的规范作用，这种必须组合在一起才能具有程序意义的属性，便是程序规则的集合性。这种集合性特征是由任何人类活动的目标统一性和时空整体性所决定的，从而使得任何参与规范特定社会活动的行为规则的彼此之间有了特定的内在联系。它们可以统一被称为：某某某规则、某某某规程、某某某法。比如：足球规则、人民代表大会议事规则、党支部议事规程、民事诉讼法。

4. 程序制度具有过程、角色设定性

所有程序对应特定的社会活动，首先应因特定的社会活动的需要而产生；其次服务和调控特定的社会活动而与之疏离，彼此存在距离。随着特定社会活动的参与者增多和复杂性增强，程序会针对特定社会活动的进行过程和参与者角色进行预设并统一设定称谓，以便于活动的节奏控制和角色标识与指称。

社会活动可以分为以预设规则（程序）为主要秩序规范的社会活动和以临机处置（即时命令或协商一致）为主要秩序规范的社会活动。

临机处置的社会活动不需要过程和角色设置。社会生活中，简单的社会活动所需要的"秩序性"并不十分突出，表现为与其对应的"程序（预设活动规则）"自然亦不需要充分。他们仅需提前预置简约的部分规则（低级程序），满足于基本的秩序需求即可。该活动其他的秩序需求，大多来源于活动参与者或组织者即时的临时指挥和协商，也即临机处置。

临机处置能够产生大量"即时性规则"，即时性规则的优点便是"见机行事"，能够随时根据现场情况调整和变化，对应性高，灵活性强。缺点是因人而异，受个人情绪，智商，情商以及认识能力影响度高，随意性大，随机性大，统筹性、系统性、平衡性、兼容性、理性等往往因为临机的匆忙和急迫而明显不足。

预设规则（程序）为主要秩序规范的社会活动一般对应比较复杂的社会活动。该类社会活动通常都是参与主体多元、利益比较重大、立场彼此不同、目的各有侧重、过程相对冗长、开展活动的价值目标比较有方向性的社会活动。该类活动本身对秩序的需求强烈，那些即时而生临机处置形成的活动秩序性无法满足该类活动的秩序需要。针对该类社会活动，必须提前预设人物角色、主体立场、活动过程、行为方式、时间地点和价值选择等，形成框架式和基本过程的秩序格局。在秩序格局的空间之内，微观的秩序需求再由即时性行为遵循价值目标的导引进行填充。所以，程序是预设了过程和角色的社会活动；换言之，程序活动中的角色是由社会主体参与程序后需要重新对应和适应的程序主体。

（二）地方行政程序制度的特有属性

地方当然是相对于非地方而言的，非地方更多是指全国性、全局性的东西。地方行政程序制度以其地方性框定其外延和范围，在其作为程序制度的一般属性之外，其必须还要具有地方行政程序制度特有的一些性质。包括：特定的指导思想和理论基础，相对性、地方性和局部性，层级性，相对统一性和相对差异性。

1. 特定的指导思想和理论基础

中国特色社会主义地方行政程序制度建立在以中国特色社会主义理论体系为指导、现代法治理论和法治中国理论的基础之上。中国特色社会主义理论和法治中国理论是

我国追求共产主义理想和建设社会主义过程中所形成的符合我国实际的特有意识形态，是我国当前开展各项社会主义建设活动的认识前提。地方行政程序制度建立在这种特色理论基础之上，沁透了一切从实际出发的思想基础。因此，地方行政程序制度必须根据当地实际、结合本辖区具体情况进一步落实中央政策和实现社会进步，提供优质的公共管理和行政服务。

2. 相对性、地方性和局部性

地方行政程序制度重在强调"地方"，所以其相对于全国和全局是部分的和局部的。这里的地方性和局部性是一个包容性和相对性很强很大的概念。一般而言，地方总是相对于全局而成立，所以当我们讨论地方的时候，总要首先确定当时的语言环境。当我们把全国当作全局的时候，那么全国的每一个组成部分（省、自治区、直辖市，及其所属所有地区）都是地方。当我们把一个省当作全局的时候，那么该省内的各个部分（地州市）便都是该省的地方；把一个设区的市当作全局的时候，则隶属该市的每一个区和县亦是地方。

3. 国家法治统一基础上的层级性

我国疆域广阔，许多"部分"和"局部"的内部又可以划分为更小一层级的部分和局部，具有层级性。我国的实施分级管理的多级化行政区划，决定了这一地方属性的重要特点，此"地方性"往往需要站在不同的层级地位中相对而言，既相对上级地方亦相对同级的其他地方。我国地方性行政区域分为省（自治区、直辖市）、设区的市（州、盟）、县（县级市、区、旗）、乡（镇）等。国家由此产生权力机构和设立政府进行社会管理，地方行政程序制度亦就需要在这种分层级的基础上形成和建设，并逐步探寻其实现法治化的最佳路径。

4. 相对统一性和相对差异性

地方行政程序制度既统一于国家的宪法和法律，是宪法所决定的国家国体和政体之内的地方制度；又需要因地制宜，服务于当地的社会和人民。这种既统一服从大局，又从实际出发契合地方的双重性，是地方行政程序制度必然的一个内在特征。充分体现和满足这一特性的地方行政程序制度，才能成为恰当和优秀的地方行政程序制度。

总之，地方行政程序制度其实是地方性法律工作程序的一部分，是地方法治建设的成果。地方性法律工作程序，如地方立法程序或地方行政程序等，是指所有相对全国或中央的特定地域空间中的某种法律性质的工作程序。

这里首先存在一个全国（全局）程序和地方（局部）程序的界定问题；其次出现的是程序的全国性和地方性的相互关系问题；最后是如何找出地方程序的独立价值和存在意义，并充分发挥其作用，促进地方发展和推动法治进步。

第二节　地方行政程序制度的价值基础及实体目标

解析地方行政程序制度的价值基础是认识地方行政程序制度合理性和正当性的必然要求。了解地方行政程序制度的实体目标是在已经认识到程序亦然是实体规则和程序规则的合二而一的结晶与组合的基础上，通过明确其中的实体目标而进一步厘清程序制度的运行方向性和目的性。

一、地方行政程序制度的价值内核

所有的程序制度都有其价值所在。一般意义而言，人们所认识和讨论的程序价值问题总体上包括：控制权力、公平公正、效益平等、秩序安定、民主自由等。笔者认为程序最重要的价值是"秩序"，通过程序规则的预设而获得秩序，在秩序的基础上才能再滋生其他如公正、自由等价值。行政程序制度作为程序的一类，其一般价值主要包括：规范和制约行政权力（把行政权力关进法律的笼子里）；设定和调控行政执法管理活动的基本秩序；维护公民、法人及其他社会组织的行政权利并规范其行政义务；提高行政效率；等。但作为地方性的行政程序制度，应当在具有一般意义的价值基础之上，还具有特定和独到的价值内涵，比如：更充分地从实际出发和因地制宜、关联上级和同级行政目标和原则、兼顾全局统一等。

（一）行政程序制度的一般价值内核

此处的一般价值内核是指行政程序制度统一应当具有的价值品格，这些价值品格是蕴含在行政程序制度中令人崇尚和欣赏的状态，是人们认同和普遍追求的境界，是用来描述人们赋予了期望的观念。

1. 规范和制约行政权力

行政程序制度作为在行政领域发挥作用的制度内容，其重要的价值所在首先在于规范和制约行政权力。

行政权力是国家权力的重要内容，国家权力亦可以称为政治权力，行政权力是由国家设立的政府及其所属机构，亦可统一称之为国家行政机关行使的权力。正常的国家生活就是通过行政机关代表国家实施对国家以及社会事务的管理和服务、统筹和调配、指挥和协调、禁止和许可、监督和强制、控制和惩罚等而进行的。行政机关开展所述这些活动的能力便属于行政权力。行政权力在现代民主政治体系中是通过法律赋予行政机关的法定权力，该法定权力亦是赋予行政机关对全社会进行管理的责任，通过行政机关的管理从而进行国家治理和促进社会发展，并以此达成和实现国家的发展目标。

然而，行政管理是一个极其复杂和繁琐的工作，行政事务是一项需要和全社会直接接触和互动的事务。正是因为这一特有的属性，决定了行政权力必然是内在的需要效率的权力，需要强大指挥权的权力，需要强制能力的权力，需要具有主动性的权力，因而该权力亦是一种需要严格监督，但仍然容易发生错误需要不断矫正和检讨的权力。

人们应当充分注意到行政权力的特性：首长负责制、下级服从上级、直接性、主动性、强制性，以及不易为人察觉的易错性①。

同时，法律在赋予行政机关行使行政权力的过程中，亦因行政事务的冗杂繁多和人多面广、千头万绪而赋予了行政机关拥有一定程度的自由裁量权。自由裁量权在具体工作过程中，和具体事务相结合，非常容易发生行政自由裁量权的滥用。

行政程序制度的首要价值便是规范行政权力，通过把行政权力控制在程序制度的笼子中，避免行政权力的肆意和任性，亦防范行政权力的懈怠和马虎，从而推进依法行政、建设法治政府。

依法行政的本质是依法规范和制约行政权力，建设法治政府的关键是摆正政府与公民的关系、权力与权利的关系。行政程序制度的建设相对于贯彻落实依法治国基本方略、建设社会主义法治国家，具有重要的现实意义和深远的历史意义。

2. 调控行政活动秩序

法律拥有的首要价值毫无疑问是秩序。但大多情况下人们讨论的秩序是抽象意义的，这里所称的法律亦是笼而统之的。抽象意义的法律相对于抽象意义的社会，道理无疑是成立的。但是相对于全社会而言的有序状态或局面必须是由具体的每一个社会单元或社会活动所构成的。相对于具体的社会活动，活动是否能获得秩序，则取决于活动是否能按照设定的规则和目标进行，以及活动是否能够得到有效和即时的指挥。程序首要和重要的功能就是能够使与其对应的具体社会活动具有预设的秩序。程序通过规则的预设而调控特定的社会活动中的人们行为，使得该行为获得指引或约束，进而使活动过程获得设定了的秩序性。设定的秩序性和即时指挥形成的秩序性，都可以产生秩序，不同之处在于：一方面，预设的规则约束下的秩序性大多是谨慎的和理性的；即时指挥形成的秩序性则容易感性和情绪化以及过程中因为指挥者的不同而充满个性或局限。另一方面，预设的秩序性亦会因预计不足而教条或对现实的情景变化失去灵活性和针对性；即时指挥的秩序性则时时刻刻都能够随机而动，应境而变，保持

---

① 作者自拟新词"易错性"，是指行政机关因为履行直接管理社会的职责，所以在具体工作中比较容易发生违法行政或不合理行政等错误的情况。

高度的灵活性和机动性。

优秀和良性的程序制度无不都是既充分运用程序规则预设刚性和必然的秩序性，同时又通过目标方向、价值基础等实体性规则的设定而保持该程序制度的活性和适应性。

行政程序制度作为程序的特定类型，其重要的价值便是能够让与其对应的行政管理活动获得秩序性，获得秩序性亦应当是该程序制度的重要功能。

行政活动事实上也就是行政管理活动，可以通称之为行政管理或者行政执法，具体是指国家各级政府及其职能部门在执行法定职责的过程中，对其所负责的工作事务所进行的一系列管理性质的活动。管理亦是向社会提供公共服务，以及提供公共产品，包括控制与强制，许可与惩罚等，都是通过一个个具体的活动而展开进行。在具体的一个个这种属性的管理活动中，通过传统的即时指挥获得秩序性和活动的有效性而实现活动目标，具有不可替代的作用和价值。但是长期以来，人们亦清晰地注意到传统的即时指挥为主导的秩序性活动必然导致的恣意和任性，个性和情绪。

通过行政程序制度中每一个规则的规范性作用，行政活动的主要阶段和环节就会因为受到调整而表现为秩序性，从而避免非理性和恣意妄为的状态。

3. 维护行政权利，规范行政义务

长期以来，"行政权利"在现有法学理论体系中，往往和"行政权力"混用和混淆。这里将其和"行政权力"严格区别，是笔者新近提出的一个基本观点：将整个法律体系中所有调整行政机关与行政相对人的社会关系中，以权力为基础参与其间的行政主体的规则和以权利为基础参与其中的社会主体的规则区分开来。按照笔者这一观点，"行政权利"和"民事权利"并立，和"行政权力"并列，是专门指称行政管理关系中，行政相对人一方根据法律所享有的具体权利的总和。以此推演，此处所称的"行政义务"也应当专门用来指称行政相对人一方的具体义务的总和。

"行政权力"和"行政责任"，亦在此被笔者限定理解为专门用来指称代表国家行政权的行政机关或行政组织的基本范畴。这样一来，在行政管理领域便存在四个彼此相关的范畴：行政权力和行政责任；行政权利和行政义务。

行政权力和行政责任用来支撑或规范行政机关以及一切拥有行政权的组织或团体在履行职能服务社会的活动中的行为。

行政权利和行政义务用来支持或约束行政相对人一方以及一切参与行政活动的其他普通社会主体（自然人、法人和其他组织）的行为。

行政程序制度重要的价值体现，便是能够将行政相对人的行政权利和行政义务充分地确定下来，从而使得所有参与行政活动的自然人、法人及其他组织，知晓自己在每一个具体行政活动中的活动范围和行为方式，有益于自身权益的实现。

4. 提高行政效率

行政在政治和法律意义上是运用国家特定的行政权力对国家治理和社会生活中的各项事务进行管理和服务的活动。广义上也可以泛指一切企业、事业单位、社会团体的行政事务管理工作。具体可以包括经济建设、文化卫生、科技教育、工商税务、公共卫生、防疫保健、环境治理、消防治安、军事国防等各个方面。如何使用较低的资源投入，便能产生较高和较好的社会效益，一直是行政活动的重要追求目标。而行政投入和行政产出效益的比例就是行政效率。

行政效率是指行政工作所投入的各种资源与所取得的成果、效益之间的比例关系。行政效率的高低，好坏是评价行政系统运行状态的主要标准。

行政程序制度通过规范行政机关的权力，设置行政责任，可以最大可能以尽可能小的资源投入和能量耗费获取尽可能大的社会和经济效益，从而保持行政效率处于高水平的状态。

（二）地方行政程序制度的特有价值

地方行政程序制度除了具有行政程序制度的一般价值意义之外，其相对性的存在必然还需具有自身特有的一些价值体现。

1. 联系地方实际

联系地方实际情况是地方行政程序制度一个突出的特有的价值体现。一切从实际出发应当是我们所有工作的出发点。一切从实际出发要求我们必须尊重事物发展或物质运动的客观规律，从客观存在的事物本身出发，找出事物本身固有的而不是臆造的规律性，并以此作为我们行动的依据。

地方行政程序制度正是相对于地方具体情况而形成的贴近地方实际情况的程序，通过地方立法和决策而加以制度化。在这种地方立法或决策中，充分照应到地方实际情况是其必须具有的品质，亦是地方特色事务和特殊情况处理过程中所必然需要的制度保障。

这是哲学中的一般与特殊，个性与共性的辩证法。全国性和全局性的行政程序制度，更需要照顾到的是全国和全局中的共性问题和一般情况；地方性行政程序制度，则更需要照顾到问题的特殊性和个性。

2. 照应地方需求

基于地位和立场的差异，每一地方总有许多由自身出发所向往的目标和愿望。全国统一的行政程序制度安排，无法对各个地方具体的需求一一照应，只能通过地方性行政程序制度，为地方性的具体需求作出制度性的安排。比如风雨气象和防灾治害，每个地方都有自己的具体情况和具体需要，通过地方性行政程序制度，为这些具体情况和具体需要，提供制度化的保障，从而使地方行政程序制度更贴近当地的人文地理、民俗风情。

3. 衔接和关联其他地方

地方作为全国或全局中的一部分，必然会和其他的部分发生这样和那样的联系，无论是政治、经济、文化，还是环境治理、市场开发，都需要通过地方与地方之间的各种合作与交流作出妥善处置。当这种交流与合作形成了特色，相对稳定，往往也能够形成地方行政程序制度，这种用来处理与其他地方相互关系的制度化安排，是地方行政程序制度特有的价值之一。

4. 填充和弥补全国性程序制度空档

相对于全国或全局性的行政程序法律制度，地方性的行政程序制度除了具有更贴近当地实际情况的特点之外，还能填补全国或全局性程序法律制度的漏洞与不足，也是其重要的价值所在。

受制于人类认识能力的局限性，由此而开展的立法，以及形成的法律制度当然也是有缺陷的，这是客观世界的多样性和人类认识的有限性所决定的。当现有法律规范出现空缺和漏洞的时候，根据法律原则可以填补一般意义的规范的不足。但是，当作为全国性的行政程序制度存在漏洞或空档的时候，地方性行政程序制度对此具有填充和弥补的作用。

5. 保护和维系地方特色，均衡相邻地方行政

地方行政程序制度可以为地方特色服务，保护个性化的地方文化。通过地方行政程序制度促使地方特色文艺，特色经济，特色传统风俗，特色人文地理的维护和建设。除此之外，地方行政程序制度，还肩负着与相邻地方行政程序制度保持平衡与协调的任务目标。促使本地与邻地之间的行政和谐，是地方行政程序制度的又一特色价值。

二、地方行政程序制度的实体性目标

所有的程序制度都有其目标，目标因程序意义和实体意义的角度不同分别又有所区分。总体而言，目标是实体性的问题，但又可以具体可分为程序性目标和实体性目标。具体而论，程序性目标是设定或铸就该程序所希望达到的某种程序自身良好状态，从而指向特定的社会活动；实体性目标则是希望通过该程序规范下的特定活动所实现的社会状态。所以，程序制度的实体目标都是和其所对应的具体社会活动密切相关和联系的。每一具体的行政程序制度的实体目标亦是各有不同的。地方行政程序制度的目标是相对于全国或全局性行政程序制度的目标更递进一层次的目标。笼统而言应当是公正的本地执法状态和良好的地方治理。

（一）行政程序制度的一般实体性目标

行政程序制度的实体目标和程序目标往往捆绑在一起，该程序性目标自然应当是

追求程序制度本身的更科学更公正，以及和行政权力更相适应，是特定的社会活动得到有效和有益的规范。追求为统一的行政权力"量体裁衣"，该"衣"需要更合身；追求要将行政权力装进笼子里，该"笼子"需要更适宜，不可牛栏关猫，亦不可鸟笼关鹰。

行政程序制度的实体目标则应当是追求通过程序约束下的社会活动，实现经济发展、执法公允、社会公平、文化繁荣。

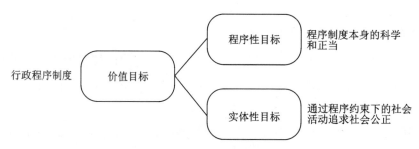

图 1-1 行政程序制度价值目标的二元性

然而，行政程序制度是一个抽象的表述，当它们表现为具体的存在时，它们是一个个具体的程序制度内容。比如行政决策、行政处罚、行政许可、行政征收、行政强制等等，它们的实体目标当然亦各有差异。

1. 程序性目标和实体性目标并行不悖

每一个具体行政程序制度的价值目标，都分别指向规范程序活动的规则系统自身的科学性和程序活动所要追求的社会公正，也就分别为程序性目标和实体性目标。二者混为一体，但也各有所指和各有所向。

比如说，湖北省重大行政决策制度的程序性目标是：规范省人民政府重大行政决策行为①。实体性目标是：建设法治、责任、效能、廉洁、服务政府，确保重大行政决策的合法性、科学性和民主性②。行政处罚程序制度的程序性目标是：规范行政处罚的设定和实施。实体性目标是：保障和监督行政机关有效实施行政管理，维护公共利益和社会秩序，保护公民、法人或者其他组织的合法权益③。行政复议程序制度的程序性目标在我国行政复议法中没有直接使用法律语言体现出来，但是其立法意义不言自明。其实体性目标是：防止和纠正违法的或者不当的具体行政行为，保护公民、法人和其他组织的合法权益，保障和监督行政机关依法行使职权。行政强制程序制度的程序性

---

① 此处的"规范省人民政府重大行政决策行为"亦可理解为：使省人民政府重大行政决策行为得到"规范"。

② 参见《湖北省人民政府重大行政决策程序规定（试行）》第一条，《南京市重大行政决策程序规则》第一条等地方性法规。

③ 参见《中华人民共和国行政处罚法》第一条。

目标是：规范行政强制的设定和实施。实体性目标是：保障和监督行政机关依法履行职责，维护公共利益和社会秩序，保护公民、法人和其他组织的合法权益①。

2. 实体性目标体现行政程序制度所对应社会活动的价值追求

每一个具体行政程序制度的实体目标，都和其所对应的具体社会活动的价值追求密切相关。甚至也可以具体表达说该活动的价值追求，就是那个具体行政程序制度的实体目标。

重大行政决策制度的实体目标：建设法治、责任、效能、廉洁、服务政府，确保重大行政决策的合法性、科学性和民主性。

行政处罚程序制度的实体目标是：保障和监督行政机关有效实施行政管理，维护公共利益和社会秩序，保护公民、法人或者其他组织的合法权益。

行政复议程序制度的实体目标是：防止和纠正违法的或者不当的具体行政行为，保护公民、法人和其他组织的合法权益，保障和监督行政机关依法行使职权。

行政强制程序制度的实体目标是：保障和监督行政机关依法履行职责，维护公共利益和社会秩序，保护公民、法人和其他组织的合法权益。

通过上述立法的语言可以比较看出，行政程序制度实体目标皆源于其所对应的社会活动内在的价值需求，是人们设定和赋予该社会活动本身的希望。甚至是诞生或设定该社会活动之后，在缺乏行政程序制度情况下长期活动实践的经验和教训的总结。

3. 行政程序制度一般实体性目标的特点

统而言之，行政程序制度实体性目标，因为其行政属性和执法属性而具有一些共同的特征：

（1）行政性。行政程序制度对应的社会活动，都是与行政事务密切联系。分属行政立法、行政决策、行政执法或行政监督等事项，事务繁杂，活动种类繁多，因之而需要对应建立和需要预设建立的具体行政程序制度亦种类繁多，每一种具体的行政程序制度都需要具体问题具体分析，从其所对应的社会活动的实际价值需求出发，正确确立其实体性价值目标，以便为该活动明确正确的方向路径。

（2）执法性。行政程序制度的属性受行政权的性质所决定。行政权的涵义相对于国家权力，究其根本属性，其权力内容（无论是行政立法、行政决策、行政执法或行政监督等等）都是执行性的。在我国，作为国家权力机关的人民代表大会保留了立法权和监督权，派生出国务院所代表的人民政府行使行政权，以及检察院和法院分别行使国家的法律监督权和审判权。由权力机关派生的人民政府行使国家行政权力，该行政权力的本质当然首先应当用来贯彻和执行权力机关浸透在立法之中的权力意志。所

---

① 参见《中华人民共和国行政强制法》第一条。

以，行政程序制度统一的特征也必然包括该执行性。

（二）地方行政程序制度实体目标的特殊性

地方行政程序制度是全国性和一般性行政程序制度的地方化，是由地方立法权主体针对地方事务所设定的行政程序制度，所以在一般行政程序制度基础上，会拥有一些自己的特殊表达和特殊内涵。

1. 联系本∗实际①

《湖南省行政程序规定》第一条规定："为了规范行政行为，促进行政机关合法、公正、高效行使行政职权，保障公民、法人或者其他组织的合法权益，推进依法行政，建设法治政府，根据宪法和有关法律法规，结合本省实际，制定本规定。"其中的"促进行政机关合法、公正、高效行使行政职权，保障公民、法人或者其他组织的合法权益，推进依法行政，建设法治政府"并没有什么特殊之处。能够看出和其他行政程序制度有所不同的地方便是其后特别说明的"结合本省实际"。《江苏省行政程序条例》第一条："为了规范、保障和监督行政机关依法行使职权，提高依法行政水平，促进法治政府建设，维护公民、法人和其他组织的合法权益，根据有关法律、行政法规，结合本省实际，制定本条例。"《山东省行政程序规定》第一条："为了规范行政行为，保护公民、法人和其他组织的合法权益，保障和监督行政机关依法行政，建设法治政府，根据有关法律、法规，结合本省实际，制定本规定。"亦特别说明了"结合本省实际"的属性。

2. 多元的上位法依据

结合上述《湖南省行政程序规定》《江苏省行政程序条例》《山东省行政程序规定》以及其他立法中的立法表述，我们可以发现另一个确立地方行政程序制度实体价值目标时，还必须确定的特征，即地方行政程序制度确立其目标时，必须要有更多元的上位法依据。上述诸省制定的地方行政程序规定中，我们便可以注意到一句体现立法依据的语言："根据宪法和有关法律法规""根据有关法律、行政法规""根据有关法律、法规"。

根据该立法现象，地方行政程序制度确立的时候，仍然需要在确立其立法或设定依据的时候，说明其依据的"上位法"，以便确立地方行政程序制度的合法前提和基础。

显然，相对地方行政程序制度，其上位法是多元的，至少包含宪法、法律和行政法规。倘若该地方行政程序制度的位阶偏低，则其上位法会更多元，这是我国法律体

---

① 本∗实际的∗号是替代性表达，代表"本省""本市""本区"或"本盟""本州"等。我国因地方层级的多层性和地方行政区域称谓的多元性，所以本文暂时以∗号代替所属之地方。

系的架构和特色所决定的必然现象，因此在确立和认识地方行政程序制度的价值目标时，多元的上位法依据也是我们需要注意的特殊之处。

第三节　特定地方行政程序制度的关联关系

正确认识和理解地方行政程序制度蕴含的各种关系有利于地方行政程序制度的准确定位，便于恰当地理解和发挥特定地方行政程序制度的功能和作用。一个特定的地方行政程序制度首先和所有的行政程序制度一样，包含对内关系和对外关系。对内关系是行政权系统内彼此之间的关系，对外关系是行政权系统（行政主体或组织）与其他国家职能系统，以及与行政相对人（普通社会主体）之间的关系。这里暂仅讨论对内关系。地方行政程序制度对内所蕴含的相对关系具有两个内容和层级意义的相对性。

其必然蕴含的关系包括"制度"与"制度"之间的关系，在该意义上具有三个不同的层次性。一是作为制度本身，其与上位的全国性或相对的全局性行政程序制度的关系（可简称为：上位关系）；二是与其下位的更加具体的区域地方行政程序制度的关系（可简称为：下位关系）；三是其与其他平行地域的地方行政程序制度之间的关系（可简称为：同位关系）。

三个层次的关系事实上亦只有两个方向，即纵向的关系和横向的关系。

一、地方行政程序制度关联的上位关系

这里的上位关系包括制度意义的上位关系，亦包括制度主体意义的上位关系；是指特定地方行政程序制度作为地方性制度和全国性或相对全局性的制度之间的关系，亦指特定的地方行政程序制度中的行政主体和上级主体之间的关系。显然，正确认识和界定这里的上位关系对于定位地方行政程序制度的功能和作用十分有意义。

（一）地方行政程序制度和全国性、相对全局性的行政程序制度关系

特定地方行政程序制度和全国性、相对全局性的行政程序制度之间的关系，也可以称为制度意义相关联的上位关系。作为具体和特定的某地方行政程序制度，其和全国性的行政程序制度或者其他上位层级的行政程序制度之间的关系，是必须准确界定和处置的制度关系；另外，作为具体和特定的地方行政程序制度中的具体行政主体，其和上级行政主体之间亦必须具有相对权责层级和权责界限。

制度意义相关联的上位关系是指具有相对独立属性的特定地方性程序制度和其上位的国家级或上级层次的程序制度之间的关联关系。比如：《长沙市人民政府重大行政

决策程序规定》中确立了专门规范重大行政决策活动的地方程序制度，但不可避免地需要面对其上位的、由《湖南省行政程序规定》确立的同样包含有规范重大决策活动的程序制度，并说明它们彼此之间的关系，从长沙市确立的地方行政程序制度的角度观察，便是其与关联的上位制度的关系。如此确立了共同制度内容的两个不同层级的地方行政程序制度，载明在各自的地方立法文本之中，二者同属于地方规章，亦属于不同位阶的法与法的关系。

地方行政程序制度和上位制度之间的关系的处理，总体上需要根据已经经《中华人民共和国立法法》确立的现有规则，即遵循下位法不得与上位法相抵触的原则。在行政权体系中，恪守首长负责制和下级服从上级的原则。体现在不同层级的制度关系中，亦需要奉行下级服从上级，即下位制度中的内容不得和上位制度中的相关内容相抵触。除此之外，下位制度中的相关内容也不应与上位制度中的相关内容相重复，从而避免立法资源浪费。

下位制度相对上位制度而言，应当体现这样两个原则，一是执行性，即下位制度主要是为了帮助上位制度更好地贯彻，使其精神、目的更好地实现而成立。二是补充性，即上位制度因为需要兼顾更大的格局，或者是全局，所以其针对性可能更宏观和全面，相对具体区域中的具体问题可能针对性不强，因而下位制度的建立，可以弥补上位制度这些方面的不足。因而下位制度可以更具体，更有针对性，填补上位制度的空白和漏洞。

（二）地方行政程序制度中的特定行政主体和上级主体的关系

特定地方行政程序制度中需要处理的和上级主体之间的关系亦可称为：主体意义的上位关系。主体意义的上位关系是指处于地方行政程序制度中的特定行政主体，与上级行政主体，以及处于上级层次的其他行政主体彼此之间的关系。比如：在《湖南省地方行政程序规定》内容中，政府分管负责人和政府行政首长的关系。

特定的行政主体所面临的上位关系又可分为两种：

一种是上级领导主体，即上级行政机关和自身主体之间属于命令与服从关系。即上级领导、上级行政机关对自身享有命令、指挥和监督等项权力，有权对该特定行政主体进行指挥，以及有权纠正或撤销自身违法或不当的决定等，该行政机关必须服从、执行上级行政机关决定、命令，不得拒绝，否则要承担一定的法律后果。在我国，上级行政机关和特定行政主体之间的领导关系具体又有两种类型。一种是单一的领导关系，另一种是双重的领导关系。单一领导关系，也是垂直领导关系，其中的特定行政机关，一般只直接接受确定的某上级行政机关的领导；双重领导关系中的特定行政机关则要同时接受两个上级行政机关的直接领导，如特定的地方公安机关既要接受上级公安机关的领导，又要接受所在地同级人民政府的领导。

另一种是上级指导主体,即上级行政机关和自身主体之间具有一种行业或业务上的指导和监督关系。上级部门对特定行政主体享有业务上的指导权和监督权,但没有直接指示和命令、指挥的权力。

上下级行政机关之间究竟应实行垂直领导关系、双重领导关系抑或是指导关系,应根据他们的性质及职权要求等来确定,并由行政机关组织法加以规定。

不同性质的上位关系,会产生不一样意义的影响力。实行垂直领导关系的上位关系,下级对上级必须有高度的服从,从而保证上下一体,权力运行高效有力。实行双重领导关系的上位关系,下级主体必须服从双上级的领导。通常双上级彼此之间的领导权内容会有分工,下级对双上级的意志均要服从。双重领导的意义是有利于监督和制约,不足则是需要注意双上级之间领导意志的差异,需要经常开展协调或按照组织原则报请更高的上级达成意志的统一。实行指导关系的上位关系中,下级不一定需要严格按照上级的意志开展活动,但需要接受上级的监督和指导,而此时上级的指导与监督相对于下级,是有意义的参考,但不是命令,不一定必须服从。若不服从亦不会产生行政法意义的行政法律责任后果。

二、地方行政程序制度关联的下位关系

除非处于最低位阶的地方行政单位以及其所独有的行政程序制度,其他处于中央和最低层次之间的地方行政程序制度中,必然还包含着对下位更具体和更地方化的地方制度和地方主体之间的关系需要处理。这里的下位关系包括制度意义的下位关系,亦包括制度主体意义的下位关系;是指特定的地方行政程序制度作为地方性制度和更具体和更地方化的地方制度之间的关系,亦指特定的地方行政程序制度中的行政主体和下级主体之间的关系。显然,正确认识和界定这里的下位关系对于定位地方行政程序制度的功能和作用同样十分有意义。

(一)地方行政程序制度和下级更具体地方行政程序制度的关系

大多数特定的地方行政程序制度处于最高级和最低级之间的位阶层次之中。因而相对于上级他们是下级和地方,相对于下级他们是上级和大局。他们和更具体的下级地方行政程序制度之间的关系,即特定地方行政程序制度和下级的更具体的行政程序制度之间的关系,也可以称为制度意义的下位关系。作为具体和特定的某地方行政程序制度,其和下级的更具体的行政程序制度或者其他下位层级的行政程序制度之间的关系,与其相对上级的关系可以统称为纵向的行政关系。

作为地方行政程序制度意义的不同层次之间,下位的制度相对于上位制度,不得和上位制度抵触是一个较为重要的原则。当上位制度相对于下位的制度时,上位制度如何给出下位制度建设和施展的空间,以及如何控制下位的制度建设中超出其权力界

限的内容，在理论和实践中都是极其重要的课题。下位制度的确立，其之所以需要形成自身特有的制度层次且相对独立，大多意味着有更特殊的具体问题需要从实际出发设定和处置，亦可以根据原则结合实际形成自身的特色。例如：2015 年 1 月《江苏省行政程序规定》① 颁布之后，2015 年 12 月无锡市亦随之颁布了《无锡市重大行政决策程序规定》，其中关于重大行政决策制度中的规范和制度构建的内容，当然地涵盖着两个不同层级的制度关系。

上位的制度相对于下位制度，也应当贯彻两个重要的原则，一是兼容性，即上位的制度相对下位制度，应当具有较大的自由空间，可以容纳下位制度的特色和具体模式；二是监督性，即上位制度对下位制度的特色，以及具体内容应当形成有效的监督和矫正机制，制度运行过程中一旦发现或遭遇下位制度运行时出现悖逆制度目标或原则的情形，通过该监督或矫正机制可以及时地修正或制约下位制度的偏离或失误。

（二）地方行政程序制度的特定行政主体和下级主体的关系

地方行政程序制度中较多的需要处理和规范的便是该地方层级的行政主体和下级主体的关系。从统一的理论架构中解析，该主体意义的关系以及一般原则，是其与上位主体关系的形态，在地位倒置之后的一种再版。但本书需要着重注意的是在特定的地方行政程序制度的内容中，地方行政主体与下位的行政主体之间的关系。实际也就涉及在具体的地方行政程序制度中，权力是如何设置，以及相互关系是如何设置的问题。在具体的地方行政程序制度中，特定的行政主体和特定的下级主体构成特定的程序关系。这些关系又可以分为本单位内部的关系和本单位干部人员和下级单位干部人员的关系等等。比如：《湖南省行政程序规定》第三十二条内容中所提到的政府行政首长和政府秘书长或者政府办公室主任之间的关系等。作为具体和特定的地方行政程序制度中的具体行政主体，其和下级行政主体之间亦必须具有相对权责层级和权责界限。这一关系是特定地方行政程序制度内容中的行政主体和其上位行政主体关系的倒影或转化，除相应的地位有所颠倒，其关系属性则具有高度的相似性和比拟性。

特定地方行政程序制度内容中的行政主体和下级主体的关系，在单位内部实行首长负责制，因而首长和其他人员构成领导和被领导的内部关系。在与外部的关系中，相对于下级单位及其人员，该关系同样依据相关行政组织法律法规，可以确定为领导关系、指导关系等。

三、地方行政程序制度关联的平行关系

关联的平行关系是指处于同一层次的地方行政程序制度之间，以及其所含有的同

---

① 该规定已经于 2022 年 11 月废止。2022 年 7 月 29 日江苏省第十三届人大常委会通过了新的《江苏省行政程序条例》于 2022 年 11 月 1 日施行。

级行政单位和人员之间，相互彼此的关系。

地方行政程序制度中关于同位关系的规范内容，亦是普遍和常见的。这里的同位关系既包括不同制度之间的关系，亦包括制度内的不同行政主体之间的平行关系。另一种可以比照同位关系看待的情况，即其他彼此的互不隶属关系。

（一）同层级但不同地域或不同属性的地方行政程序制度的关系

一种是同一层级的不同地域之间确立的地方行政程序制度之间的关系，是指处于同一层级的不同地域之间，或者是不同的行政辖区之间，各自具有的具有当地特色的行政程序性制度，他们之间主要是彼此借鉴和参考学习的关系。比如：《湖南省行政程序规定》《山东省行政程序规定》《江苏省行政程序条例》《辽宁省行政程序规定》《宁夏回族自治区行政程序规定》的彼此之间的关系。

另一种是指同一层级同一地域但不同属性的当地行政程序制度彼此之间的相互并行、交叉或配合关系。比如，在湖南省这一行政区域内同时并行的地方行政程序制度可以包括：《湖南省地理空间数据管理办法》（2017 年 1 月 9 日省人民政府第 95 次常务会议通过）、《湖南省信访事项复查复核办法》（2016 年 2 月 22 日省人民政府第 70 次常务会议审议通过）、《湖南省实际居住人口登记和服务规定》（2016 年 2 月 22 日省人民政府第 70 次常务会议审议通过）等等。

总之，在制度意义上，同位关系意味着并行或交叉的地方行政程序制度之间的相互影响或彼此作用。在并行的地方行政程序制度之间，彼此存在着参考借鉴和仿效的作用；在交叉的地方行政程序制度之间，彼此处于分工不同而又相互协调配合或合作的关系。

（二）地方行政程序制度中的同级行政主体或互不隶属行政主体的关系

在具体而特定的地方行政程序制度中较多地需要规范横向的行政主体之间的关系，它是指同一层级的或无隶属关系的行政主体之间的关系。两个行政主体，不管是否处于同一层级，只要他们无隶属关系，均可以归于横向关系。这种关系又有三种情况：一是权限职能分工关系，如人民政府各部门之间的权限划分，这类权限划分的结果是各种行政职能有所区分，不同职能部门之间各自有自己的主管任务，有自己的管辖权。二是公务协助关系，又称职务上的协助，是指在职能分工基础上，对于某一事务无直接管辖权的行政主体，基于有直接管辖权行政主体的请求，依法运用职权予以协助。如，《中华人民共和国海关法》第十二条第二款规定：海关执行职务受到暴力抗拒时，执行有关任务的公安机关和人民武装警察部队应当予以协助。三是监督制约关系，如审计部门、统计部门、财政部门与其他行政主体之间一般即属于监督与制约关系。如，《中华人民共和国审计法》第二条规定："国家实行审计监督制度。……国务院和县级以上地方人民政府设立审计机关。国务院各部门和地方各级人民政府及其各部门的财政收支，国有的金融机构和企业事业组织的财务收支，以及其他依照本法规定应当接受审计的财政收支、财务收支，依照本法规定接受审计监督。审计机关对前款所列财政收支或者财务收支的真实、合法和效益，依法进行审计监督。"《中华人民共和国统计法》第二条规定："本法适用于各级人民政府、县级以上人民政府统计机构和有关部门组织实施的统计活动。统计的基本任务是对经济社会发展情况进行统计调查、统计分析，提供统计资料和统计咨询意见，实行统计监督。"

第二章
地方行政程序制度的基本类型

地方行政程序制度就其内容涵盖的范围而言，是一个覆盖面宽泛和层级多元的领域，其内容是庞大和复杂的。将地方行政程序制度的主要内容，根据不同标准进行基本的分类，开展一定的类型化研究，是深化针对地方行政程序制度的研究的重要方法。

第一节　我国地方行政制度主要分类标准

地方行政程序制度的分类标准，可以从几个不同的角度来考虑。一是行政层级产生的不同层次意义的行政程序制度；二是相对应不同行政职能的地方行政程序制度；三是效力形式表现有所不同的地方行政程序制度等。

一、关于地方行政层级的标准

根据行政层级可以将我国的地方行政程序制度划分为：省级；（设区的）市级；（不设区的）市和县级；乡镇级地方行政程序制度。

行政层级指的是一个国家行政组织按照上下关系所设置的层次数目。不论是国家或其他实体，根据其行政组织的规模或人数，以及管理的需求，划分为若干层次，形成一个等级比较清晰的塔式结构，处在最高端的领导者可以通过等级效应的关系指挥和控制整个行政体系的运行和方向。

我国关于地方的行政层级首先是按照行政区划来设置的。我国的行政区划体系按我国现行宪法的内容大致可以分为四级。因为根据我国宪法第九十五条规定："省、直辖市、县、市、市辖区、乡、民族乡、镇设立人民代表大会和人民政府。"可以看出，这里的地方分为：省级（省、直辖市）；县级（县、市、市辖区）；乡级（乡、民族乡、镇）三个层次。

但是，我们注意宪法第九十七条规定："省、直辖市、设区的市的人民代表大会代表由下一级的人民代表大会选举；县、不设区的市、市辖区、乡、民族乡、镇的人民代表大会代表由选民直接选举。"在这个条文的内容中出现了"设区的市"这一概念，与前面条文中"市辖区"概念相照应。

在现实的行政系统中，我国的省级行政与县级行政之间始终还存在着一级建制——地区或地区一级的市（即设区的市或称地级市），并在长期的政务操作中将部分县级政府置于"地区或地级市"的领导之下，形成了"地管县"或"市管县"的格局。新中国成立之初，中央以下有中央派出的大区局，后来被撤销。除了少数的民族自治州外，大多省份的省级政权以下，与县级政权之间由省级政权派出的地区级别的党和政府机构，他们不是一层政权体制，但代表省级实施领导和管理。在乡镇一级中，1958 年以后，成立人民公社，成为政社合一的组织，但是没有相应的"人大"，也不是完全意义上的一级政权体制。20 世纪 70 年代末和 80 年代初，撤销人民公社改为乡镇一级人民政府，后来陆续完善乡镇人民代表大会制度，有的乡镇还设立了政协。

20 世纪 80 年代中期，作为以城市为中心发展经济理念的具体贯彻，市管县体制符合发展需要，派出性质的地区机构纷纷改市，全国地区一级派出政权体制逐步改为省和县中间的一层政权实体，大多成为"设区的市"。我国地方行政组织基本形成了中央政权以外，由省级、地级市亦称设区的市级、市（亦称县级市）和县级、乡、镇级等四个层级的地方政权体制。

二、关于不同行政职能的标准

根据地方行政程序制度所涉及或所对应的行政职能，可以将地方行政程序制度区分为：决策性程序制度、执法性程序制度、特别行政程序制度、监督性程序制度等。

职能，是指一定的人员或组织所具有的职责和功能作用，它是职与能的辩证统一。行政职能是行政主体作为国家机关，依法对国家政治、经济和社会事务进行管理时应承担的职责和所具有的功能作用。它反映着国家行政管理活动的内容与基本方向，是行政行为本质的具体表现。行政职能可以从不同的角度去考察，从政府职责的领域看，有政治职能、经济职能、文化职能、社会职能等。从政府职责所起作用的属性看，有保卫功能、扶持功能、管理功能、服务功能等。也有从职能结构的角度，将政府职能区分为政治统治、社会管理、社会服务和社会平衡四大职能。从管理过程的角度看，政府管理不同类型的公共事务又有管理功能的相似性，如决策性功能、执行性功能、控制性功能、辅助性功能等。在这里，我们主要从现行制度设计中具体观察行政职能相应的程序制度。

根据我国1988年至2018年之间各省、自治区、直辖市的主要有关行政立法信息，笔者制作了表2-1和表2-2，试图将现有省级地方立法的部分信息一览化，帮助我们观察我国各省、自治区、直辖市的地方立法概况。

表2-1 各省地方立法文件概况统计

省份	总数	法规数	规章数	规范文件	有关程序	有关执法	有关管理	有关监督	有关备案	有关收费	有关听证	有关决策	其他
北京市	14	1	13	2拟	2	2	5	2	3	2	1	0	2
天津市	18	0	18	0	1	7	7	4	0	2	1	0	3
上海市	12	1	10	1	3	4	3	0	2	1	1	1●	2
重庆市	17	3	14	0	2	5○	5	1	0	2	2	2●	5
河北省	13	1	8	4	3	5	3	2	0	0	1	0	5
山西省	11	2	9	0	2	4	5	0	0	3	0	0	1
辽宁省	20	2	18	0	5	8●	4	1	0	1	2	1●	5
吉林省	17	3	14	0	1	5	4	3	0	2	2	0	5
黑龙江省	17	3	14	0	1	6	7	6	0	0	0	0	0
江苏省	13	1	8	4	3▲	3	5	3	0	2	3	0	1
浙江省	14	1	11	2	2▲	6	3	3	0	0	0	1●	3
安徽省	20	1	17	2	4	6	11	4	1	2	1	1○	0
福建省	14	5	9	0	1	3●	8	1	1	6	0	0	3
江西省	16	1	13	2	3	7	6	3	0	2	2	1●	0
山东省	16	3	12	1	2▲	6	6	2	0	2	1	0	4
河南省	11	2	9	0	0	5	7	0	0	2	0	0	1
湖北省	16	2	14	0	0	5	5	4	0	0	1	0	4
广东省	15	6	9	0	1	3	6	3	0	0	2	1	5
海南省	9	0	9	0	2	4	1	1	0	1	1	0	2
四川省	17	1	16	0	4	7●	5	2	1	0	2	1●	3
贵州省	14	2	11	1	2	6	5	3	0	2	2	0	1
云南省	20	3	16	1	2	5	4	3	2	3	0	1●	7
陕西省	14	1	10	3	2	7	4	2	1	2	0	0	0
甘肃省	14	2	12	0	3	4	4	3	0	0	1	1●	4
青海省	15	3	11	1	2	4	4	1	2	1	1	1●	1
内蒙古自治区	15	2	13	0	3	6	7	3	1	1	1	1●	1
西藏自治区	9	0	9	0	0	7	2	1	0	0	0	0	2

（续表）

省份	总数	法规数	规章数	规范文件	有关程序	有关执法	有关管理	有关监督	有关备案	有关收费	有关听证	有关决策	其他
广西壮族自治区	14	1	13	0	4	3●	4	2	1	2	0	2●●	2
宁夏回族自治区	16	1	13	2	2▲	5	5	2	1	2	1	0	4
新疆维吾尔自治区	11	2	9	0	3	3	5	2	0	3	1	0	1
湖南省	10	2	8	0	2▲	3	6	2	0	3	1	0	0
香港特别行政区	略												
澳门特别行政区	略												
台湾地区	略												
综合	452	57	372	24	67	154	159	71	15	53	32	15	77
所占比例/%	100	12.61	82.30	5.30	14.82	34.07	35.17	15.70	3.31	11.72	7.07	3.31	17.04

▲号为已经制定颁布综合性"行政程序"规定之标记。●和○号为已经制定颁布了执法或决策程序之标记。

表2-2　各省地方立法文件概况统计

省份	总数	1988—2000	2000—2018	修订废止	执法条例	行政程序	执法程序	处罚程序	听证程序	决策程序	许可程序	※※办法	程序
北京市	14	7	7	0	0	拟1	0	1	1	0	0	9	0
天津市	18	9	9	3	0◇	0	0	0	1	0	0	8	0
上海市	12	1	11	5	1	0	0	0	1	1	1	3	0
重庆市	17	4	13	6	1规范◆	0	0	0	1	1	0	9	0
河北省	13	1	12	3	0◇	0	0	0	1	0	0	7	1
山西省	11	4	7	6	1	0	0	0	0	0	1	5	1
辽宁省	20	6	14	8	1◇	0	0	0	2	1	1	5	0
吉林省	17	10	7	7	1◇	0	0	0	1	0	0	10	0
黑龙江省	17	6	11	6	2◇	0	0	0	0	0	0	10	1
江苏省	13	5	8	1	0◇	1	0	0	2	0	0	8	0
浙江省	14	1	13	2	0◇	1	0	0	0	1	0	11	0

（续表）

省份	总数	1988—2000	2000—2018	修订废止	执法条例	行政程序	执法程序	处罚程序	听证程序	决策程序	许可程序	※※办法	程序
安徽省	20	8	12	4	0◆	0	0	0	1	0	0	10	3
福建省	14	9	5	4	0◇	0	1	0	0	0	0	8	0
江西省	16	5	11	7	0◆	0	0	0	1	1	0	11	1
山东省	16	6	10	8	0◆	1	0	0	1	0	0	10	0
河南省	11	5	6	10	2	0	0	0	0	0	0	8	0
湖北省	16	6	10	3	1	0	0	0	0	0	0	12	0
广东省	15	7	8	2	0◆	0	0	0	1	0	0	4	0
海南省	9	6	3	0	1规则◇	0	0	0	1	0	0	4	1
四川省	17	6	11	8	1规定◆	0	1	0	2	1	0	8	0
贵州省	14	4	10	5	0◇	0	0	0	0	0	1	5	1
云南省	20	14	6	11	0◆	0	0	1	0	1	0	7	0
陕西省	14	3	11	3	0	0	0	0	0	0	0	8	1
甘肃省	14	3	11	3	1◆	0	0	0	0	0	0	7	0
青海省	15	8	7	5	0	0	0	0	1	1	0	8	0
内蒙古自治区	15	4	11	5	0◆	0	0	0	1	1	0	6	1
西藏自治区	9	5	4	2	0◆	0	0	0	0	0	0	4	0
广西壮族自治区	14	4	10	7	0◇	0	1	0	0	2	0	0	1
宁夏回族自治区	16	5	11	0	0◆	1	0	0	1	0	0	10	0
新疆维吾尔自治区	11	7	4	3	0◇	0	0	1	1	0	0	5	1
湖南省	10	6	4	5	1	1	0	0	1	0	0	4	0
香港特别行政区	略												
澳门特别行政区	略												
台湾地区	略												
综合	452	175	277	141	13	5	4	3	23	12	6	188	12
所占比例/%	100	38.72	61.28	31.19	2.87	1.10	0.88	0.66	5.08	2.65	1.32	41.59	2.65

注：◆代表该省专门颁布有执法监督条例。◇代表该省专门颁布有执法监督办法、规则等。

三、关于不同效力形式的标准

这里所说的效力形式是指地方行政程序制度产生和存在的表现形式，通常亦就是其被记载或表达出来的形式。根据地方行政程序制度所表现出的该效力形式，可以将地方行政程序制度区分为：地方法规性质的程序制度、地方规章性质的程序制度、地方规范（红头文件）性质的程序制度和地方例行（地方习惯）性质的程序制度等。

在我国法的形式中，地方法规和地方规章都属于在本辖区发生效力的行为规范。他们被纳入到国家法的范围，但层级都比较低。相对而言，地方法规的效力层级要高于地方规章。

地方法规性质的程序制度得以成立主要的依据是地方性法规。地方性法规是省、自治区、直辖市以及省级人民政府所在地的市和国务院批准的较大的市（2015 年我国立法法修订之后，设区的市亦被赋予了地方法规的立法权）的人民代表大会及其常务委员会，根据宪法、法律和行政法规，结合本地区的实际情况制定的、适用于本辖区的行为规范。依据我国立法法规定，地方性法规不得与宪法、法律行政法规相抵触，地方性法规以规范性文件形式出现，并按照规定报全国人大常委会备案。对应特定社会活动的地方性法规，属于程序性的，因而也是地方法规性程序制度成立的重要标志。

地方规章性质的程序制度得以成立主要的依据是地方性规章。地方性规章是指省、自治区、直辖市人民政府以及省、自治区、直辖市人民政府所在地的市、经济特区所在地的市和国务院批准的较大的市的人民政府（2015 年我国立法法修订之后，设区的市人民政府亦被赋予了地方规章的立法权），根据法律、行政法规所制定的规章。具体表现形式有：规程、规则、细则、办法、纲要、标准、准则等。

其他还有一些以地方规范性文件（俗话说的红头文件）为依据形成的地方行政程序制度，或地方行政工作长期形成的一些惯例型制度。这些制度具有规范意义，是引导和调整本地域行政活动的行为规范，在本地亦是反复适用的行政行为模式。

第二节　决策属性的地方行政程序制度

决策属性的地方行政程序制度在当今法治建设的现况中是极为受到重视的一种地方制度。行政决策是指行政主体为履行行政职能，达成行政目标，针对可选择的行为方式或施政目标所做的抉择过程或行为设计。它通常表现为行政机关及其工作人员在处理行政事务和社会公共事务过程中所做出的决定。政府组织针对社会生活中存在的或正在发生的问题作出决策，并转化成相关的公共项目，进而通过调动各种组织机构，调配各种社会资源，运用各种功能手段，达到特定问题的解决、政治秩序的稳定和经济发展的目标。因而，如何做到决策科学化是国家行政追求的一个目标，通过法治化促进决策科学化，避免决策失误，是一个较好的选择。所以，决策程序制度的构建和完善已经是地方行政程序制度中的重要内容。①

一、决策属性的地方行政程序制度的界定

决策属性的地方行政程序制度是地方行政程序制度建设的重要内容，亦是受到重视程度较高的一项制度内容。根据现有的资料，我国的省、自治区、直辖市中约有 15 个都制定了有关决策的专门法规或规章，将决策问题和其他行政工作综合性立法的则比例较低。

（一）决策属性的地方行政程序制度的含义

决策属性的地方行政程序制度是指地方权力机关或地方政府通过地方立法或通过地方决策的方式围绕如何进行重大行政决策为目标而确立的地方程序制度。

决策在这里主要指向重大行政决策，重大行政决策需要程序化的制度作为保障。这里，首先要明白重大行政决策的内涵。虽然重大行政决策在我国的立法中没有明文规定，但是它明显区别于一般的行政决策与应急行政决策。重大行政决策一般是指由人民政府依照法定职权作出的在本级人民政府所辖行政区域内涉及经济社会发展全局、社会涉及面广、与公众利益密切相关的重大事项的行政决策。

（二）决策属性地方行政程序制度的目标

我国有部分省级地方权力机关或政府在本行政区域对重大行政决策进行了立法，制定了地方法规或规章，从而形成了较为可靠的地方行政程序制度。不过，在省级区域中还有大多数地方没有通过立法形式规范政府的重大行政决策行为，此亦意味着当地的行政决策制度尚没有法制化，或制度本身尚不稳定、成熟。这就呈现出我国地方关于重大行政程序立法的不同程序化现象，表现出某种不均衡。程序化中的"化"本质上是一种趋势和方向。那么重大行政决策程序化，指的就是把政府作出重大行政决策的行为规范成一种预设的、有次序的程序活动，让决策的制定过程成为一种固有的程序运行趋势。其目的就是为了保证重大行政决策的合法性、科学性。本文所提到的程序化程度，主要通过程序性、程序度两个指标体系来衡量。②

---

① 宋胡丹. 论我国地方重大行政决策的程序化 [J]. 湖北经济学院学报（人文社会科学版），2018，15（1）：4-7.

② 黄捷，刘晓广，杨立云，等. 法律程序关系论 [M]. 长沙：湖南师范大学出版社，2009：13，15.

二、我国决策属性的地方行政程序制度立法现状

这里主要是指各省、自治区和直辖市的立法状况。目前全国省一级地方有关决策的专门地方法规或规章，笔者一共查到有 15 个；另加上有 5 个进行综合性地方立法的省份的规章。全国有超过一半的省级地方，确立了有自己特色的决策制度。

（一）地方立法多元并举的成就

行政权是政府及其职能机构依法获得的社会的事务管理权和服务权，是直接为社会提供公共服务和公共秩序的权力。行政权需要被关在法律的"笼子"里，否则其亦是极为容易被滥用或被懈怠的权力。随着 2004 年《全面推进依法行政实施纲要》，2008 年《国务院关于加强市县政府依法行政的决定》与 2010 年《国务院关于加强法治政府建设的意见》的陆续出台，可以看出中央通过立法加强对法治政府的建设的高度重视。行政决策法制化是法治政府的重要指标，亦是依法行政的重要内容。目前，我国地方行政机关加强对重大行政决策行为的制度建设，尤其表现为省级政府对重大行政决策的规范立法。

我国省级政府对重大行政决策的立法中，分为四种不同的立法现象：

第一种，将有关规范重大行政决策的内容设置在本省统一的行政规章里。在《××省行政程序规定》之中设置专章用来规范重大行政决策活动。比如《湖南省行政程序规定》《江苏省行政程序规定》《山东省行政程序规定》。《江苏省行政程序规定》2022 年 11 月废止，缘于经过江苏省人大常委会通过的《江苏省行政程序条例》于 2022 年 11 月施行。江苏省的地方行政程序立法成为效力层级更高的地方法规。其内容中仍然单独列出了第五章"行政规范性文件、行政规划、重大行政决策"，将重大行政决策作为第三节包括其中。

第二种，通过针对重大行政决策的专门性规章，从而达成对本辖区重大行政决策活动的调整。在现有的地方行政决策立法中，这种立法现象是较为普遍的表现。主要有：《四川省重大行政决策程序规定》《湖北省人民政府重大行政决策程序规定（试行)》《云南省重大行政决策程序规定》《甘肃省人民政府重大行政决策程序暂行规定》《青海省人民政府重大行政决策程序规定》《江西省县级以上人民政府重大行政决策程序规定》《宁夏回族自治区重大行政决策规则》《内蒙古自治区重大行政决策程序规定》。

第三种，有部分省份既通过了统一的省级行政程序规定的规章，在统一的行政规章中对重大行政决策程序有专门的章节进行规范，亦单独出台了关于重大行政决策的政府规章。例如《浙江省重大行政决策程序规定》《浙江省行政程序办法》，以上两个政府规章均对政府的重大行政决策行为进行了规定，2015 年 10 月 1 日出台的《浙江省

重大行政决策程序规定》有 25 个条文详细规定了政府的行政决策行为，2017 年 1 月 1 日出台的《浙江省行政程序办法》中第三章第三节规定了重大行政决策的内容，但是仅仅只有三个条文。两个政府规章均有效，属于并存的关系。

第四种，部分省份尚没有确立或通过省级政府层次的政府规章，对重大行政决策程序尚没有统一的地方规范。

四种不同的立法现象，呈现出我国地方行政决策立法多元并举的状况。这也是各个地区政府重视依法决策，重视依法行政，建设法治政府的体现。本文重点研究省级政府规章的程序化程度。

（二）国家立法踟蹰不前的现状

我国没有对重大行政决策进行统一的立法。2014 年 11 月 6 日在国务院新闻办召开的新闻发布会上透露，目前正在制定重大行政决策程序条例，但是至今没有出台。

另外，我国也暂时没有制定包含有重大行政决策内容的，统一的《行政程序法》，我国对行政决策权及其行使方式、对决策的基本程序和相关制度的规定散见于《中华人民共和国国务院组织法》《中华人民共和国地方各级人民代表大会和地方各级人民政府组织法》和其他相关行政法文件中。由此可以看出，我国尚没有法律规定对重大行政决策进行全面规定，没有统一的重大行政决策立法。我国目前部分省份在本辖区制定了重大行政决策的相关政府规章，部分省、自治区、直辖市所属的地方亦制定了市、州政府规章，还有一些地区制定了地方规范性文件，使得地方重大行政决策立法位阶呈现出多元化的状态。同时，不同地方的地方立法在立法结构、立法内容、法律术语等方面，亦存在一些本地特色，有所不同。

（三）现有立法对重大行政决策的程序化影响和规范意义

程序性和程序度是衡量程序化的重要指标。"程序性是以程序本身特征的强弱来体现的，狭义的程序性可以单纯地指组成程序规则的数量的多与少。"[1] 狭义的程序性专指法律程序作为法律规则集合体所体现出的程序化程度。由法律程序对应的社会活动内在复杂性程度和法律程序为其设置的程序规则数目通过比较分析，得出法律程序的程序化程度。"程序度是衡量程序规则之间的关联状态和程序柔韧程度的指标，用于判断法律程序的各个规则之间是否可能存在有所疏漏的'黑洞'或'后门'。"[2] 本文讨论的是我国地方重大行政决策立法的程序化程度问题，也应通过研究其程序性、程序度来衡量。

---

① 黄捷. 论适度的法律程序 [J]. 湖南师范大学社会科学学报，2010，39（4）：63-66+90.
② 黄捷，刘晓广，杨立云，等. 法律程序关系论 [M]. 长沙：湖南师范大学出版社，2009：16.

1. 部分地方重大行政决策开始有法可依

我国已有部分省份通过设立省级政府规章规范政府重大行政决策行为，下面通过研究省级政府规章设立的重大行政决策程序的规则数量对重大行政决策程序的程序化进行分析。

《青海省人民政府重大行政决策程序规定》有 31 个条文。《江西省县级以上人民政府重大行政决策程序规定》有 29 个条文。《宁夏回族自治区重大行政决策规则》有 41 个条文。《内蒙古自治区重大行政决策程序规定》有 38 个条文。《甘肃省人民政府重大行政决策程序暂行规定》有 40 个条文。《云南省重大行政决策程序规定》有 46 个条文。《四川省重大行政决策责任追究暂行办法》有 21 个条文。《四川省重大行政决策程序规定》有 38 个条文。《湖南省行政程序规定》第三章有 25 个条文。《山东省行政程序规定》第三章有 25 个条文。《江苏省行政程序规定》第三章有 13 个法律条文（变更为《江苏行政程序条例》后其第五章第三节有 3 个条文）。《湖北省人民政府重大行政决策程序规定（试行）》有 50 个条文。《浙江省重大行政决策程序规定》有 25 个条文。《浙江省行政程序办法》第三章有 3 个条文规定。

从上面的数据分析出，有 12 个省份出台了政府规章，占全国 35.3%。这一部分相对于没有出台省级政府规章的省份程序化的程度就相对来说高一些。按照《法律程序关系论》中的观点可以知道，没有规则就是零程序，是一种绝对自由的状态。既然行政权是一种必须关在笼子里的权力，而重大行政决策权又是行政权的重要权力，这种绝对自由的状态显然是不符合行政决策活动的进行。

无论如何，现有 12 个省份对重大行政决策的立法，让政府的决策行为变得有法可依，变得有程序化，也让比较各个不同省份重大行政决策的程序化有了意义。

2. 地方重大行政决策程序多元不同

从 12 个不同省份出台的省级政府规章中，我们发现规定了 50 个法律条文以上的省份有 2 个，规定了 40 个条文以上的省份有 3 个，规定了 30 个条文以上的省份有 2 个，规定了 20 个条文以上的省份有 4 个，规定了 10 个条文以上的省份有 1 个。

重大行政决策的程序化通过程序性和程序度来衡量，程序性从狭义上是通过直观地比较法律规则条文的数量。数量越多，程序性就越强。而程序度就是对条文之间的关联状态进行比较，是否存在法律规则"漏洞"。

那么，从程序规则的数量上分析，现有大多数省级政府规章对重大行政决策的立法，在程序性的表现上是有差异的，法律规则的数量从 10～50 分布不等，大多数的程序性不够，某些方面不能充分规范重大行政决策的活动，可能会导致决策活动的无序，在现实中可能就演变为"乱决策""拍脑袋决策""拍胸脯决策"的现象。

从程序规则的内容上，即对条文之间的关联状态进行分析，12 个省份出台的省级政府规章均对行政决策的原则、重大决策的范围、决策主体、决策的程序、决策的执行和监督进行了或详或略的规定。在这些大体相似又各不相同的规则之间，它们之间的联系紧密程度也各不相同。如《江西省县级以上人民政府重大行政决策程序规定》条文内容的编排顺序是这样的：规定的适用范围、重大行政决策的范围、决策的基本原则、决策权的行使、决策的程序、决策的执行与监督、法律责任。《湖北省人民政府重大行政决策程序规定（试行）》的编排顺序是：第一章总则（规定的适用范围、决策的原则、重大行政决策的范围），第二章决策建议的提出，第三章协商与协调，第四章公示与听证，第五章决策与公布，第六章监督保障和责任追究。通过比较，两个规则中关于规定的适用范围、决策的原则、决策的范围等具体的内容规定都不一样。从而体现不同地方政府的立法在程序度上的差异。

三、我国重大行政决策规定程序化的不足

通过以上对现有地方重大行政决策程序化的分析，我们不难发现我国重大行政决策规定程序化的不足，在程序性与程序度上面均有体现：

（一）现有的重大行政决策规定程序性不高（程序规则数量）

1. 没有统一的、系统化的立法体例

不同省份出台的规章往往只对本辖区起规范作用，有些省份规定适用范围是县级以上的政府的重大行政决策，也有一些省份仅适用于省政府作出重大行政决策行为，对于尚未对重大行政决策进行立法的地区处于无法可依的状态。目前，由于没有制定适用于全国范围内的重大行政决策行为的法律，那么，在不同地区可能出现同样的事项会产生不同的决策结果的现象。对于跨省的决策行为，更是会出现多省并管或者相互推诿的情况。没有统一的、系统的立法体例不利于全国范围内重大行政决策程序化的进步。

2. 现有的立法条文数目不多

通过对现有 12 个省份出台的重大行政决策立法条文的梳理，绝大多数省份都不超过 50 个条文，一般集中在 20 个法律条文左右。而程序性的高低与法律条文呈现出正相关的关系。当然，并不是设立法律条文越多越好，设立的法律条文应该与规范的社会活动所需要的规则数量相当。重大行政决策是政府行使行政权的重要体现，对社会产生的影响也是广泛又直接的，单靠 20 多个条文规定重大行政决策，明显属于法律条文数量少于应有数量的情形，能够用来简约规范行为主体的行为方式，但是不能使行为主体充分有序地开展活动。

（二）现有的重大行政决策规定程序度不高（程序规则密度）

现有立法对重大行政决策程序的规定还存在某些方面的漏洞，程序规则之间紧密联系的程度不高，程序规则之间存在漏洞，主要表现在以下几个方面：

1. 制定行政决策的程序不完善

这里所讲的制定行政决策的程序仅指制定决策阶段，不包括其他阶段。主要体现在公众参与、行政公开、决策听证方面，当前有很多学者对行政决策程序的不足进行了充分探究与讨论，这里就不再赘述。

2. 执行行政决策的程序不完善

关于决策的执行，有的省份是把执行与监督放在一起立法，有的省份把执行与后评估放在一起，也有省份没有单独规定执行。现有立法均规定了全面、及时、正确地贯彻执行决策的原则，规定了逐级报告制度。但是，没有对执行本身进行规定，没有规定执行的主体该如何选定、逐级报告的程序、决策执行后评估程序。这些程序上的规定都欠缺，表现出重实体、轻程序的现象，程序化还有待加强。

3. 监督行政决策的程序不完善

现有的关于重大行政决策的立法，程序化问题严重出现在监督方面。"没有监督就没有责任"，所以监督对于行政决策，是决策制定程序运行的保障。监督也反映出决策是否合法、合理。但是现有立法对监督仅仅是泛泛而谈，具体来说存在以下几个问题：

（1）没有确立行政决策是否科学的判断标准

没有规定评判的标准可能会导致监督不到位。在这里需要注意的是，把决策实施后评估与监督区别开来，两种是不同制度，决策实施后评估制度是监督的一部分，是对决策的执行带来的影响或者效益进行评估，评估的内容包括：①决策实施结果与决策制定目的的符合程度。②决策执行的成本、效益分析。③决策存在的问题。④决策的近期效益和长远影响。⑤继续执行、停止执行、暂缓执行或者修改决策内容的意见或者建议。监督的内容更广，并且涵盖了这些内容。后评估制度就是用来检验决策是否科学。虽然规定了后评估制度，但是评估的这几项内容，并没有规定相应的标准。那么，评估机构得到的数据与信息，仍然不能直接用来断定决策是否科学、可行。执行机构在评估行政报告时，难免会有其他主观的因素干扰，比如上下级关系、财政支持等。所以，在考量决策是否可行的时候，立法者应该把考量的指标量化，才能真正达到考量的效果。

（2）没有明确行政决策监督主体

关于决策监督主体，不同省份的规定有些不同，总结有以下几种：①没有具体规定，统称为政府督查机构。②政府目标督查机构、公民、法人或者其他组织、人大代表、政协委员。③执行机关、监督机关、公民、法人或者其他组织。监督主体多样化，是立法者重视监督的表现之一，但是泛泛而谈几乎将所有社会成员都列入监督主体的范围，又不明确各自的监督责任，容易导致"九龙治水"与"群龙无首"的现象。

（3）没有规定如何行使监督权

监督的方式不规范，带有随意性，大多数省份的规章规定监督主体认为决策应当停止执行或者修改的，可以向决策执行机关或者政府提出建议。但是没有规定以何种方式提出，提出需要提供哪些材料，向政府的哪个具体机关提出。仅规定监督权但没有规定监督途径等于没有监督。

（4）没有树立正确的监督重心

监督的范围狭窄，重心倾斜于决策的执行，对行政决策的制定过程、决策是否科学监督的力度比较小。2009年出台的《青海省人民政府重大行政决策程序规定》第二十四条①："建立决策监督机制。省政府办公厅负责决策执行的督查、考核等工作，根据决策内容和省政府工作部署，采取跟踪检查、督促催办等方式，确保决策的正确执行，并及时向省政府报告督查情况。"2016年公布的《云南省重大行政决策程序规定》第三十七条（经2020年修订为第三十八条）规定："政府督查机构应当根据决策内容和政府工作部署，采取跟踪检查、督促催办等措施，对重大行政决策事项执行情况进行监督。发现问题的，及时处置并向政府报告。"

不管是旧法还是新法，监督的范围都在执行决策阶段，保障决策正确执行。但是执行的是不是科学的决策，监督机构貌似并不在乎。虽然，在制定决策阶段，制定了相应的程序规定，但缺少监督，仍难以避免出现"拍脑袋"决策的现象。因此，监督应当包括制定决策的过程和决策本身是否科学。

（5）没有制定决策失误救济机制

监督的救济机制不完善，监督主体向决策机关提出意见后，只规定决策机关要认真研究。至于如何研究？作出何种决定？均没有规定到位。

第三节 执法属性的地方行政程序制度

行政，就其权力属性的本质而言，都属于执行性的属性。而"执行"的本质即体现在法治时代，当然是对法律内容的兑现。所以说，执法在广义上包括了行政的全部。

---

① 2020年11月4日省人民政府第68次常务会议审议通过了新的《青海省人民政府重大行政决策程序暂行规定》2021年1月生效。新法在第六条强调了"应当按照下列规定对重大行政决策加强监督"，主要凸显省政府或省政府各部门对下级的监督责任。

但具体而言，执法，亦称法的执行，顾名思义是指执行法律，运用和贯彻法律，让法律在生活中实现。广义的执法是泛指所有国家机关及其公职人员依照法定程序实施法律的活动。狭义的执法具体指国家行政机关及其工作人员和法律授予行政权的社会组织或接受行政机关委托的社会组织，在行使行政管理权的过程中，依照法定的职权和程序，贯彻实施法律的活动。在该意义上行政机关亦被称为执法机关，执法亦依法被界定为行政机关的主要职能和责任。

一、执法属性的地方行政程序制度的含义

执法是实施法律的活动，实施法律必须依法进行。依法进行的法，既包括赋予执法者职权范围和职能属性，以及执法目标等实体性质的法；亦包括规范和设定如何开展具体形式的执法行动，比如执法活动的启动条件、时间、地点、行为方式、结束模式等程序性质的法。程序性质的法是塑造执法属性的地方行政程序制度的基本依据。执法性的地方行政程序制度一般是指包含行政许可、行政处罚、行政强制、行政给付、行政征收、行政确认等执法性具体行政行为的地方行政程序制度。

执法属性的地方行政程序制度是指依法享有立法权的地方权力机关或地方政府通过地方立法方式或通过地方决策的方式确立的如何进行行政执法的地方性程序制度。他们的内容通常需要以地方法规或规章，或其他地方性规范性文件为依据而确立。

执法是行政机关最重要的职能，因而有关执法的制度建设自然亦就是最突出的行政法律制度的内容。我国在法治建设中，有关执法的法律制度建设成果突出，有关的全国性法律，如行政处罚法、行政许可法、行政复议法、行政强制法等先后通过全国性立法得以确立；各个地方的权力机关和当地政府亦纷纷在全国性立法基础上或在法律授权的框架内放手开展地方行政执法制度建设，其中主要表现为行政程序性的制度建设。

二、我国执法属性地方行政程序制度的立法现状

行政权是政府及其职能机构依法获得的社会的事务管理权和服务权，是直接为社会提供公共服务和公共秩序的权力。行政权需要被关在法律的"笼子"里，否则其亦是极为容易被滥用或被懈怠的权力。执法是行政权运行的中心内容，依法行政则是法治的核心，而法治又是政治文明的核心内容之一，法治建设的进程彰显着政治文明的进程。1978年，党的十一届三中全会提出了"有法可依、有法必依、执法必严、违法必究"的"十六字方针"。1997年，中共第十五次全国代表大会中第一次提出"依法治国，建设社会主义法治国家"，提出"依法治国"基本方略。1999年3月第九届全国人民代表大会第二次会议通过的宪法修正案的内容中，在宪法第五条增加一款，作

为第一款，规定："中华人民共和国实行依法治国，建设社会主义法治国家。"这一规定，第一次在最高法律地位的宪法中，将法治国家的总目标确定为国家目标。2011年，全国人大负责人宣布中国特色社会主义法律体系初步形成。2014年，"全面推进依法治国"成为十八届四中全会的主要议题。可以看出，全面推进依法治国的提出，是社会主义政治文明发展的新的里程碑。同时，随着国务院2004年《全面推进依法行政实施纲要》，2008年《国务院关于加强市县政府依法行政的决定》与2010年《国务院关于加强法治政府建设的意见》的陆续出台，可以看出中央通过立法加强对法治政府建设的高度重视。中央的高度重视，需要通过各地的法治政府建设予以落实，而法治政府建设的重中之重，便是加强执法制度建设，依法开展执法工作。

行政执法工作是法治政府的重要指标，我国各个省一级的地方权力机关和地方政府在全国的统一布局基础之上，或先或后，重点开展了行政执法的程序制度建设，我们可以通过观察全国主要的省、直辖市或民族自治区的立法概况，来观察我国地方关于执法属性的行政程序制度建设的情况。

我国省一级地方权力机关或政府对执法属性的行政执法性立法，是地方制度建设的主要部分，总体而言地方性立法成果亦较为丰富。表现有以下一些特征。

（一）执法性地方行政程序制度是地方法规或规章的主体性内容

笔者共计收集了全国4个直辖市、5个自治区、22个省共计31个省级行政区域的地方法规或地方行政规章453份文件（见上文表2-1），其中直接以"执法"冠名的地方立法文件为154个，约占全部文件数的34%。直接以"管理"冠名的地方立法文件为159个，约占全部文件数的35%。合计约占总数的70%，其中扣除有40份文件既冠之以"执法"亦同时冠之以"管理"的所占比8.8%，仍有约62%的文件属于执法属性。并且该部分直接以"执法"或"管理"冠名的地方法规或规章，基本均关联地方行政程序制度建设和构建完善，因而，亦均是执法性地方行政程序制度的主要依据。观察其他虽然没有以"执法"或"管理"命名的地方立法文件，其内容亦大多皆涉及执法属性的具体活动，如处罚、许可、听证、备案、监督等，这些地方立法同样属于地方行政程序属性的制度构建的内容。所以，执法性的地方行政程序制度建设是地方立法的重点和主体内容。

（二）直接冠以"执法程序"的地方立法比例偏低

在所有这些有关执法的地方制度建设中，直接冠以"执法程序"之名的地方立法有：《辽宁省行政执法程序规定》，《福建省行政执法程序规定》（2019年福建省通过了新的《福建省行政执法条例》），《四川省行政执法程序暂行规定》，《广西壮族自治区行政执法程序规定》等（参见上文表2-1和表2-2）。

其他，虽然没有直接冠以执法程序之名，但其内容当然属于执法属性的活动，并冠以"程序"之名的立法有:《北京市实施行政处罚程序若干规定》《北京市行政处罚听证程序实施办法》《天津市行政处罚听证程序》《上海市设定临时性行政许可程序规定》《上海市行政处罚听证程序规定》《重庆市行政处罚听证程序规定》《山西省实施行政许可程序办法》《辽宁省行政处罚听证程序规定》《湖南省行政处罚听证程序规定》① 等。上述这些地方立法,主要围绕着行政处罚或行政许可等主要的专门执法活动,设置程序,构建制度。此类执法性质的地方程序性立法共计 32 个,约占所收集文件的 7%。

(三) 程序意识偏弱,混合实体和程序的立法较为普遍

另外,大多数立法既没有冠"执法程序"之名,亦没有单独冠"程序"之名。但这些地方立法的实质内容属于亦涉及行政执法程序制度构建的地方立法。比如:《北京市行政问责办法》《北京市行政调解办法》《天津市行政执法和行政执法监督暂行规定》《天津市行政罚款管理规定》《天津市行政执法投诉办法》《天津市行政许可违法责任追究暂行办法》《天津市行政执法违法责任追究办法》《天津市依法行政考核办法》《上海市行政许可办理规定》《上海市行政执法过错责任追究办法》《上海市行政执法证管理办法》《重庆市行政执法证件管理办法》《重庆市行政执法责任制条例》《重庆市行政执法监督条例》《重庆市行政执法基本规范(试行)》《重庆市行政机关行政应诉办法》《河北省行政执法和行政执法监督规定》《湖南省行政执法证和行政执法监督证管理办法》《湖南省行政执法条例》《湖南省行政许可监督检查规定》《湖南省行政执法人员和行政执法辅助人员管理办法》等。这些地方立法实体和程序混合,没有明确的实体或程序意识,是一种直奔立法目标或目的的立法表现。其中,所涉及的许多内容当然属于执法程序制度建设的成分。

三、我国执法属性地方行政程序制度建设的进步和不足

执法属性的地方行政程序制度建设任重道远,其内容复杂,多元多级,需要不断总结和不断创新,砥砺前行。

(一) 我国执法属性地方行政程序制度建设的进步

执法属性的地方行政程序制度是行政程序制度的重要组成部分。我国自 1998 年至

---

① 此类地方立法还有:《辽宁省实施行政许可程序规定》《吉林省行政处罚听证程序实施办法》《江苏省行政处罚听证程序规则(试行)》《江苏省行政许可听证程序暂行规定》《安徽省行政处罚听证程序规定》《江西省行政处罚听证程序规定》《山东省行政处罚听证程序实施办法》《广东省行政处罚听证程序实施办法》《海南省行政处罚听证程序规定》《四川省行政处罚听证程序暂行规定》《贵州省行政许可实施程序暂行规定》《云南省行政处罚程序规范》《陕西省实施行政许可程序暂行规定》《甘肃省行政处罚听证程序暂行办法》《甘肃省实施行政许可程序暂行规定》《青海省行政处罚听证程序暂行规则》《内蒙古自治区行政处罚听证程序规定》《新疆维吾尔自治区实施行政处罚程序规定》《新疆维吾尔自治区行政处罚听证程序实施办法》等。

2018 年的三十年之间，除了全国性的行政执法性立法之外，各个省、自治区、直辖市，进行了大量的执法性内容的立法活动，这些立法活动初始时大多以行政处罚、许可、复议等单项的执法活动为内容，逐步发展到进行地方行政活动的综合性统一立法；由程序意识不明晰的模糊性地方立法到突出程序，制定统一的程序性规定。这些表现为我国执法属性的地方行政程序制度的构建，作出了不可磨灭的贡献。

其中，各省、自治区、直辖市中，明确以"执法程序"冠名的地方立法文件有 4 个，分别是：《辽宁省行政执法程序规定》（规章），《福建省行政执法程序规定》（法规。2019 年变更为新的《福建省行政执法条例》之后在名称上去掉了"程序"二字），《四川省行政执法规定》（规章），《广西壮族自治区行政执法程序规定》（规章）。另外颁布具有综合或相对综合执法属性的"执法条例"或"执法基本规范"的地方立法文件有 14 个，分别是：《上海市城市管理行政执法条例》（法规），《重庆市行政执法基本规范（试行）》（规章），《山西省行政执法条例》（法规），《辽宁省行政执法条例》（法规），《吉林省行政执法条例》（法规），《黑龙江省规范行政执法条例》（法规），《黑龙江省行政执法与监督条例》（法规），《河南省行政机关执法条例》（法规），《河南省行政执法条例》（法规），《湖北省行政执法条例》（法规），《海南省行政执法规则》（规章），《四川省行政执法规定》（规章），《甘肃省建设行政执法条例》（法规），《湖南省行政执法条例》（法规）。这些地方立法的成绩，在某一个侧面代表着地方执法性行政程序法律制度建设的进步。

（二）我国执法属性地方行政程序制度建设的不足

1. 重实体轻程序的痕迹依旧浓郁

从 30 年来的地方立法统计情况来看，各地关于执法性的立法占据了地方立法的主体部分，是地方行政制度构建的主要内容。但从整个立法情况来看，由不同职能部门和单项执法制度建设逐步走向综合性执法制度的构建，已经开始，但步伐缓慢，仅有 12 个省、自治区、直辖市制定有综合性执法条例属性的法规或规章，仅占所收集法规规章总数的 2.65%；进行专门执法程序性立法的省份更少，仅有 4 个省、自治区的 4 份文件，仅占所收集法规规章总数的 0.88%。不分实体和程序进行模糊性地方立法的比较偏高，占地方立法的大多数。

2. 程序法律意识不强，体制创新不足

行政执法程序制度构建的过程循着一个由单一逐渐趋于综合和统一的体制，具有一定的探索性，可以借鉴的经验和模式较少，完全靠各地方政府根据本地实际情况摸索。各地通过地方立法摸索地方执法性行政程序制度的建设，尤其近年来开始综合性行政执法的制度建设，不可避免地需要在原有的行政执法体制中吸取有益的经验和教训。很多地方制度建设都是在原有行政执法程序的基础上，加以沿袭或修改，就作为行政执法机关的程序安排。导致许多好的经验被吸收了，但是也有些不适应新时期执法工作的程序也被保留了下来。

在新的制度探索中，职能部门从原本由政府机构内部分工而产生的内部机构转变为能直接面对行政相对人，执行行政事务的政府外部机构。各职能部门采取"大包干"的形式对各自的管理领域实施行政管理，谁管的谁就负责到底，别人无权干涉，"不论对错，先执行再说"，"完成任务，不出乱子"，是计划经济体制下对各个职能部门的最基本要求。但是这种千篇一律的组织结构并不适合每一个地方政府的实际情况。地方政府的机构按照地方政府的职责，是管理好地方行政事务，其管理任务与中央政府的管理任务不同，按照职能划分平级职能部门的方式比较适合进行宏观管理的中央政府机构，但并不一定适合管理具体地方事务的地方政府。因为中央政府机构不负责具体行政执行工作，其主要工作以制定职能范围内的各种政策、法规为主，很多情况下不需要直接面对行政相对人，也就不需要专门成立具体的执法部门。而地方政府则必须直接面对行政相对人，实施具体的行政行为，这时，如何做好行政执法工作就是每个地方政府必须考虑的问题了。原有的行政执法体制，是建立在按照职能划分行政机构的理念上，并且较大程度上受到计划经济体制的影响。无论在中央，还是在地方，平级行政执法机关之间的差别最根本的体现是工作领域的不同。工作领域相对恒定，这种职能上的区分方便了平级行政机关之间的工作分配，同时也方便了计划经济体制下从中央到地方政府行政权力的分配，但是，随着经济的发展，社会的进步，单纯以职能划分平级行政部门的做法已渐渐凸显其弊端，各个行政机关形成自己的势力范围或特殊"疆域"，工作非常容易陷于僵化和固有习惯性模式。

3. 行政相对人参与行政程序的保障不足

近年来，我国建设法治国家，通过全国性的行政立法对行政相对人参与行政程序给予了较多的法律保障。比如通过全国性的行政处罚法、价格法、行政许可法、行政强制法、行政复议法等均较多地规范了相对人的程序权利。以行政处罚法为例，行政处罚法规定了听证制度，并规定了行政相对人有申辩、陈述的权利：该法第三十二条规定，当事人有权进行陈述和申辩。对当事人提出的事实、理由和证据，应当进行复核，当事人提出的事实、理由或者证据成立的，行政机关应当采纳；第四十一条规定，行政机关不得因当事人申辩而加重处罚；行政机关及其执法人员在作出行政处罚决定之前，不依照本法规定向当事人告知给予行政处罚的事实、理由和依据，或者拒绝听取当事人的陈述、申辩，行政处罚决定不能成立；当事人放弃陈述或者申辩的除外；第四十二条规定，行政机关作出责令停产停业、吊销营业许可证或者执照、较大数额罚款等行政处罚决定之前，应当告知当事人有要求举行听证的权利；当事人要求听证的，行政机关应当组织听证；等等。但是，在我国大多地方执法性的行政程序制度建设中，行政相对人较多的被客体化。因为，在传统的行政法律关系中，行政主体与行政相对人之间的地位往往具有明显的不对等性，行政主体往往相对于被管理者，具有地位和心理优势，享有更多的实体性权力，后者更多需要接受管理，表现为必须服从和接受。因此，在行政执法制度的构建中，这种意识或多或少亦表现出来，将行政相对人看作是行政管理的客体，偏重有利于提高行政管理效率，从而将保障行政相对人的权利置于次要的地位。

4. 地方执法性行政程序制度构建中程序责任设置模糊

当前关于地方执法性行政程序制度建设过程中，比较普遍的，也是被忽略的一个问题，就是几乎所有地方行政法规、规章对执法程序的程序行为，设置有明确的规范，但是一旦违反该程序规则，却缺少追究责任或担当后果的设置。许多违反行政程序的执法行为没有得到及时制止和追究，导致执法程序规定只停留在纸面上。例如，各地方政府均规定执法机关在当场作出行政处罚决定时，应当告知当事人作出行政处罚决定的理由及依据。但是，当实际程序过程中，执法人员忽略或不遵行这一要求时，却没有明确相应的后果，因而，程序的严肃性和责任保障是虚无和模糊的。因而，程序本身也必然是易受轻视和忽略的。

地方行政法规、规章几乎都设置了法律责任的章节内容，具体责任与违法行为的对应往往都是设置在相关主体自由裁量权的框架之内。其中对程序违法行为所需承担责任后果的安排存在着明显的忽略。

第四节　特别属性的地方行政程序制度

特别属性的地方行政程序制度是地方行政程序制度的重要部分，一般是指地方行政决策制度和行政执法制度以外，行政主体运用行政权力进行的行政指导、行政合同、行政裁决、行政调解，以及行政应急对应紧急状态等一系列活动所需要遵循的行为模式。通过地方立法，将这些行政行为的属性、地位、作用，需要遵循的原则和界限等，确立下来，有利于地方行政的建设性和有效性。

一、特别属性的地方行政程序制度的含义

研究特别属性的地方行政程序制度的内容，着重选取了已经进行了综合性地方行政立法的湖南、江苏、宁夏、山东、浙江等五个省份的地方规章作为考察的对象。

（一）特别属性地方行政程序制度的含义

特别属性的地方行政程序制度是指在全国性行政程序制度建设的基础上，各地通过地方立法确立和建设的，除地方决策制度和地方执法制度以外，用于达成行政目的和工作目标的行政指导制度、行政合同制度、行政裁决制度、行政调解制度，以及紧急状态下的行政应急制度等一系列具体地方程序制度的总和。

（二）特别属性地方行政程序制度的特征

特别属性的地方行政程序制度是一系列不同地方行政行为的行为模式的概况性描述和归纳。其实际是不同的具体行政制度的汇总，因而这些具体制度内容中，除行政应急制度之外，这种特别属性的地方行政程序制度具有这样一些特征：其一，非决策性和非执法性。即这些行政活动之所以特别，是因为他们都不是传统的行政决策行为，也不是传统的行政执法性行为，他们都是非传统执法性的行为模式。其二，特别属性行政程序制度的特别之处还在于这些行政活动中的具体行政行为的行为方式和其他社会主体的教育行为、民事行为、司法行为等行为的行为方式有形似和模拟，具有准教育性，准民事性，准司法性等。

行政应急制度在这些特殊的程序制度中，又有一些自己的特别之处，其属于在特定情形下的紧急行政，需要高度的应急决策和紧迫执法，所以其决策和执法的属性会更加突出和强化。对此，我国已经制定有《中华人民共和国突发事件应对法》，用以建立规范全国范围内面临突发事件的时候，如何预防、应对和善后等各项法律制度。

二、地方行政程序指导制度

行政指导是行政权主体在职权范围内，为实现行政工作目标或达成所期待的行政状态，以阐释、教育、建议、劝告等具有导向性的行为，对相对人施加影响，促使相对人在相关活动中作为或不作为，以满足行政期待。行政指导的重要特征是不通过强制命令和指挥要求有关当事人作为或不作为，从而对于形成更和谐的行政关系更有意义。

（一）地方行政程序指导制度的涵义和类型

地方行政程序指导制度是指由地方性法规或规章确立的规范地方行政主体对相对人实施指导性行政行为的制度。它是现代行政管理的重要手段之一。根据行政指导的方式不同，其可以分为以助成、促进对方为目的的助成指导和以限制对方的行为为目的的限制指导；亦可以分为口头指导和书面指导；还可以分为主动指导和被动指导等。

（二）地方行政程序指导制度的特点和利弊

行政指导的特点在于，只要取得相对人的同意即可形成所期望的行政秩序，而无须使用强制性的权力手段。

行政指导可以消除相对人的抵触，确保行政工作得以顺利、切实地进行；相对人也期望得到行政指导以趋利避害，更愿意在明白利弊的基础上自主开展相关活动。行政指导的不足，是行政指导大多缺少法律依据，它虽不发生权力的强制作用，但由于行政机关的权力属性和地位，常常有可能使相对人违心接受行政指导，因此潜存着较高的危险性。

（三）不同地方行政程序指导制度的主要内容

1. 不同地方立法关于行政指导的定义

《湖南省行政程序规定》第九十九条：本规定所称行政指导，是指行政机关为实现特定的行政目的，在其法定的职权范围内或者依据法律、法规、规章和政策，以指导、劝告、提醒、建议等非强制性方式，引导公民、法人和其他组织作出或者不作出某种行为的活动。

《宁夏回族自治区行政程序规定》第六十八条：本规定所称行政指导，是指行政机关为实现特定的行政目的，在其法定的职权范围内或者依据法律、法规、规章和政策，以指导、劝告、提醒、建议等非强制性方式，引导公民、法人和其他组织作出或者不作出某种行为的活动。

《山东省行政程序规定》第一百零六条：本规定所称行政指导，是指行政机关为了实现特定行政目的，在法定职权范围内或者依据法律、法规、规章和政策，以劝告、提醒、建议、协商、制定和发布指导性政策、提供技术指导和帮助等非强制方式，引导公民、法人和其他组织作出或者不作出某种行为的活动。

《浙江省行政程序办法》则没有直接为行政指导下定义，仅在其第八十四条规定，行政机关为实现行政管理目的，可以主动或者依据申请采取下列方式，对公民、法人和其他组织实施行政指导：（一）提供指导和帮助；（二）发布信息；（三）示范、引导、提醒；（四）建议、劝告、说服；（五）其他指导方式。

观察上述四个不同地方立法关于行政指导的界定，除浙江立法没有直接定义，还有《山东省行政程序规定》中关于指导方式的内容有所不同。山东立法定义忽略了方式中"指导"一词的同义反复问题，另行提出了"协商、制定和发布指导性政策、提供技术指导和帮助"等，其他皆大同小异。

2. 不同地方立法关于行政指导适用的情形

《湖南省行政程序规定》第一百零一条：行政指导主要适用于下列情形：

（一）需要从技术、政策、安全、信息等方面帮助当事人增进其合法利益；

（二）需要预防当事人可能出现的妨害行政管理秩序的违法行为；

（三）其他需要行政机关实施行政指导的情形。

《宁夏回族自治区行政程序规定》第六十九条：行政指导主要用于需要从技术、政策、安全、信息等方面帮助当事人增进其合法利益等需要行政机关实施行政指导的情形。

《山东省行政程序规定》第一百零七条：行政指导一般适用于下列情形：

（一）需要从技术、政策、安全、信息等方面帮助公民、法人和其他组织增进其合法利益的；

（二）需要预防可能出现的妨碍行政管理秩序的违法行为的；

（三）需要实施行政指导的其他情形。

《浙江省行政程序办法》对适用的情形没有规范。

3. 不同地方立法关于行政指导适用的基本原则

毫无疑问，行政指导统一都应当适用不得强制原则。另外，还需遵循另外一些具有高度合理性的原则。

依据《湖南省行政程序规定》第一百零五条、第一百零六条、第一百零七条、第一百零八条的规定，行政指导还应当适用公开原则、专业问题专家论证原则、重大指导听取民意原则、告知当事人选择权原则等。

依据《宁夏回族自治区行政程序规定》第七十四条、第七十五条、第七十六条、第七十七条规定的内容，行政指导适用的原则基本与《湖南省行政程序规定》相同。

依据《山东省行政程序规定》第一百一十条和第一百一十一条的规定，行政指导适用的原则包括：公开原则、重大指导听取民意原则、专业问题专家论证原则。

《浙江省行政程序办法》第八十四条第二款规定：行政指导坚持依法、公正、合理的原则。公民、法人和其他组织可以自主决定是否接受、听从、配合行政指导；行政机关不得强制或者变相强制公民、法人和其他组织接受行政指导。

总之，比较几个地方立法文件的内容，可以发现，有关制度建设的内容，相仿度很高，但又不失特色。地方相关行政程序制度建设彼此借鉴，相互促进发展。

三、地方行政程序合同制度

行政合同是现代行政活动中较为重要的一种行为方式，亦是一种现代行政便捷有效的行政管理手段。通过行政合同，普通公民可以以积极的自主方式直接参与和顺应实施行政职能的需求，特别是在经济职能方面尤为突出；行政合同的广泛使用，可以有效减少行政机关对相对人进行单方面指挥或命令的行政安排，通过以协商的方式提出要求和安排义务，便于公民理解和接受，容易达成认同和自觉，从而减少因双方立场和目的的差异而带来的对立性，有利于避免矛盾，创造和谐社会。

（一）地方行政程序合同制度的涵义

地方行政程序合同制度是指依据地方立法确立和规范运行的地方行政机关为达到

维护与增进公共利益，实现行政管理目标或目的，与相对人之间经过协商一致所达成协议的行政工作制度。

因为行政合同之中，行政主体与相对人之间的关系和民事合同中当事人彼此之间的关系有很大不同，行政主体并非以民事法人的身份参与其中，行政主体的身份与行政相对人依然是不平等的法律地位，合同中的权利义务亦不同于民事合同中的权利义务。行政主体与相对人的协议，是以合同的方式来达到维护与增进公共利益的目的。且在该过程中行政主体享有行政优益权，即优先权和受益权。

（二）地方行政程序合同制度的特征

1. 行政合同的当事人必有一方是行政主体，享有行政权力。行政合同是行政主体为了实现行政管理目标而签订的。因此，当事人中必有一方主体是行政主体。行政主体是以行政权为基础而参与到该合同关系中的主体，没有行政主体的参加，不能称为行政合同。行政主体参加订立行政合同和行政主体参加订立民事合同的重要区别是看行政主体是否以行政权为基础，以实现行政目标为目的。当行政机关以民事主体身份签订合同时，如到菜市场采购单位食堂加工的蔬菜，到文具店采购福利性用品等，该合同是民事合同；只有当行政机关以行政主体身份签订合同时，该合同才是行政合同。

2. 行政合同的目的是实施行政管理。行政主体签订行政合同的目的是通过双方签订协议的方式实现行政管理职能，维护公共利益，达成行政目标，不是为了自身的利益。

3. 行政主体对于行政合同的履行享有行政优益权。行政主体对行政合同的履行享有民事合同主体不具备的行政优益权。具体通常体现为对合同履行的监督权、指挥权、附条件的单方变更权和解除权。即行政主体只有在合同订立后出现了由于公共利益的需要或法律政策的重大调整，必须变更或解除时，才能行使单方变更、解除权。并且针对由此造成相对人合法权益损害的，要予以补偿。

4. 行政合同双方当事人因为履行行政合同发生争议，受行政法调整，不宜适用《中华人民共和国民法典》中合同编的内容，而是需要根据行政法的相关原则，通过行政救济方式解决。

（三）不同地方行政程序合同制度的主要内容

1.《湖南省行政程序规定》

第九十三条　本规定所称行政合同，是指行政机关为了实现行政管理目的，与公民、法人或者其他组织之间，经双方意思表示一致所达成的协议。

行政合同主要适用于下列事项：

（一）政府特许经营；

（二）国有土地使用权出让；

（三）国有资产承包经营、出售或者出租；

（四）政府采购；

（五）政策信贷；

（六）行政机关委托的科研、咨询；

（七）法律、法规、规章规定可以订立行政合同的其他事项。

第九十四条 订立行政合同应当遵循竞争原则和公开原则。

订立行政合同一般采用公开招标、拍卖等方式。招标、拍卖适用《中华人民共和国招标投标法》、《中华人民共和国拍卖法》、《中华人民共和国政府采购法》等有关法律、法规、规章规定。

法律、法规、规章对订立行政合同另有规定的，从其规定。

第九十五条 行政合同应当以书面形式签订。

第九十六条 行政合同依照法律、法规规定须经其他行政机关批准或者会同办理的，经过其他行政机关批准或者会同办理后，行政合同才能生效。

第九十七条 行政机关有权对行政合同的履行进行指导和监督，但是不得对当事人履行合同造成妨碍。

第九十八条 行政合同受法律保护，行政机关不得擅自变更或者解除。

2.《宁夏回族自治区行政程序规定》

第六十三条 本规定所称行政合同，是指行政机关为了实现行政管理目的，与公民、法人或者其他组织之间，经双方意思表示一致所达成的协议。

第六十四条 订立行政合同一般采用招标、拍卖等方式，并以书面形式签订，但法律、法规、规章对订立行政合同另有规定的，从其规定。

第六十五条 行政合同依照法律、法规规定须经其他行政机关批准或者会同办理的，经过其他行政机关批准或者会同办理后，行政合同才能生效。

第六十六条 行政机关有权对行政合同的履行进行指导和监督，但是不得对当事人履行合同造成妨碍。

第六十七条 行政合同受法律保护，行政机关不得擅自变更或者解除。

3.《山东省行政程序规定》

第一百条 本规定所称行政合同，是指行政机关为了维护公共利益，实现行政管理目的，与公民、法人和其他组织之间，经双方意思表示一致达成的协议。

行政合同主要适用于下列事项：

（一）政府特许经营；

（二）国有自然资源使用权出让；

（三）国有资产承包经营、出售或者租赁；

（四）公用征收、征用补偿；

（五）政府购买公共服务；

（六）政策信贷；

（七）行政机关委托的科研、咨询；

（八）计划生育管理；

（九）法律、法规、规章规定可以订立行政合同的其他事项。

第一百零一条　订立行政合同应当遵循维护公益、公开竞争和自愿原则。

行政合同应当采取公开招标、拍卖等方式订立。有下列情形之一的，可以采取直接磋商的方式订立：

（一）法律、法规有明确规定的；

（二）情况紧急需要尽快订立合同的；

（三）行政机关委托的科研合同；

（四）需要保密的合同；

（五）需要利用专利权或者其他专有权利的合同；

（六）需要采取直接磋商方式的其他情形。

法律、法规、规章对订立行政合同的方式另有规定的，从其规定。

第一百零二条　行政合同应当以书面形式签订，但是法律、法规另有规定的除外。

行政合同的内容不得违反法律、法规、规章的规定，不得损害国家和社会公共利益，不得违反公序良俗。

第一百零三条　行政合同依照法律、法规规定应当经其他行政机关批准或者会同办理的，经批准或者会同办理后，行政合同方能生效。

第一百零四条　行政机关有权对行政合同的履行进行指导和监督，但是不得妨碍对方当事人履行合同。

第一百零五条　行政合同受法律保护，合同当事人不得擅自变更、中止或者解除合同。

行政合同在履行过程中，出现严重损害国家利益或者公共利益的重大情形，行政机关有权变更或者解除合同；由此给对方当事人造成损失的，应当予以补偿。

行政合同在履行过程中，出现影响合同当事人重大利益、导致合同不能履行或者难以履行的情形的，合同当事人可以协商变更或者解除合同。

4.《浙江省行政程序办法》

第八十条　行政机关为实现公共利益或者行政管理目的，可以在法定职责范围内，与公民、法人或者其他组织协商订立行政协议。

行政协议应当以书面形式签订；依法应当经其他行政机关批准或者会同签订的，

应当经批准或者会同签订。行政协议经双方签字后生效或者依约定生效。法律、法规和规章对行政协议的订立形式和程序另有规定的，从其规定。

第八十一条　行政机关有权对行政协议的履行进行指导和监督，但不得妨碍对方当事人履行协议。

行政协议在履行过程中，当事人、行政机关可以依法协商变更或者解除协议，但不得损害行政管理目的的实现。

有下列情形之一的，行政机关有权变更或者解除行政协议：

（一）法律、法规或者规章规定变更或者解除的；

（二）行政协议约定变更或者解除的条件成就的；

（三）当事人在履行协议过程中，严重损害国家利益、公共利益的；

（四）因国家利益、公共利益需要变更或者解除的其他情形。

行政机关根据本条第三款第一项、第四项规定变更或者解除行政协议，给当事人造成损失的，依法予以补偿。

综上可以注意到，各省关于行政合同的地方制度建设，彼此有借鉴，但侧重点有所区别。

四、地方行政程序裁决制度

行政裁决是指行政机关或法定授权的组织，依照法律授权，对平等主体之间发生的、与行政管理活动密切相关的民事纠纷进]行审查，并作出裁决的行政行为。在许多时候，行政裁决也被视为"准司法行为"。被裁决的纠纷一般不属于合同纠纷，但与行政管理权有关。

（一）地方行政程序裁决制度的涵义

地方行政程序裁决制度是指依据地方立法规则构建和运行的行政机关依法对平等主体之间发生的，与行政管理职权密切相关的民事纠纷予以判断性处理的制度。

行政机关需要在获得法律授权的基础上，才能对所授权限范围内的民事纠纷进行处理，通过审查事实并依法作出裁决。没有法律上的依据，行政机关不能自行决定和裁决各类民事纠纷。

根据我国现行法律的规定，行政裁决主要有以下几类：

1. 损害赔偿裁决

行政机关对平等主体之间发生的、因涉及与行政管理相关的合法权益受到侵害而引起的赔偿争议所作的裁决。

2. 补偿纠纷裁决

对财产侵害行为造成损失的补偿，着眼于被征收、征用的财物，予以公平弥补时发生的纠纷所作的裁决。

3. 权属纠纷裁决

行政主体对平等主体之间，因涉及与行政管理相关的某一财产、资源的所有权、使用权的归属发生争议所作出的裁决。

4. 侵权纠纷裁决

在平等主体之间，一方当事人认为其行政法上的合法权益受到了另一方侵犯时，依法请求行政机关制止侵害，并责令侵权方对其侵害行为已造成的损失予以赔偿。

（二）地方行政程序裁决制度的特征

在地方行政程序裁决制度中，通常表现为以下一些特征：

1. 行政裁决的主体具有特定性

裁决行为是法律授权的行政机关进行的行政行为，而不是司法行为，只有那些对特定行政管理事项有管理职权的行政机关，经法律明确授权，才能对其管理职权有关的民事纠纷进行裁决，成为行政裁决的主体。

2. 行政裁决的民事纠纷与行政管理有关

当事人之间发生了与行政管理活动密切相关的民事纠纷，是行政裁决的前提。只有在民事纠纷与行政管理密切相关的情况下，行政机关才有权对该民事纠纷进行裁决，以实现行政管理的目的。

3. 行政裁决是依申请进行的行政行为

民事纠纷双方当事人在纠纷发生后，可以依据法律法规的规定，在法定的期限内向特定的行政机关申请裁决。没有当事人的申请行为，行政机关不能自行启动裁决程序。行政机关在实施行政裁决时，是以第三者的身份居间裁决民事纠纷，有司法的形式特征，同时该行为又是以行政机关的身份裁决争议，具有行政性质。因此，行政裁决通常被称为准司法性。

4. 行政裁决是一种具体行政行为

行政机关依照法律法规的授权针对特定的民事纠纷进行裁决，是对民事纠纷依职权作出的法律结论，具有具体行政行为的基本特征。行政相对人不服行政裁决而引起的纠纷属于行政纠纷。除属于法定终局裁决的情形外，当事人可依法申请行政复议或提起行政诉讼。

（三）不同地方行政程序裁决制度的主要内容

1.《湖南省行政程序规定》

第一百零九条　本规定所称行政裁决，是指行政机关根据法律、法规的授权，处理公民、法人或者其他组织相互之间发生的与其行政职权密切相关的民事纠纷的活动。

第一百一十条　公民、法人或者其他组织申请行政裁决，可以书面申请，也可以口头申请。口头申请的，行政机关应当当场记录申请人的基本情况、行政裁决请求、申请行政裁决的主要事实、理由和时间。

行政机关收到公民、法人或者其他组织申请后，应当在 5 日内审查完毕，并根据下列情况分别作出处理：

（一）申请事项属于本机关管辖范围内的，应当受理，受理后 5 日内，应当将申请书副本或者申请笔录复印件发送给被申请人；

（二）申请事项不属于本机关管辖范围内的，应当告知申请人向有关行政机关提出；

（三）申请事项依法不能适用行政裁决程序解决的，不予受理，并告知申请人。

第一百一十一条　被申请人应当自收到申请书副本或者申请笔录复印件之日起 10 日内，向行政机关提交书面答复及相关证据材料。

行政机关应当在收到被申请人提交的书面答复之日起 5 日内，将书面答复副本发送申请人。

申请人、被申请人可以到行政机关查阅、复制、摘抄案卷材料。

第一百一十二条　行政机关审理行政裁决案件，应当由 2 名以上工作人员参加。

双方当事人对主要事实没有争议的，行政机关可以采取书面审查的办法进行审理。

双方当事人对主要事实有争议的，行政机关应当公开审理，充分听取双方当事人的意见，依法不予公开的除外。

行政机关认为必要时，可以实地调查核实证据；对重大、复杂的案件，申请人提出要求或者行政机关认为必要时，可以采取听证的方式审理。

行政机关应当先行调解，调解不成的，依法作出裁决。

第一百一十三条　行政机关作出裁决后应当制作行政裁决书。行政裁决书应当载明：

（一）双方当事人的基本情况；

（二）争议的事实；

（三）认定的事实；

（四）适用的法律规范；

（五）裁决内容及理由；

（六）救济的途径和期限；

（七）行政机关的印章和日期；

（八）其他应当载明的事项。

第一百一十四条　行政机关应当自受理申请之日起 60 日内作出裁决，情况复杂的，经本行政机关主要负责人批准，可以延长 30 日作出裁决，并应当将延长期限告知申请人。

2.《宁夏回族自治区行政程序规定》

第七十八条　本规定所称行政裁决，是指行政机关根据法律、法规的授权，处理公民、法人或者其他组织相互之间发生的与其行政职权密切相关的民事纠纷的活动。

第七十九条　公民、法人或者其他组织申请行政裁决，可以书面申请，也可以口头申请；口头申请的，行政机关应当当场记录申请人的基本情况、行政裁决请求、申请行政裁决的主要事实、理由和时间。

第八十条　行政机关收到公民、法人或者其他组织申请后，应当在五日内审查完毕，并根据下列情况分别作出处理：

（一）申请事项属于本机关管辖范围内的，应当受理，受理后五日内，应当将申请书副本或者申请笔录复印件发送给被申请人；

（二）申请事项不属于本机关管辖范围内的，应当告知申请人向有关行政机关提出；

（三）申请事项依法不能适用行政裁决程序解决的，不予受理，并告知申请人不予受理的理由。

第八十一条　被申请人应当自收到申请书副本或者申请笔录复印件之日起十日内，向行政机关提交书面答复及相关证据材料。

行政机关应当在收到被申请人提交的书面答复之日起五日内，将书面答复副本发送申请人。

第八十二条　行政机关审理行政裁决案件，一般由二人以上参加。

双方当事人对主要事实有争议的，行政机关应当公开审理，充分听取双方当事人的意见。双方当事人对主要事实没有争议的，行政机关可以采取书面审查的方式进行审理。

行政机关认为必要时，可以实地调查核实证据；对重大、复杂的案件，申请人提出要求或者行政机关认为必要时，可以采取听证的方式审理。

第八十三条　经当事人申请，行政机关应当先行调解，调解不成的，依法作出裁决。行政机关作出裁决后应当制作行政裁决书。行政裁决书应当载明：

（一）当事人的基本情况；

（二）争议的事实；

（三）认定的事实；

（四）适用的法律规范；

（五）裁决内容及理由；

（六）救济的途径和期限；

（七）行政机关印章和日期；

（八）其他应当载明的事项。

第八十四条 行政机关应当自受理申请之日起六十日内作出裁决；情况复杂的，经本行政机关主要负责人批准，可以延长三十日作出裁决，并应当将延长期限告知申请人。

3.《山东省行政程序规定》

第一百一十二条 本规定所称行政裁决，是指行政机关根据法律、法规的授权，处理公民、法人和其他组织之间发生的与行使行政职权相关的民事纠纷的行为。

第一百一十三条 公民、法人和其他组织申请行政裁决，可以书面申请，也可以口头申请。口头申请的，行政机关应当当场记录申请人的基本情况、行政裁决请求、主要事实和理由。

行政机关应当自收到公民、法人和其他组织申请之日起5日内审查完毕，并按照下列规定作出处理：

（一）申请事项属于本机关管辖的，应当受理，并自受理之日起5日内，将申请书副本或者申请笔录复印件发送被申请人；

（二）申请事项不属于本机关管辖的，应当告知申请人向有关行政机关提出；

（三）申请事项依法不适用行政裁决程序的，不予受理，并书面告知申请人。

第一百一十四条 被申请人应当自收到申请书副本或者申请笔录复印件之日起10日内，向行政机关提交书面答复及相关证据材料。

行政机关应当自收到被申请人提交的书面答复之日起5日内，将书面答复副本送达申请人。申请人、被申请人可以到行政机关查阅、复制、摘录案卷材料。

第一百一十五条 行政机关审理行政裁决案件，应当由2名以上工作人员办理。

申请人、被申请人对主要事实没有争议的，行政机关可以书面审理；对主要事实有争议的，应当公开审理。但是依法不予公开的除外。

行政机关应当先行调解，调解不成的，依法作出裁决。

第一百一十六条 行政机关作出裁决后应当制作行政裁决书。

行政裁决书应当载明下列事项：

（一）申请人、被申请人的基本情况；

（二）争议的事实；

（三）认定的事实；

（四）适用的法律依据；

（五）裁决内容和理由；

（六）救济的途径和期限；

（七）行政机关印章和裁决日期；

（八）应当载明的其他事项。

第一百一十七条　行政机关应当自受理申请之日起 60 日内作出裁决；情况复杂的，经本行政机关主要负责人批准，可以延长 30 日，并告知申请人和被申请人。

4.《浙江省行政程序办法》

第八十五条　具有行政裁决权的行政机关，应当根据法律、法规的规定，依据申请对公民、法人或者其他组织之间发生的与其行政职权密切相关的民事纠纷作出行政裁决。

综上可见，各省关于行政裁决的地方制度设计，湖南省、宁夏回族自治区和山东省比较重视裁决程序本身的规范和设计。浙江省则相对该制度，规范较粗放或忽略，江苏省早期的《江苏省行政程序规定》亦对此忽略，但在后来《江苏省行政程序条例》中规范了相关内容。

五、地方行政程序调解制度

行政调解是我国各类调解活动的一种，它是指由行政机关主持主导，通过劝谏和说服教育的方式，促使民事纠纷的当事人之间自愿达成协议，从而解决纠纷的一种调解行为。由此而确立的行为模式，被称为行政调解制度，亦被称为政府调解制度。

行政主体通过耐心的说服教育，针对自身职权管辖范围内相关的民事纠纷，促使纠纷的双方当事人互相谅解，在平等自愿的基础上达成一致协议，从而能够比较合理、柔和地解决社会矛盾，有利于社会安稳。

（一）地方行政程序调解制度的涵义

地方行政程序调解制度是指依据地方立法规则构建和运行的行政机关依法对平等主体之间发生的，与行政管理职权密切相关的民事纠纷予以劝谏、说服式处理的制度。

调解是处理平等主体之间民事争议的一种传统方法。地方行政机关根据相关法律、法规、规章的规定，对属于本机关职权管辖范围内的平等主体之间的民事纠纷，通过耐心的说服教育，解释说明和利弊开导等，使纠纷的双方当事人互相谅解，在平等自愿的基础上达成一致协议，从而解决纠纷矛盾。它是一种以当事人双方自愿为基础，由行政机关主持主导，以国家法律、法规及政策为依据，遵循合法原则，通过对纠纷双方的劝谏和说服，促使双方当事人平等协商、互让互谅，从而达成意思表示一致的协议的活动。

行政调解的法律效力，同人民调解一样，属于法院的诉讼外调解。行政调解所达成的协议内容本身不具有法律上的强制执行力，但对当事人应具有合同意义的约束力。因为，行政调解和人民调解一样，均是在自愿的基础上所进行的调解活动，按照我国现有法律的规定，当事人对所达成的协议，都应当自觉履行，否则应当承担违约责任。

（二）地方行政程序调解制度的类型

各地行政机关在行使行政管理职能过程中，所遇到的民事性质的纠纷，原则上都可以进行调解。但主要常见的行政调解有如下几类：

1. 基层人民政府的调解

主要是指由乡镇人民政府和街道办事处的司法助理员负责进行调处的一些乡村邻里或社区矛盾。

2. 合同管理机关的调解

合同管理机关，是指国家市场监督管理总局和地方各级市场监督管理局。市场主体之间，自然人和法人之间因为履行合同而发生的经济纠纷，都可以通过市场监督管理部门做工作，进行调解予以处理。

3. 公安机关的调解

对于因民间纠纷引起的打架斗殴或者损毁他人财物，或交通事故等违反治安管理的行为，情节轻微的，为便于化解社会冲突和人际矛盾，公安机关依法可以调解处理。

4. 婚姻登记机关的调解

对于婚姻关系中，男、女双方到婚姻登记机关申请离婚的情形，婚姻登记机关可以了解双方的主要矛盾和症结，同时在双方自愿的基础上对婚姻双方当事人进行调解，以促成婚姻家庭的稳定和和谐。

（三）不同地方行政程序调解制度的主要内容

1.《湖南省行政程序规定》

第一百一十五条　本规定所称行政调解，是指行政机关为化解社会矛盾、维护社会稳定，依照法律、法规、规章和有关规定，居间协调处理公民、法人或者其他组织相互之间民事纠纷的活动。

行政机关调解行政争议不适用本规定。

第一百一十六条　行政机关应当遵循自愿、合法、公正的原则，及时进行行政调解。

行政机关可以根据公民、法人或者其他组织的申请进行行政调解，也可以主动进行行政调解。

第一百一十七条　同时符合下列条件的民事纠纷，行政机关应当进行调解：

（一）与行政机关职责相关的；

（二）民事纠纷双方同意调解的；

（三）法律、法规、规章没有禁止性规定的。

第一百一十八条　行政机关收到公民、法人或者其他组织请求调解民事纠纷的申请后，经审查符合条件的，应当及时告知民事纠纷另一方；另一方同意调解的，应当受理并组织调解。

不符合条件或者一方不同意调解的不予受理，并向申请人说明理由。

第一百一十九条　民事纠纷双方自愿调解的，行政机关应当指派具有一定法律知识、政策水平和实际经验的工作人员主持调解。

第一百二十条　行政机关调解人员应当在查明事实、分清是非的基础上，根据纠纷双方特点和纠纷性质、难易程度、发展变化的情况，采取多种方式，做好说服疏导工作，引导、帮助纠纷双方达成调解协议。

行政机关应当通过调解活动防止纠纷激化。

调解应当制作笔录。一般应当在30日内调结。

第一百二十一条　调解达成协议的，根据民事纠纷双方的要求或者需要，可以制作调解协议书。调解协议书应当有民事纠纷双方和调解人员的签名，并加盖行政机关印章。调解协议书一式3份，行政机关和协议双方各执一份。

民事纠纷双方当事人应当履行调解协议。

调解没有达成协议的，民事纠纷双方可依法提起民事诉讼。

2.《宁夏回族自治区行政程序规定》

第九十一条　本规定所称行政调解，是指行政机关为化解社会矛盾、维护社会稳定，依照法律、法规、规章和有关规定的职权，通过说服教育和疏导，促使争议双方互谅互让，化解矛盾纠纷的活动。

第九十二条　行政机关应当对下列争议和纠纷进行行政调解：

（一）行政机关在行使职权过程中与公民、法人或者其他组织之间因行政管理产生的行政争议和纠纷；

（二）公民、法人或者其他组织之间产生的与行政机关职能有直接或者间接关联的行政争议和纠纷；

（三）民事纠纷发生后，因行政机关的介入引发的行政争议和纠纷。

第九十三条　行政机关进行行政调解应当遵循自愿、合法、平等、积极主动的原则。

第九十四条　行政机关接到当事人要求调解的申请后，经审查认为符合受理条件的，应当及时受理；不予受理的，应当向当事人说明理由。

调解应当制作笔录，并在三十日内调解完毕。

第九十五条　行政机关调解人员应当在查明事实、分清是非的基础上，根据纠纷双方特点和纠纷性质、难易程度、发展变化的情况，运用宣传政策法规、说服教育、协调疏导等方式方法，引导、帮助当事人自行和解或者达成调解协议。

第九十六条　经调解达成和解协议或者调解协议的，应当制作和解协议书或者调解协议书。协议书一式三份，调解机关和当事人双方各执一份。

第九十七条　当事人应当积极履行和解协议或者调解协议。和解协议书或者行政调解书应当载明下列事项：

（一）纠纷事由；

（二）调解事项和事实；

（三）调解结果；

（四）申请人和被申请人签名或者盖章；

（五）调解机关印章和日期。

3.《山东省行政程序规定》

第一百二十二条　本规定所称行政调解，是指行政机关为了化解社会矛盾、维护社会稳定，依照法律、法规、规章和规范性文件的规定，居间协调处理与行使行政职权相关的民事纠纷的行为。

行政调解应当遵循自愿、合法、公正、及时的原则。

第一百二十三条　行政机关可以根据公民、法人和其他组织的申请进行行政调解，也可以主动进行行政调解。

行政调解由具有相关法律知识、专业知识和实际经验的工作人员主持。

第一百二十四条　行政机关收到行政调解申请后，经审查符合条件的，应当及时告知被申请人；被申请人同意调解的，应当受理并组织调解。

不符合条件或者一方不同意调解的，不予调解。

第一百二十五条　行政调解工作人员应当在查明事实、分清是非的基础上，根据纠纷的特点、性质和难易程度，进行说服疏导，引导双方达成调解协议。

调解达成协议的，应当制作调解协议书。调解协议书应当由纠纷双方和调解工作人员签名，并加盖行政机关印章。

4.《浙江省行政程序办法》

第八十二条　行政机关可以依法通过行政调解的方式协调、协商处理与行政职权密切相关的行政争议和民事纠纷。

行政机关与公民、法人和其他组织之间产生的涉及行政赔偿、补偿等方面的行政争议，可以先行自行协商，协商不成或者当事人不愿意自行协商的，可以由上一级行政机关负责调解。

公民、法人和其他组织之间产生的与行政管理相关的有关交通事故损害赔偿、消费者权益保护、土地（林地、海域）权属争议、环境污染损害赔偿等民事纠纷，由主管该事项的行政机关负责调解。

第八十三条　行政机关收到调解申请后，应当予以登记。对属于行政调解范围且另一方当事人同意调解的，行政机关应当及时组织调解，并自收到调解申请之日起30日内办结，但双方当事人同意延期的或者法律、法规另有规定的除外。对不属于行政调解范围或者另一方当事人不同意调解的，行政机关不予调解，并通知当事人。

行政调解达成协议的，行政机关应当制作行政调解书，由当事人、调解主持人签名并加盖行政机关印章，自当事人签收之日起生效。

对事实清楚，双方当事人争议不大或者所涉赔偿、补偿数额在1万元以下的争议纠纷，行政机关可以简化调解程序。

综上可见，各省都比较注重关于行政调解的地方程序制度设计，湖南省、宁夏回族自治区的调解程序较为完善。山东省和浙江省则相对简化。

六、地方行政程序应急制度

行政机关管理的行政事务，大体上可以分为正常社会状态下的行政事务和非常社会状态下的行政事务，行政应急是法律上为管理和控制非常状态下行政事务的制度，是关于行政机关依法行使应急职权以控制和消除突发公共事件的制度。

（一）地方行政程序应急制度的涵义

地方行政程序应急制度是指依据《中华人民共和国突发事件应对法》等应急法律、法规基础上，由地方立法确立和规范的地方行政机关为贯彻国家应急法律、法规而构建的具体执行国家应急法律的行政工作制度。

行政应急制度在国家法律制度构建中占有极其重要的地位。一方面，行政应急制度要求行政机关及时履行法定应急职权，控制和消除危害性的突发公共事件，维护国家、社会和公众的安全利益；另一方面，行政应急制度通过规范紧急情况下行政权的行使权限和方法方式，有益于防止行政机关滥用应急职权，保证国家社会在非正常状态下的法治秩序，维护公民、法人和其他组织的合法权益。

（二）地方行政程序应急制度的基本原则

1. 从本地实际出发，居安思危，预防为主

结合本地方实际状况，高度重视公共安全工作，常抓不懈，防患于未然。增强忧患意识，坚持预防与应急相结合，常态与非常态相结合，做好应对突发公共事件的各项准备工作。

2. 强化职能，以人为本，减少危害

切实履行政府的社会管理和公共服务职能，把保障公众健康和生命财产安全作为首要任务，最大程度地减少突发公共事件及其造成的人员伤亡和危害。

3. 在党中央、国务院的统一领导下，分级负责

建立健全分类管理、分级负责，条块结合、属地管理为主的应急管理体制，在各级党委领导下，实行行政领导责任制，充分发挥专业应急指挥机构的作用。

4. 依法规范，加强管理

依据国家法律和行政法规，通过地方立法促使制度完善，结合实际填补空白强化执行，加强应急管理，维护公众的合法权益，使应对突发公共事件的工作规范化、制度化、法制化。

5. 快速反应，协同应对

加强以属地管理为主的应急处置队伍建设，建立联动协调制度，充分动员和发挥乡镇、社区、企事业单位、社会团体和志愿者队伍的作用，依靠公众力量，形成统一指挥、反应灵敏、功能齐全、协调有序、运转高效的应急管理机制。

6. 依靠科技，提高素质

加强公共安全科学研究和技术开发，采用先进的监测、预测、预警、预防和应急处置技术及设施，充分发挥专家队伍和专业人员的作用，提高应对突发公共事件的科技水平和指挥能力，避免发生次生、衍生事件；加强宣传和培训教育工作，提高公众自救、互救和应对各类突发公共事件的综合素质。

（三）地方行政程序应急制度的相关规定

1.《湖南省行政程序规定》

第一百二十二条　行政机关采取行政应急措施应对自然灾害、事故灾难、公共卫生事件和社会安全事件等突发事件，除适用《中华人民共和国突发事件应对法》等应急法律、法规、规章的有关规定外，还适用本节的规定。

第一百二十三条　各级人民政府和县级以上人民政府有关部门应当制定突发事件应急预案，建立健全突发事件监测制度和预警制度。

可以预警的自然灾害、事故灾难或者公共卫生事件即将发生或者发生的可能性增大时，县级以上人民政府应当根据法定和规定的权限和程序，发布相应级别的警报，决定并宣布有关地区进入预警期，启动应急预案，及时、有效采取措施，控制事态发展。

第一百二十四条　突发事件发生后，行政机关为应对突发事件依法作出行政决策，制定发布决定、命令，采取行政征用、行政强制、行政指导等应急处置措施，根据应对突发事件的需要，可以灵活确定上述行政应急行为的步骤、方式、形式、顺序和时限，变通或者部分省略有关行政程序。

采取影响公民、法人和其他组织权益的行政应急处置措施时，应当履行表明身份、告知事由、说明理由等程序义务。

突发事件的威胁和危害得到控制或者消除后，行政机关应当停止执行行政应急程序。县级以上人民政府作出应对突发事件的决定、命令，应当报本级人民代表大会常务委员会备案。

第一百二十五条 行政机关及其工作人员实施行政应急行为，不得超越职权、滥用职权、徇私枉法。

行政机关采取行政应急措施，应当与突发事件可能造成的社会危害的性质、程度和范围相适应；有多种措施可供选择的，应当选择有利于最大程度地保护公民、法人和其他组织权益的措施。

第一百二十六条 县级以上人民政府及其有关工作部门应当建立应急管理专家咨询组织，为行政应急提供决策建议、专业咨询和技术支持，必要时参加突发事件的应急处置工作。

行政机关作出行政应急决策、采取应急处置和救援措施时，应当听取有关专家的意见，实行科学决策，科学应对。

第一百二十七条 行政机关应当按照有关规定及时、客观、真实地向上级机关报告突发事件信息，并向有关地区和部门通报。有关单位和人员不得迟报、谎报、瞒报、漏报突发事件信息。

行政机关应当按照有关规定，通过广播、电视、报刊、网络等各种媒体，采取授权发布、散发新闻稿、组织报道、接受记者采访、举行新闻发布会等多种方式，统一、准确、及时地向社会公开发布突发事件发生、发展和应急处置的信息。

行政机关应对突发事件的决定、命令应当向社会公布。

第一百二十八条 行政机关和突发事件发生地的基层组织及有关单位，应当动员、组织公民、法人或者其他组织参加应急救援和处置工作，要求具有特定专长的人员为处置突发事件提供服务，鼓励公民、法人和其他组织为应对突发事件提供支持。

公民、法人和其他组织有义务参与突发事件应对工作，应当服从人民政府发布的决定、命令，配合行政机关采取的应急处置措施，积极参加应急救援和处置工作。

第一百二十九条 行政机关为应对突发事件征用单位和个人的财产，在使用完毕或者突发事件应急处置结束后，应当及时返还。财产被征用或者征用后毁损、灭失的，应当给予补偿。

2.《宁夏回族自治区行政程序规定》

《宁夏回族自治区行政程序规定》对应急行政没有作出规范。

3.《山东省行政程序规定》

《山东省行政程序规定》对应急行政没有作出规范。

4. 《浙江省行政程序办法》

《浙江省行政程序办法》对应急行政没有作出规范。

在国家统一针对紧急状态或突发事件有较为完善的立法的基础上，地方各省在该方面的努力比较少。仅有湖南省在该方面进行了适用国家法律基础上的地方规范。

第五节　听证属性的地方行政程序制度

听证是指在有法律依据的条件下，由听证主持人，采用听证会议的方式听取利害关系人的申辩或意见代表人的意见的活动。听证制度是关于这种活动的一系列法律规则所构成的行政行为模式。

一、听证属性的地方行政程序制度的界定

听证制度并不是独立的地方行政程序制度类型。其内容是存在于决策程序制度和执法程序制度中的重要环节。但其亦是决策或执法过程中格外凸显出来的环节，需要特别的关注和单独的规范。所以便有了特别的程序制度意义。

（一）听证属性的地方行政程序制度的含义

听证属性的地方行政程序制度是指在全国统一性立法确立的行政程序听证制度的基础上，各地通过地方立法进一步结合本地实际确立和建设的听证程序制度。

行政机关在拟做出影响行政相对人合法权益的决定之前，由行政机关告知相对人做出决定的理由和听证权利，组织专门时间地点听取行政相对人陈述意见、提供证据以及由行政机关听取其意见、接纳证据，并以此基础再做出相应的决定。听证就是由这样的一系列步骤所构成的一种法律制度。行政听证包括正式听证和非正式听证，正式听证是指行政主体在实施行政行为之前，举行听证会，由行政主体说明根据、理由，由听证参加人提出依据、证据或其他理由进行陈述或反驳，并形成拟实施的行政行为基础的听证记录的全部过程。非正式听证是指行政主体做出行政决定前，由特定人员通过各种灵活适当程序听取当事人和其他利害关系人意见的法律程序。地方行政听证程序制度是对这种制度的地方化和具体化，反映了各地落实和实践行政法治、人权保障的具体操作和安排，是促进行政法律制度走向文明的实践化安排。

（二）听证属性的地方行政程序制度的渊源

听证在制定法上的根据可以追溯到英国 1215 年《自由大宪章》，该宪章第三十九条规定："自由民非依据国法予以审判者，不得逮捕或禁锢，也不得剥夺其财产，放逐

外国，或加以任何危害。"西方听证的传统最早可以追溯到英国自然法古老的自然公正原则：当事人非经听证意见不受人身或财产的处罚。它要求任何权力必须公正行使，无论法官判案还是行政裁决，只要对当事人做出不利的决定，必须听取当事人的意见，不能主观片面地认定事实，剥夺当事人的辩护权力。听证制度是现代行政程序制度的核心，对推进社会主义民主政治建设具有重要意义。听证属性的地方行政程序制度是通过一系列不同地方的立法内容体现出来的制度形态。地方行政程序听证制度有益于体现对公民知情权、参与权、表达权、监督权的尊重，有利于行政机关改善与公众的关系，促进参与式行政、合作式行政等新型行政模式，益于法治社会的形成。

二、听证属性的地方行政程序制度的主要类型

行政听证制度可以分为行政决策听证及行政执法听证两大类。行政执法听证又可以区分为行政处罚听证、行政许可听证、行政征收听证等。

（一）地方行政程序决策听证制度

行政决策是一般决策概念理论应用到具体的行政管理实践活动中的产物，它是指具有一定行政权的组织和个人为实现行政目标、发挥行政职能、对国家事务和社会事务作出决策的过程，是一种行政行为。① 也有学者认为行政决策是指国家行政机关在其行政管理活动中，为执行行政任务，达到行政目的，根据对客观情况的分析，在各种可行性方案中，选择一种方案加以实施的过程。②

一般认为，行政决策是抽象行政行为的一部分，介于立法和具体处理决定之间，但与二者又不相同。一方面，行政决策与立法活动有相似的一面，一是都具有明显的政策选择性质，而不是决定具体事实和适用法律规范；二是直接面对的是公共利益，而非具体的个人或组织权益；三是具有普遍性和反复适用性。与立法不同的是，行政决策作出的是针对特定事项的具有具体明确内容的行政决定，具有内容上的单一性、法律效果上的命令性等特点，而不是以权利义务为主要内容以调整一定社会关系的法律规范。另一方面，行政决策虽然是一项有具体内容的行政决定，这一点与行政具体处理决定行为有相似之处，但二者在性质上又有所差别。行政具体决定如行政处罚行为，针对的是特定的人（或组织）和事，涉及具体的权利义务关系；而行政决策虽然对个人、组织产生影响，但直接面对的则是公共利益，具有很强的政策选择性质，不涉及具体的人、事及特定的权利义务关系。这就决定了行政决策适用的听证程序具有自身的特点：

（1）着眼于不特定人的"一般性事实"（或称"立法性事实"）而非解决具体纠纷

---

① 孙彩红. 从认识过程的角度论推进行政决策的科学化 [J]. 江西行政学院学报，2000（4）：9.

② 高小平. 现代行政管理学 [M]. 长春：长春出版社，2000：174.

的"定案事实"。

（2）参加人是公共利益或团体利益的"代表人"，而不是具有直接的法律上的利害关系的"当事人"或其他利害关系人。

（3）听证程序所获取的信息和资料，对决策具有重要参考作用，但决策还必须考虑其他政策因素，因此这些信息资料的约束性应当弱于具体处理决定听证程序获取的信息资料对具体决定的作用。①

有学者给出了行政决策听证的定义，认为所谓行政决策听证就是"行政机关在作出关系公共利益的重大决策前，举行会议，广泛听取和考虑相关方面意见，以促进决策民主化、科学化的程序制度"。②

地方行政程序制度中，有关决策的内容比较受重视。在笔者已经收集的453份省级地方立法文件中，涉及决策的专项文件共有15份，占总文件的3.31%。冠名决策程序的文件共有12份，占比2.65%。除此之外，制定了综合性行政程序规定的地方立法，除去《宁夏回族自治区行政程序规定》，亦皆在其内容中对决策程序做出了重要规范。而所有的决策程序安排中，皆有关于决策听证的制度安排。

（二）地方行政程序执法听证制度

地方行政程序执法听证制度是指由地方立法确立的行政主体对相对人的权利义务进行处分或做相关决定时就与该处分或决定相关的事实及法律适用问题，听取相对人或其他利害关系人陈述意见，提供证据，说明理由，进行举证和质证，辩论的程序制度。

这里的行政执法包括行政许可、行政处罚、行政强制、行政给付、行政征收、行政确认等影响公民、法人或者其他组织权利和义务的具体行政行为。在行政执法中规定听证程序的目的和意图，再予以程序的公正保证执法结果的公正。我国目前通过国家立法已经明确建立和运行的听证制度，主要有行政处罚听证、行政许可听证。这两种听证制度，当然的也是地方行政程序听证制度建设的重点。

我国大多数省份通过专门的地方立法用来规范该两种行政执法的听证程序制度。其中：北京市1996年制定发布了《北京市行政处罚听证程序实施办法》和《北京市实施行政处罚程序若干规定》；天津市1997年颁发了《天津市行政处罚听证程序》；上海市2005年发布了《上海市设定临时性行政许可程序规定》，2016年颁发了《上海市行政处罚听证程序规定》；重庆市2000年发布《重庆市行政处罚听证程序规定》；辽宁省1997年颁布了《辽宁省行政处罚听证程序规定》；吉林省1997年颁发《吉林省行政处

---

① 刘勉义．我国听证程序研究［M］．北京：中国法制出版社，2004：120.
② 刘勉义．我国听证程序研究［M］．北京：中国法制出版社，2004：10.

罚听证程序实施办法》，2004 年颁发《吉林省行政许可听证实施办法》；江苏省 1997 年颁发《江苏省行政处罚听证程序规则（试行）》，2004 年颁发《江苏省行政许可听证程序暂行规定》，2015 年又颁发综合统一的《江苏省行政程序规定》，2022 年又颁布了《江苏省行政程序条例》；安徽省 1997 年颁发《安徽省行政处罚听证程序规定》；江西省 1998 年颁发《江西省行政处罚听证程序规定》；山东省 1997 年颁发《山东省行政处罚听证程序实施办法》；湖北省 1997 年发布《湖北省行政处罚听证规则》；广东省 2000 年颁发《广东省行政处罚听证程序实施办法》；海南省 1997 年颁发《海南省行政处罚听证程序规定》；四川省 1997 年颁发《四川省行政处罚听证程序暂行规定》，2017 年颁发《四川省行政处罚听证程序规定》；贵州省 2006 年颁发《贵州省行政许可实施程序暂行规定》；云南省 2016 年发布《云南省行政处罚程序规范》；陕西省 2006 年发布《陕西省实施行政许可程序暂行规定》；甘肃省 1997 年颁发《甘肃省行政处罚听证程序暂行规定》，2006 年颁发《甘肃省实施行政许可程序暂行规定》；青海省 1998 年颁发《青海省行政处罚听证程序暂行规则》；内蒙古自治区 1998 年颁发《内蒙古自治区行政处罚听证程序规定》；宁夏回族自治区 2005 年颁发《宁夏回族自治区行政听证程序规定》；新疆维吾尔自治区 1997 年同时颁发《新疆维吾尔自治区实施行政处罚程序规定》和《新疆维吾尔自治区行政处罚听证程序实施办法》；湖南省 2001 年颁发《湖南省行政处罚听证程序规定》）。

（三）行政程序听证制度的其他分类

1. 正式听证与非正式听证

这是美国行政程序法对听证所作的一种分类。正式听证与非正式听证的区别主要在于公众参与的方式和程度不同。正式听证也被称为"基于证据的听证""完全的听证"。所谓正式听证指行政机关在制定法规和作出行政裁决时，举行正式的听证会，使当事人得以提出证据、质证、询问证人，行政机关基于听证记录作出决定的程序。正式听证的适用不取决于联邦行政程序法的规定，而是取决于法律是否规定根据听证记录制定法规或作出裁决。如果行政程序法之外的法律规定必须根据听证记录制定法规或作出裁决，则行政机关必须举行正式听证，反之，则不受行政程序法约束。

非正式听证指行政机关在制定法规或作出行政裁决时，须给予当事人口头或书面陈述意见的机会，以供行政机关参考，行政机关不需基于记录作出决定的程序。也被称为"陈述的听证"。

在非正式听证中，公众参与表达意见的方式，主要是通过口头或书面的方式提出，没有质证和相互辩论的权利，行政机关作决定时不受参与人意见的限制；而在正式听证中行政机关必须举行类似审判式的口头听证，当事人有权提出证据，进行口头辩论，行政机关必须根据听证记录作决定。此外，二者在听证的主持人上也有所不同。正式听证一般由行政法官来主持，非正式的听证不必由行政法官主持，普通行政官员主持即可。

正式听证为公众提供了充分的参与机会，但需要消耗大量人力、物力，影响行政效率，一般公众也不愿意为此耗费时间。因此，正式听证在美国的适用远不如非正式听证，因范围很小，仅限于涉及相对人重大权益，且法律规定必须根据听证记录作决定时才适用。

2. 事前听证、事后听证、混合听证

这也是美国对听证的一种分类。其以听证举行的时间在作决定之前还是之后为标准。

事前听证指在行政机关作出决定之前举行听证。如果行政机关的决定一旦作出，立即会使当事人陷入危难的，必须举行事前听证。事前听证可以是正式听证，也可以是非正式听证。

事后听证指行政机关在作出决定之后举行听证。事后听证可以方便行政机关迅速作出决定。利益受到不利影响的当事人，可在事后要求进行符合该决定具体情况的听证。

混合听证指行政机关对于某些行政决定，事前举行非正式听证，决定后当事人不服时，举行正式听证。或者当事人不服行政机关的决定，先举行非正式听证，当事人不服非正式听证时，再举行正式听证。这种情况大都适用于社会保障和福利津贴方面的听证。

3. 书面听证和口头听证

这是葡萄牙和我国澳门行政程序法根据听证的形式对听证的分类。听证是采取书面听证还是口头听证，由行政机关根据具体情况决定。所谓书面听证指利害关系人以书面形式向行政机关表明其意见。在采用书面听证时，行政机关必须通知利害关系人，听取他的意见，给予的期间不能少于 10 天。

在通知时，行政机关必须提供必需的资料，如对决定有重要意义的事实和法律事宜，以及查阅卷宗的时间和地点。利害关系人再给予答复，可对构成听证程序标的的问题表明立场，申请采取补足措施并附具文件。

口头听证指以口头辩论的方式向行政机关陈述意见，相当于美国的正式听证。葡萄牙《行政程序法》第一百零二条规定，行政机关选择口头听证的，最少要提前 8 天传唤利害关系人。口头听证要审查所有有利于作出决定的事实和法律问题。听证结束后，制作听证记录，记载关系人的陈述。如果主持听证的机关不是有权作出最终决定的机关，则要制作调查员报告书，对行政决定提出建议，并说明该建议的事实和法律根据。

三、地方行政程序听证制度的主要内容

以《湖南省行政程序规定》的内容为例，分为三部分内容：第一部分是"一般规定"；第二部分是"行政决策听证会"；第三部分是"行政执法听证会"。

第六章　行政听证

第一节　一般规定

第一百三十条　行政听证应当公开举行，涉及国家秘密和依法受到保护的商业秘密、个人隐私的除外。

第一百三十一条　听证主持人应当具备相应的法律知识和专业知识。听证主持人应当经政府司法行政部门统一组织培训。

听证主持人由行政机关负责人指定。行政机关直接参与行政决策方案制定的人员不得担任该行政决策听证主持人。行政机关调查人员不得担任该行政执法听证主持人。

第一百三十二条　听证主持人行使下列职权：

（一）指挥听证会的进行；

（二）维持听证会秩序；

（三）指定记录员；

（四）其他应当由听证主持人行使的职权。

第一百三十三条　听证记录员负责听证会的记录以及其他与听证会有关的事项。

记录员应当对听证过程作准确、全面的记录。

第一百三十四条　行政机关以及有关单位和个人不得采取欺骗、贿赂、胁迫等不正当手段，操纵听证结果。

听证主持人不得与当事人、利害关系人及其他听证参与人单方接触。

采取欺骗、贿赂、胁迫等不正当手段操纵听证结果的，其听证无效，应当重新听证。

第二节　行政决策听证会

第一百三十五条　行政机关举行行政决策听证会，应当在听证会举行前15日公告以下事项：

（一）举行听证会的时间、地点；

（二）听证的事项；

（三）公众参加听证会的报名时间、报名方式。

第一百三十六条　听证会参加人应当通过自愿报名的方式产生，并具有广泛的代表性。报名参加听证会的公众人数较多，需要选择听证会代表的，行政机关应当随机选择公众代表参加听证会。

报名参加听证会的人数不多的，行政机关应当让所有报名者参加听证会，行政机关也可以邀请有关公众代表参加听证会。

听证举行前 10 日，应当告知听证代表拟作出行政决策的内容、理由、依据和背景资料。

第一百三十七条　听证会按照下列步骤进行：

（一）主持人宣布听证会开始；

（二）记录员查明听证会参加人是否到会，并宣布听证会的内容和纪律；

（三）决策承办单位工作人员陈述；

（四）听证会参加人依次陈述；

（五）听证会参加人之间、听证会参加人与决策承办单位工作人员之间围绕听证事项进行辩论。

第一百三十八条　听证会参加人陈述意见应当遵守合理的时间要求，听证会参加人在规定的时间内未能详尽发表的意见，可以以书面形式提交给决策承办单位。

第一百三十九条　听证会应当制作笔录，如实记录发言人的观点和理由，也可以同时进行录音和录像。听证会笔录应当经听证会参加人确认无误后签字或者盖章。

行政机关应当充分考虑、采纳听证参加人的合理意见；不予采纳的，应当说明理由。意见采纳情况应当向社会公布。

第三节　行政执法听证会

第一百四十条　行政机关举行行政执法听证会，应当在听证会举行 7 日前将听证会的事项书面通知当事人、利害关系人。

通知应当载明以下内容：

（一）当事人、利害关系人名称或者姓名；

（二）听证主要事项；

（三）听证会的时间、地点。

参加行政执法听证会的当事人、利害关系人人数较多的，应当按照本规定确定代表人。

举行涉及重大公共利益的行政执法听证会，应当有一定比例的公众代表参加，公众代表的产生适用行政决策听证会的有关规定。

第一百四十一条　当事人、利害关系人在听证会中可以依法进行陈述、申辩和质证，查阅、复制、摘抄听证会材料。

当事人、利害关系人在听证会中应当遵守听证会纪律。

第一百四十二条　听证会按照下列步骤进行：

（一）主持人宣布听证会开始；

（二）记录员查明当事人、利害关系人和调查人员是否到会，并宣布听证会的内容和纪律；

（三）调查人员、当事人、利害关系人依次发言；

（四）出示证据，进行质证；

（五）调查人员、当事人、利害关系人对争议的事实进行辩论；

（六）调查人员、当事人、利害关系人依次最后陈述意见。

第一百四十三条　行政机关调查人员、当事人、利害关系人在听证会结束后，应当当场阅读听证笔录，经确认无误后签字或者盖章。

行政机关调查人员、当事人、利害关系人有权对记录中的错误提出修改意见。

听证主持人应当自听证会结束之日起 2 日内，根据听证笔录提出处理建议，报行政机关决定。

行政机关应当根据听证笔录，作出行政执法决定。未经听证会质证的证据，不能作为作出行政执法决定的依据。

第一百四十四条　听证会结束后，行政执法决定作出前，行政机关调查人员发现新的证据，可能改变事实认定结果的，应当重新听证。

第六节　监督属性的地方行政程序制度

行政监督是政府实现其职能或获得正确职能保障的一个重要方式。通过它可以有效地遏制权力滥用或亵渎，保证政府行政工作的正常运作，增益行政效能，维护政府形象。地方行政程序监督制度，是国家行政监督的重要组成部分。

一、监督属性的地方行政程序制度的界定

被冠名行政监督的监督大多是指行政机关对社会其他主体的执法性工作。这里的监督则是指行政机关被其他国家主体或社会主体观察和检查、审视。

（一）监督属性的地方行政程序制度的含义

监督属性的地方行政程序制度是指通过地方立法，对政府工作进行行政层级监督、职能监督，以及党纪、群团、公民社会监督的程序制度。

行政监督在社会中另外还有一种含义，指行政主体基于行政职权依法对行政相对人是否遵守行政法规范和执行行政决定等情况进行的监督检查，也叫行政检查。由于这种所谓的行政监督本质上属于行政管理职能和行政执法活动的组成部分，所以用行

政管理或行政执法的概念更为准确。因此一般行政法上的行政监督主要指针对行政权力及其行政工作的监督，是针对行政组织系统工作情况的监督检查，指的是对行政机关和工作人员的监督，监督的对象是行政主体及其工作人员开展的行政工作。

监督必须通过监督活动而进行，监督活动必须通过制度化和程序化的合法模式来开展，所以行政监督程序制度是地方行政程序的重要内容之一。

（二）监督属性的地方行政程序制度的主要类型

对行政机关和工作人员的监督，即行政监督亦有广义与狭义之分：广义的行政监督包括了立法机关、行政机关、司法机关、监察机关、政党、社会团体、新闻舆论等多种政治力量和社会力量对政府及其公务员的行政行为所实施的监察和督导；狭义的行政监督仅指行政机关内部对自己的机构及其公务员的不良行政行为所实施的监察和督导。

行政监督在西方国家，根据权力制衡关系，可以分为三种：其一是国家立法机关对行政机关实施的立法意义监督；其二是国家司法机关对行政机关实施的司法意义的监督；其三是行政机关自身内部层级居于上级的行政机关对下级行政机关实施的层级监督。

我国实施的是人民代表大会制度，权力属于一元化体制。行政监督亦可分为行政机关外部监督与行政机关内部监督两大类型。其中，行政监督的外部监督主要由国家权力机关、社会团体、社会舆论、人民群众等针对行政机关进行的检查、了解和约束；内部监督是指行政机关内部的层级监督和职能监督等。

二、地方行政程序外部监督制度

地方行政程序外部行政监督制度是指在国家法律制度基础上由地方立法进一步确立和规范运行的由来自行政机关外部的国家机关主体（立法机关、司法机关）或党团社会主体、社会舆论依法对行政机关及其工作状态实施监督的程序制度。

（一）权力机关的监督（亦称立法监督）

依据我国宪法规定，中华人民共和国的一切权力属于人民，人民行使国家权力的机关是全国人民代表大会和地方各级人民代表大会。国家行政机关由人民代表大会产生，对它负责，受它监督。因此，我国的国家权力机关依法有权对行政机关的所有工作情况实施监督，这种监督主要通过立法制约和检查审议等具体途径予以实现。在地方行政程序中，这种监督当然是本地权力机关对所辖区域内的行政机关实施的程序化的监督制度。

（二）司法机关的监督（亦称司法监督）

司法机关依法对行政诉讼和行政赔偿诉讼案件进行审理是监督行政机关和行政活

动强有力的制度安排。早在 2004 年 3 月国务院发布的《全面推进依法行政实施纲要》即强调了，对于法院受理的行政案件，行政主体应当积极出庭应诉、答辩，对法院作出的判决和裁定，应当自觉执行。法院通过对行政诉讼案件的审理，判断行政主体的行政行为是否合法，并依据审理情况做出裁判，对因为违法行政造成相对人损害和损失的情况，还要依据国家赔偿法予以行政赔偿，从而有力地保障和制约了行政工作必须运行在法治的轨道上。所以，司法机关的监督是行政监督的重要方面。地方行政程序中主要强化处于本地的司法机关审理案件时，本地行政机关依法接受监督，改进工作的程序制度。

（三）监察机关的监督（亦称监察监督）

2016 年 11 月中办印发《关于在北京市、山西省、浙江省开展国家监察体制改革试点方案》，2016 年 12 月 25 日第十二届全国人民代表大会常务委员会第二十五次会议作出《关于在北京市、山西省、浙江省开展国家监察体制改革试点工作的决定》，国家监察体制发生重大改革，同时亦以原《中华人民共和国行政监察法》为基础，重新设计制定关于国家监察制度的基本法律。2018 年 3 月 20 日，十三届全国人大一次会议表决通过了《中华人民共和国监察法》，意味着原来的国家行政机关内部的行政监察制度，已经转变为国家监察制度。由此，监察机关有权依法对行政机关中发生的职务违法或职务犯罪情况展开调查等监督工作。并且，这种监督亦将通过地方的监察机关依法定程序实施。

（四）社会监督

这个意义的监督，是建立在人民民主权利的基础上，对行政机关力度比较绵软和柔和的约束。其一般包括：社会舆论、公民批评、公民投票、特定社会团体等。

三、地方行政程序内部行政监督制度

行政程序内部行政监督制度主要是上级对下级的监督和审计机关从职能角度进行的审计监督等。原有的行政监察职能因为国家体制改革，已经由内部监督转变为外部监督。

（一）层级监督

这种监督主要是指行政机关的层级序列中，居于上级的行政机关对下级行政机关拥有领导权和指挥权，实施首长负责制和下级服从上级是政府运作中最主要、最常见以及效果最显著的工作形式。同时，对各项工作的执行情况，以及下级工作的状态，上级亦有权予以审查和指挥、纠正。层级监督是政府机关内部的自我监督形式，其既可以通过行政复议制度进行，亦可以通过申诉信访制度实施。

（二）专门监督

行政专门监督原来主要包括专门职能机关的行政监察监督和审计监督。目前，因监察体制改革已经完成，监察监督转化为外部监督。这里的专门监督仅指审计监督。

审计监督是指国家审计机关依照法律规定对政府财政经济活动实行检查监督的制度性活动。审计监督权是各级人民政府的行政管理监督职权的组成部分，由各级审计机关具体行使，各级审计机关隶属于政府的组织体系之内。根据我国宪法规定，审计监督权由各级审计机关独立行使，不受其他行政机关、社会组织和个人的干涉。审计监督权包括审计机关在依法进行审计监督中行使的调查、检查、审核、报告和处理等项职权。

四、地方行政程序监督制度的主要内容

以《湖南行政程序规定》的内容为例，"行政监督"位列第八章，共计十五个条文。其中涉及行政监察的部分内容，因为国家监察体制改革，监察制度发生变化，需要重新修订。

第八章　行政监督

第一百五十二条　县级以上人民政府应当加强政府层级监督，健全完善政府层级监督制度，创新政府层级监督机制和方式。

审计等专门监督机关应当切实履行法定职责，依法加强专门监督。各级行政机关应当自觉接受监察、审计等专门监督机关的监督。

第一百五十三条　行政机关应当接受同级人民代表大会及其常委会的监督，接受人民政协的民主监督，依照有关法律的规定接受司法机关的监督，接受新闻舆论和人民群众的监督。

第一百五十四条　县级以上人民政府应当加强政府绩效管理，逐步建立健全政府绩效管理体系，实行政府绩效评估，提高行政效能。

政府绩效评估应当包括行政机关履行职责、行政效率、行政效果、行政成本等内容。

政府绩效评估的标准、指标、过程和结果应当通过适当方式向社会公开。

政府绩效评估应当实行行政机关内部评估与外部评估相结合，通过召开座谈会、聘请监督评议员、组织公开评议等多种形式，广泛听取公众和社会各界的意见，由公众和社会各界代表参与评估。

第一百五十五条　县级以上人民政府应当加强对本规定实施情况的监督检查，及时纠正行政程序违法行为。

监督检查的主要方式：

（一）听取本规定实施情况的报告；

（二）开展实施行政程序工作的检查；

（三）重大行政行为登记和备案；

（四）行政执法评议考核；

（五）行政执法案卷评查；

（六）受理公众投诉、举报；

（七）调查公众投诉、举报和媒体曝光的行政程序违法行为；

（八）查处行政程序违法行为；

（九）其他监督检查方式。

第一百五十六条　公民、法人或者其他组织认为行政机关的行政行为违反法定程序的，可以向其本级人民政府法制部门和上级行政机关投诉、举报，要求调查和处理。

政府法制部门和上级行政机关应当公布受理投诉、举报的承办机构和联系方式。

接受投诉、举报的行政机关对受理的投诉、举报应当进行调查，依照职权在60日内作出处理决定，并将处理结果告知投诉人、举报人。

第一百五十七条　县级以上人民政府司法行政部门应当建立行政机关依法行政档案，对本级人民政府各工作部门和下一级人民政府的行政程序违法行为应当予以登记，并将违法记录以适当方式向社会公布。

第一百五十八条　行政机关行政程序违法的，行政机关应当依职权或者依申请自行纠正。

县级以上人民政府司法行政部门对公众投诉举报、新闻媒体曝光和监督检查中发现的行政机关行政程序违法行为，应当向有关机关发出《行政执法监督通知书》，建议自行纠正，有关机关应当在30日内将处理结果向政府司法行政部门报告。

第一百五十九条　行政机关不自行纠正行政执法违法行为的，由有监督权的机关根据违法行为的性质、程度等情况，依照职权分别作出如下处理：

（一）责令履行；

（二）确认无效；

（三）撤销；

（四）责令补正或者更正；

（五）确认违法。

第一百六十条　行政机关具有下列情形之一的，应当责令履行：

（一）不履行法定职责的；

（二）拖延履行法定职责的。

第一百六十一条　具有下列情形之一的，行政执法行为无效：

（一）不具有法定行政执法主体资格的；

（二）没有法定依据的；

（三）法律、法规、规章规定的其他无效情形。

行政执法行为的内容被部分确认无效的，其他部分仍然有效，但是除去无效部分后行政行为不能成立的，应当全部无效。

无效的行政执法行为，自始不发生法律效力。

第一百六十二条 具有下列情形之一的，行政执法行为应当撤销：

（一）主要证据不足的；

（二）适用依据错误的；

（三）违反法定程序的，但是可以补正的除外；

（四）超越法定职权的；

（五）滥用职权的；

（六）法律、法规、规章规定的其他应当撤销的情形。

行政执法行为的内容被部分撤销的，其他部分仍然有效，但是除去撤销部分后行政行为不能成立的，应当全部撤销。

行政执法行为被撤销后，其撤销效力追溯至行政执法行为作出之日；法律、法规和规章另有规定的，其撤销效力可以自撤销之日发生。

行政执法行为被撤销的，如果发现新的证据，行政机关可以依法重新作出行政执法行为。

第一百六十三条 行政执法行为的撤销，不适用以下情形：

（一）撤销可能对公共利益造成重大损害的；

（二）法律、法规、规章规定的其他不予撤销的情形。

行政执法行为不予撤销的，行政机关应当自行采取补救措施或者由有权机关责令采取补救措施。

第一百六十四条 具有下列情形之一的，行政执法行为应当予以补正或者更正：

（一）未说明理由且事后补充说明理由，当事人、利害关系人没有异议的；

（二）文字表述错误或者计算错误的；

（三）未载明决定作出日期的；

（四）程序上存在其他轻微瑕疵或者遗漏，未侵犯公民、法人或者其他组织合法权利的。

补正应当以书面决定的方式作出。

第一百六十五条 行政执法行为具有下列情形之一的，应当确认违法：

（一）行政机关不履行职责，责令其履行法定职责已无实际意义的；

（二）行政执法行为违法，不具有可撤销内容的；

（三）行政执法行为违法，依法不予撤销的；

（四）其他应当确认违法的情形。

第一百六十六条 行政机关的具体行政行为违反法定程序，侵犯公民、法人或者其他组织合法权益的，公民、法人或者其他组织可以依法申请行政复议或者依法提起行政诉讼。

第三章
地方行政程序主体

　　地方行政程序主体，是地方行政程序制度中的重要制度内容。在行政程序活动中，主体是必不可少的因素之一，行政权力的行使、行政义务的承受以及行政责任的落实，在程序活动中都需要合格的主体。但行政程序主体与行政主体属于两个不同的概念，二者既有联系又相互区别。行政程序主体是参与到行政程序活动中的权利义务载体，而地方行政程序主体则是与中央行政程序主体相对应的概念，其法治化程度的高低直接影响到依法治国、建设中国特色社会主义法治社会的进程。在国家权力结构的位阶上，地方行政程序中的主体与中央行政程序主体相比，因法律赋予其特殊的地位以及实际运行中的需求，地方行政程序主体具备了地方性、程序性、多元性的特征。国外及我国台湾地区对地方行政程序主体的规定虽各有特色，但可体现出中央与地方分权的理念，更体现出在对进入行政程序的主体资格的预先考察，对我国地方行政程序主体理论的研究有较强的借鉴意义。在实务中，多元化的主体参与到行政程序中，地方行政程序主体独特的价值和特有的功能逐渐被发掘，但仍存在着设定资格条件过低、职能设置不科学、责任定位不合理等问题，严重影响了地方行政程序的价值实现。因此，在对地方行政程序主体进行合理界定的基础上，通过对其外延、类型和法律地位进行分析，借鉴国外和台湾地区已有程序法典的相关规定，对我国地方行政程序主体的活动开展提出几点建议。地方行政程序主体在遵循合法性原则、程序参与原则、程序公开原则与效率原则的要求下，充分尊重地方特色，合理规划行政程序主体的职能，完善地方行政主体的程序制裁规则，确保程序责任的落实，需要从程序活动开始前、程序活动中以及程序活动完成后三个阶段把握和落实，以实现地方行政程序主体的规范化，促进多元化的地方行政程序主体活动的法治化。

第一节　地方行政程序主体的界定

行政程序主体与行政主体是两个既有联系又相互区别的概念，行政主体是静态的、固定的，而行政程序主体则是动态的、灵活的，前者是后者参与行政程序活动实现行政权力效力的状态。行政活动的质量可以直接反映出一个国家法治化程度的高低，而在整个行政程序活动序列中，地方的行政程序活动则是处于前沿、直接或基础、基层的位置。地方行政程序主体是否依法行政，是否严格遵守程序规范直接关系着地方的法治形象。

一、地方行政程序主体的一般涵义

在现实的具体行政程序活动中，一些不具备行政权的"伪行政主体"或者不完全具备行政权的"夹生行政主体"参与到行政程序活动中，不仅让人质疑行政程序活动的合法性，而且在行政相对人及第三人的权利受到这些不适格的主体的干涉时，无法寻求合适的救济途径。最为典型的是拆迁活动中，各种名称的指挥部，或与被拆迁人直接进行拆迁谈判，或向被拆迁人送达各种告知文件，或以自己的名义与被拆迁人订立拆迁安置协议，俨然成了具有行政权力的主体。但这一临时组织既没有法律法规的授权，亦无行政机关的委托，对于这一类主体法律的地位的认定，学术界并未有统一的意见。因我国行政主体理论是属于"舶来品"，主要是为了解决行政诉讼中被告主体资格而引入的，本身就先天不良。加之现有行政程序主体的理论已经无法回应市场经济下多元化主体的发展局面，无法解决现实中的行政程序主体问题困境，尤其对于规范地方行政主体的程序活动，更显得粗线条。因此，在建设法治中国，转变政府职能、构建法治政府的大背景下，需要对地方行政程序主体进行深入研究，以实现地方行政程序活动的规范化和法治化、制度化、程序化。

（一）行政主体与行政程序主体

行政主体与行政程序主体是两个不同的概念，二者在概念上既存在着千丝万缕的联系，又存在着明显的区别；在范围上二者既有重叠之处，又有相互独立的地方。本文对地方行政主体与地方行政程序主体的界定，是建立在对行政主体与行政程序主体理论的研究基础之上的。合理界定行政程序主体，厘清其与行政主体的区别，是进行行政程序主体研究的第一步。

行政主体是行政实体法上的概念。对行政主体理论的研究，始于 20 世纪 80 年代末，正值行政诉讼法颁布前后，一开始主要是为了解决行政诉讼中被告的资格这一司法实务方面的问题。作为行政法的基础理论，行政主体理论在 20 世纪 90 年代逐渐成为行政法学家们关注的热点，这一时期的学术专著非常丰富。国内的学者们从法理和实务的维度对行政主体理论进行了广泛研究，虽然学术界对行政主体的定义众说纷纭，但经过多年的探讨，对行政主体的认定，学界逐渐形成了比较一致的观点：行政主体是能够以自己名义行使行政权，作出行政行为，并能由其自身对外承担行政法律责任的，能够在行政诉讼中作为被告的行政机关或者法律法规授权的或者受行政机关委托的组织。① 由此看来，行政主体是实体权利义务的承担者，接受法律法规赋予的职权，承担国家行政管理事务的职能机关。

行政程序主体是程序法上的概念，是建立在对程序活动的梳理之上对行政主体概念的归纳和总结。2002 年在姜明安教授主持的《中华人民共和国行政程序法（试拟稿）》中，第二章篇名即定为"行政程序主体"，在该章中分为三节，分别规定了"行政机关"、"具有管理公共事务职能的组织"及"行政相对人"。2004 年应松年教授主持起草的《中华人民共和国行政程序法（试拟稿）》中，在第二章对主体的规范中则使用了"行政程序中的主体"这一概念，范围上包含"行政机关""其他行使行政权力的主体""当事人与其他程序参加人"。此外，在地方性的行政立法中，如《湖南省行政程序规定》和《山东省行政程序规定》中，在第二章对主体的规范中都用到了"行政程序中的主体"或"行政程序主体"。行政程序中的主体，即"行政程序主体"这一概念已经逐渐从理论研究状态进入法律概念的范畴中。可见，行政程序主体的认定是基于程序法的角度进行的研究，笔者认为，行政程序主体是指依照法定程序，在行政程序活动的开展中，能够以自己的名义参与行政程序活动，并承担由此带来的法律后果的主体。

行政主体与行政程序主体的界定上是实体法与程序法上的概念区别，具体而言，行政主体是实体法上享有行政权力，履行行政义务，承担行政责任的组织，这也就意味着成为行政主体，必须得是一个实体的组织机构。而行政程序主体是从程序的角度对主体所做的描绘，因而指向的是程序活动中的参与者。相比较而言，前者是静态的实体设定，后者是动态的程序设定。当然，行政主体这一静态设定在进入到不同的程序中也会具有不同的程序角色。

在二者的范围上，行政程序主体的内涵更为丰富。行政程序主体包含参与行政程

---

① 姜明安. 行政法与行政诉讼法［M］. 5 版. 北京：北京大学出版社，2011：86.

序活动中的多方参与者，其范畴不仅包括行政权主体一方，还包括行政权指向或者影响的相对方及第三方。一般而言，相对人主体及有利害关系的第三方是具有普遍性和共同性的，地区之间的差异性不大，故而本文的研究对象限定于在程序活动中起主导作用的地方行政权主体一方，为方便区别，在本文中统称之为地方行政程序主体。

（二）地方行政程序主体的定义

地方行政程序主体是对地方行政程序活动中的参与者进行的描绘，侧重研究的是地方行政程序活动中法律关系的参加者，它与中央行政程序主体是相对应的概念。地方行政程序主体是指依照法定程序（包括法律法规预定的程序，还包含地方立法或者地方规章设置的程序），在地方行政程序活动的开展中，能够以自己的名义参与具体的行政程序活动，并承担由此带来的法律后果的主体。

此外，对于静态的预设的程序主体，笔者将其认定为程序法上的主体，而动态参与到程序活动中的主体，则认为是程序活动上的主体。诸如现实当中常常出现的"指挥部""综合管理办公室"这一类非法定主体——虽然无法律法规对其作出预设，但实际参与到行政活动中，行使部分的行政管理职权。总的来说，行政程序法主体与行政程序活动主体二者在绝大程度上保持着一致，在特殊情况中，尤其是预设的程序不与现实活动相兼容时，可能出现临时调整的规则，这些通过临时规则而衍生出来的主体，也可以被称为行政程序活动上的主体。只是这一类主体的设定上带有较大的任意性、临时性的色彩，对其研究无疑是一个巨大的课题，并非本文所能承载，故本文所研究的地方行政程序主体主要是接受既定法律程序调整的主体。

（三）地方行政程序主体的外延

通常认为，行政程序主体包含行政机关、依照具体法律、法规授权而行使行政职权的社会组织，受行政机关委托而行使委托机关行政权力的社会组织。在地方行政程序主体的集体中，同样也包含这三类主体。

地方行政机关是最为典型的地方行政程序主体，主要是指地方各级人民政府及其职能部门和县级以上的人民政府设置的派出机关——如省级人民政府设立的地区行署，县级人民政府设立的区公所。这一类主体的权力直接来源于宪法及相关组织法的规定，这类主体能够以自己的名义独立开展各项程序活动，行使一般的行政职能，并且直接对程序活动的后果承担责任，无须依托其他主体而承担法律责任。

法律、法规授权的行使行政职权的社会组织也是较为常见的地方行政程序主体，值得注意的是，2000年，最高人民法院颁布《最高人民法院关于执行〈中华人民共和国行政诉讼法〉若干问题的解释》，以司法解释的方式肯定了规章授权的合法性，这样一来，接受部门规章或者地方政府规章授权的主体也可成为地方行政程序主体的一员。相比较行政机关而言，法律、法规、规章授权的组织行使的是特定的行政职权，即仅限于相应法律法规、规章明确规定的某项具体职能或某种具体事项，其范围通常是很狭窄的。① 在实务中，被授权的组织包括基层群众自治组织，如村民委员会、居民委员会；行业组织，如律师协会、注册会计师协会；工会妇联等社会团体；事业单位，如高校，其本是从事教育活动的事业单位，不具备行政管理的职能，经过《中华人民共和国教育法》的授权，可以对达到学术水平的人员授予相应的学位这一事项行使行政权力。此外，行政机关的内设机构和派出机构在特定情况下，也能成为程序活动的主导者，典型的是税务所和派出所。对于这一类主体的责任承担上，司法解释已经做了明确规定——对于在没有法律、法规或规章授权的情况下，以自己名义作出的具体行政行为，行政机关应当对此承担责任，而对于超出授权范围的部分实施的行为，则由具体实施行政行为的机构或组织承担。

另外，依法接受行政机关委托的组织，在委托的范围之内，也可以成为行政程序主体，但这一类主体只能是以委托单位的名义行使行政职权的组织，他们以委托机关的名义参加程序活动，行使委托机关的法定职权，也由委托机关承担相应的法律后果与责任。随着现代社会的变化，越来越多的非政府组织（NGO）和非营利组织（NPO）不断涌现，这些主体在大多数情形下可能是行政程序中的相对方，但随着在整个政府职能的转变，它们也会承担起部分的行政职能，这也就意味着在特殊的行政程序中，它们也将成为受到行政机关的委托行使地方行政权力的组织。但这一类主体开展活动的前提——行政机关需要与受托机关签订书面的委托协议，将委托事项、期限、双方权利和义务、法律责任作出明确规定，并且委托的手续和事项还需要向社会公告。

二、地方行政程序主体的类型

类型化研究是深化对问题认识的重要方式方法。根据不同的标准和角度，对地方行政程序主体的不同类型进行归纳，有利于我们分别归纳和深刻了解地方行政程序主体，从而认识他们分别所具有的特征和法律上的地位、作用等。

（一）不同行政层级上的地方行政程序主体

地方行政程序主体的范畴非常广泛，除了统管全国的国务院、国务院组成部门及直属机构等中央行政程序主体之外，均可成为地方行政程序主体。从纵向的权力架构和职能上划分，地方行政程序主体可以分为以下四种类型。

1. 省、自治区、直辖市一级的行政程序主体

省、自治区、直辖市这一级别的行政主体是中央行政主体以下，与中央主体邻接的最高一级地方行政主体，这一级别行政主体的权力架构和职能部门与中央行政主体

---

① 姜明安. 行政法与行政诉讼法 [M]. 5 版. 北京：北京大学出版社，2011：86.

的设置基本是相对应的，除了对本级的权力机关负责之外，还直接对处于上一级的最高国家行政机关负责并报告工作。其享有的行政职权在地方行政体系内属于最全面最广泛的，肩负着管理本行政区域内的经济、教育、科学、文化、卫生、体育事业、城乡建设事业、财政、民政、公安、民族事务、司法行政、监察、计划生育等行政工作，发布决定和命令，任免、培训、考核和奖惩行政工作人员的各项职能。然而，相比较其他的地方行政主体，省、自治区、直辖市这一级别的行政主体因其所处较高的位置，一般而言，其参与的与相对方直接发生联系的行政程序活动的类型较少，主要是参与地方的行政立法程序及行政决策程序，制定和发布地方性的政府规章，对本辖区内的重大事项进行决策。此外，根据行政复议法第三十条规定，根据国务院或者省、自治区、直辖市人民政府对行政区划的勘定、调整或者征用土地的决定，省级人民政府确认土地、矿藏、水流、森林、山岭、草原、荒地、滩涂、海域等自然资源的所有权或者使用权的行政复议决定是最终裁决。这就意味着，对有上述特殊的争议事项，省、自治区、直辖市的行政主体可以行使裁决争议的权力，参与到行政复议程序中，成为复议程序中的程序角色。

2. 设区的市（自治州、盟）一级的行政程序主体

根据宪法的规定，我国的行政区划为三级行政区划——省、县、乡三级，但在现实中，在省与县之间存在着大量的设区的市（自治州、盟），其中设区的市又被称为地级市。地级市这一概念源于20世纪80年代，在国家行政机构区划的统计上作为行政区划术语被固定下来，地级市有的是由原来的省辖市转变，有的是由地区行署转换，有的也是由县级市或者县升级而来，其下辖的行政区划包括市辖区、县（自治县）、旗（自治旗）。从权力纵向等级来说，这一级别的行政程序主体处于省级和县级之间，上接省级主体领导，下辖县区地方，在地方行政程序的权力系列中具有"承上启下"的作用。在其在行政程序的序列中，其行为方式以及功能作用，更为接近省（自治区、直辖市）一级，因为其与行政程序中相对人及其他参与者的距离同样比较远，相对超然，朦胧。设区的市（自治州、盟）一级的政府的职能部门在设置上较为全面，各个职能部门可以依照有关法律规定独立享有并行使行政职权，以自己的名义作出具体的行政行为，并承担相应的法律后果。但与省、自治区、直辖市一级的行政主体相比，本级别的行政程序主体行使行政职权、开展行政活动的范围要小得多。

3. 市辖区、县（自治县、县级市）、旗（自治旗）一级的行政程序主体

市辖区是地级市的重要组成部分，与县（自治县）、旗（自治旗）处于同一行政权力阶层，位于市级政府之下。一方面，作为基层政权组织，市辖区、县（自治县、县级市）、旗（自治旗）具有较强的生命力，能够在省一级政府、市一级政府和乡镇政府中存在，并发挥着不可替代的作用；另一方面，这一类主体有较大的灵活性，这些

特性使其成为地方行政程序活动中的活跃因子。值得注意的是，自 2009 年中央"一号文件"明确了"省直接管理县（市）财政体制"的改革目标，其中，海南省率先实现省直管市县，除了海口市和三亚市之外，海南省政府直接管理辖区内的县一级政府，这一改革提高了地方行政的效率，节约了大量的行政资源，极大地降低了行政成本。①"省直管县"的改革模式的逐渐推广，势必会让地方行政程序活动的重心转移到市辖区、县（自治县、县级市）、旗（自治旗）一级，这一级的行政程序主体将成为最活跃的行政程序主导者。

4. 乡、民族乡、镇一级的行政程序主体

乡、民族乡、镇这一级的行政主体处于整个行政权力结构的最末端，是国家重要政策和决定的最终出口，是直接与相对人发生频繁联系的行政主体。宪法在第一百零七条第二款对其职权作了简要规定："乡、民族乡、镇的人民政府执行本级人民代表大会的决议和上级国家行政机关的决定和命令，管理本行政区域内的行政工作。"处于最基层的这一级行政权力主体在机构设置上并不如上级行政主体一般全面，乡、民族乡、镇政府的行政权力历来都是不健全的。农业税全面取消以后，乡镇财政权力萎缩的同时，行政权力也进一步萎缩。乡镇政府在管理本行政区域内事务享有的自由裁量权，在行使行政自由裁量权时既要遵守法律的规定，又要根据实际情况和村规民俗等做出既满足农民实际需求又不违反法律的双赢决策。② 所以，其享有的自主权力空间较小。因此，乡、民族乡、镇的行政活动一般是倾向于职能型的，主要是执行、贯彻上级政府和本级人大的命令、决议。但值得注意的是，作为最基层的行政权力主体，虽然具备独立的行政法律地位，但它并没有完整的职能部门，内设的工作部门不能以自己的名义对外作出行政行为，因此其参与的行政程序活动也是有限的，仅在有限的行政程序中成为参与主体。

（二）不同行政区域的地方行政程序主体类型

行政程序主体相对于司法主体和立法主体而言，本身是天然的执行性。在现实中，行政执法的程序非常丰富，最常见的就包括行政决策程序、程序处罚程序、行政许可程序、行政强制程序、行政确认程序、行政征收程序、行政给付程序、行政裁决程序、行政复议程序等等。按照行政程序主体行使职权的范围和种类为标准，可以将其分为综合型的程序主体和职能型的程序主体。

1. 综合型的程序主体

综合型的程序主体可以行使的行政职权较大，涉及的行政程序类型也非常丰富，

---

① 严冰，黄茜，袁钥. 中国加快推进省直管县改革［N］. 人民日报海外版，2009 - 3 - 20（1）.
② 彭建军，阳慧. 乡镇政府行政自由裁量权的伦理价值［J］. 湖湘论坛，2013，26（3）：103.

地方政府是典型代表。地方政府的职权既包括执行本级权力机关的决议、上级行政机关的决定和命令外，还能自觉决定发布命令和决定，领导各个职能部门和下级政府的工作。其有权主导的行政程序包括决策程序、许可程序、处罚程序、确认程序、裁决程序、强制程序等等。其职能的广泛性和综合性是其他地方行政程序主体所不能比拟的。实务中，经常出现公安部门、卫生部门、工商部门、质监部门、环境保护部门等多个部门联合执法的情形，多个部门组成的联合主体，虽然具有联合的职能但并不具有独立的法律主体资格。

此外，在1996年颁布的行政处罚法中，第十六条中有"国务院或者经国务院授权的省、自治区、直辖市人民政府可以决定一个行政机关行使有关行政机关的行政处罚权"这一规定，被认为是立法对相对集中处罚权的开始肯定，也是对综合行政执法的开始肯定。① 在实践中，许多城市设立城市管理的综合执法部门，这一主体大多被称为"××市城市管理行政执法局"或者"××市城市管理综合行政执法局"。其职责涉及城市市容和环境卫生、市政管理、园林绿化、公用事业管理、施工现场管理（含拆迁工地管理）、道路交通秩序（例如处罚摊贩违法占路）、市场监督管理（无照经营处罚）等城市管理的方方面面。但这一类主体形式的行政权力多为处罚权，主导的活动也以处罚程序活动为主，严格说来，城市管理行政执法局可以行使综合管理的职责，但并不能称之为综合型的程序主体。

2. 职能型的行政程序主体

职能型的行政程序主体对应的是地方政府的各个职能部门，以及接受法律、法规、规章授权或者行政机关委托从事特定职能或者特定事项的组织。这一类型的主体相比较综合型的行政程序主体而言，其承担的职能较为单一。以派出所为例，其作为公安机关的派出机构，依照《中华人民共和国治安管理处罚法》的授权，能够在一定的范围主导行政处罚程序，行使行政处罚权，具体说来，可以对处罚相对人作出警告或500元以下的罚款。除此之外的处罚权限，派出所并不具备。而它也不具备行政许可、行政征收的权限，因此也不能进入上述程序活动中，成为行政程序主体。可见，职能的类型和范围对主体能否进入不同程序、成为不同类型的行政程序主体产生较大的影响。

三、地方行政程序主体的特征

地方行政主体不仅包含乡镇一级最基层的行政程序主体，而且还包括县级以上的中央行政程序主体以下的行政机关和其他组织，其独特的法律位阶决定了它必然承担着"承上启下"的重要作用。而在程序活动中，因为它更直接地面对相对方，其在程

---

① 张春林. 综合行政执法的执法主体制度问题研究——相对集中行政处罚机构设立合法性的法理分析［J］. 广西大学学报（哲学社会科学版），2013（1）：69-72.

序活动中的表现也更有特色。一般而言，它具有以下特征：

（一）地方行政程序主体的地方性

地方行政程序主体的地方性毋庸置疑，集中表现在与中央行政程序主体的对比和其他地方行政程序主体的对比上。

中央行政程序主体的设置，符合我国单一制的国家结构形式，是中央集权的客观要求。中央行政程序主体是根据宪法、法律、行政法规的规定，体现的是统一性和全局性的理念。主要包含国务院、各组成部门、各直属机构等，其主要工作职责是制定法规、发布决定和命令，统一领导全国的行政工作。这也就意味着，它更多是进入单一主体存在的决策程序，其产生的决策结果是针对全国性的事务进行指导，而一般不会参与到其他具体程序，与具体的相对人发生法律关系。而地方行政程序主体中的行政相对人和第三人本就是程序活动中的个体，处理的行政事项更为琐碎，参加的程序活动也更丰富，其本身具有的地方性不言而喻。而地方行政程序中的行政主体，上至省、自治区、直辖市一级，下至乡、民族乡、镇一级，这一范畴的主体的职责在设定上偏执行性，与上一序列的行政程序主体相比，更为接近行政相对人及第三人，也就更加频繁地与行政相对方发生法律关系，能够更直接地与相对人进行互动，这一点与中央行政程序主体形成鲜明对比。

另外，各个地方之间也存在着差异。除了根据法律法规的规定，除与中央机关相对设置地方的执行机构外，一些地方已经出台相关的地方性法规，对所属区域内的行政行为做出了一定的程序调整。如湖南省于 2008 年率先出台的《湖南省行政程序规定》在第二章专门规定了行政程序中的主体，囊括了广义上的行政机关——各级人民政府及其工作部门和县级以上人民政府的派出机构、其他行使行政职权的组织（包括法律法规授权的组织和依法受委托的组织）以及当事人和其他参与人。因为具有更为明确的规则指引，这些地方的行政程序主体相对于同一阶层的未做程序设计地区的地方行政程序主体而言，各个主体行为的规范化程度和合法化程度相对较高。对于行政权力主体一方而言，自由裁量权的行使更理性化，更能防范恣意妄为的违法行政行为——规则设置得越多越繁密，对权力主体的限制也就越多。可见，地方行政程序主体不仅相对中央来说是具有地方性的，对其他不同地域的行政程序主体而言，因地域的差异也各有特色。

（二）地方行政程序主体参与活动的程序性

程序性这一判断标准，取决于一个被视为法律程序的规则系统是否已经针对一个特定的社会活动设置了对应的、特定的活动规则，从而使得该社会活动具有了活动的特殊表现形式。① 狭义的程序性，或者说普遍认为的程序性专指法律程序作为法律规则

---

① 黄捷. 论适度的法律程序 [J]. 湖南师范大学社会科学学报，2010，39 （4）：63 - 66 + 90.

集合体所体现出的程序化程度。也即单纯地指组成程序规制的数量的多与少。① 纵观我国当前法律体系内，对行政程序的立法非常丰富。许可程序、处罚程序、诉讼程序、复议程序、强制程序等都有专门的法律予以规范，要求参与主体，尤其是行政权主体必须按照预设的程序进行活动。以行政处罚程序为例，在具体的处罚程序活动中，行政处罚法在第五章用了十五个条文对行政处罚的作出进行了规定，按照不同的违法情形，设置了简易程序和普通程序所应当遵循的步骤和环节，地方行政处罚主体进入处罚程序活动时，必须受到处罚程序规则群的指引和约束。规则群越为严密，所体现的程序度也就越高。

此外，广义的程序性还包含"程序度"的问题。具体而言程序度关注程序规制的关联状态和程序柔韧程度，以及程序自身的纯洁程度。② 地方行政程序主体参与活动的程序性在程序规则之间的衔接和过渡上也有所体现。正如程序正义与实体正义的对应关系一样，地方行政主体的程序特性是针对其实体特性而言的，而且集中体现在程序权利与程序义务上。程序权利的实现和程序义务的履行需要主体在动态的程序获得中变现，也即从"应然状态"到"实然状态"。在这一过程中，地方行政程序主体需要遵循更为细致的规则，接受更为严格的约束。以《湖南省行政程序规定》中的重大事项的行政决策为例，地方行政主体就本行政区域内影响涉及公众重大利益的事项进行决策时，需要召开听证会，进入听证程序。而在听证程序准备活动中，要求在 15 日内将听证的事项等内容进行公告，在听证活动进行中，对双方当事人的发言顺序、提交证据以及质证的步骤都设置了规则，对活动的参与主体如听证当事人、听证程序的主持人、听证笔录的制作人等方面都作出了相应的规范。不同的主体遵循不同的规则，程序规则设置上呈现出环环相扣，紧密衔接的特点。而预设的行政主体一旦没有按照设定的程序开展活动，程序活动难以继续，程序活动所产生的结果也不具有合法性。正如多米诺骨牌效应一般，任何一环的骨牌倒下，都可能引起整个程序活动的崩盘。

（三）地方行政程序主体的多元性

如前所言，地方行政程序主体包含参与到行政程序活动中的个人和组织，包括行政主体和相对方、利害关系人及其他的程序参与主体。而随着现代公共行政的改革，传统的行政权主体开始逐渐把一部分公共管理职能交给社会中非政府公共组织来承担。③ 在法国，地方团体参与行使行政职权，组织行政程序活动，成为地方行政程序活动中一类非常重要的主体。德国、日本等几个大陆法系国家的地方行政主体类型，均

---

① 黄捷. 论适度的法律程序 [J]. 湖南师范大学社会科学学报，2010，39（4）：63 – 66 + 90.
② 黄捷. 论适度的法律程序 [J]. 湖南师范大学社会科学学报，2010，39（4）：63 – 66 + 90.
③ 周实，陈娟. 我国行政程序主体多元化的理论完善 [J]. 社会科学辑刊，2005（5）：78 – 81.

呈现出多元化的趋势。即使是英美法系的典型国家——美国，除了包含县政府、市政府、镇政府等一般用途的地方行政程序主体之外，还包含学校特别区、公园特别区等一系列为特别目的设置的程序主体。截至 2012 年，美国统计局的数据显示，为一般目的设置的地方行政主体数量达到 38917 个，而为特别目的而设置的行政主体则有 50087 个。① 可见在行政事务的管理和行政程序活动的进行上，数量繁多、形式多样的其他主体逐渐介入。这种地方管辖单位的多样化实际上其实可以被理解为一种无序背后有序的治理结构，称之为"多中心的治理结构"。②

西方国家地方行政活动多元参与的趋势也与当前我国行政机关从管理型政府转变为服务型政府的理念相契合，这是从单个程序中的参与主体的数量上考察得出的结论。姜明安教授认为，国家行政管理的职能向社会转移是一种历史发展的趋势，部分的公共行政管理职能可以由国家转移给社会。在现实社会中也确实存在着行政职能的转移和让渡。这也就意味着，权力的拥有者不单单局限于行政机关，其他的非行政权组织也能通过被赋予权力的方式参与到基层的程序活动中。

在传统的行政程序活动中，为回应现代社会民主建设的需求，地方程序活动也不断在吸纳多元主体的参与。以山东省地方重大事项的行政决策程序活动为例，原本是典型的单一参与主体——决策权主体可以独立决策的活动，但如今，为保证决策的合法化、科学化、民主化，地方重大决策的作出已经不再是"一言堂"，而是逐渐吸纳了众多的参与主体。如委托相关领域专家、研究咨询机构进行必要性、可行性和科学性的论证，采取座谈会、论证会、互联网征询等多种形式广泛听取社会意见。可见，在地方行政程序活动中，行政权主体"独角戏"的情况逐渐在发生转变，多类型多角色的主体有序地参与行政程序活动，地方行政程序活动参与主体的多元化的趋势不断增强。

四、地方行政程序主体的法律地位

地方行政程序主体法律地位，或者被称为地方行政程序主体的法律人格，通常被理解为是法律所认可的享有权利、承担义务的资格。

（一）确认地方行政程序主体法律地位的依据

在德国《联邦德国行政程序法》中对判断是否具备行政程序主体资格设置了一个标准——承担公共行政任务，而在奥地利，衡量的标准则是考量该主体是否对某一程序活动事项享有管辖权。可见，地方行政程序主体的法律地位首先是需要法律的认可，

---

① Governing：Number of Governments by State ［EB/OL］. （2012 - 03 - 11） ［2013 - 12 - 25］. http：// www. governing. com/gov - data/number - of - governments - by - state. html.

② 王季艳，刘秀华. 美国地方政府之治理基础分析 ［J］. 理论观察，2006 （1）：69 - 70.

其次才是通过主体享有的权利、履行的义务和承担的责任上来体现，这里的权利义务，主要是程序性的权利义务。程序性权利从实体法上规定和保护的权利实现过程中了解，是主体为了行使、主张或者保障实体权利而具有的做出一定行为的能力。① 因此，在认定地方行政程序主体的法律地位上，需要区别分析。

（二）地方行政程序主体法律地位的不同状态

（1）对于由宪法、普通法律、行政法规、地方性法规和地方性政府规章所认定的主体，既得到了法律法规的合法认定，也具备明确的程序性的权利义务，这一类型的主体具备独立完整的法律人格。在《中华人民共和国地方各级人民代表大会和地方各级人民政府组织法》《中华人民共和国民族区域自治法》中，赋予了地方各级政府作为地方各级人民代表大会执行机关的地位，将其认定为是地方各级的行政机关，并明确了各级地方政府的行政职权。

（2）在各个单行的行政程序法律中，通过法律授权的方式将行政权力授予了相关的行政主体。以行政许可法为例，该法的第二十二条、第二十三条分别规定："行政许可由具有行政许可权的行政机关在其法定职权范围内实施。""法律、法规授权的具有管理公共事务职能的组织，在法定授权范围内，以自己的名义实施行政许可。被授权的组织适用本法有关行政机关的规定。"

（3）此外，非政府组织以及其他的非营利性组织这一类逐渐浸入到地方行政程序活动，分享程序权力的主体，虽然没有以法律明文规定确认其行政程序主体地位，但通过行政程序主体的委托，在实际的行政程序事项里可以担任起行政程序主体的角色。在行政许可程序中，"行政机关在其法定职权范围内，依照法律、法规、规章的规定，可以委托其他行政机关实施行政许可。委托机关应当将受委托行政机关和受委托实施行政许可的内容予以公告"。受委托的主体行使权力的范围必须严格控制在委托范围内，不得肆意扩大。这一类程序主体并不直接承担由于其违反行政程序所产生的法律后果，而是由委托的主体承担相应的责任。最终的责任追究上，这一类型的主体或是被限制行使被委托的行政程序权力，严重的可能导致取消委托。但总的来说，这一类主体在地方行政程序中并不具备完全的法律人格。

（4）另外，对于前文中提到的在现实程序活动中出现的，一些不具备组织机构代码，没有登记注册的临时性的组织，如"项目指挥部""综合整治办"等组织，这一类型主体的出现，主要是为了降低行政成本，提高程序活动的效率，但在合法性这一部分却存在较大的瑕疵。它们并不具有法律承认的地位。因而并不具有完整独立的法律人格。

---

① 朱汉卿，苏新. 行政相对人程序性权利及其保障［J］. 襄樊学院学报，2009（1）：28－32.

第二节　境外部分地方行政程序主体的法律考察及对我国的启示

它山之石，可以攻玉。了解部分境外有关国家和地区的地方行政程序主体的情况，有利于我国地方行政程序法律制度建设的完善。

一、有关国家（地区）地方行政程序主体的法律考察

这里限于资料，主要就欧洲的奥地利、德国，美洲的美国，以及我国的台湾地区的地方行政程序相关法律设置与规范作了一些了解和分析。

（一）奥地利地方行政程序主体的法律考察

奥地利是世界上第一个在国内完成行政程序法典化的国家，其中，行政机关对法典的进程有着不可替代的重要作用。在奥地利普通行政程序法第二条中，对事务的管辖权划定了两类主体行使行政权力：一是关于联邦行政事项，由县政府（或联邦警察署）行使第一级别事务管辖权，二是将"各邦首长"也作为行政主体，行使第二级事务管辖权。此外，对其他类型的行政主体，该法在第一章中并未作出严格细致的划分，统称为"官署"。但在之后的程序规定中，邦、县或者乡镇以及地方的自治团体均可参与到行政程序活动，成为地方行政程序上的主体。此类主体的行政行为，即法典中所称的"职务行为"——包括直接、间接之联邦行政，以及联邦委托乡镇执行之事项。对于参与程序活动的相对方，则作出了较为细致的认定。得请求官署执行职务，或为官署之行为与其有关者，为利害关系人；利害关系人因请求权或法律上利益而参与该案件者，为当事人（第八条）。此外对于行政向对方委托的代理人也作出了规定利害关系人及其法定代理人，如未经明示要求其亲自到场时，得委托他人代理之……（第十条）。由此可见，奥地利普通行政程序法虽然没有以列举式的方式应答对地方行政程序主体规定的命题，但在判定行政主体能否成为行政程序主体的问题上，却是看它是否对联邦事务拥有管辖权，尤其对于州以下的行政主体，管辖权成了确定行政主体资格的一个重要判断标准。

（二）德国地方行政程序主体的法律考察

德国 1976 年 5 月通过的《联邦德国行政程序法》开篇即对适用范围做了规定。在行政主体的规定上，第一条就列举两大类主体：联邦、联邦直属的公法社团、机构和财团的机关；各州、乡镇、乡镇联合体以及受其他州监督的公法法人的机关，但以其

受联邦委托执行联邦法律者为限。① 对于行政机关的定义，《联邦德国行政程序法》则规定得非常宽泛，在该法第一条第四款中，"本法意义上的机关，是指完成公共行政任务的任何单位"。可见，能否承担公共行政任务成为判定行政机关的唯一标准，也是能够参与行政程序活动主体。值得注意的是，《联邦德国行政程序法》将行政程序界定为"行政机关用于对行政行为前提的检查，准备和作出，或公法合同的订立而采取的具有对外效力的活动，包含行政行为的作出或公法合同的订立"。② 对相对方参与行政程序活动设定了一个门槛——具有程序能力及程序行为能力。在该法第十一条将具备程序能力的人限定为自然人和法人、具有权利的社团及行政机关；在程序行为能力的设定方面则参照了德国民法典的规定，将程序行为能力的主体定为"根据民法具有行为能力的自然人；尽管其行为能力受限制，但就行为程序的标的而言，可被民法规定或公法规定视为有行为能力的人；法人和社团的法定代表人或受特别委托人；行政机关的领导，其代表人或受托人"。具备程序能力和程序行为能力的主体进入不同行政程序而被赋予不同的称号：申请人与被申请人；行政机关的行政行为拟指向的或已指向的人；行政机关拟与之或已与之订立公法合同的个人。在第三人被称作"可因行政程序结果而损害利益的人或有影响的人"。

（三）美国地方行政程序主体的法律考察

在美国，地方政府被视为民主政治训练的场所，公民道德和意识培养的基地，切合公民需要的公共服务和产品的提供者。美国属于联邦制的国家，基于分权理论建立起来的联邦政府和各州政府之间并不存在领导与被领导之间的关系，联邦和地方都具有独立的立法权，政府按照层次划分，可分为联邦政府、州政府和县政府，按照类型上划分，地方政府又可划分为县政府、乡镇、自治市、特别区以及为满足地方政府日益增加的职能而设立的准自治机构和准政府组织。某种程度上讲，美国是一个许多政府的国家：1 个联邦政府、50 个州政府。早在 1993 年美国就存在 87849 个地方政府，13522 个市政府，镇政府有 3034 个，学校特别区政府为 19431 个，特别区政府为 35356 个，且地方政府的数量仍呈增长的态势。众多的地方政府单位并不是一个孤立的存在，它们之间存在着一种竞争与合作的关系，实践也表明，大多是小的地方政府单位往往和高效及良好的回应性相联系。在大多数州中，县级行政主体是广泛存在的基本地方政府单位，它扮演着双重角色：一方面，县是州政府的行政管理分支（负责诸如出生、死亡、结婚的登记，以及负责与州范围相一致的活动如公共档案、法院、选举的组织和实施、法律执行、公共保健的基本实施）；另一方面，县级行政主体又是独立的地方

---

① 应松年. 外国行政程序法汇编 [M]. 北京：中国法制出版社，2004：79 - 120.
② 应松年. 外国行政程序法汇编 [M]. 北京：中国法制出版社，2004：79 - 120.

行政单位，要回应自己选民的需要。① 除了政府主导之外，美国地方政府在转变政府职能的改革中也将政府的一些职能让渡给了一些准自治的非政府组织去承担，最基层的邻里或社区机构也承担着部分的职能。这也就意味着上述主体在参与到行政管理事务行使行政职权时可以取得行政程序的主体地位。

值得注意的是，在1946年就开始施行，1966年被编入美国法典的第五编的《联邦行政程序法》中对行政机关的界定："机关"系指合众国政府各机关，而不论其是否隶属于或受另一机关的监督，但它不包括国会、合众国法院、合众国领地或属地的政府、哥伦比亚特区政府等。② 可见，在联邦政府的立法中，几乎所有的行政组织都可以成为行政程序法的行政主体。

（四）我国台湾地区行政程序主体的法律考察

我国台湾地区对程序主体的考察，是置于具体的行政行为中，因此，台湾地区行政程序有关规定就对行政程序下了定义，系指行政机关作出行政处分、缔结行政契约、订立法规命令与行政规则、确定行政计划、实施行政指导以及处理陈情等行为之程序。相比于德国对行政程序的界定，台湾行政程序的规定更为细致也更加广泛。从这也能看出，台湾对行政权力行使的一方，统称为行政机关，而行政机关"仅指代表国家、地方自治团体或其他行政主体表示意思，从事公共事务，具有单独法定地位之组织。受托行使公权力之个人或团体，于委托范围内，视为行政机关"。由此可见，台湾地区"行政机关"这一概念与我国大陆地区"行政机关"的范围有所区别。

在行政程序的相对方的规范上，台湾地区行政程序有关规定受《联邦德国行政程序法》的影响，采用了类似的认定标准：即行政程序之当事人能力，此处的当事人还包括上述的行政机关。"本法所称当事人如下：一、申请人及申请之相对人。二、行政机关所谓行政处分之相对人。三、与行政机关缔结行政契约之相对人。四、行政机关实施行政指导之相对人。五、对行政机关陈情之人。六、其他依本法规定参加行政程序之人。"不难看出，台湾地区在程序主体相关理论的移植和借鉴上，既保留了德国联邦程序法的基本设定，也结合本身的特点对这一理论进行了改造，以适应执法中的需要。

二、相关地方行政程序主体的法律规范对我国的启示

虽然各个国家和地区对地方行政程序主体的规定各有特色，但通过归纳提炼出它

---

① 文森特·奥斯特罗姆，罗伯特·比什，埃莉洛·奥斯特罗姆. 美国地方政府 [M]. 井敏，陈幽泓，译. 北京：北京大学出版社，2004：4.

② 应松年. 外国行政程序法汇编 [M]. 北京：中国法制出版社，2004：2-49.

们存在的共性，对我国行政程序立法规范地方行政程序主体有着重要的借鉴意义。

（一）程序法法典化便于统一规范地方行政程序主体的行为

不论是强调程序优于权力的美国，还是兼顾实体与程序的德国，程序法归纳出的行政程序活动参与者应当遵守的共同规则，相比较分散立法而言，对行政程序主体的活动指引更为明确和清晰，并且可以在一定程度上避免程序主体之间职能重复、交叉，保证行政活动的效率。地方行政程序主体是地方与中央分权的产物，如以德国、美国为典型的联邦制国家，中央和地方权力的分化呈现出法律化特征。在宪法中对中央和州的纵向权力划分进行列举，未列举的权力归由地方政府。在地方权力运行机制中，保持地方行政程序主体的灵活性，不陷入法条主义的僵化状况中，以保持地方与中央权力处于不断调整的过程中，但中央对地方行政程序主体进行控制和约束只能依照法律的规定进行。对我国来说，一方面需要推进行政程序法典化的进程，将地方行政程序主体纳入统一调整的范畴，另一方面，地方行政程序主体仍然可以保持一定的灵活性。

（二）地方行政程序主体信息公开为社会监督提供机会

在西方法治国家，民主选举产生议事机构，民主监督权力已成常态。中央通过行政监督和司法监督的方式对地方代议机关和地方行政长官实施有效监督。地方政府开始全面走向民主，市镇、省和大区都通过选举产生组织进行自我管理，实行地方自治。① 地方行政程序主体在应对外界监督的态度也从被动、抵抗到主动公开。美国行政程序法中的公开制度一开始并未在联邦行政程序法中有详尽的规定，而是通过 1966 年《情报自由法》、1974 年《隐私权法》、1976 年《阳光下的政府法》才被逐渐细化。② 在台湾地区，政府资讯公开有关规定比行政程序有关规定的对政府资讯的公开力度要求更严格，"任何人亦得申请政府资讯"。对我国而言，民众权利意识的增强，地方行政主体需要回应民众对地方行政程序活动的监督。地方行政程序主体及时地公开信息，既是对社会监督的回应，也提升了本身在程序活动中遵守合法程序的主动性和合理行使职权的自觉性。

（三）行政问责法律化、体系化、常态化

国外及台湾地区，对地方行政程序主体的违法行政行为可以采取多种问责方式。美国、英国、德国、芬兰等国通过立法规定了一套比较完整详尽的问责体系，多样化的问责程序并行不悖，让行政责任的追究制度化、体系化。在问责主体方面，代议机

---

① 张永斌. 世界主要国家与我国处理中央与地方关系的历史考察 [J]. 上海行政学院学报，2002：26 – 38.
② 宋宁. 美国、荷兰行政程序法开放式立法方式对我国的借鉴意义 [J]. 山西财经大学学报，2007（29）：192 – 193.

关作为重要的行政问责主体，问责的途径包括质询、调查、倒阁、弹劾等等。① 普通民众对参与对行政程序主体的监督和问责的热情也比较高昂，因在被问责主体的责任承担上，更多的是体现在政府的赔偿及其官员的主动辞职或被动罢免，而且这样的问责活动也趋于常态化。我国地方行政程序主体的程序违法大多是行政行为的撤销、补正、无效或者废止。国外及台湾地区多样化的追责方式和体系化的追责制度能够丰富我国地方行政程序的问责制度，确保行政违法责任的具体落实，也可以有效地制约和监督地方行政权力，提高地方行政程序主体的责任意识。

第三节　当前我国地方行政程序主体实务现状分析

一、我国地方行政程序主体的实务中的转机

自 1989 年 4 月颁布 1990 年实行的行政诉讼法出台、1996 年施行的行政处罚法、2004 年施行的行政许可法等一系列单行行政程序法律的颁布，法律程序的重要性得到持续的认可，"重实体轻程序"的传统在逐渐发生改变。行政程序主体不再单单是实现实体正义的工具载体，其独特的价值和功能也越来越为人们所重视。

（一）地方性法律规范的颁布为地方行政程序主体的存续提供了合法依据

在立法层面上，由于全国性的程序法典的缺乏，反而给地方的行政程序立法提供了较大的空间。2004 年国务院推出《全面推进依法行政实施纲要》，各地纷纷开展法治进程。2008 年湖南省率先颁布《湖南省行政程序规定》，这一举动开启中国地方行政程序立法破冰之旅。随后，部分的省市也开始本辖区内的行政程序立法工作。如山东省 2011 年颁布《山东省行政程序规定》，西安市作为首个副省级城市中的先驱，推行了《西安市行政程序规定》。各地行政程序立法的蓬勃发展，在这些地方行政程序的立法活动中，对行政程序主体的规范占据了较为重要位置。较为突出的《湖南省行政程序规定》及《山东省行政程序规定》均在总则之后对行政程序中的主体做了专门的规定，旨在规范地方行政主体进入行政程序后能够严格遵守程序规则，在发挥行政管理和服务的职能时能够有效控权，防止权力滥用。

（二）个案推动了地方行政程序主体程序意识的觉醒

在执法层面上，20 世纪 90 年代至 21 世纪初，地方行政程序主体不守程序的乱象

---

① 谷茵. 西方国家行政问责制的经验及启示 [J]. 黑河学刊，2012 (7)：46 – 48.

频发，2001 年麻旦旦处女嫖娼案、2005 年杜保良违章处罚案、2009 年张中界钓鱼执法案等案件，经过媒体的曝光，引起社会的强烈关注。这些个案发生和报道促使行政执法程序中的主体认识到违反法定程序的严重后果，其程序意识也在不断增强。近年来，越来越多的地方行政程序主体在开展程序活动中开始注重遵守合法程序，接受程序规则的约束，并且主动公开程序活动、与相对人协商对话、听取其他程序参与主体的意见。实践表明，行政程序主体在行政程序活动中采取权力手段和非权力授权的灵活、综合运用，淡化行政执法的高权色彩，以柔性的授权提高社会服务水平，能够有效实现公民福祉。①

二、我国地方行政程序主体的实务中面临的难题

针对地方行政主体的特性设置相应的程序规则，合理指导主体开展程序活动，这是地方行政程序运行的理想状态。但现实中地方行政程序活动主体错位、失位，责任追究难以落到实处的情形，并不少见。总的说来，我国地方行政程序主体主要面临以下难题。

（一）地方行政程序主体的资格准入设置不当

虽然学界在理论上将获得行政程序权力主体地位的条件归结为职权、独立的名义和责任以及完善的组织结构，但其中，关键性的要素却始终是职权。"行政权力是行政主体的核心要求，享有行政权的组织才能成为行政主体。"② 传统的行政法观念中，仅仅把国家行政机关、法律法规、规章授权的组织、行政机关委托的组织当作是合格的行政权主体，行政机关以宪法和相关的组织法作为其设立的依据，法律法规授权的组织则是通过法律法规明确授权，被委托组织的行政职权则来自相关的行政权主体。但在实务中，最容易出现问题的往往就在后两类主体。对于上述两类组织的要求，一般是具备三点即可：第一，必须是依法成立的法人或组织，能独立地承担因行为引起的法律后果。第二，必须具备有一定的公益性，即必须是具有管理公共事务职能的组织。这一组织可以是事业单位或社会团体，但不能是个人。第三，应当具有熟悉有关法律、法规和业务的正式工作人员，具有与承担行政事务相适应的技术条件。总体而言，对行使行政职权的授权、被委托组织的要求并不高，具备上述三个要素的组织都有可能进入地方行政程序，即可成为行使行政权力的主体。从某种意义上来说，获取行政权力进入行政程序的入门资格并不高。行政主体资格条件过低的后果主要有三点：①一部分地方行政程序主体难以胜任行政管理职责。在现实的行政程序活动中，有一部分

① 曾洁雯，詹红星. 政府职能的转变与行政执法方式的变革 [J]. 湖南社会科学，2011（4）：75－77.
② 夏冰. 行政主体理论研究 [D]. 上海：复旦大学，2010.

程序主体自身即是企业性组织，因为法律法规的授权或者是行政权主体的委托而取得行政程序主体资格，当履行职责与其本身的经济利益发生冲突、这些组织在无法平衡二者的冲突时，自然难以保证其程序行为的公正性。②行政程序主体的设置的随意性较大，主体过于广泛。由于法律法规授权没有任何限制条件，因而行政机关、行政机关的内部组织以及行政机关外的组织都可能因法律法规授权而成为行政程序主体。③被授权的行政程序主体组织内部的工作人员不具备公务人员的素质，缺乏相关方面的行政管理经验和专业化法律知识，行政管理工作难以胜任。最后，增加管理环节和成本，给相对人带来诸多不便。①

此外，由于行政机关将行政权力委托给其他组织这一过程和结果一般不属于政府信息公开的范围，即使属于信息公开的范围，行政机关也很少自觉将其公布，所以哪些主体是受委托的主体，其委托是否合法正当，委托的事项和权限范围又是什么，这些情况一般不为相对方所知。这一类组织在超过委托范围、无授权或者委托的情形下，代替有关行政机关参与行政活动，做出事实上的行政行为，导致相对方的合法权益受到损害，相对方又该如何进行救济？这些问题都指向地方行政程序主体的准入的衡量标准上。

（二）地方行政程序主体的职能设置不科学

职能设置的不科学主要表现为地方行政程序主体的"缺位"或者"多头管理"。在 2012 年上海的"染色馒头"事件中，就发生了各个主体间相互推诿，"互踢皮球"的现象：工商部门推脱这事该归质监部门管，而质监部门则认为这属于农业部门的管辖范围，农业部门则一口咬定，这已是农产品的再加工产品，且进入商品流通领域，不应当由农业部门加以监管。这也能反映出在应对具体问题时，地方各个行政程序主体的职能分工还存在一些模糊甚至真空，导致行政管理的"缺位"。与此相对应的则是地方行政主体的多头管理。尤其是在一些获利较多的行业中，基于利益的驱动，地方行政主体都希望能参与管理，"分得一杯羹"，致使程序主体间难以协调，彼此争利。现实中，地方行政权主体对企业投资经营活动干预过多，政企不分、政事不分、政社不分的现象仍然存在。政府机构设置不合理、职能交叉重复、政绩考核体系不科学，导致了政府管理职能的越位、缺位和错位。这影响了行政程序活动的开展，行政效率的实现，难以使地方行政程序主体的效能发挥到最大化。

（三）地方行政程序主体的责任错位与缺失

地方行政程序主体的责任承担分为外部责任与内部责任，外部责任主要包括行政责任与刑事责任，而内部责任更多是作为行政程序主体的工作人员承担的不利后果。但现有的地方行政程序违法主体与责任主体的衔接并不严密，行政违法与行政犯罪之

---

① 薛刚凌. 多元化背景下行政主体之建构 [J]. 浙江学刊, 2007 (2): 5 – 13.

间存在界限不清晰。现有的行政程序主体中只将行政机关和被授权组织作为行政主体，相应地，行政违法主体及责任承担主体一般也只是由此两类主体构成。这样，受委托而成为行政程序主体的其他组织和实际执行公务的行政公务人员就不能够对外独立承担责任，但在行政程序主体内部的责任追究上，又扩大到"行政主体及其执行行政公务的人员因违反行政法律规范而应承担的法律责任"。如受委托的组织违法行政的，由委托的行政权主体承担行政责任，再由委托主体依据委托关系追究该受委托组织的相关责任。因为公务人员的行政违法行为造成损害后果的，由其所属行政程序主体为赔偿义务主体进行赔偿，再由该行政程序主体对有故意或重大过失的公务人员行使追偿权，或者对责任人员给予行政处分。

　　另外实践中实际责任人员摇身一变，成为"临时工"现象也层出不穷，这样的乱象凸显出违法责任的落空。2011 年 6 月江西省修水县义宁派出所"发飙女民警"拿资料砸办事群众的视频曝光，修水县公安局称该工作人员为聘用人员，而非在编警察。2013 年 6 月，延安城管不文明执法被曝光后，官方回应责任人员系临聘人员；同日，中国储备粮管理总公司黑龙江分公司林甸直属仓库的 80 个储粮囤燃发大火，四万余吨的粮食失火，相关的责任人员被定为"临时工"。一旦出现责任事故，"临时工"就成为行政程序主体责任承担的挡箭牌。

　　此外对法律规则的逻辑结构进行分析，理论界有几种主要的学说："三要素说"、"二要素说"及"新三要素说"。三要素说认为，法律规则由假定、处理、制裁三要素构成；二要素说则认为法律规则由行为模式和法律后果两部分构成；近年来兴起的"新三要素说"对上述两种学说进行结合，克服了其中的弊端，认为任何法律规制都由假定、处理和法律后果组成。在程序法中设定程序主体的规则，自然应当具备基本的三个要素，这是对法律规则逻辑结构完整性的要求，亦是对程序主体独立地位的回应。而在制度设计者的考虑中，似乎对相对人的管理要比对行政权主体的制约更为重要，以致出现对行政程序主体不遵程序、扭曲程序的处理出现"留白"。责任规则的缺失，让整个地方行政程序成为"跛脚程序"。

（四）程序主体参与程序活动缺乏有效监督

　　对地方行政程序主体，我国建立了相关的监督机制，但这一监督机制从建立之日起，可以说就一直处于萎缩或空置的状态。正如应松年教授所言：一些有利于实现民主、公开的原则，保障公民权益的程序制度没有制度化、法律化和普遍化。可见我国的行政监督机制还存在许多问题。对行政程序主体的监督，我国一直侧重于内部监督，如审查、通过、批准、备案这些都属于行政系统内部的自我监督，缺乏行政程序主体外部有关的第三者的审查和监督。虽然我国宪法赋予权力机关撤销行政机关违法和不当的法规、规章的权利，但这种监督并没有完整的程序予以保障，难以落到实处。对于行政程序活动的事前评估尚未形成稳定的行政立法评估体系，评估行为具有相当大的随意性，很多地方没有形成固定行政立法评估体系，另外还没有严格的评估标准。行政程序活动的事中监督，缺少相应完善的制度支持。而作为事后监督的重要方式——司法监督中，地方法院也因为人事权、财政权力依附于地方行政机关，对地方行政机关有着依附关系，某些地方法院担心影响与地方行政部门的关系或者迫于某些压力，对地方行政权主体的监督较为疲软。这样，当相对人的合法权益受到严重侵害时，法院也无能为力。

目前对地方行政立法监督的主体由政府法制机构充任，而法制机构是以立法为主要的业务，同时也是协助行政首长办理法制事项之内设机构，不具有基本的独立性，难以担当起监督行政立法的重任。以地方政府规章备案为例，虽然国务院颁布的法规备案制度施行多年，但基本上法院对备案规章很难进行审理，对于违反，越权，违反法定程序和内容冲突的规章也难以纠正。①

三、我国地方行政程序主体问题的成因分析

理论研究的不充分、制度不完善、地域文化传统和地域文化差异，以及发展不平衡，均能够成为各种问题重要的原因。除此之外，当然还有一些值得注意的元素。

（一）地方行政程序主体界定的混乱

现实生活中，随着公民社会的发展，除了行政机关和法律法规授权的组织以外，还出现了诸如行业协会、非行业协会性的中介组织、高等学校等行使部分行政管理职能的组织，这些主体的出现一方面顺应了行政主体多元化的趋势，但另一方面，根据行政程序主体理论和当前的法律法规，这些主体不包括在行政程序主体的范围内，因而长期游离于法律控制之外，导致该部分主体有权无责，不受行政程序法律的约束，甚至任意行政，违法行政，最终既无法有效保护行政相对人的合法权益，亦使得有限的社会资源被浪费，这明显与我国依法行政的基本原则背道而驰。

（二）追责程序规则设置不合理

西方行政程序主体理论中的责任是指行为后果的最终归属，直接与程序主体财产挂钩。我国行政赔偿法规定，因公务员的行政违法造成损害的，由其所属行政机关为赔偿义务机关予以赔偿，再由该行政机关对有故意或重大过失的公务员行使追偿权或者给予行政处分；受委托组织有违法行为的，由委托行政机关承担行政责任，再由委托行政机关依据委托关系追究该受委托的组织的相关责任。其中存在着责任的转化，

---

① 张平水. 我国行政立法监督及其完善 ［EB/OL］. （2012–01–10）［2023–11–24］. https：//www.chinacourt. org/article/detail/2012/01/id/471259. shtml.

由行政程序主体的法律责任转化为行政机关内部的行政责任，并不是行政程序主体责任的真正归责。即便是在行政程序主体违法行政承担不利后果的情形下，沿着归责的逻辑分析下去，我们也不难发现这里的行政程序主体也不是真正的责任承担者，而是国家承担最终的法律责任，即由国家财政支付赔偿。这样，实际上行政主体的法律责任被架空，而转移给了国家。

（三）民主监督的意识淡薄和监督机制的失灵

在几千年来的传统思维中，"官本位"主义深入社会的方方面面，行政权力支配社会的观念根深蒂固，而民主监督的观念仍比较淡薄。普通民众形成依赖性，民主参与意识得不到发展、参与监督的能力长期被压抑，监督渠道狭窄，长此以往就形成公民监督意识淡薄，对行政程序活动的监督缺乏热情，认为那只是行政机关上级部门的职责。虽然近年来，随着科学技术的发展，互联网和手机移动终端的普及，博客、邮件、微博、微信、QQ等新型信息交流工具为信息传播和社会监督提供了一定的便利，但自2013年9月来，最高人民检察院与最高人民法院联合发布《关于办理利用信息网络实施诽谤等刑事案件的司法解释》，并处罚了一批包括"网络红人"在内的违法人员，由此民众通过微博、微信等方式对行政程序主体的监督热情也被逐渐消减。而监督意识的淡薄，对行政程序主体法律监督民主参与度不高，导致监督机制在运行中也出现了诸多问题。

第四节 地方行政程序主体合理设定和有序活动的设想

自1978年改革开放以来，我国在政治、经济、文化、社会等各个方面都呈现出巨大的变化，尤其是社会组织日益复杂，对传统的行政体制发起了新的挑战。中国行政体制改革的一个重要任务，就是要将各种组织加以区别，不仅要实现政企分开、政事分开、政群分开，即使在行政组织系统内部，也同样面临着中央与地方分权的问题，这种体制改革的要求体现在法律上就是主体的分化，从所有组织都纳入行政隶属系统的主体一元性分化为企业、事业单位、群众团队都成为独立主体的多元化。[①] 现代社会组织日益复杂化和中国社会结构变迁必然影响到我国行政领域的改革，主要表现为中央与地方的分权和行政与公务的分权，同时也理所当然地要求行政主体的再造。这也就意味着，地方行政程序主体在多元化环境下需要合理有序地开展程序活动是理论界

---

① 章剑生. 反思与超越：中国行政主体理论批判［J］. 北方法学，2008（6）：68 - 76.

和实务界发展的共同趋势。

一、地方行政程序主体设定应遵循法定原则

程序法定原则既是贯穿行政程序参与程序活动始末的基本理念，也是依法治国，建设社会主义法治国家的价值追求。

法定原则要求行政程序法律关系的各方遵循预设的法定程序来作出各自的行为，违反程序的应承担相应的法律责任。这就意味着一方面在设置行政主体时要有充分的法律依据，行政权主体对其他社会组织进行授权或者委托时必然要严格按照法律的规定进行。被授权、被委托的组织参与行政程序活动要严格遵循被授权的权限，不得未经授权或者超出权限进行活动。另一方面，在各方主体进入到程序活动时能够遵守法定的程序来调整各自的行为。

在行政实体法律关系中，行政主体与相对人的法律地位是不平等的，行政主体处于有权支配相对人的法律地位，在行使行政权力时极容易侵犯行政相对人的法律地位。[①] 因此，在地方行政程序主体行使权力时必须遵照法律规定的方式、步骤、空间和时限要求进行，规范程序行为，不允许随意变更适用其他的程序或者变更程序的内容，甚至完全不适用程序。

二、地方行政程序主体参与程序活动遵循的原则

这里所讨论的原则是指地方行政程序主体根据现有程序规则进入程序活动时，需要遵循的基本规则。

（一）程序参与原则

多元化的主体要求参与地方行政程序活动，已经成为一种大趋势。程序参与原则的内涵在于，受权力运行影响的人有权参与行政权力的运作，并对行政决定的形成发挥有效作用。[②] 程序参与原则要求地方行政程序在设置上应当考虑行政相对方参与程序活动的实际可能性，在方式、时限等方面给予足够的便利，保证相对方意见通过合理的畅通的渠道进行充分表达。另外，其他法律法规一方面应当顺应多元化参与的趋势，鼓励多方有序参与地方行政程序活动，另一方面还应落实对程序参与相对方人身安全的保护，保证其参与的积极性和安全性。

参与原则使相对方能够对自己的权利进行救济，是当代民主的基本要求。赋予多

---

① 胡建淼，章剑生. 论行政程序立法与行政程序法的基本原则 [J]. 浙江社会科学，1997 (6)：65 - 71.

② 王朝，王青枚. 地方行政程序之基本原则初探——以《湖南省行政程序规定》为例 [J]. 湘潮，2013 (4)：46 - 49.

方参与权是表现行政行为的公正性和严肃性，行政决定对其更具说服力；参与原则促使地方行政主体在开展行政活动在当事人及其他各方参与者的监督下合法公正地行使职权，能够有效防止行政自由裁量权的滥用。此外，参与原则也是我国人民政治民主的直接体现。

（二）公开原则

"阳光是好的防腐剂。"广义公开原则的基本含义是：政府行为除依法应保密的以外，一律公开进行，行政法规、规章、行政政策以及行政机关作出的影响行政相对人权利、义务的行为的标准、条件、程序应依法公布，让相对人依法查阅、复制；有关行政会议、会议决议、决定以及行政机关及其工作人员的活动情况应允许新闻媒体依法采访、报道和评论。① 在法国，传统上行政程序一般采取秘密原则，只有法律规定必须公开时，才予以公开。直至 1978 年制定的《行政和公众关系法》规定，行政程序公开是原则，秘密是例外。②

公开的实质是现代民主政治向行政权提出的公开行使的要求。③ 公开原则的确立，是保证程序主体，尤其是相对方能够知晓信息、参与地方行政活动的前提，再者，程序的公开有利于保障多方主体对地方行政权主体的监督，防止行政权被滥用。公开原则主要包含四个方面的内容：一是行使行政权的主体在进入行政程序时须将其权力的依据公开；二是行政资讯的公开，涉及行政活动的有关讯息能够及时让公众知晓；三是行政程序中注意听取相对人的表达意见，也即保证听证制度能够落实；四是行政决定的公开，以便让有利害关系的相对方及第三方能够在知晓结果后及时采取行政救济措施。除了涉及国家秘密和依法保护的商业秘密、个人隐私之外，整个动态的程序活动中，行使权力的地方行政程序主体应该依照职权或者申请进行活动公开。

（三）公平与效率原则

与司法程序活动不同，行政程序活动更为注重效率性。这也就意味着，在追求公平的同时，地方行政程序主体也需要考虑，用最小的投入获取最佳的效果。"效率即行政的生命"这一说法虽然略失偏颇，但也可反映出行政程序主体的价值取向。没有一定的效率，就难以实现行政管理目的，其结果势必会影响行政程序法其他原则的实现，甚至会牺牲其他原则，同样，如果行政程序没有民主与公正，单纯的行政效率也就没有任何实际意义。公正的程序规则防止了行政程序主体的专横行为，"可以维护公民对行政机关的信任和良好的关系，减少与行政机关之间的摩擦，又可能最大限度地提高

---

① 姜明安．行政程序立法及其基本原则［J］．中国司法，1999（3）：12 - 17.

② 章剑生．反思与超越：中国行政主体理论批判［J］．北方法学，2008（6）：68 - 76.

③ 张引，熊菁华．行政程序法的基本原则及相应制度［J］．行政法学研究，2003（2）：48 - 54.

行政效率"，因此公正并非必然排斥行政效率。同样，效率也并非必然排斥公正。公正作为一个价值判断，其含义在特定的历史条件下不断变化。在许多情况下，判断一项活动是不是"公正"或"好"，应看它是否有利于国民收入提高来衡量的经济效率。①无论如何，一个毫无效率的行政活动过程决不能说是公正的，因为它不仅意味着浪费了有限的社会公共资源，而且也阻碍了社会公共利益的推进。

行政程序法应在效率与公正两个基本价值目标间寻求平衡，只在整体上确定了其目标模式的选择，这仅是行政程序立法的出发点。行政过程总是表现为具体的管理过程，它决定了行政程序法必须是制度化的可操作体系。效率与公正的平衡绝不是形式上自我标榜所能实现的，它有赖于一系列程序制度的设置，通过这些程序制度，使效率与公正的平衡得以落实，才能使效率与公正的平衡得以实现。②

三、合法设定地方行政程序主体及其有序活动的规制

在行政主体多元化的趋势下，地方行政程序主体也呈现出多元化的趋向。一方面更多的类型的相对方主体被吸收进地方行政，另一方面，政府服务职能的转变也可能是行政机关将一部分的行政职能让渡给其他的社会团体和自治组织。我们不能要求社会组织适应理论，追求逻辑上的完满，社会组织永远面对的是它所生存的环境，理论要获得生命力，就必须适应现实生活，作出更有说服力的解释。③如何在保障主体多元化参与的前提下，让程序设计得更加科学，让每个程序主体能找准自己的位置，高效有序地参与程序活动，促进社会朝着良性的法治循环，笔者建议从一个完整程序角度对行政程序主体理论完善。在程序开始前，设定合理的程序主体的程序规则，对即将进入程序活动的主体进行指引；在程序活动中，以动态的观念去规制主体的行为；在程序活动结束后，对主体所发生的行为进行评价。在遵循法定原则的前提下，将静态的程序法上的主体与动态的程序活动紧密结合进行，引导多元化的行政程序主体合理高效地参与行政程序活动。

（一）程序规则预设

1. 尊重地方立法特色，合理预设行政程序法上的主体

立法往往不能尽善尽美，甚至有时候其本身的滞后性影响法律的适用，但不可否认的是法律的规范作用是其他任何社会规范无法比拟的。因此在立法时应当倾注更高的前瞻性和预见性，以满足不断复杂化的社会现实。目前虽然缺少统一的行政程序法

---

① 理查德·波斯纳. 法律的经济分析（第七版）[M]. 蒋兆康，译. 2 版. 北京：法律出版社，2012.

② 王锡锌. 行政程序法价值的定位——兼论行政过程效率与公正的平衡 [J]. 中国政法法学学报，1995（3）：60 - 64.

③ 张树义. 行政主体研究 [J]. 中国法学，2000（2）：79 - 85.

典，各地的行政程序立法仍进展得如火如荼。在强调维护中央统一的前提下，鼓励地方充分发挥自主性和创造性。在程序规则的预设方面，要合理尊重多元的程序主体，首先要做到的即是从实际出发，结合地方特色设置规则。地方与地方，地方各个层级的程序的设置都有其独特的要求。以选举法规定的选举程序为例，针对县、自治县、乡（民族乡）镇的直接选举与省、自治区、直辖市、设区的市、自治州的间接选举需要设置不同的程序规则，在不同的地域和行政级别中，对程序主体的约束力度也有所差别，对自由裁量权较大的行政主体，需要设置较为严格的程序规则，规则群较为紧密，可防止自由裁量权的滥用。而对于以执行权力为主，自由裁量权较小的行政主体，则应当把设置程序的重心转移到保障和维护执行活动的有序正当上。因此在设置行政程序主体时需要结合地方特色，因地制宜。

此外，随着地方管理事务的分工越加细化，专业化程度越加提高，地方行政权在无法全部承揽的情况下，将部分职权转移给社会中介组织、具有专业水平的自治团体或者行业协会等，这较为符合当前社会的发展趋势，但就各国的实践经验来看，社会自治主要存在于基层社区管理、行业或职业管理、高效管理和利益团体管理几个特定的领域。[1] 目前而言，自治团体或者行业协会进入行政管理程序中，行使行政职权，依赖于国家法治的秩序和社会自治秩序的有机结合。市民社会的理性规则秩序为法律框架的运作提供必要的根基、支撑和补充；同时国家对法律框架的设定和实施也为市民社会"内生秩序"提供必要的保障和促进，从而实现社会化自治与国家法治互动发展的"良法"之治。[2]

2. 制约与协调的平衡，合理规划行政程序主体的职能

行政程序主体的职能交叉、重复、缺位，不仅会导致行政主体行使行政权力的混乱，影响地方政府的法治形象，还会造成地方各级有限的行政资源的浪费，影响法治进程的步伐。合理设计行政程序主体的职能分工，在职权设置中秉持相互制约又相互协调的原则，以求充分发挥最大的效能，既保障公平又实现效率。较为典型的是《湖南省行政程序规定》在第十一条第二款中明确规定："行政机关应当按决策权、执行权和监督权既相互制约又相互协调的原则，设定权力结构和运行机制。"权力的制衡的意义在于促进利益的均衡，通过充分制衡做出来的决策，一般不至于"赢者全赢，输者全输"，[3] 而协调的作用更多是通过资源的优化配置，减少损耗，获得最大的收益。而

①　薛刚凌，王文英. 社会自治规则探讨——兼论社会自治规则与国家法律的关系 [J]. 行政法学研究，2006（1）：1-8.

②　薛刚凌，王文英. 社会自治规则探讨——兼论社会自治规则与国家法律的关系 [J]. 行政法学研究，2006（1）：1-8.

③　刘瑜. 民主的细节 [M]. 上海：上海三联书店，2009：164.

在地方行政主体的职能分工中，前者是为维护公平，后者是追求行政效率的最大化，二者的平衡一方面能克服地方行政主体的固步自封、地方保护，另一方面也能使地方行政主体在实现法治的进程中保持同一节奏。

3. 完善地方行政主体的程序制裁规则

如前所述，行政主体的独立性在承担责任时得到充分体现。地方行政主体在开展程序活动过程中，必然会产生一定的法律后果。甚至在一些场合，地方行政主体因为主客观原因，不可避免地出现错误，这是无可厚非的。而对地方行政主体的独立性考验在于做出行政行为的主体能否以自己的名义独立承担相应的责任。如果在设置地方行政主体时，忽略掉法律责任的追究程序，就像是没有兜底的口袋，即使能够把不合理、不合法的行政行为"装进口袋"，但最终也只会让他们溜掉。因此，完整的程序设计需要对主体的责任承担做出明确的规定，以确保责任的追究能够实现。

（二）程序活动中的规制

在地方的行政程序活动中，最为理想化的情况即是地方行政权依法合理行使权力，其他各方行政程序主体遵照既定的规则开展活动。但现实中，行使权力的一方在缺少有效制约的情况下，往往容易偏离预设的程序轨道，任意行使法律赋予的自由裁量权，因此，在程序活动中，需要对各方程序主体，尤其是行政权主体进行程序规制，以扬长避短的态度来对待行政裁量权。一方面要地方行政权主体的行政裁量权有效运作，以使行政权参与主体在行政管理中发挥应有的功能；另一方面，也需要防止行政裁量权在具体的行政程序活动中被滥用，继而保障公民权益不受非法侵犯。

正如叶必丰教授所说，行政程序作为一种科学而严格的意思表示规则，至少能使行政主体作出错误意思表示的危险降到最小限度，为行政主体作准确的意思表示提供一种最大的可能性。程序活动中对主体的规制需要严密精细的程序设计，这一方面主要是立法技术上的问题，限于篇幅，笔者不做详细论述。程序把控的另一方面要求适格主体的参与，和公众的有效监督，这也是程序参与原则和公开原则的要求。前者意味着行政权主体不能凭借其优势地位，对其他的准程序参与方设置障碍，阻止其参与程序活动，另外，还需要保证其他参与方正常参与程序活动的渠道畅通，为他们的参与提供便利条件。在程序活动的进行中，行政权主体一方应当主动公开，自觉接受公众和社会各界的监督，决不能进行"暗箱操作"。行政程序活动的公开和透明化，能够从源头上截断自由裁量权滥用发生的渠道，通过公开，行政相对人也能及时有效地掌握信息，参与行政程序，维护自己的合法利益，还能监督和制约行政裁量权的行使，此外，还能增加和地方行政程序活动中其他主体的互动，增强对地方行政权主体的信任，从而能更为自觉地配合各项行政管理活动，提高行政效率。

（三）程序活动后的评价

对地方行政程序活动进行评价是指对行政程序活动的进展情况和效果进行评价和总结，分为积极评价和消极评价，总的来说，对程序活动的评价包含两方面——行政执行过程评价和行政执行效果评价两个方面。

1. 对程序过程的评价

对执行过程的评价侧重于考察各方行政程序主体的介入是否合法正当，采取的方式方法是否合理，在整个程序活动中是否遵照既定的规范来行为，总体而言，需要对整个程序活动进行全面、动态的考察，是对程序是否合法进行的评价。所谓"全面"考察是指将行政过程中的所有行为以及作为整体的行政过程纳入行政法学的视野；所谓"动态"考察是指着眼于行政过程所有的行为以及行政过程中各个行为以及单一行为中各阶段的关联性，对整体行政过程进行动态分析。[①] 无论是行政权主体一方还是相对人一方，程序违法的表现形式主要包含以下几种：

a. 步骤违法。例如在行政处罚程序中，应当先取证后处罚，将处罚和取证的步骤调换，事后补充证据的，属于无效的行政行为。

b. 方式违法。在法律规定必须要以一定的形式或方法表现出来时，如果某一行政程序主体未按照规定进行的，亦属于程序违法。

c. 顺序违法。就行政权主体而言，在进行有关的行政程序活动时，需要按照顺序表明身份、说明理由、采取相关措施、作出行政决定，并按照规定的方式将结果告知当事人，作为同样身为行政程序主体的相对人一方而言，在进行有关行为时，必须按照法定顺序进行，否则容易导致自己承担不利的后果。

2. 对程序结果的评价

行政执行效果评估，也就是对行政行为结束后所产生的法律后果作出判断和总结。地方行政程序活动的结束一般都会产生相应的法律后果，按照是否符合法律规定，可以分为合法后果和违法后果。一方面，对合法后果应当给予积极肯定性的评价，并可采取示范方式鼓励和推广，促使行政程序中的主体能够有正面的指引。另一方面，对违法的后果给予否定性的评价，这就意味着不遵守程序规范的主体需要对自己的违法行为承担相应的法律责任。在违法责任的承担方式上，行政诉讼法从司法审查的角度认为具体行政行为不符合法定程序的，可以判决行政主体撤销，并责令行政主体重新作出具体行政行为。而行政复议法对具体行政行为违反程序的，只有影响到申请人合法权益的才能决定撤销，变更，并责令被申请人重新作出具体行为。特别的是，行政

---

① 江利红. 行政过程的阶段性法律构造分析——从行政过程论的视角出发 [J]. 政治与法律，2012（3）：140–154.

处罚程序中，不遵守法定程序的，行政处罚无效。在最终的责任承担上，除了行政主体对外承担责任之外，对直接负责的主管人员和其他责任人员还可追究内部责任，如行政处分。笔者建议，在行政主体对外责任承担上应当与行政赔偿程序相衔接，在对内责任追究上要公开透明，遵循内部程序，不能出现一旦追责，就让"临时工"成为责任人员。

第四章
地方行政程序结构

　　地方行政程序结构是隐含在地方行政程序制度中，由立法预先拟制的地方行政程序活动运行的主要关系状态，是地方行政程序最内在的部分。地方行政程序活动参与主体的多元性、步骤的多重性、对象的广泛性、关系的多层次性使其在实践运行中显得极为复杂。因此，在考察地方行政制度时，若将每一个主体、每一个环节都事无巨细纳入到研究范围，有可能会使我们迷失在地方行政程序复杂的局面当中。因此，我们需要在把握全局的基础上，对这些复杂的地方行政程序进行梳理和归纳，剪除地方行政程序中非主要的细枝末节，勾画出其中最本质的、最主要的部分——即地方行政程序的结构，以化繁为简，把握地方行政程序最核心的内在关系。本文对地方行政程序结构问题的研究，正是试图在全局的视角上，抓住地方行政程序活动的主要参与者这一关键因素，通过研究其在地方程序活动中的地位和相互关系，还原出地方行政程序的基本结构；同时结合具体的地方行政程序制度，对地方行政程序的结构类型进行分门别类，以寻找出地方行政程序的内在规律。

第一节　地方行政程序结构的界定

　　地方行政程序的结构由"地方行政程序"和"结构"两个部分组成，因此，厘清这一概念需要同时关注"地方行政程序"和"结构"这两个方面。换句话说，在研究地方行政程序结构之时，我们既要关注它的"结构"——地方行政程序主体的地位和相互关系，又要关注地方行政程序结构的本质属性——行政性和地方性。

一、地方行政程序的"结构"

所谓结构，一般指的是事物内部各个要素之间的搭配和安排。从语义上看，对事物"结构"的研究主要关注的是其内部各个要素之间的地位排布以及相互之间的关系状态。因此，地方行政程序结构应是地方行政程序中各个要素之间的地位和相互关系。

从广义上看，地方行政程序的结构包含了时间、空间、主体、行为、权利义务等诸多要素，是一个十分庞杂的系统，全面把握难免耗力费时，亦与"化繁为简"的初衷有所背离，故应有所取舍。而笔者在本书将选取"地方行政程序主体"这一要素作为突破点。以"地方行政程序主体"作为研究地方行政程序结构的视角有两个重要原因：首先，法律主体是法律程序的主要参与者，一般情况下，法律程序的目的与法律程序主体需求息息相关，法律程序活动的启动、推进和终结依赖于法律程序主体的设置，法律程序的规则基本上围绕法律程序主体设置，因此，以法律程序主体为视角能够更清晰地把握法律程序的脉络。地方行政程序作法律程序的子项，以主体为视角能够更清晰地把握其"结构"。其次，以"地方行政程序主体"作为视角，方便于对比地方行政程序与其他类型的程序在结构上的异同，能够对地方行政程序结构有更好的把握。因此，本章节所讨论的地方行政程序结构主要研究的是地方行政程序主体在地方行政程序中的地位以及相互关系。

（一）地方行政程序主体在地方行政程序中的地位

地方行政程序主体本身具有两个层次的身份：一是地方行政程序的社会身份，例如行政机关、企业、公民等，二是地方行政程序主体参与到地方行政程序中之后所具有的身份，例如行政处罚机关、行政复议机关、听证主持人、被处罚人等。因此，地方行政程序主体的地位有两个层次：第一个层次是地方行政主体在一般社会关系中的地位，即其"社会地位"；第二个层次是地方行政主体参与到地方行政程序活动、被拟制为一定的程序主体之后所具有的地位，笔者将之称为"程序地位"。以市场监督管理部门为例，在未参与到一定的程序之前，地方市场监督管理部门是地方行政机关，与社会中的其他主体（例如立法机关、司法机关、社会团体、公民等）相区别，当它依法行使行政处罚权、参与到行政处罚程序中之后，它就会成为行政处罚主体，与被处罚的行政相对人相对应。而地方行政程序结构所研究的是地方行政程序主体的程序地位。

（二）地方行政程序主体的相互关系状态

地方行政程序具有动态拟制性，因此地方行政程序主体之间的相互关系具有动态和静态两个层面。一方面，地方行政程序本质上是由法律拟制的规则群体，其中包含的程序主体的地位和相互关系受立法者的目的和程序本身的价值取向的影响而具有基本的布局，这个基本布局就是地方行政程序的静态结构；另一方面，地方行政程序所规制的对象是具有动态性的地方行政程序活动，这使得地方行政程序具有动态拟制性，因此地方行政主体的地位和相互关系会随着程序活动的推进、程序主体的选择和互动而呈现出不同的形态，并且这种变化会保持在静态结构的基本框架之内。因此，研究地方行政程序的机构既要从静态的角度，分析地方行政程序立法所预置的地方行政程序主体的地位和相互关系，又要从动态的角度，即从地方行政程序活动的整个动态过程考量地方行政程序主体的地位和关系状态及其变化。

综上所述，地方行政程序结构是研究地方行政程序主体这一要素在地方行政程序中的地位和相互关系状态问题的概念。因地方行政程序具有动态拟制性，故地方行政程序结构具有动、静两种形态。静态的地方行政程序结构指的是地方行政程序主体在地方行政程序的主要环节中的地位和相互关系；动态结构体现地方行政程序主体在整个地方行政程序活动中的地位以及相互关系变化。综上，笔者将地方行政程序的结构定义为：地方行政程序的结构指的是地方行政程序主体在地方行政程序活动中的地位，以及各个主体之间形成的相互关系状态。

二、地方行政程序结构的基本属性

地方行政程序结构是对地方行政程序主体的地位及其相互关系进行的概括性总结，因此地方行政程序结构的研究是以地方行政程序和地方行政程序活动为基础的。这就决定了我们在研究地方行政程序的过程中必须充分地关注地方行政程序结构的基本属性——行政性和地方性。

（一）地方行政程序结构的行政性

地方行政程序本质上是行政程序的一部分，因此具有行政性。地方行政程序结构的行政性是在与其他类型的法律程序结构（如立法程序结构、诉讼程序结构、仲裁程序结构、拍卖程序结构等）的对比中体现出来的，主要有两个方面：一是地方行政程序结构以行政程序和行政程序活动为基础；二是地方行政程序结构以行政主体为主导。

1. 地方行政程序结构以地方行政程序活动为基础

地方行政程序本质上是一种行政程序，只不过地方行政程序在全国统一法制的前提下，受地方立法和地方具体法治环境所影响，具有一定的地方特色。地方行政程序结构以地方行政程序活动为基础，这是决定了地方行政程序结构的行政性的根本原因。

地方行政程序结构描述的是地方行政程序活动的主体地位和相互关系。从主体上看，处于地方行政程序顶点的是地方行政程序主体，既包括行政主体，也包括行政相对人。从描述的内容上看，地方行政程序主体之间的地位和相互关系通过地方立法所设置，并在地方行政程序活动中体现。地方行政程序主体构成了地方行政程序结构的端点，其在活动中相互影响、相互作用的轨迹和关系勾勒出地方行政程序结构模型的线条。地方行政程序结构实质上表现的是行政程序活动的基本框架。对地方行政程序结构的研究也必须立足于对各种不同的地方行政程序，以及围绕地方行政程序所展开的地方行政程序活动的归纳和分析之上。

2. 行政主体在地方行政程序结构占主导地位

尽管不同的地方行政程序的参与主体以及主体之间和地位的相互关系不尽相同，但在地方行政程序结构中，地方行政程序主体一般占主导地位。

不同类型的地方行政程序往往具有不同的参与主体，（地方行政程序主体将在下文具体分类讨论分析，此处再不做详细讨论），而这些主体中至少有一方是行政主体，并且行政程序活动中一般由行政主体所主导。例如，地方行政重大决策程序主要由县级以上人民政府[①]主导，虽然大部分的地方行政程序规定都要求重大行政程序应当征求公众意见及其他部门意见，但公众意见和其他部门意见一般只作为参考，最终的决策仍然由县级以上地方人民政府作出；其他地方行政程序如地方行政处罚程序、地方行政许可程序、地方行政裁决程序等，也都是由地方行政程序主导。

（二）地方行政程序结构的地方性

地方性是地方行政程序的另一个基本属性。讨论地方行政程序结构的地方性时应当注意："地方性"是一个相对的概念，是相对"全国"或"全局"而言的。判断"地方性"的外延，往往需要将其放到具体的语境中加以考量。以全国为全局，则全国的每一个组成部分（省、自治区、直辖市，及其所属所有地区）都具有地方性；以一个省作为全局，该省内的各个部分（地、州、市）便都具有地方性；把一个设区的市当作全局的时候，则隶属该市的每一个区和县亦具有地方性。"地方性"需要通过比较来凸显，地方行政程序主体的识别亦需要以具体的语言环境、具体的程序活动为背景。地方行政程序结构的地方性体现在两个方面：第一，地方行政程序结构由地方行政立法预先设置；第二，地方行政程序的目的和内容具有地方性。

1. 地方行政程序结构由地方立法预先设置

地方行政程序结构是从地方立法所设定地方行政程序中抽象出来的基本框架，地方立法的区域性差异决定了地方行政程序不可避免地带有地方性特色。由地方立法所确立的地方行政程序制度统一于宪法和法律确定的国家法制体系、统一于中国特色社

[①] 《湖南省行政程序规定》等地方行政程序规定均规定地方行政决策程序规定的是县级以上地方人民政府的重大行政决策程序，县级以上人民政府工作部门、派出机关和乡镇人民政府参照适用。

会主义法治目标，但经济发展水平、社会结构、历史进程、文化习俗、地理环境等因素的差异决定了地方治理主体在服从于统一大局的前提下对地方行政程序制度进行调整，从而适应于地方具体情况和发展目标。因此，在宪法和法律允许的范围内，不同地方对同一类型的法律程序或有不同规定，从而有可能导致地方同类型的行政程序结构的在地域上的差异。换而言之，在不同的区域地方行政程序结构可能会有一定的差异，这种差异是由地方立法所确立、通过区域之间的对比而显现出来的，因此可以说地方行政程序结构的适用范围具有地方性。

2. 地方行政程序结构的目的和内容具有地方性

地方行政程序主体在地方行政程序活动中的地位和相互关系是地方行政程序结构的主要内容。地方行政程序结构首先是由地方立法预先设置，且地方行政程序结构会围绕一定的立法目的，而不同的行政区域，其立法目的受地缘因素的影响往往具有一定的差异性，因此静态的地方行政程序结构往往也会具有一定的地区差异性；其次地方行政程序的动态结构是法律程序运行过程中形成的地方行政程序主体的实际地位和关系状态，地方立法和法律程序运行的实际状况在不同的区域范围内会呈现出不同的地方状态，地方经济、地理环境、发展目标、政治状况和法治状况乃至地方行政工作人员素质的差异都会对其造成影响。因此，地方行政程序结构的目的和内容都具有地方性。

第二节 地方行政程序结构的基本类型

在法律程序中，程序主体的地位和相互关系受其性质以及程序目的、程序价值等因素的影响往往会呈现出不同的形态。我国地方行政程序种类繁多，并且由于各地方的地域环境和政治经济发展状况存在差异，同一行政程序在不同的地方也有可能存在一定的差异性，因此，地方行政程序的结构在不同的地方行政程序中往往会有不同的表现。从总体上来说，地方行政程序的结构主要有线型结构、三角型结构、扇型结构等。

一、线型结构

在程序中法律关系明显地围绕两个主要的主体产生，两个主体的地位和相互关系形成一条直线，这样的行政程序结构即为线型结构。线型结构有横向和纵向两种形态。横向的线型结构发生在两个平等的主体之间，表现的是平等权利义务关系或者职权关系；纵向的线型结构发生在地位不平等的两个主体之间，一般表现公权力与私权利之间或者行政权内部具有垂直领导关系的两个主体之间的相互关系。

根据我国的地方行政程序立法的规定，地方行政程序主要有三大类：行政决策程序、行政执法程序、特别行为程序。其中，行政决策程序主要包括重大行政决策程序和制定规范性文件的程序；行政执法程序主要包括行政许可、行政处罚、行政强制、行政给付、行政征收、行政确认等程序；特别行为程序则主要包括行政合同、行政指导、行政裁决、行政调解等程序。地方行政执法程序以及特别行为程序中的行政合同、行政指导均是线型结构。

地方行政执法程序所包含的行政许可、行政处罚、行政强制、行政给付、行政征收、行政确认等程序以及行政合同和行政指导虽然在具体的主体、客体不同以及法律关系等方面存在诸多差异，但这些程序的规则设置以及它们所规制的程序活动都明显地反映了两个主体的互动过程以及相互之间的法律关系。处于这些法律关系中心的两个主体一方是行政主体（包括行政机关、被授权的组织和受委托的组织），另一方则是行政相对人（包括法人、其他组织和个人），二者之间形成了一种线型结构。

从普通程序来看，地方行政执法程序一般包含程序启动、调查取证、决定等环节。不同环节可能由不同的人来执行，但具体执行人的行为代表的并不是个人，而是其所归属的行政主体，而这些具体的执行人一般都是同一个行政主体的工作人员。换句话说，地方行政执法程序本质上表现的是发生在行政主体和行政相对人之间的法律关系，体现了行政主体和行政相对人之间的线型结构。从简易程序来看，这种线型结构则更加明显。由于适用简易程序的地方行政执法活动可以当场查实、当场听取陈述申辩、当场决定，执法人员往往是同一批人，行政主体与行政相对人的地位以及相互之间法律关系更为直观地体现出线型结构。下面重点分析行政处罚程序、行政指导程序和行政监督程序。

（一）行政处罚

行政处罚程序是针对行政机关制裁违反行政法律规范的行为这一活动所设置的行政程序规则的总和。从我国行政处罚法以及各地的行政程序规定来看，行政处罚程序主要有行政处罚实施机关和行政处罚当事人这两个主体。前者包括了行政机关、法律、法规授权的组织和委托机关，后者则主要是公民、法人或者其他组织。地方行政处罚程序规则主要围绕行政处罚实施机关和行政处罚当事人设置，地方行政程序活动亦针对这两个主体展开，行政处罚中主要的法律关系亦主要发生在这两个主体之间。

在行政处罚程序活动的整个过程中，行政处罚实施机关和行政处罚当事人的行为都具有针对性，即在行政处罚程序活动中的行为都是针对对方的行为而实施的，两个主体的互动是推进行政处罚程序的主要方式，二者之间的地位和法律关系呈现出线型结构。具体来说，行政处罚机关针对处罚当事人违反行政管理秩序的行为进行调查取证、听取当事人意见，最终依据法定职权和法定程序作出处罚决定；行政处罚当事人则针对行政处罚机关的行为进行陈述和申辩并提供相应证据，甚至不服行政处罚而提起行政复议或者行政诉讼，行政处罚活动的整个过程都是由二者的互动加以推进的。

（二）行政指导

根据我国各个地方的行政程序规定，行政指导是指："行政机关为实现特定行政目的，在法定职权范围或者依据法律、法规、规章和政策，以劝告、提醒、建议、协商制定和发布指导性政策、提供技术指导和帮助等非强制形式，引导公民、法人和其他组织作出或者不作出某种行为的活动。"①

行政指导中，行政机关和行政相对人这两个主体表现出的也是一种线型结构。但行政指导的线型结构与行政处罚的存在一点明显的不同：行政指导在行政处罚程序中，行政主体对行政相对人进行的处罚具有强制力，换而言之，行政处罚中的线型结构中包含了依托行政权而产生的、由行政主体指向行政相对人的一个单向强制力，这样的强制力同样存在于行政强制、行政确认、行政许可当中。但在行政指导中，行政机关对行政相对人的指导采取的是非强制形式，因此行政指导中的线型结构不存在单向的强制力，行政相对人亦不必然对行政机关作出回应。

（三）行政监督

行政监督有广义和狭义之分。广义的行政监督泛指一切有权机关即社会主体对行政机关及其工作人员的职权行为进行的监督，包括内部监督和外部监督。其中外部监督包括人民代表大会及其常务委员会、监察机关、司法机关、以及社会组织和社会团体、公民等对行政机关的监督；内部监督则主要是上级行政机关对下级行政机关的监督、行政机关内部的专业部门（如审计部门）对其他部门的监督。狭义的行政监督主要指内部监督。此处所讨论的行政监督亦主要指行政机关的内部监督。

行政监督中有几组分别对应的主体。上级行政机关对下级行政机关的监督中，相互对应的几组主体分别是：上级人民政府—下级人民政府，各级人民政府—其工作部门，上级政府工作部门—下级人民政府工作部门，各级人民政府及其工作部门—工作人员。而在专业部门的监督中，对应的主体则是专业部门—其他部门。在这几组关系中，主体都是两两对应，呈现出线型结构。特别之处在于，在其他行政程序中，线条两端的主体一端是掌握公权力的行政主体，另一端则是私权利主体，表现的是权力—权利的相互关系，而行政监督程序的结构两端都是公权力，表现的是权力—权力的相互关系。行政监督的线型结构有两种形态：一是纵向的线型结构，上下级行政机关之间的监督程序即是纵向的线型结构；二是横向的线形结构，这种结构主要体现在审计部门等专业部门对其他部门的监督中。

---

① 《湖南省行政程序规定》《山东省行政程序规定》《宁夏回族自治区行政程序规定》《江苏省行政程序规定》均采用此种定义。后来通过的《江苏省行政程序条例》定义的行政指导则有不同的表述，"本条例所称行政指导，是指行政机关从技术、政策、安全、信息等方面帮助公民、法人或者其他组织维护、增进其合法利益，或者为预防公民、法人或者其他组织可能出现的妨害行政管理秩序的违法行为等，以非强制性方式引导公民、法人或者其他组织作出或者不作出某种行为的活动"。

二、三角型结构

三角型结构是指在地方行政程序活动中，存在各自独立、相互对立的三方主体，地方行政程序活动中的法律关系主要围绕三者发生，三方主体呈现出三角形状态的一类结构。地方行政程序中的三角型结构主要有两种类型：一是等腰三角型结构，主要体现在行政裁决和行政调解程序中；二是直角三角型结构，主要体现在行政复议程序中。两种形态的三角型结构因其主体不同，主体之间的相互关系也有所不同，因此需要结合具体的地方行政程序进行分析。

（一）行政裁决

"裁决"是在行政法中比较常见的一个词，许多行政行为如行政处罚、行政强制、行政复议等往往都会以裁决的形式作出。但在我国各地方行政程序中，行政裁决一般是指行政机关根据法律、法规的授权，处理公民、法人或者其他组织相互之间发生的与其行政职权密切相关的民事纠纷的活动。① 本文所说的行政裁决亦特指行政机关根据法律、法规授权和法定程序，处理与其行政职权密切相关的民事纠纷的活动。行政裁决在法律文本中，一般不称"裁决"，而以"处理""决定"等词语代替。一般认为，行政裁决适用于侵权损害赔偿纠纷、权属纠纷和民间纠纷。例如土地管理法第十四条规定："土地所有权和使用权争议，由当事人协商解决；协商不成的，由人民政府处理。"再如专利法第六十二条规定："取得实施强制许可的单位或者个人应当付给专利权人合理的使用费，或者依照中华人民共和国参加的有关国际条约的规定处理使用费问题。付给使用费的，其数额由双方协商；双方不能达成协议的，由国务院专利行政部门裁决。"

行政裁决的三方主体——裁决机关、争议双方当事人——之间呈现出的是等腰三角型的结构。在行政裁决中，争议双方当事人均为民事主体，二者是因民事纠纷或主动或被动地参与到行政裁决程序中，因此争议双方处于平等地位，平等地处于三方关系的底端。而裁决机关则是依当事人申请参与到行政裁决程序、根据法律和法规的授权裁决争议双方当事人之间的纠纷的行政主体，处于三方关系中的顶端。在裁决过程中，裁决机关需保持中立、不偏不倚，因此三方关系保持等腰三角形的状态。

行政裁决本质上是运用国家权力对民事纠纷进行裁断，因此其结构与民事诉讼结构十分相似：二者都是等腰三角型结构，都是国家权力立于顶端、两个私权利处于底边所形成的三方组合。行政裁决因为纠纷解决的功能被视为"行政司法行为""准司法

---

① 《湖南省行政程序规定》《宁夏回族自治区行政程序规定》《山东省行政程序规定》《浙江省行政程序办法》等均采用该定义，此外，《江苏省行政程序规定》《辽宁省行政执法程序规定》等未作定义。但后来的《江苏省行政程序条例》规定了"本条例所称行政裁决，是指行政机关根据公民、法人或者其他组织申请，依据法律、法规授权，居中对与行政管理活动密切相关的民事纠纷进行裁处的行为"。

行为"，然而事实上行政裁决与民事诉讼存在着本质的区别：首先，二者处于顶端的权力属于不同的性质，行政裁决本身是国家行政机关运用行政权裁断民事纠纷的一种活动，本质上是行政行为，因此行政裁决的程序结构中居于顶端的是行政权力；而民事诉讼是当事人将民事纠纷诉诸法院，国家司法机关行使审判职能居中裁判解决民事纠纷的活动，本质上是司法活动，因此民事诉讼程序结构中居于顶端的是司法权力。其次，在行政裁决中，裁决机关与当事人之间的关系是行政法律关系，即行政裁决程序结构中三角形的两腰代表的是行政法律关系；而民事诉讼结构中的三角形两腰代表的是民事诉讼法律关系。最后，生效的行政裁决不具有终局性，而生效的民事裁判具有终局性。

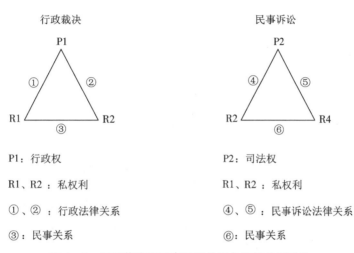

图 4 − 1　行政裁决和民事诉讼的三角结构关系对比

（二）行政调解

地方行政立法中的行政调解一般指的是行政机关为了化解社会矛盾、维护社会稳定，依照法律、法规、规章和规范性文件的规定，居间协调处理与行使行政职权相关的民事纠纷的行为。[①] 行政调解程序与行政裁决程序的结构相似，均是等腰三角型结构，即行政机关作为调解机关位于三角形顶端，争议双方当事人平等地处于三方关系的底端。但二者亦存在着一定的差别：行政裁决程序中，行政裁决一旦做出，即对双方产生约束力，这种约束力是基于行政机关的行政管理职能而形成的，是一种行政强制力；而行政调解强调自愿、合法、公正，行政调解程序的启动依赖于双方同意调解，行政调解协议的约束力来源于双方的合意，虽然各地的行政立法均要求调解协议应当有调解双方和调解人员的签字，并加盖行政机关印章，但调解人员和行政机关的署名

[①] 《湖南省行政程序规定》《宁夏回族自治区行政程序规定》《山东省行政程序规定》《江苏省行政程序规定》等均采用该定义。后来的《江苏省行政程序条例》的表述稍有变化："本条例所称行政调解，是指由行政机关主持或者主导，通过说服、疏导等方式，促使公民、法人或者其他组织之间以及公民、法人或者其他组织与行政机关之间达成调解协议，依法化解与行政管理职能有关的民事纠纷和行政争议的活动。"

在其中更多起的是见证的作用，而非强制的作用。总而言之，在行政调解程序的三角关系中，三角形两腰的行政法律关系带有行政权对私权利的强制力，当事人须服从于裁决决定，而行政调解程序中行政权的作用在于斡旋和见证，而非强制双方达成和履行调解协议。

（三）行政复议

行政复议是与行政行为具有法律上利害关系的人认为行政机关所作出的行政行为侵犯其合法权益，依法向具有法定权限的行政机关申请复议，由复议机关依法对被申请行政行为合法性和合理性进行审查并作出决定的活动和制度。行政复议程序的基本结构是由作出原行政行为的行政机关（以下简称原行政机关）、行政复议机关和行政相对人组成的一个直角三角形的结构。在行政程复议序中，行政相对人对原行政机关作出的具体行政行为不服而向复议机关提出申请，行政复议机关由此介入到双方的关系中，形成了一个三方组合。在这个三方组合中存在着三条关系链：首先，行政相对人与原行政机关之间因原行政行为而形成一定的行政法律关系；其次，行政复议机关往往是原行政机关所属的人民政府或者上级主管部门，因此原行政机关与行政复议机关之间一般存在着垂直领导的关系；最后，行政复议机关因行政相对人的申请进入行政复议程序，与行政相对人之间形成行政法律关系。这三条关系链呈现出直角三角形的形态。

行政复议程序与行政诉讼程序的结构在主体构成上是相近的：都是掌握国家公权力的主体处于三方组合的顶端；底边的主体都是一方是行政主体，另一方是作为行政相对人的私权利主体；两个公权力主体之间都存在监督与被监督的关系。不同的是，处于行政复议程序结构顶端的复议机关（P1）与处于底边上的原行政机关（P2）的垂直领导关系决定了行政复议程序的直角三角型结构；而行政诉讼的大三角中是司法机关居于顶端，而行政诉讼原被告双方之间被法律拟制为平等关系，因此行政诉讼是等腰三角型的结构。

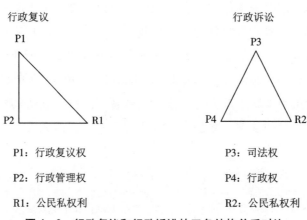

图4－2　行政复议和行政诉讼的三角结构关系对比

（四）行政执法听证

行政执法听证程序指的是行政机关在作出执法决定之前按照法律规定依申请或者依职权举行的听证活动，例如行政处罚听证、行政许可听证。行政执法听证程序的目的在于充分听取行政相对人就有关事项的陈述和申辩，从而作出合法、合理、公正的行政执法决定，因此行政听证程序一般被拟制为三角型结构。但与三角型结构不同，行政执法听证的三角结构中，三方主体并非相互独立。行政执法听证的三方主体分别是行政听证主持人、行政执法人员和行政相对人。其中，行政执法听证会的听证主持人与行政执法人员往往同属于一个行政机关，尽管有的地方规章规定了二者应当属于不同部门，但这并不能使二者真正相互独立。因此，行政执法听证虽然从形式上是由行政听证主持人、行政执法人员和行政相对人组成的三角结构，但这个三角结构事实上并不稳定。

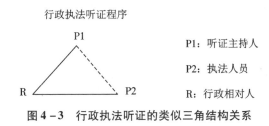

行政执法听证程序

P1：听证主持人

P2：执法人员

R：行政相对人

图 4 - 3　行政执法听证的类似三角结构关系

三、扇型结构

扇型结构是指在地方行政程序中有多方主体，其中一方主体为中心，多方主体参与决定的程序结构。扇型结构的地方行政程序一般涉及多个分工不同的主体，处于整个程序中心的主体会与其他主体直接发生关系，而非中心的主体之间则相对独立，往往不直接产生联系，从而使整个程序呈现出扇型结构。典型的呈扇型结构的地方行政程序活动有重大行政决策和行政决策听证。

（一）重大行政决策

重大行政决策程序指的是县级以上人民政府依照法定职权作出的涉及本行政区域社会经济发展全局、社会涉及面广、与公民、法人和其他组织利益密切相关的重大事项的决定。重大行政决策牵涉面广、关系重大且会对后续行政活动产生重要影响，因此重大行政决策程序往往牵涉主体众多、结构复杂。我国在重大行政决策的立法上目前呈现出"地方先行"的格局，国家法律层次上暂时没有专门规范行政决策的法律，各地则通过出台专门的地方政府规章或者在地方行政程序规章中设置专章的方式规范重大行政决策活动。

重大行政决策程序的扇型结构有两个层次。从重大行政决策的整体上看，行政首长处于整个决策程序的中心，通过决策承办部门与各个主体产生关系，形成了一个大的扇形结构，这是行政决策程序的扇型结构的第一个层次。从部分上来看，在重大行政决策的关键环节——集体讨论环节中，行政首长处于中心地位，与出席政府常务会议或者政府全体会议参与决策的成员互动，形成了一个小的扇形结构，这是行政决策程序扇型结构的第二个层次。

首先，重大行政决策程序的整体是以行政首长为中心的扇型结构。虽然我国各地在规范重大行政决策活动时采取的立法形式不同，章节安排也不同，但是各地的关于重大行政决策程序的规定一般都包含公众参与、专家论证、风险评估、合法性审查和集体讨论这几个环节。重大行政决策程序由行政首长提出或决定提出①重大决策事项而启动，其后由承办单位就该重大行政决策事项组织征求公众意见、专家论证、风险评估、决策听证等，而后由行政首长将重大决策事项决定提交政府集体会议或政府常务会议讨论，最后由行政首长在集体审议的基础上做出决策。此处或许会有人疑惑，在重大行政决策活动整个过程中，联系各个环节的似乎是承办单位，行政首长似乎只是在开头和结尾出现，为何重大行政决策程序是以行政首长为中心而不是以承办单位为中心？这要从重大行政决策的目的以及承办单位与行政首长的地位和关系上进行分析。从目的上看，重大行政决策程序的根本目的在于规范政府重大行政决策行为，确保重大行政决策的合法性、科学性和民主性。因此，重大行政决策程序的各个环节的直接作用在于保证行使最终决策权的行政首长能够做出科学、民主、合法的决定。从承办单位与行政首长的地位关系上看，承办单位实质上是根据行政首长的指示组织重大行政决策的各个环节，直接对行政首长负责。综合这两个方面可以明显看出，重大行政决策程序本质上是以行政首长为中心。行政首长通过承办单位与其他环节的参与者直接产生联系，其他参与主体相互之间却并无直接联系，由此可见重大行政决策程序是典型的以行政首长为中心的扇型结构。

其次，重大行政决策程序的关键环节也是以行政首长为中心的扇型结构。重大行政决策事项在经过征求公众意见、专家论证即风险评估等环节后，需要提交政府常务委员会或者政府全体会议进行审议，最后由行政首长根据审议结果作出决策。也就是说，集体讨论程序对最终的决策起着决定性的作用。在集体讨论阶段，行政首长作为最终的决策者处于整个阶段的中心，其他参与者通过发表意见和建议的形式与行政首长直接互动，行政首长和其他参与主体之间的关系状态就呈现出了扇型结构。

重大行政决策程序的听证环节也属于扇型结构，但因决策听证程序非是重大行政决策程序的环节，且决策听证程序有其特殊性，故笔者将决策听证程序拿出来在下文

---

① 综览各地关于重大行政决策程序的规定可见，地方重大行政决策程序的启动主要有两种形式：一是由行政首长提出重大决策事项，直接进入重大行政决策程序；二是其他主体提出重大行政决策建议，报行政首长，由行政首长决定是否启动重大行政决策程序。

中单独进行讨论。

（二）行政决策听证

行政决策听证程序从整体上看应当属于行政决策的一部分。但由于行政决策听证程序体系完整且具有自己的独立价值，在各个地方的程序立法中，行政决策听证往往与执法听证一起单独列一个章节进行规定。因此，本文也将行政决策听证程序单独列出进行分析。

重大行政决策事项的听证程序也是典型的扇型结构。我国大多数的地方行政立法都规定了涉及重大公共利益和人民群众切身利益、公众对决策方案有重大分歧、社会关注度较高、可能影响社会稳定或者法律、法规、规章规定应当听证的重大行政决策事项应当举行听证会。在行政决策听证中，以听证主持人为中心，决策承办单位与听证会参加人就重大行政决策事项依次陈述意见和观点、相互辩论，各个主体之间就形成了扇型结构。

第三节　地方行政程序结构形式中的不同内在需求

地方行政程序的结构是对地方行政程序主体的地位及其相互关系的抽象概括。地方行政程序结构呈现出何种形态，主要由地方行政程序主体的性质以及地方行政程序的价值所决定。如前文所述，以调整行政机关与行政相对人的社会关系为内容的行政法律体系，可以区分为以行政权为基础参与其间的行政主体规则和以权利为基础参与其中的社会主体的规则。以此为标准，地方行政程序结构中的行政程序主体亦可区分为以行政权为基础参与到行政程序中的主体（以下简称"行政权主体"）和以权利为基础参与到地方行政程序的主体（以下简称"权利主体"）。在具体的地方行政程序中，依职权参与到程序活动中的行政机关即是行政权主体，因权利而参与到行政程序活动中的公民、法人和其他组织则是权利主体。在此基础上，地方行政程序结构中包含的各种关系其实可归纳为三组基本的关系：行政权力和行政权利的关系、行政权力和行政权力的关系、行政权利和行政权利的关系。地方行政程序结构实质上就是两种不同性质主体以及这三组基本关系的不同组合。

在地方行政程序中，参与程序的主体不同，其相互之间的地位和关系也会产生差异。这意味着结构相异的地方行政程序其目的和价值的实现需要用不同的原则和规则相互配合才能保证。换而言之，地方行政程序需要在不同的行政程序结构下，根据地方行政程序的价值追求和程序目的安排相应的原则和规则，妥善地处理主体之间的关系，才能保证地方行政程序能够实现其在构建地方法治中的功能。因此，探究不同形式的地方行政程序结构下应如何安排程序的原则和规则具有十分重要的意义。

一、线型结构的程序需求

线型结构的地方行政程序中法律关系均发生在两个相互独立的主体之间，其原则和规则亦是围绕这两个主体设置的。从主体性质和法律关系的类型上看，地方行政程序中的线型结构有两种不同形态：权力—权利型，权力—权力型。两种不同形态的线型结构在原则和规则的安排上既有一定的重合，又有一定的差异，下文中笔者将结合具体的地方行政程序进行分析。

（一）权力—权利型的线型结构

权力—权利型线型结构指的是以权力—权利关系为核心的线型结构。其本质特征是：处于线型结构两端的主体分别是权力型的主体和权利型的主体，该程序所包含的关系主要发生在行政权力主体和权利主体之间。这个结构形态下的地方行政程序有行政处罚、行政强制、行政征收、行政指导等。

现代民主法治观念要求权力的行使必须具有正当性，权力的制约和权利的保障是现代民主法治的核心。因此，以权力—权利关系为基本结构的程序中，制约和规范权力、保障和约束权利是核心要求。而地方行政程序是兼具行政性和地方性的一种特殊法律程序，其基本属性本身就具有多个层次。因此，围绕制约和规范权力、保障和约束权力这一核心要求，地方行政程序被赋予了更多层次的要求。下文中，笔者将以行政处罚为例，对权力—权利关系为基本结构形态的地方行政程序的基本需求进行简要分析。

行政处罚程序是针对行政机关制裁公民、法人或其他组织违反行政法律规范的行为的活动所设置的行政程序规则的总和。行政处罚程序是典型的权力—权利型结构。行政处罚程序的结构两端分别是以行政处罚权为基础参与程序活动的行政处罚机关与以公民权利参与到程序活动中的行政处罚当事人，它反映的是一种权力—权利的关系。根据行政处罚法的规定，行政处罚程序肩负着保障和监督行政机关有效实施行政管理，维护公共利益和社会秩序，保护公民、法人或者其他组织的合法权益的任务。

《中华人民共和国行政处罚法》

第一条　为了规范行政处罚的设定和实施，保障和监督行政机关有效实施行政管理，维护公共利益和社会秩序，保护公民、法人或者其他组织的合法权益，根据宪法，制定本法。

这一任务的实现需要一系列的原则和规则进行配合。具体来说，为实现上述目的，行政处罚程序应当满足以下几个方面的需求。

（1）程序合法原则

行政权力是行政机关代表国家对国家和社会事务进行管理和服务的权力。在现代民主政治体系下，行政权力的获得来源于法律的授权。因此在行政法律关系中，合法性是行政机关行使行政权、管理国家和社会事务必须遵守的首要原则。合法性原则有两个层面要求：一是行政机关的职权活动必须有法律的授权，法无授权即禁止；二是行政机关的职权行为必须依照法定程序，违反法定程序的行为无效，即程序合法原则。前者是实体上的约束，后者是程序上的规制。我国的行政处罚种类繁多，且与相对人的权益密切相关，程序合法原则在行政处罚制度中处于十分重要的地位。行政处罚制度尤其是行政处罚程序中应当贯彻合法性原则，这一要求在行政处罚法和各地方的程序立法中均有体现。

《中华人民共和国行政处罚法》

第四条 公民、法人或者其他组织违反行政管理秩序的行为，应当给予行政处罚的，依照本法由法律、法规、规章规定，并由行政机关依照本法规定的程序实施。

《山东省行政程序规定》

第五十八条 行政执法应当严格依照法定权限和程序，坚持严格执法、公正执法、文明执法。

行政机关及其执法人员依法行使行政执法权，受法律保护。任何单位和个人不得拒绝、阻碍行政执法人员依法执行公务，不得违法干预行政执法。①

（2）程序正当性原则

程序正当性原则是行政法的基本原则之一。行政法体系中的程序正当性原则有三个基本的子原则：行政公开、公众参与和回避。

首先，程序性正当原则要求行政机关职权行为的依据和结果应当公开。

《中华人民共和国行政处罚法》

第五条 行政处罚遵循公正、公开的原则。

设定和实施行政处罚必须以事实为依据，与违法行为的事实、性质、情节以及社会危害程度相当。

对违法行为给予行政处罚的规定必须公布；未经公布的，不得作为行政处罚的依据。

《湖南省行政程序规定》

第五十五条 行政执法依据包括法律、行政法规、地方性法规、规章。

行政执法依据应当向社会公开。未经公开的，不得作为行政执法依据。

其次，涉及公民、法人和其他组织的决定应当听取公众意见。为此，《中华人民共和国行政处罚法》第四十二条、四十三条规定了行政处罚听证制度。各地的行政程序

① 《山东省行政程序规定》中，行政处罚与行政许可、行政强制、行政确认、行政征收等被统一称为"行政执法"。其他省份如湖南省、江苏省等的行政程序立法亦基本采取此种做法。

立法中，执法听证也是重要的内容。

最后，回避原则。行政机关工作人员实施行政管理活动之时，与行政相对人存在利害关系的，应当回避。

《中华人民共和国行政处罚法》

第五十五条　行政机关在收集证据时，可以采取抽样取证的方法；在证据可能灭失或者以后难以取得的情况下，经行政机关负责人批准，可以先行登记保存，并应当在七日内及时作出处理决定，在此期间，当事人或者有关人员不得销毁或者转移证据。

《山东省行政程序规定》

第二十二条　行政机关工作人员执行公务时，有下列情形之一的，应当自行申请回避；本人未申请回避的，行政机关应当责令回避；公民、法人和其他组织也可以以书面形式提出回避申请：

（一）与本人有利害关系的；

（二）与本人有夫妻关系、直系血亲关系、三代以内旁系血亲关系以及近姻亲关系的；

（三）可能影响公正执行公务的其他情形。

行政机关工作人员的回避由该行政机关主要负责人决定。行政机关主要负责人的回避由本级人民政府或者上一级行政机关决定。

（3）程序参与原则

程序参与原则指的是在涉及公民、法人或其他组织合法权益的地方行政程序中，上述主体（当事人）应当有充分参与程序的机会，并能够通过申辩、提供证据、驳斥对方证据等方式对最终的结果产生影响。

程序参与原则应当包含三个基本的要求：一是当事人应被告知相应权利和事实，这是当事人得以进行陈述和申辩的前提要件；二是当事人实际获得陈述和申辩的机会，并且这个机会能够被正当的使用；三是当事人具有为自己的申辩提供证据以及驳斥对方证据的权利。

第一，在涉及自身合法权益的行政活动中，当事人应当具有被告知相应权利和事实权利。"告知当事人权利和事实"是地方行政处罚程序的一项重要规定。行政处罚法以及各地方程序立法中均有相应的规定。

《中华人民共和国行政处罚法》

第四十四条　行政机关在作出行政处罚决定之前，应当告知当事人拟作出的行政处罚内容及事实、理由、依据，并告知当事人依法享有的陈述、申辩、要求听证等权利。

《湖南省行政程序规定》

第六十二条　行政机关在行政执法过程中应当依法及时告知当事人、利害关系人相关的执法事实、理由、依据、法定权利和义务。

行政执法的告知应当采用书面形式。情况紧急时，可以采用口头等其他方式。但法律、法规、规章规定必须采取书面形式告知的除外。

第二，在相应的地方行政程序活动中，当事人应当实际获得陈述和申辩的机会，并且这个机会能够被正当和有效的使用，当事人得以通过陈述和申辩实际地维护自己的合法权益。

《中华人民共和国行政处罚法》

第四十五条　当事人有权进行陈述和申辩。行政机关必须充分听取当事人的意见，对当事人提出的事实、理由和证据，应当进行复核；当事人提出的事实、理由或者证据成立的，行政机关应当采纳。

行政机关不得因当事人陈述、申辩而给予更重的处罚。

《湖南省行政程序规定》

第七十三条　行政机关在作出行政执法决定之前，应当告知当事人、利害关系人享有陈述意见、申辩的权利，并听取其陈述和申辩。

对于当事人、利害关系人的陈述和申辩，行政机关应予以记录并归入案卷。

对当事人、利害关系人提出的事实、理由和证据，行政机关应当进行审查，并采纳其合理的意见；不予采纳的，应当说明理由。

第三，当事人具有为自己的申辩提供证据以及驳斥对方证据的权利。即当事人有权提供相应的证据证明和支持自己主张的事实和理由，并且通过驳斥对方的证据和理由，否定对方的主张。

《湖南省行政程序规定》

第七十一条　作为行政执法决定依据的证据应当查证属实。当事人有权对作为定案依据的证据发表意见，提出异议。未经当事人发表意见的证据不能作为行政执法决定的依据。

（4）程序效能原则

程序效能原则指的是地方行政程序应追求以尽可能小的消耗获得尽可能大的收益，或者在付出同样成本的条件下追求收益的最大化。程序效能是效率原则在地方行政程序中的体现。

程序效能在行政处罚程序中主要体现为普通程序和简易程序的分离。行政处罚涉及公民、法人和其他组织的切身利益，因此行政处罚的启动、调查、决定乃至执行都需要遵循严格的法定程序。但是，现实生活中还存在着一些事实清楚、处罚轻微、对当事人权益的影响较小的行政处罚案件。这些案件倘若严格遵守普通程序进行处理，那么国家以及当事人花费的人力成本、时间成本、金钱成本等往往高于当事人受到保护的利益，这相当于一种很大的浪费。因此，我国的行政处罚制度采取了普通程序和简易程序分离的方式来解决这一问题。行政处罚法第五章的第二节用于规定简易程序，第三节则用于规定普通程序。各个地方的行政程序立法亦有相应的处理。

《中华人民共和国行政处罚法》

第五十一条　违法事实确凿并有法定依据，对公民处以二百元以下、对法人或者其他组织处以三千元以下罚款或者警告的行政处罚的，可以当场作出行政处罚决定。法律另有规定的，从其规定。

《湖南省行政程序规定》

第八十七条　对事实简单、当场可以查实、有法定依据且对当事人合法权益影响较小的事项，行政机关可以适用简易程序作出行政执法决定，法律、法规对简易程序的适用范围另有规定的，从其规定。

（二）权力—权力型的线型结构

权力—权力型线型结构指的是以权力—权力关系为核心的线型结构。权力—权力型的线型结构的关键特征在于处于线型结构两端的主体皆是以行政权力参与地方行政程序的主体，两个主体均带有权力属性。典型的权力—权力型结构程序主要是行政监督程序。

以权力—权力关系为核心的线型结构与以权力—权利为核心的线型结构在需求上有着重大的差异。以权力—权力关系为中心的线型结构中，双方主体均是行政主体，一方面，二者之间虽可能因为层级关系而在影响力上存在一定的差异，但这种差异并不像权力主体和权利主体之间的差异那样悬殊，另一方面，这类地方行政程序与权利主体并无直接的联系，因此，在这一结构形式的地方行政程序中并不刻意地强调对权利的保护。在权力—权力的关系中，更注重权力相互之间的分工和配合，通过明确权责来防止行政机关越权、滥权和怠权，从而保证行政管理活动的效率。权力—权力型的关系结构可分为两种，一是纵向的权力—权力关系，一种是横向的权力—权力关系。前者一般出现在上下级行政机关之间，在关系的处理上要求下级服从上级；后者一般出现在平级之间，讲求分工明确和相互配合。下文将以行政监督为例对权力—权力型结构的需求进行分析。

本文所研究的行政监督主要指行政机关的内部监督，包括层级监督和专门监督。其中，行政机关的层级监督属于纵向的权力—权力型结构，专门监督属于横向的权力—权力型结构。行政监督程序之中权责法定、权责分明、完善分工与追求效率是基本的原则。

（1）程序法定原则

行政监督程序中，线形结构两端皆是掌握行政权力、以行政权为基础参与程序的主体，因此，行政监督程序中尤其要强调法定性。行政监督程序中程序法定原则体现在三个方面：第一，主体法定。即行政监督程序主体必须是依法具有监督权的行政机关或者行为依法受到相关机关监督的行政主体。换句话说,参与到行政监督程序中的主体,不管是主动参与还是被动参与,都应有法律法规的明确规定。我国各个地方的行政程序立法,例如《江苏省行政程序条例》《湖南省行政程序规定》等对行政监督程序主体均有明确的规定。

《湖南省行政程序规定》

第一百五十二条 县级以上人民政府应当加强政府层级监督,健全完善政府层级监督制度,创新政府层级监督机制和方式。

审计等专门监督机关应当切实履行法定职责,依法加强专门监督。各级行政机关应当自觉接受审计等专门监督机关的监督。

《江苏省行政程序条例》

第一百六十条 县级以上地方人民政府应当健全政府层级监督制度,完善监督机制和方式,加强政府层级监督。

监察、审计、检察等监督机关应当履行法定职责,依法加强监督。行政机关应当自觉接受监察、审计、检察等专门监督机关的监督。

第二,职权法定。即行政监督程序的主体均是依照法定权限参与到程序中,行政监督程序主体实施的程序行为应当严格依照法定权限、遵照法定程序进行。例如《浙江省行政程序办法》第九十二条即规定了有层级监督权的行政机关的监督行为应当依照权限和程序执行。

《浙江省行政程序办法》

第九十二条 有层级监督权的行政机关发现有关行政机关有违法或者不当的行政行为的,可以作出督促整改、责令改正、通报批评的决定。有关行政机关应当在收到决定之日起 30 日内将处理结果向有监督权的行政机关报告。

有层级监督权的行政机关依照《中华人民共和国地方各级人民代表大会和地方各级人民政府组织法》《浙江省县级以上人民政府行政执法监督条例》等有关法律、法规和规章,撤销、变更违法或者不当的行政行为的,依照其规定权限和程序执行。

第三,方式和手段法定。即行政监督机关的监督行为只能依法定的方式进行。

(2)分工与配合原则

行政监督程序实施的效率与其实施的实效密切相关。效率原则也是行政监督程序的重要原则之一。而效率的实现又有赖于行政监督程序主体之间的分工和配合。行政监督程序中,为保证程序事实的效率,主体之间应当有适当的分工和配合。一方面,不同的行政监督程序主体之间应由法律明确其分工,并且这种分工应当与各部门的职能相适应;另一方面,行政监督程序的各个主体之间应相互配合,职能的分工之间既不能有空白地带,又不宜有过多的重合,否则可能会出现"抢着管"或者"踢皮球"的现象。行政监督程序主体之间的分工和配合需要由立法明确地规定。例如我国审计法明确规定了审计机关的监督范围，并且规定了被审计单位应当提供必要的工作条件；《浙江省行政程序办法》则规定了行政机关各部门依照职责分工负责层级监督工作。

《中华人民共和国审计法》

第四十二条　审计机关根据经批准的审计项目计划确定的审计事项组成审计组，并应当在实施审计三日前，向被审计单位送达审计通知书，遇有特殊情况，经县级以上人民政府审计机关负责人批准，可以直接持审计通知书实施审计。

审计对象应当配合审计机关的工作，并提供必要的工作条件。

审计机关应当提高审计工作效率。

《浙江省行政程序办法》

第八十七条　县级以上人民政府依法对所设工作部门、派出机关、派出机构和下级人民政府的行政行为实施层级监督。县级以上人民政府法制机构和其他有关部门依照职责分工，根据本级人民政府的授权负责层级监督具体工作。

县级以上人民政府工作部门依法对本系统内行政机关的行政行为实施层级监督。

（3）监督主体的权威性与独立性原则

行政监督的被监督对象是与监督主体同样掌握行政权力的主体，因此为保证监督的有效性与公正性，在涉及行政监督程序之时就必须保证监督主体的权威性与独立性。一方面，监督主体需要保持独立地位——尤其是人事权和财政权上的独立，以对抗被监督主体的影响或者外界的干扰，保证监督程序的有效实施以及监督结果的公正性，从而累积其公信力与权威性；另一方面，行政主体的独立性亦需要其权威性的加持。可以说，监督主体的权威性与独立性在行政监督程序中是相互促进、良性循环的关系。我国审计法就对审计机关行使审计权的独立性进行了明确的规定。

《中华人民共和国审计法》

第五条　审计机关依照法律规定独立行使审计监督权，不受其他行政机关、社会团体和个人的干涉。

二、三角型结构的程序需求

三角型结构涉及三方不同主体之间的地位以及相互关系，相对线型结构要更为复杂。在呈现三角型结构的地方行政程序中，需要处理的不是一组关系而是三组关系的组合，因此在设计这一类程序之时，不同属性的主体、局部单组关系之间的处理以及整体关系的协调都需要充分的注意。三角型结构的地方行政程序大体可归为两种形态：等腰三角型结构和直角三角型结构。两种形态的三角型结构在主体性质、主体地位、主体关系都有差异，这些因素造就了二者在需求上的差异。

（一）等腰三角型结构的程序

在行政法体系中，等腰三角型的程序结构一般出现在行政权介入非公权力机关、组织或者人员之间平等的法律关系的程序中。等腰三角型结构的程序中存在着三方主体，其中至少有两方主体性质相同、关系平等，并且这两方主体之间往往存在纠纷，而第三方主体一般是为解决平等关系双方的纠纷而介入到程序当中的。因此，在处理平等双方的关系之时，平等、自愿是基本的原则，而为解决纠纷而介入的第三方则会被要求秉持中立的态度。

典型的呈现等腰三角型结构的地方行政程序有行政裁决和行政调解。行政裁决与行政调解均是行政机关以行政职权为基础介入民事关系，解决民事纠纷的活动，其程序结构都是由行政权主体与两方平等民事主体组成的三方组合、都是以等腰三角形的形态出现的。两者虽然在工作方式上存在差异——行政裁决中行政机关居中裁断民事纠纷并依据行政职权作出有强制拘束力的裁决，行政调解中行政机关居中斡旋，以促成和解为主要目的——但两者的价值取向和所要遵循的基本原则基本上是一致的。行政裁决与行政调解的基本功能在于以行政权解决民事纠纷，其应当符合程序正义的要求。

程序正义原则源自英国古典自然正义，后来在美国进一步发展成了正当程序原则。程序正义的基本要求有两个基本的要求：任何人均不得担任自己的案件的法官；法官在裁判时应听取当事人的陈述和申辩。而美国的正当程序原则进一步区分程序性正当法律程序和实质性正当法律程序，其中程序性正当法律程序又包含三个方面的基本要求："告知相对一方有关的事实和权利""为相对一方提供有效的听证机会""主持者的独立"。[①] 在我国，有学者认为程序正义有六项基本构成要素：①程序的参与性；②裁判者的中立性；③程序的对等性；④程序的合理性；⑤程序的及时性；⑥程序的终结性。[②] 程序正义原则最初适用于诉讼程序，随着理论的发展，人们对法律程序的研究不再局限于诉讼程序，立法程序、行政程序等逐渐受到关注，程序正义原则的适用范围已开始突破最初的适用。但笔者注意到，上述理论对于程序正义进行分析与归纳都是以刑事诉讼为主要的样本，而刑事诉讼程序与行政程序存在着重大的差异，因此将这些理论适用于地方行政程序的分析之时，需要根据地方行政程序的特性进行一定的取舍与变通。具体的内容笔者将结合行政裁决程序进行分析。

（1）程序的参与性

程序的参与性来源于"法官在裁判时应听取当事人的陈述和申辩"的要求，其核心内容在于："那些其权益可能会受到刑事裁判或者刑事审判结局直接影响的主体有充分的机会并富有意义地参与法庭裁判的制作过程，从而对裁判结果的形成发挥有效地

---

① 徐亚文. 程序正义论 ［M］. 济南：山东人民出版社，2004：74 – 75.
② 陈瑞华. 程序正义理论 ［M］. 北京：中国法制出版社，2010：98 – 109.

影响和作用"。① 程序的参与性在行政裁决程序中体现为与行政裁决的结果利害相关的当事人应该有充分的机会参与裁决过程，并且能够通过自身行为实际有效地影响最终的裁决结果。具体来说，应符合几项基本的要求：首先，行政裁决程序应当为当事人提供充分表达己方主张与驳斥对方观点的机会；其次，在行政裁决程序中当事人应有举证和质证的权力；最后，裁断者作出裁定时应当充分考虑当事人提出的合理意见与证据。为落实这些基本要求，行政裁决程序应当具有相应的告知制度、当事人辩论制度以及举证质证制度等。

我国的行政裁决并无相应单独立法，关于行政裁决的规定散落在不同的法律法规当中，并且几乎没有关于行政裁决的规定。各地方行政程序立法大多有基本的规定，但并不十分详尽。例如《湖南省行政程序规定》第一百一十二条对听取双方当事人意见作出了规定，但在举证、质证等未做详细的规定。

第一百一十二条　行政机关审理行政裁决案件，应当由 2 名以上工作人员参加。

双方当事人对主要事实没有争议的，行政机关可以采取书面审查的办法进行审理。

双方当事人对主要事实有争议的，行政机关应当公开审理，充分听取双方当事人的意见，依法不予公开的除外。

行政机关认为必要时，可以实地调查核实证据；对重大、复杂的案件，申请人提出要求或者行政机关认为必要时，可以采取听证的方式审理。

行政机关应当先行调解，调解不成的，依法作出裁决。

（2）裁判者中立

裁判者中立是指"裁判者应当在那些其利益处于冲突状态的参与者与各方之间保持一种超然和不偏不倚的态度和地位，而不得对任何一方存有偏见和歧视"。② 在行政裁决程序中，行政裁决机关介入平等主体之间的纠纷，目的在于以中立第三方的身份对双方的争议作出公正裁断，因此，裁决者的中立性是行政裁决程序的本质要求。裁判者中立有四项基本的要求：①与案件有牵连的人不得担任该案裁判者；②法官不得与案件结果或者各方当事人有利益关系或者其他足以影响其中立性的社会关系；③裁判者不应存有支持一方、反对一方的预断或者偏见；④裁判者在外观上不能使任何一方对其中立性产生合理怀疑。③ 裁判者中立原则在行政裁决程序中的最重要体现即是回避制度。国内多个省市的行政程序立法对回避制度均有规定，例如《湖南省行政程序规定》第十八条、《宁夏回族自治区行政程序规定》第二十三条、《山东省行政程序规定》第二十二条等都规定了执法人员的回避制度。

---

① 陈瑞华. 程序正义理论 [M]. 北京：中国法制出版社，2010：99.
② 陈瑞华. 程序正义理论 [M]. 北京：中国法制出版社，2010：101.
③ 陈瑞华. 程序正义理论 [M]. 北京：中国法制出版社，2010：101 - 102.

《湖南省行政程序规定》

第十八条　行政机关工作人员执行公务时，有下列情形之一的，本人应当申请回避；本人未申请回避的，行政机关应当指令回避，公民、法人或者其他组织也可以提出回避申请：

（一）涉及本人利害关系的；

（二）涉及与本人有夫妻关系、直系血亲关系、三代以内旁系血亲关系以及近姻亲关系的亲属有利害关系的；

（三）其他可能影响公正执行公务的。

行政机关工作人员的回避由该行政机关主要负责人或者分管负责人决定。行政机关主要负责人的回避由本级人民政府或者其上一级主管部门决定。

《宁夏回族自治区行政程序规定》

第二十三条　行政机关工作人员执行公务时，与本人有利害关系或者其他关系可能影响公正执行公务的，应当自行申请回避；本人未申请回避的，行政机关应当责令回避；公民、法人和其他组织也可以提出回避申请。

《山东省行政程序规定》

第二十二条　行政机关工作人员执行公务时，有下列情形之一的，应当自行申请回避；本人未申请回避的，行政机关应当责令回避；公民、法人和其他组织也可以以书面形式提出回避申请：

（一）与本人有利害关系的；

（二）与本人有夫妻关系、直系血亲关系、三代以内旁系血亲关系以及近姻亲关系的；

（三）可能影响公正执行公务的其他情形。

行政机关工作人员的回避由该行政机关主要负责人决定。行政机关主要负责人的回避由本级人民政府或者上一级行政机关决定。

（3）程序的平等性

程序的平等性是指处于平等地位的双方当事人应当获得平等的对待。行政裁决程序中，处于三角形结构底边的双方当事人均是民事主体，二者因民事纠纷参与到程序中，处于平等的地位，其相互之间产生的是平权关系，因此"平等"是处理二者关系的基本原则。在行政裁决中，程序的平等性主要体现为：第一，当事人双方具有平等参与行政裁决程序活动的机会，平等地享有提出自己的主张的权利；第二，二者具有平等的举证权和质证权；第三，裁决者平等地听取和考虑双方意见、平等保护双方权利。

在各地主要的行政程序立法中，目前笔者尚未发现在行政裁决程序部分强调"平等性"的法规或规章，仅有部分省市在设专章对行政裁决程序进行规制的同时，在总则部分规定了平等原则。例如《山东省行政程序规定》《湖南省行政程序规定》等。

《山东省行政程序规定》

第五条 行政机关应当公正行使行政权力,平等对待公民、法人和其他组织。

行政机关行使行政裁量权应当符合立法目的,采取的措施和手段应当必要、适当;实施行政管理可以采取多种方式实现行政目的的,应当选择最有利于保护公民、法人和其他组织合法权益的方式。

《湖南省行政程序规定》

第四条 行政机关应当平等对待公民、法人或者其他组织,不得歧视。

行政机关行使裁量权应当遵循立法目的和原则,采取的措施应当必要、适当;行政机关实施行政管理可以采用多种措施实现行政目的的,应当选择有利于最大限度地保护公民、法人或者其他组织权益的措施。

(4)程序的合理性

程序的合理性的基本内容是:"裁判者据以制作裁判的程序必须符合理性的要求,使其判断和结论以确定、可靠和明确的认识为基础,而不是通过任意或者随机的方式作出。"[1] 在行政裁决程序中,程序的合理性有三项基本的要求:第一,最终的裁决决定应当是根据合理事实以及证据作出;第二,行政裁决的决定应当是在考虑当事人双方意见的基础上作出,据以裁决的证据应当经过双方当事人的质证;第三,裁决书应当充分地说明裁决的理由和依据。

为保证行政裁决程序的合理性,许多省市的地方行政程序立法都对行政裁决书作出了严格且详细的要求。例如《山东省行政程序规定》的第一百一十六条对行政裁决书的内容做了详细的规定。

《山东省行政程序规定》

第一百一十六条 行政机关作出裁决后应当制作行政裁决书。

行政裁决书应当载明下列事项:

(一)申请人、被申请人的基本情况;

(二)争议的事实;

(三)认定的事实;

(四)适用的法律依据;

(五)裁决内容和理由;

(六)救济的途径和期限;

(七)行政机关印章和裁决日期;

---

① 陈瑞华. 程序正义理论 [M]. 北京:中国法制出版社,2010:105.

（八）应当载明的其他事项。

（5）程序的及时性

程序的及时性要求相应的法律程序应通过设置一定的时间规则，在保证公正性的前提下及时完成程序活动并得出裁判结果。行政裁决程序应当遵循及时性的原则。首先，"迟到的正义非正义"，当事人之间的纠纷应该得到及时的解决，否则权利义务长久处于不确定的状态，对当事人是一种煎熬，对社会秩序亦会产生一定的损害；其次，效率是行政法的基本原则之一，及时性是行政裁决设计的基本要求，相对于民事诉讼，通过行政裁决总体上能够及时定分止争是行政裁决存在的基础之一。

保障行政裁决程序的及时性需要一系列的时间规则加以配合。一方面，行政裁决程序需要给行政裁决程序主体行使职权或权利、履行义务等行为设置一定的时间要求，以敦促各方主体及时地行使职权或权利、履行义务；另一方面，这些时间规则的相互配合应有利于平衡主体之间的权利义务或者职权职责，有利于行政裁决活动保持适当的节奏。为保证行政裁决程序的及时性，许多省市的主要程序立法在设置行政裁决程序时都为行政裁决程序主体设置了详细的时间规则。例如《宁夏回族自治区行政程序规定》的第八十条、第八十一条、第八十四条就分别为行政机关处理行政裁决申请、被申请人提交书面答复与证据材料以及行政机关作出裁决等设置了时间期限。

《宁夏回族自治区行政程序规定》

第八十条　行政机关收到公民、法人或者其他组织申请后，应当在五日内审查完毕，并根据下列情况分别作出处理：

（一）申请事项属于本机关管辖范围内的，应当受理，受理后五日内，应当将申请书副本或者申请笔录复印件发送给被申请人；

（二）申请事项不属于本机关管辖范围内的，应当告知申请人向有关行政机关提出；

（三）申请事项依法不能适用行政裁决程序解决的，不予受理，并告知申请人不予受理的理由。

第八十一条　被申请人应当自收到申请书副本或者申请笔录复印件之日起十日内，向行政机关提交书面答复及相关证据材料。

行政机关应当在收到被申请人提交的书面答复之日起五日内，将书面答复副本发送申请人。

第八十四条　行政机关应当自受理申请之日起六十日内作出裁决；情况复杂的，经本行政机关主要负责人批准，可以延长三十日作出裁决，并应当将延长期限告知申请人。

（二）直角三角型结构

直角三角型结构的程序与等腰三角型结构的程序都是三方组合形成的程序结构，具有一定的相似性，却也存在着重要的区别，因此直角三角型结构的程序在原则与规则设置上存在一定的差异。典型的直角三角型结构程序主要有行政复议程序和行政执法听证程序。笔者下文将以行政复议对直角三角型结构的地方行政程序进行分析。

行政复议是解决行政机关与公民、法人或其他组织之间纠纷的一种方式。在我国，在立法上"行政复议的制度定位经历了一个准司法、监督到准司法再恢复监督的反复"①，理论上也存在着行政司法说、内部监督说、权利救济说、纠纷解决说、诉前程序说、替代性行政裁决制度说、多元化定位说等多种观点的争论。本章重在研究不同结构下地方行政程序的需求问题，因此笔者无意于争论行政复议的定位如何，且在笔者看来，内部监督、权利救济、纠纷解决都是一体多面，实践中并非孤立存在。此处要解决的问题是，在直角三角形的结构下，如何设计行政复议程序的原则和规则，才能保证行政复议程序发挥其内部监督、权利救济、纠纷解决等功能。

就目前的立法来看，行政复议是行政纠纷解决的重要途径，兼具权利救济与内部监督等目的。为实现行政复议的上述功能和目的，行政复议程序同样需要遵循程序的参与性、程序的合理性、程序的及时性等原则。但由于行政复议程序中，复议机关与原行政机关（作出被复议行政行为的行政机关）存在隶属的关系，因此裁判者中立与程序平等原则无法直接适用，需要一些特殊的设计来保证其中立性与公正性。

（1）裁判者中立

根据我国行政复议法的规定，公民、法人或其他组织认为行政机关的具体行政行为侵犯其合法权益的，可以向行政复议机关提出复议申请。行政复议机关参与行政复议程序，介入公民、法人或其他组织与行政机关的纠纷，实际上是以第三方的身份对公民、法人或其他组织与原行政机关之间的纠纷进行裁断。因此，行政复议机关在复议程序中理应保持中立。但行政复议机关一般是原行政机关的上级，二者存在隶属关系，这使得复议机关的中立性受到了一定的减损，为保证结果的公正性与权威性，就需要一定的制度来加强复议机关的中立性以及裁断过程的公正性。对此，行政机关除了在总则部分强调合法、公正、公开、便民等原则之外未作任何规定。各地方的行政程序立法义务相应规定。但一些地方在行政复议改革试点工作中做了不同的尝试。例如哈尔滨市集中行政复议的调查权与决定权，将行政复议的决定权统一交由行政复议委员会行使；又如北京与上海吸收外部人员组成行政复议委员会；再如济宁市设立案

---

① 赵德关. 新时期行政复议制度的定位与展望［J］. 行政法学研究，2016（5）：76.

件审理委员会、监督委员会与行政复议办公室，分别负责案件审理、监督与日常工作。①

（2）程序的对等性

申请行政复议的公民、法人或其他组织与作出具体行政行为的行政机关作为正义双方，在行政复议程序中应是平等地位、应受到平等对待。但以权利为基础参与行政复议程序的公民、法人或其他组织显然不能凭借自身力量和以行政权为基础参与行政程序的行政机关抗衡，因此在程序中需要保持双方"实质上的对等"："在控辩双方无法做到'势均力敌'的情况下，裁判者还必须确保双方获得平等对抗的机会和能力"。② 故在程序中需要通过调整双方权利义务分配，增加公民、法人或其他组织与行政机关平等对抗的资本。在诉讼程序中实质对等主要要求"诉讼的强大的一方应承担一些特殊的义务，而参与能力较弱的一方则应拥有一些必要的诉讼特权"。"实质对等"的思想应用到行政复议程序中则主要体现在举证责任上：在行政复议程序中，被申请人负有提供其作出行政行为的证据、依据和其他相关材料，行政复议法明确规定了此项责任。

《中华人民共和国行政复议法》

第四十七条　行政复议期间，申请人、第三人及其委托代理人可以按照规定查阅、复制被申请人提出的书面答复、作出行政行为的证据、依据和其他有关材料，除涉及国家秘密、商业秘密、个人隐私或者可能危及国家安全、公共安全、社会稳定的情形外，行政复议机构应当同意。

第四十八条　行政复议机构应当自行政复议申请受理之日起七日内，将行政复议申请书副本或者行政复议申请笔录复印件发送被申请人。被申请人应当自收到行政复议申请书副本或者行政复议申请笔录复印件之日起十日内，提出书面答复，并提交作出行政行为的证据、依据和其他有关材料。

三、扇型结构的程序需求

在地方行政程序中，扇型结构主要出现在决策相关的程序中，例如行政决策程序、决策听证程序。扇型结构程序一般涉及多方主体，这些主体往往怀揣不同的目的和考量，他们中有的主体或许利益一致，但有的主体或许利益存在冲突。扇型结构程序的基本功能在于通过正当且适度的程序设计，给予各方充分的表达机会、协调各方关系、

---

① 廖静. 行政复议司法化的路径选择——兼论行政复议委员会试点成效 [J]. 河西学院学报, 2018, 2（1）：82.

② 陈瑞华. 程序正义理论 [M]. 北京：中国法制出版社, 2010：104.

收集各方意见，从而在此基础上作出科学、合法、合理的决定。其中，重大行政决策程序是最典型的扇形结构程序。

如前文所述，重大行政决策一般涉及本行政区域社会经济发展全局、社会涉及面广的重大事项，不仅涉及不特定的多数的人的利益，并且地位特殊——行政决策非是孤立存在，而是与政府随后的行政行为密切相关。因此，政府能否通过重大行政决策程序作出合目的性的决策不仅会对本行政区域的经济、民生、公民的权利等产生重大影响，而且会与政府行政职权的后续行使相互牵连。科学性、民主性、合法性、安全性是重大行政决策程序的基本价值追求。

目前，我国的许多省市都通过出台专门的规章或者其他规范性文件的形式对重大行政决策程序进行了规定，还有的省市虽无单行的规章或其他规范性文件，但在规制地方行政程序的规章中设置了专章用于规定重大行政决策程序。下文中，笔者将以重大行政决策程序为例，简要分析扇形结构程序的基本需求。

（一）科学性原则

科学性原则要求行政决策及其作出的程序既要符合客观的发展规律，又要实事求是，一切从实际出发，这是行政决策及产生程序必须遵守的首要原则，重大行政决策程序尤其需要强调科学性。首先，重大行政决策程序必须符合客观规律。人类发展的历史表明，任何违反客观规律的决策都将带来负面的结果，与最初的目的背道而驰，遵循客观规律行事，才能真正地实现目的。对于行政决策程序来说，一方面，重大行政决策程序本身需要符合客观规律，其所包含的原则和规则须能合理排布、相互配合，应符合正当性与适度性的要求；另一方面，重大行政决策程序所包含程序规则和原则，其相互之间的配合应能够促进和保障决策的科学性，以产出科学性的决策为导向。其次，地方行政决策需要符合地方的实际情况。这一要求也有两个方面：第一，重大行政决策的程序本身应具有可操作性，以保证其在政府的重大行政决策活动中能够被有效应用；第二，重大行政决策程序应当保证决策涉及的领域与地域的相关信息能够通过决策过程有效的反映，帮助最终决策能够获得足够的有用信息与实践基础。

行政决策的科学性要求最主要的体现就是专家论证制度。我国多个地方的行政决策程序立法都规定了重大行政决策应当经过专家论证。例如《浙江省重大行政决策程序规定》第七条规定了重大行政决策中专业性较强的问题应组织专家论证，第十三条规定了专家论证重点讨论的问题，专家的选择以及论证的形式等，第十六条规定了专家论证意见应为决策草案所反映，第二十一条规定了重大决策项目实施情况应通过专家论证等方式进行评估总结，等等。

（二）民主性原则

我国是人民当家作主的社会主义国家，民主性原则是人民主权在重大行政决策程序中的具体体现。民主性原则在地方重大行政决策程序中主要体现在两个方面：一是重大行政决策的公众参与制度，二是决策形成阶段的集体讨论制度。

行政决策中的公众参与指的是"行政决策向公众参与开放，公众参与行政决策'过程'，表现为公众与政府互动从'政府决策'走向'公众与政府共决'即公共决策，实质是公众以参与权制约政府决策权，从而分享政府决策权"。[1] 我国的各个地方一般都要求重大行政决策应当经过公众参与程序，并且通过决策公开、征求公众意见以及决策听证等方式保证公众参与决策过程。例如《湖北省人民政府重大决策程序规定》第五条规定省人民政府作出重大行政决策程序应当经过公众参与程序，并在第四章（第二十二条至第三十二条）规定了行政决策的公示与听证。

《湖北省人民政府重大行政决策程序规定》

第五条　省人民政府作出重大行政决策，应当经过公众参与、专家论证、风险评估、合法性审查和集体讨论决定等程序，确保重大行政决策的科学性、导向的正确性、程序的完备性、内容的合法性、操作的可行性。

（三）合法性原则

合法性是行政决策具有正当性的根本前提。行政决策的发行不仅要求行政决策主体职权的合法性与内容的合法性，还要求行政决策必须是以合法的程序作出。行政决策的合法性以其本身的合法性以及保证决策的合法性为基本的要求。前者要求地方行政程序立法不能与上位法有所抵触，后者则要求行政决策程序设置一定的规则确保行政决策的合法性。在各地方的行政决策程序立法中合法性主要体现为合法性审查制度。重大行政决策合法性审查是在行政决策出台前，由特定主体对决策权限、程序、内容是否合法进行审查并给出审查结论，是一种防范重大决策违法的行政机关内部监督程序[2]，主要由决策机关的法制部门完成。我国多个地方都对行政决策的合法性审查做出了规定，例如《浙江省行政决策程序规定》第九条规定了行政决策需经过合法性审查程序，第八条规定了合法性审查的主体，第十五条则详细规定了合法性审查的具体内容。

（四）安全性原则

重大行政决策程序牵连甚广，科学合理、符合实际情况的重大行政决策能够对社会各方面的发展产生巨大的促进作用，而违背客观规律和实际情况的重大行政决策却会给社会发展带来沉重的打击。因此，安全性是重大行政决策不可忽略的方面。

---

① 刘小康. 论行政决策公众参与度及其影响因素——基于中国经验的分析［J］. 北京行政学院学报，2017（4）：54 - 62.

② 杨叶红. 重大行政决策合法性审查主体研究［J］. 湖南科技大学学报（社会科学版），2017（4）：100 - 106.

从各个省市的立法来看，重大行政决策程序的安全性主要是通过风险评估程序来保证。风险评估是指由特定的主体对重大行政决策事项以及内容进行评估，以防范决策可能带来的经济风险、生态风险、社会风险等。许多地方在对重大行政决策程序进行规制时都对风险评估做出了较为严格要求。例如《西安市政府重大行政决策规定》在第四条规定了政府重大行政决策程序应建立风险评估机制、第十二条规定了风险评估的主要内容、第十八条规定了行政决策草案报送前应根据风险评估结果进行修改、第十九条规定了经风险评估认为风险重大不可控的决策事项在草案中应作特别说明并提出相应对策等等。

第五章
地方行政程序会议制度

　　会议的种类繁多，比如最出名的全国两会、学术研讨会、辩论会、村民大会、公司的股东大会等。可以说，中国是会议大国，大大小小的会议数不胜数。2012 年某网站针对 500 个已经参加工作的对象做了一项"中国人一年开几次会"的调查，调查显示，500 人中每年开会 1000 次以上的达到 208 人，占据整个调查对象的 41.6%。事实上，中国人的每年的开会次数已经达到了一个惊人的数字，每 500 人一年开会的数量就高达 30 万次，其中尤其是公务员群体，每个公务员平均每年开会的次数达到 800 次。可见，会议民主高于其他民主，是民主社会管理之前提与必要条件。

　　会议多，尤其多在行政，尤其多在地方行政。研究和加强地方行政程序的会议制度建设，颇为重要和颇有价值。

　　在法律或法律相关领域，会议民主大多通过立法的形式确定的法律程序规则来表现。如行政听证会议法律程序、庭审程序、《中华人民共和国公司法》中的股东大会、董事会、人大议事程序等等都是通过议事规则、庭审规则等来体现会议民主。议事规则是议事的步骤、时限等，会议法律程序和一般的议事规则的区别不仅仅在于规则制定的国家意志性，还有一个重要的区别是其以国家强制力作为后盾，所以，程序的启动和过程都必须严格依照法律的规定来，鲜少有可以左右的自由裁量规则，同时，程序主体一旦违反了法定规则都应该承担相应的不利后果。所以，要不要对会议进行法律规范、以何种规则进行规范、程序规则的疏密程度、程序主体的权利义务等成为立法者和实践者讨论和研究的重要课题。国际上，美国在其行政程序法中有《行政会议法》，英国有《议会法》，德国有《企业代表会议法》，在我国有《人大议事规则》。不过，就行政会议而言，我国尚未确立专门的行政会议法，也没有企业代表的相关法律，亟须加强。美国的《行政会议法》对行政会议程序有专门规定，代表了会议立法的专门化以及会议程序研究精细化、会议程序立法的相似化等趋势。我国地方立法行政程序制度中有关会议的内容亦较为匮乏，需要加强探索和实践。

第一节　地方行政程序会议制度的界定

由法律规范制约的会议活动作为一种普遍的社会现象存在着，但无论理论界和实务界，在较长的时间里，都相对地忽略了这类有法律约束力的会议程序，比如将其作为一种程序法意义上的课题予以研究和探索。

会议法律程序的理论问题似乎没有得到学者和实践者本质上的认识。因为以往的法学研究往往将对会议的研究放到具体的会议上来探讨，如专门文章对《中华人民共和国全国人民代表大会议事规则》的科学性论证、对《罗伯特议事规则》的说明和推广、对刑事诉讼庭前会议制度的研究、对行政会议的研究，甚至还有一些对国际会议的研究。这些研究要么如《罗伯特议事规则》一般的仅对如何开好会进行纯技术性操作的讲解，要么仅对具体的议事程序（如人大议事程序）进行个例剖析。但缺乏从法律程序这个角度出发对有明确法律规定的会议进行普遍的、系统的规律性的总结，从而其研究成果亦具有具体和多元、发散的现象。这令人们对会议程序的认识亦多是具体和多元的，理论意义的界定则也是模糊的。与研究相背离的是实务，实务中，不管是行政机关的听证会议、还是人大的议事程序、法院庭审、检察委员会议事会，甚至是公司股东大会往往都决定了一个重大事项，有的甚至对会外第三人产生重大影响。立法机关已经认识到这些会议的重要性，所以开始制定相对应法律法规，虽然法律法规现在还不完善。当前的主要问题是，大家没有有效地意识到会议本身的科学性与合理性，不同会议之间因参会主体、会议性质、会议目标的差异导致的会议程序的差异，更没有在区分特殊性的基础上把握会议程序内在的联系和规律，不能很好地研究会议中的普遍性与特殊性问题。

对会议的研究可以从管理学、社会学、政治经济学等角度出发，而选取法律程序，重点从地方行政程序法律的角度对会议进行研究是一个迟来的新研究领域，这是一个关于会议的程序正义问题探讨。在罗尔斯对正义的理解中，他指出正义的两个基本原则，第一个原则是每个人对其他人所拥有的最广泛的基本自由体系相容的类似自由体系都应有一种平等的权利。第二个原则是社会和经济的不平等应这样安排，使它们被合理地期望适合于每一个人的利益，并且依系于地位和职务向所有人开放。① 第一个原则中的正义是一种自然的、原始状态对正义和自由描绘的一种状态，是有优先于社会分配正义的；第二个原则是针对社会和经济的不平等时的正义状态的处理方式，在收入、财富、社会地位不平等时就必须有一个良好的制度保障，使正义得到修正。如此，在社会分配正义实现的时候必须依靠良好的程序来保障，分蛋糕的人最后拿蛋糕的理论由此产生。但是分蛋糕的人最后拿蛋糕一定就能保证正义的实现吗？结论是：不一定。这样的方法虽然能保障分蛋糕的人可能会为了自己的个人利益将蛋糕尽可能地均匀，但是实质仍然很难保障蛋糕得到了均匀的分配。因为，在社会制度领域，一是参与"分蛋糕"的主体首先能否具有代表性无法考证；二是"切蛋糕"的人无法在技术上保证每块蛋糕的相对平等，更遑论实现得到蛋糕者的绝对正义。所以，通过简单的切蛋糕的人最后分蛋糕之形式正义来落实实质正义仍然无法取得最科学的效果。要保障最终的实质正义，还必须有过程正义，即在"分蛋糕"的过程中有良好的技术操作手段来规范和指引实质正义。在会议作为一种实现民主、正义的方式时，用议事规则技术性来规范正义的实现是程序正义的要求，也是实质正义的保障。

一、会议程序与地方行政程序会议制度的界定

孙中山先生在《民权初步》中，对会议有这样的定义："凡研究事理而为之解决，一人谓之独思，二人谓之对话，三人以上而循有一定规则者，则谓之会议。"从程序角度来研究会议，不仅要确保会议的结果是正义且经过程序得来的，而且要确保得来的程序过程也是正义的，会议程序的过程正义体现在一般的程序规则的设置中，通过会议规则间的紧密程度来表现。因为法律概念是感性认识上升到理性认识的结果，是理性认识的部分，是反映法律调整的不同对象特有的属性或本质属性的思维形式的外在表达。因此，要很好地理解会议程序和会议法律程序首先必须解决概念的问题，也就是如何定义二者的问题。会议程序和会议法律程序概念的清晰，将为统一和一致地调整或处理当事人权利义务关系现象等研究奠定扎实基础。法律概念可以被视为是用来以一种简略的方式辨识那些具有相同或共同要素的典型情形的工作性工具。② 没有限定严格的专门概念，我们就无法清晰地和理性地思考法律问题。③ 同时，没有了概念就无法实现语言的传播和将法律行为置于特定标准之下。

---

① 约翰·罗尔斯. 正义论 [M]. 何怀宏，何包钢，廖申白，译. 北京：中国社会科学出版社，1988：56.

② E. 博登海默. 法理学法律哲学与法律方法 [M]. 邓正来，译. 北京：中国政法大学出版社，2004.

③ Rheinstein M. Education for legal Craftsmanship [J]. Iowa law Review，1945，30（3）：408-421.

（一）法律程序与会议

对程序的理解历来各有迥异，有人认为：程序是事情发展的过程和次序。[①] 有人将程序理解为步骤、次序、过程、方式，它反映人类行为的有序性，并与无序、混乱相区别。换言之，程序是人们对某种行为经过多次重复，对其规律的认识和确定。[②] 季卫东先生曾在《法律程序的意义——对中国法制建设的另一种思考》中也曾提到：程序，从法律学的角度来看，主要体现为按照一定的顺序、方式和手续作出决定的相互关系。[③] 如果按照上述概念理解会议程序，只能将会议程序理解为开会的步骤、次序，或是参会主体间做出决定的相互关系。不管怎么样，上述三者定义程序、法律程序时都有局限性。或者是将程序定位为过程、次序、过程、方式还是相互关系，或者是将程序、程序过程、程序结果混为一谈，或是将程序简单地理解为程序主体间相互关系。这使人分不清程序规则和程序过程，将程序一般的程序活动视为程序的话，也无法解释不同活动间的差异。如在诉讼中，若将庭审活动视为一般普遍意义上的程序的话，那在刑事诉讼中的非法取证也属于程序的范围，违背了程序本身的宗旨，混淆了正常的程序和异化的程序，人们对程序本质和程序现象依然无法区分。

人们在认识会议程序的过程中，会经历一个由感性认识上升到理性认识，由现象到规律的过程。会议程序活动本身也是程序现象中的一部分，我们认知会议程序往往从一个个的程序现象入手，如立法会议活动、选举会议活动、庭审会议活动、拍卖会议活动、听证会议活动、股东大会活动等，但是将这些活动按照上述定义看成是会议程序的话，陷入了就现象而言现象、不肯深入挖掘会议程序，本质地、静止地看问题的错误。所以笔者在定义会议程序和会议法律程序之前，首先就将会议程序和会议程序活动区分开来。因为程序种类虽然多样，但是不同程序活动都内在地遵从一定的规则或规则群，都是特定的社会主体间在规则的基础上进行的社会活动。如在上市公司股东大会的召开活动中，公司的股东、董事、监事等按照公司法及其司法解释、公司章程等法定的或约定的程序展开的活动就是程序活动，但是此时的程序活动并不能等同于程序本身。股东会议程序是股东会议活动的依据，股东会议程序是股东会议活动现象背后的内在规律。它应该是有着良好的稳定性、程序规则疏密不一，甚至在有着强制意义的法律角度，程序应该是预设的。有了会议程序和会议法律程序的感性认识

---

① 陈小文. 程序正义的哲学基础 [J]. 比较法研究，2003（1）：26-31.

② 司春燕. 程序法的现代理念 [N/OL]. 学习时报，2002-6-03 [2023-11-27]. https://newspaper. duxiu. com/NPDetail. jsp? dxNumber = 300100473541&d = 87AA1F35AC7BD101EEAA7C47C0CCA2B4&sw = + % E7% A8% 8B% E5% BA% 8F% E6% B3% 95% E7% 9A% 84% E7% 8E% B0% E4% BB% A3% E7% 90% 86% E5% BF% B5&ecode = utf - 8.

③ 季卫东. 法律程序的意义——对中国法制建设的另一种思考 [J]. 中国社会科学，1993（1）：83-103.

之后，进一步明确会议程序和会议法律程序概念，可以先从对程序和法律程序的定义开始。在成功地将程序与程序活动现象剥离之后，我们可以认定，程序是指能够使一个相对独立的社会事务活动的进行过程得以有序的那些制约因素所共同组合成的一套规则系统或支持体系。程序之存在是为社会事务的需要，它应该是程序主体和程序主体间权利、义务关系等构成的规则集合。而法律程序则是在程序的基础上，具有法律强制力保障的程序规制体系，具体来讲，是通过立法方式，运用法律形式拟制，对应特定社会活动的、具有内在关联属性的法律规则集合体。[①]

（二）会议程序和地方行政程序会议制度

落实到会议领域和地方行政会议领域，我们可以发现会议程序虽然有着和一般程序不同的特点。如：会议程序通常是为了做出一项决策，而非执行一项决议；会议程序注重程序主体在程序过程中的权利、义务关系，而非简单的一方主体单向的行为；会议程序表现的是多元主体利益表达机制，而非一元利益的主体的程序行为；会议程序注重程序主体间的对话，往往是为了更好地决策，必须是民主和效率的，而非简单的个人领导负责等等。这些现象上的差异使得会议程序独立于其他程序，它是指能使会议活动过程得以有序进行的一系列制约规则、制约因素所构成的规则体系。而会议法律程序则是以立法的形式确立的，制约和规范不同会议活动之行为规则构成的集合体。而地方行政程序会议制度是指在国家统一法治基础上，进而以地方立法的形式进一步规范和保障的不同会议活动的制约规则构成的规则集合体和以该规则集合体为依据形成的地方行政行为模式。如此一来，会议法律程序和会议活动就区分开来，会议法律程序属于以立法形式预先确定的规则系统的存在。而非参会主体在活动中的交涉与沟通，因为那属于会议法律活动，是会议法律程序的现象。会议法律程序是会议制度的规则性存在标志。

二、地方行政会议法律程序的特征

界定了会议法律程序之后，会议法律程序有了明确的载体，那就是有法律法规明文规定的有关会议的程序性法律法规文件。会议法律程序是多元利益主体为民主、科学地解决法定的目标而在同一时空上集合进行对话、沟通的程序。地方行政会议法律程序是这种会议法律程序的主要内容。它们具有以下法律特征：

（一）会议法律程序的形式性

程序的存在是为了克服恣意，这是程序的形式性意义之所在。会议法律程序与程序活动的形式性，从程序规则的设置就可以看出。会议程序规则的形式性是保障会

---

① 黄捷，刘晓广，杨立云，等. 法律程序关系论［M］. 长沙：湖南师范大学出版社，2009.

程序合理、有序、合法进行。

如：在拍卖会这种特殊的会议法律程序中，拍卖法明确了拍卖程序的开始前的公告程序、参加拍卖的当事人（拍卖人、委托人、竞买人和买受人）及其在拍卖过程中的权限与违反拍卖规则时应承担的法律后果、拍卖笔录的法律效力等。通过简单的梳理，我们可以发现拍卖的 14 个程序规则和法律责任规则构成了完整的拍卖会议程序。同时，进一步地外部对比拍卖中的程序规则和其他类型的会议程序，拍卖的程序规则少。拍卖会议法律程序是私法领域中的典型代表和公司法中的 54 条会议规则类似，都体现了私法领域法律的有限干预与意思自治。会议法律程序的形式性还包含了会议程序主体对法律操作的技术性，因此要求会议主持人对法律作全面了解之后进行专业的培训与实践，这体现了程序的过程中的技术性。否则，会议的效率、当事人的程序权利等也会陷入个别人的恣意。

（二）会议法律程序的时空集合性

法律程序规则由时间规则和空间规则两部分组成，时间规则包括顺序规则和期间规则；空间规则包括地点规则、行为规则等等。时间和空间上的集合性是会议法律程序和其他法律程序区分的重要特征。

在村民委员会选举中，全体村民会议由本村年满 18 周岁的村民参加，参会村民超过本村年满 18 周岁村民的半数，全体村民会议方为有效。债权人会议中，除第一次债权人会议由法院召开以外，其他债权人会议的召开都必须由管理人提前十五日通知已知的债权人；并且债权人会议的决议，由出席会议的有表决权的债权人过半数通过，并且其所代表的债权额占无财产担保债权总额的二分之一以上。但是，本法另有规定的除外。在民事诉讼庭审会议中，原、被告、第三人也是在法院主持下集合审查民事纠纷的。当然，值得关注的还有一个现象，随着科技进步，现代会议还注意会议的效率、创新开会形式，同时，存在着视频会议逐渐变多，会议程序的空间集合性被打破的迹象。但是不管怎么样，会议法律程序的时间集合性不会改变会议法律程序的召开在时空上的集合性，这是实现会议程序中的辩论、决议之必要。

（三）会议法律程序的目标法定

会议是由 3 人以上的个体出于不同的利益为解决某个特定的问题而集合在一起通过交流与辩论进行的一系列程序活动。而在法律领域，会议程序的特殊性就表现在程序的目标是法律明确规定的，属于法律调整的范畴。

法律以正面列举、概括或反面排除的形式确定会议法律程序的议事范畴。诉讼中的庭审会议、纠纷产生之后的调解会议之议事目标在于追诉犯罪或是解决纠纷。人大议事之目标在于解决国计民生的重大问题。拍卖会议法律程序是指以公开竞价的形式，将特定物品或者财产权利转让给最高应价者。公司的创立大会根据《公司法》第九十条，是为了：①审议发起人关于公司筹办情况的报告；②通过公司章程；③选举董事会成员；④选举监事会成员；⑤对公司的设立费用进行审核；⑥对发起人用于抵作股款的财产的作价进行审核……村民大会的议事范畴也在《村民委员会组织法》中有明确规定：①本村享受误工补贴的人员及补贴标准；②从村集体经济所得收益的使用；③本村公益事业的兴办和筹资筹劳方案及建设承包方案；④土地承包经营方案；⑤村集体经济项目的立项、承包方案；⑥宅基地的使用方案……总之，不同的会议法律程序的议事目标各有不同，并且大多都属于法定，只是在私权利领域有少数特殊例外，如公司章程的特殊规定。

（四）会议法律程序的合意性

合意性是会议法律程序的又一重要特征，是会议民主的重要表现。在会议法律程序中，合意性一般表现为两个方面：（1）会议法律程序的启动的有限合意，一般而言，会议可以分为常规会议和临时会议。常规会议是法律明确规定以时间为会议程序启动标准，这种会议表现出时间上的规律性。临时会议和常规会议不一样，它充分地表现了参会人的合意，如1/10以上的村民或者1/3以上的村民代表提议，应当召集村民会议；一个代表团或者30名以上的代表联名，可以向全国人民代表大会提出属于全国人民代表大会职权范围内的议案，由主席团决定是否列入会议议程，或者先交有关的专门委员会审议、提出是否列入会议议程的意见，再决定是否列入会议议程；连续90日以上单独或者合计持有公司10%以上股份的股东可以自行召集和主持股东大会。这些规定都表现出临时会议程序启动的合意性。（2）会议法律程序结论的合意性。会议法律程序的合意性关键在于会议结论的得出是与会人员之间通过辩论、表决等达成的。如：村民会议所作决定应当经到会人员的过半数通过；宪法的修改，由全体代表的2/3以上的多数通过；企业的重整计划草案由出席会议的同一表决组的债权人过半数同意，并且其所代表的债权额占该组债权总额的2/3以上的通过。当然，程序的合意性与首长负责制并不冲突，在行政决策中，首长最后决策的做出也应是建立在民主的讨论、充分的辩论的基础上的，也体现了决策的合意性。

（五）会议法律程序的过程协商、对话性

会议的过程应是参与主体之间良性互动的过程，过程的沟通性是会议法律程序区分执行程序、行政指导、处罚程序等的重要特征，协商和对话性也是会议民主的重要体现。偏听则暗、兼听则明。会议的功能在于采众意之所长，实现决策的科学与协商民主。除了拍卖会之外，几乎所有的会议法律程序都有发言、辩论、表决等规则。而且通过简单的对比，我们可以发现，公法领域的会议程序辩论、表决规则较私法领域的相关规则数量多、规范全。这充分地表明公权力领域的控权、私权利领域的自由。

第二节　地方行政会议法律程序的分类

概念在法学研究中是基础性的，它在法学研究中地基式地和特征、内涵、种类等构筑起每一个法律制度。就像博登海默在《法理学法律哲学与法律方法》中提出的那样：概念乃是解决法律问题所必需的和必不可少的工具。没有限定严格的专门概念，我们便不能清楚地和理性地思考法律问题。没有概念，我们便无法将我们对法律的思考转变为语言，也无法以一种可理解的方式把这些思考传达给别人。① 概念的清晰界定之后我们不禁要提出一个问题，当抽象的概念和实际的具体个案摆在面前，当会议法律程序概念遇到行政听证，遇到选举，遇到上市公司股东大会时我们如何将法学概念融入具体的法律制度中，并使人们在不同的程序活动清醒地感知或认识到不同会议程序活动中的特殊性和会议程序活动间的规律性。所以，会议程序的研究首先应在概念基础上构建起一个"上层建筑"。当抽象——一般概念及其逻辑体系不足以掌握或诠释某生活现象或意义脉络的多样表现形态时，大家首先会想到的补助思考形式就是"类型"。②

一、会议法律程序分类的必要性

会议法律程序的"类型"研究并不同于会议法律程序的类型化研究。认识会议法律程序的类型应首先从会议法律程序的类型化开始。有人认为，所谓"类型"，是指群体（class）、级别（grade）和类别（sort）。或者还有一种观点认为：类型是具有共同特征的事物所形成的种类。③ 类型化，是以具有一定普遍性的因素作为标准，将社会纠纷划分为若干具有相同属性的类别，以为有关的法律适用和制度设计提供社会实证根据的法律方法。④ 对会议法律程序的类型化研究首先应当穷尽会议法律程序的所有法律和程序法基础理论，因为笔者并没有这种自信能穷尽所有法律程序，并对会议法律程序进行最细致和完善的体系整理。所以，笔者只能在现有的研究基础上对会议法律程

---

① E. 博登海默. 法理学法律哲学与法律方法［M］. 邓正来，译. 北京：中国政法大学出版社，2004：486.
② 卡尔·拉伦茨. 法学方法论［M］. 陈爱娥，译. 北京：商务印书馆，2003：337.
③ 樊崇义. 诉讼原理［M］. 北京：法律出版社，2003：551.
④ 樊崇义. 诉讼原理［M］. 北京：法律出版社，2003：551.

序做基础性的分类。类型思维或多或少的是一种归纳思维。① 它是在列举不同会议法律程序的基础上，对其特征等进行概括总结并进一步进行分类。对会议法律程序的分类研究具有主、客观上的必要。

（一）会议法律程序的相似性为分类提供了可能和基础

对会议法律的研究基于对民主与法治促进的需求，对会议法律程序进行理论上的分类第一步就是会议这种程序分类的可能——相似性。将法律生活中常见的几种会议类型进行简单的比较，我们不难看出，庭审会议法律程序之程序参与主体、主体的行为模式（包括程序的时间因素和空间因素）、程序的作用都存在极大程度上的相似或是趋同；公司内部的股东大会法律程序、董事会会议程序，无论是有限责任公司还是股份有限公司的股东大会，其召开主持主体要求、召开程序、程序主体违反法律程序所承担的法律后果也体现出了立法精神和立法价值取向的高度统一；诸如村民会议法律程序、行政听证会议等程序往往相较于司法的庭审程序更加注重决策做出的效率，因为不似股东大会等对公民意思自治比较尊重，所以对当事人给予较大程度的程序自由空间。行政会议往往为了得出一个更加科学、有效的结论，所以要求程序对其时间因素掌握得相对精准，程序主体本身的权利义务也不对等，权力制约与平衡原则得到更多的贯彻。总而言之，不管是何种会议法律程序，程序判断主体中立、程序在时间和空间上表现出相似的时效性、权力制约与制衡等原则在会议法律程序规则中等诸方面都表现出惊人的一致或相似，不得不说，这些相似性给会议法律程序的理论思考提供了可能。

（二）民主、法治国家的建设对分类提出了现实需求

在我国法治国家和程序法治国家建设过程中，程序渐渐摆脱了工具主义的魔障，向本位主义靠拢②，新时期下的中共十八届三中全会更是提出了"美丽中国"的口号，随着这个口号成为我国发展的关键性词语，程序法应当和实体法应当法治美丽的两个衡量要素，二者相互依存、相互促进，构成完整的法律体系，合力推动中国的法治建设蓝图。而对会议法律程序进行分类是法治中国建设下程序法治的要求。一方面，会议法律程序本身的多样性即使存在许多的相似性也难以实现一部法律进行统一研究。公司的开会程序，不管是股东大会程序还是董事会会议程序，都与司法庭审程序无法统一于一部程序法中。同样，行政听证和庭审听证也难以在同一个听证程序法中规则囊括。另一方面，会议法律程序性立法的要求又使会议法律程序的分类成为必要。会

---

① 李可．类型思维及其法学方法论意义——以传统抽象思维作为参照［J］．金陵法律评论，2003（2）：112.

② 程序工具主义和程序本位主义是相对立的两种观点，程序工具主义基本观点是程序是实体的工具，程序法存在的正当性是实现实体法；程序本位主义基本观点是认为程序和实体一样有自身独立的价值，如正义。

议程序的立法必要性在前文已论述，而不同会议法律程序间存在的巨大的差异又难以实现一部法律尽囊括，所以应当根据不同的会议程序制定出相应的会议程序法，而对会议法律程序的分类则是会议程序研究的必然，是促进民主与法治国家建设之必然要求。

（三）会议程序立法的国际化趋势对分类提出了新的挑战

从国外会议程序立法的过程来看，会议法律程序的发展经历了从无到有，从简单到复杂，从综合研究到分别立法的过程。从广义的会议程序看，西方的会议法律程序最早起源于刑事诉讼庭审程序，权力分立后，又有了的议会法、三大诉讼法、拍卖法、破产法等会议程序专门立法。会议程序所对应的属性与权利属性的差异使得会议程序有了更细化的区分，程序得到更加精细的研究。进而综观我国社会主义法律体系，我国社会法律体系在建立和完善各项会议法律制度之时，往往只是简单地抄袭或者是挪用国外的制度或者法律。如我国的人大议事规则就存在着与西方议会法的规则类似问题。我国的诉讼制度也存在西化问题，这种现象的出现有一定的偶然性，但并不是法律制度与程序发展的必然，法律的国际化趋势是现代法治建设的必然，但是法律的国际化趋势绝不是法律制度间的简单挪用，而是对各国提出了更高的要求。会议法律程序的立法也应顺应这种趋势，在整合国际上法律发展的前提下，立足于本国国情与实践的需要，制定出根植于社会主义法律体系的"良法"①，这既是我国综合国力在法律制度上的应有体现，也对我国法律程序的分类的科学化提出了挑战。

二、会议法律程序的分类标准

会议法律程序的分类标准决定了会议法律程序的研究方向与研究角度。法律程序的分类标准种类多样，一般而言，我们可以以程序适用的范围为标准分成内部程序与外部程序；以程序是否有法律明确规定分为法定程序与裁量程序；程序可以以适用的时间先后为标准分为事先程序与事后程序；以适用的不同职能与属性分成立法程序、执法程序与司法程序；等等。会议法律程序作为程序的二级命题，其本身也应当和程序一样有着内部外部或者先后等诸多标准，但是如此囫囵吞枣的分类标准并不能体现会议法律程序的本质特征。会议法律程序的分类应当在程序基本分类之上做出更加精细的分类，故本文提出以下几种分类标准。

（一）以国家权力和社会权利二元化为标准

无论是在东方还是在西方，不管是英美法系还是大陆法系，权力与权利一直是法学理论界热衷但一直没有结论的问题。权力与权利的二元化分立事实地存在着并主导

---

① 李步云. 论法治 [M]. 北京：社会科学文献出版社，2008：223－240.

着程序、会议法律程序的发展。

将权力与权利作为划分会议法律程序的标准首先必须清晰地认定权力的定义。对权力的定义目前主要有三种：一种是强制意志说。德国的马克斯·韦伯认为权力是一个人或一些人在某一社会行动中甚至不顾其他参与这种行动的人的情况下实现自己意志的可能性。罗杰·科特威尔认为权力可被看成一种不顾阻力而实现人们意志的可能性，或者说是一种对别人行为产生预期影响的能力。社会学家顿纳斯·H.隆将权力定义为：一个人或一些人在某一社会行动中甚至不顾其他参与这种行动的人的抵抗的情况下实现自己意志的可能性。另外一种是能力说。代表人物托马斯·戴伊认为：权力不过是担任某种职务的人在做决定时所具有的能力或潜力，而这种决定却能影响这个社会制度中的其他一些人。英国 A.布洛克等编的《现代思潮辞典》中说："权力是指它的保持者在任何基础上强使其他个人屈从或服从自己的意愿的能力"①。第三种学说是关系说。关系说认为权力是一个人或许多人的行为使其他许多人的行为发生改变的一种关系。② 笔者将权力限定在公权力的范围之内，权力是公权力主体以国家强制力为后盾，可以在一定社会关系中做出影响他人的一种资格。与此对应，权利在此应当定义为与公权力相对应的私权利。权利是法律关系的主体具有自己这样的行为或不这样的行为，或要求他人这样行为或不这样行为的能力或资格。③

以国家权力和社会权利二元化为划分依据分成的单一规范公权力运行的会议法律程序（为方便理解，以下简称权力属性型会议法律程序）、单一规范权利运行的会议法律程序（以下简称权利属性型会议法律程序）、同时规范权力与权利运行的会议法律程序（以下简称双权属性型会议法律程序）。这种划分首先是符合法律程序的内在规律的。其次，权力与权利的二元属性能很好地囊括几乎所有会议法律程序的种类。再者，以国家权力与社会权利二元性作为划分依据对会议法律程序的研究是一种非常实用有效的划分方法。最后，以权力与权利的二元性作为划分标准体现了权力制约与平衡，是法治建设的内在要求。具体到地方行政会议法律程序的领域，可以以此将会议程序分为行政权力内部法律程序和行政权力外部会议法律程序，而在行政权力外部法律程序中，又分为权力和权利型的会议法律程序。

任何一个法律行为，或是法律程序的主体，都可以区分为两类主体，一类是国家公权力主体，另外一类就是公民私权利主体。在单一公权力主体存在的会议法律程序中，程序主体间的权利义务关系是上下级或是平级的关系，国家公权力主体代表国家

---

① 王爱冬. 政治权力论［M］. 保定：河北大学出版社，2003：6.

② 刘颖. 实现权力与权利的和谐统一——对权力与权利本质关系的探寻与思考［D］. 天津：天津师范大学，2007.

③ 沈宗灵. 法理学［M］. 北京：北京大学出版社，2003：70.

公权力机关做出相应决策或履行职能；在单一私权利主体存在的会议法律程序中，程序主体间的权利义务关系是完全平等的，当事人的意思自治贯彻得更加彻底，也因为是私权利主体间的约定行为往往不涉及约定以外第三人的利益，不具对约定以外的第三人产生法律上的利害关系。当公权力主体和私权利主体共同存在于同一程序时，公权力主体一般处于主导或是支配地位，二者之间存在着指挥与服从、管理与被管理、支配与被支配关系。社会契约论者认为，国家公权力是公民将个人权利让渡出来的，政府权力来源于公民权利。所以，权力的行使必须建立在服务于人民的根本利益之上，政府必须秉持一种精神，这就是公仆精神。政府工作人员除了当好人民的公仆以外，没有任何其他权力。① 如此，扩大到司法、立法主体与私权利主体之间的会议法律程序，公权力主体行使公权力时的方式、步骤和时限等应遵守不同于单纯的权力运行程序的基本原则。

（二）以程序结构的复杂或单一为标准

结构是由事物各要素之间组合成的统一体。② 结构主义产生于 20 世纪 50 年代；20 世纪末，最初的结构主义运用的主要领域是刑事诉讼程序。衡量程序结构是否复杂的标准有以下几个因素：（1）程序的主体的复杂性。会议法律程序的结构受程序主体影响最大，不同的程序主体在参与会议程序的过程中的所享有的权利义务关系必然不一致；同样主体在不同会议程序中所处的位置也大有差异。不同主体、相同法律主体在不同法律程序中的位置的差异应考察标准范围之内。（2）利益与价值的多元取向。毫无疑问，既然是会议程序，会议的召开旨在做出科学的决策，或是为了更好地实施一项决策作出部署。程序的设置都是有一定的价值取向的，当正义面对经济、责任面临自由、人权面临效率、个案正义对抗整体利益时，程序的结构就面临了选择。程序结构的设置必须做出抉择，是选择心中的正义还是为了限制有限的国家资源。（3）程序主体行为的拘束与自由裁量。在季卫东看来，程序主体在程序行为中具有过程性与反思性③，即使笔者将程序与程序性活动区分研究，笔者所持的观点是程序的过程性反思是在程序立法中就体现出来的。它表现为程序的裁量——程序主体在程序设立之初就"天生"具有这种选择权利。程序主体在程序活动中表现出的"不法"行为和程序的设置不无关系。

由此看来，程序的结构是指程序主体之间表现出的相互关系。对程序的结构进行复杂或简单研究的意义首先体现了程序本位主义与程序工具主义，特别是程序本位主

---

① 温家宝答中外记者问 ［N］. 天津日报，2007 – 03 – 17（3）.

② 伍光红. 侦查阶段的刑讯逼供及其控制——以结构主义为视角 ［J］. 江西社会科学，2006（4）：211.

③ 季卫东. 法律程序的意义——对中国法制建设的另一种思考 ［J］. 中国社会科学，1993（1）：83 – 103.

义的要求。本位主义提倡对程序正义等本身独立价值的追求，工具主义则将程序看成是实体法的附属。程序本位主义和程序工具主义的相互联系、一内一外共同左右着程序结构的设置。首先，复杂的会议法律程序结构往往存在三个以上的程序主体，程序主体间的关系复杂，会议法律程序注重程序本身的独立价值；其次，对会议法律程序的复杂和单一研究体现了对不同利益的平衡与协调。复杂的会议程序结构存在多元的程序主体，程序的设置讲究制衡，会议法律程序规则是权利义务规则，整个会议法律程序是权利义务的整体。

以程序结构的复杂程度可以将会议法律程序分为圆型、直线型、等腰三角型与平行四边形型四种。圆型结构的会议法律程序是以程序主持人为中心，参会主体之间是平等法律关系，典型的如村民代表大会、人民代表大会；直线型会议法律程序是一对一的权力主体直接面对权利主体；等腰三角型会议法律程序是在一方主体主导下，程序主体处于程序的相对立的两方，典型的是民事纠纷的解决；最后一种是平行四边型的会议法律程序，其中，权力主体分别居于权力的两个上方，另外的两个主体为程序的下方，典型的如刑事诉讼庭审程序。

（三）以程序对应的会议属性为标准

会议法律程序以会议为直接研究对象。程序即是时间规则和空间规则构成的整体，会议是人们为了解决某个共同的问题或出于不同的目的聚集在一起进行讨论、交流的活动。会议有多重属性，包括会议的本质属性和非本质属性。根据马克思主义政党理论，法律的本质属性是阶级性与物质性，法律的非本质属性有强制性、普遍性等。会议的属性也有多重，如经济性、物质性、约束性等。而在这些不同种类的属性中，又因会议是目的性非常强的程序活动，所以将会议的目的性属性作为一种分类标准体现和折射出会议法律程序间的区别和部分特殊性。

会议程序主持主体职能的法律属性来看，可以将会议法律程序分为党的会议法律程序、立法会议法律程序、执法会议法律程序、司法会议法律程序和无强制力的私权利主体会议法律程序。

从会议的务实与务虚的不同目的来看，可以将会议法律程序分成务实的会议法律程序和务虚的会议法律程序。务实的会议是指会议的讨论目的和目标在于对具体问题的讨论和实践，是实事求是，一切从实际出发的侧面反映；而务虚的会议则是从政治、思想、理论等角度出发，是理论与思想指导的讨论的研究。

当然，对会议法律程序的分类还不仅仅局限于以上三种，比如我们可以依会议法律程序的对象分成内部会议法律程序和外部会议法律程序；依程序的时间先后分成事前会议法律程序、事中会议法律程序、事后会议法律程序等等。

第三节　地方行政权力属性型会议法律程序

以国家权力和社会权利二元化为依据对会议法律程序进行划分将会议法律程序区分为权力型和权利型类型。地方行政程序中，这种权力型类型当然是指行政权内部各种关系处理，以及行政主体和其他国家机关相互处理工作关系的活动规则。在行政主体和相对人相互关系的各种活动中，地方行政程序的会议制度更多的是确立权力和权利并存的规则集合。

一、地方行政权力属性型会议法律程序的界定

行政权力型会议法律程序是权力属性型会议法律程序的一部分，属于行政性性质的权力系统中，不同单位和不同主体如何通过会议发挥职能作用的规则系统。

（一）权力属性型会议法律程序的一般含义

对会议法律程序的研究首先应将会议程序活动与会议程序区分开来，会议程序活动是围绕会议的进行展开的一系列行为，比如民事、刑事审前会议活动、村民大会、选举大会、执法协调会议、地方决策会议、听证会议、人大会议等等。这些不同的会议，我们可以针对其不同主体和特征分别设计出不同属性和内容的会议规则。而权力属性型会议法律程序是指不同层次的立法主体，在此主要是指地方有立法权的主体在法定的程序和条件下制定的规范本辖区行政主体内部，以及行政主体和其他国家机关主体之间召开会议、协调关系的公权力活动的会议的法律规则之集合。此时所称的规范地方行政权力会议之法律程序是相关对应各权力主体的主体规则、时间规则和空间规则，以及行为方式规则等的集合体。

（二）地方行政权力属性型会议法律程序的范围

我国没有一部统一的规范权力主体开会的程序性法律，所以对该类型程序的考究应从零散的立法文件中寻求。因国家公权力主要分为立法、行政、监察、司法等，所以笼统的所称规范国家权力的会议法律程序当然亦在中国特色社会主义法律体系中主要指向权力机关、行政机关、监察机关、司法机关等类型的国家公权力主体的会议法律程序。

规范国家权力机关的会议法律程序主要零散地体现在以下法律中：

《中华人民共和国宪法》。在我国宪法中，对规范权力机关开会的法律程序主要体现在该法律的第三章的第一节关于全国人民代表大会的规定和第五节关于地方各级人

民代表大会之规定共计 32 条。这些法条对全国人大代表大会及其常委会和地方各级人民代表大会及其常委会的组成主体、职能和会议召开的时间、期限做出了一般规定。

《中华人民共和国全国人民代表大会议事规则》，又称《人大议事规则》。其用 54 个法条对全国人大的议事做出了具体的规定。分别对人大会议的举行时间和方式，人大议案的提出和审议，审议工作报告，审查国家计划和国家预算，国家机构组成人员的选举、罢免、任免和辞职，询问和质询，调查委员会、代表的发言和表决等七个事项做出了详细规定，是对我国宪法第三章的有效补充。

《中华人民共和国全国人民代表大会和地方各级人民代表大会代表法》。其用五十二条对人大代表的取得资格和工作职能、职权保障以及代表资格的监督做出了详细规定，是对全国人大参会主体的规定。

《中华人民共和国地方各级人民代表大会和地方各级人民政府组织法》。《地方各级人大和地方政府组织法》对地方各级人大以及县级以上的地方各级人民代表大会设立常务委员会的设立、任期、具体职能范围、会议议期、支持人以及表决制度等做出了详尽的规定。

《中华人民共和国立法法》。我国的立法法对人大及其常委的立法会议主体、立法权限、立法程序等做出了相关规定。

相比较权力机关，司法机关主要指法院和检察院，单纯规范国家司法机关的会议法律程序主要指诉讼制度中对合议庭议事的相关规定。在我国民事诉讼法、刑事诉讼法、行政诉讼法中对合议庭组成成员、职能、评议和表决、裁判文书的签发等有相关的规范。

此外，国家监察委员会成立之后，监察机关作为一种改革后专门设立的国家权力，其内部会议的程序安排，当然亦属于纯粹权力性的会议程序。

我们所重点关注的是地方行政机关权力运行的会议法律程序，在了解全国性行政会议程序的基础上，地方行政会议程序具有一些特有的品质。

法律及国务院行政法规中确立的会议程序。一为《中华人民共和国国务院组织法》。该法规定"总理召集和主持国务院全体会议和国务院常务会议。国务院工作中的重大问题，必须经国务院常务会议或者国务院全体会议讨论决定"。该法对参会主体及会议种类进行了概括式的规定。二为《中华人民共和国地方各级人民代表大会和地方各级人民政府组织法》。这部法律主要是针对地方政府会议的参会主体及会议种类进行了概括式的描摹。总而观之，该两部法律对于行政机关会议之法律程序规定得较为宏观，法条之间大多是总领提纲之意。三为《国务院工作规则》。虽然其不是法定的会议法律程序，但是实质上是对《中华人民共和国国务院组织法》的延伸和拓展。细化到文本，综合以上两部法律法规和《国务院工作规则》，我们可以发现国务院之会议法律程序之召开目的、参会主体、召开频率、召开程序等都有了细致规定，且都纳入文章研究的范畴之内，甚至透露出对会议程序的效率和经济的追求，如在文本中还可窥见"快捷""节俭"之字眼。四为《规章制度程序条例》。该法主要是对规章制定程序，特别是提出了规章制定中的听证会议程序。

国务院部门规章确立的权力性会议程序。在部门规章中，会议法律程序体现得繁多复杂。我国的部门规章中有对于会议法律程序经费进行规范的《中央和国家机关会议费管理办法》《中央国家机关会议费管理补充规定》《中央国家机关和事业单位差旅费管理办法》《中央国家机关和事业单位差旅费管理补充规定》《中央国家机关出差和会议定点管理办法》，以上部门规章对于中央和地方的行政机关的会议经费管理做出了详尽的规定。另外，在我国部门规章中有一些对会议法律程序的零散的补充性规定。

地方性法规与地方政府规章规范和调整的地方会议程序。在我国现行有效的9000多件地方性法规中，对权力属性型会议法律程序的规定较少，文章不作重点阐述。扩展来研究，文章近观我国的地方政府规章，虽然不是法律程序，但是几乎各个省市都在本政府的工作规则中专辟一章对会议制度做出了规定。囿于文本的限制，我们主要以《湖南省人民政府工作规则》为例，对地方政府规章的会议制度进行梳理。湖南省政府的会议包括省人民政府全体会议、省人民政府常务会议和省人民政府专题会议三种。其中，明确了全体及常委会会议召开的时间、与会主体和会议任务做出了规定；特别是第四十一至四十五条对议题的选择、会议纪要和会议主持人作了进一步的细化，提出了"减少数量，控制规模，严格审批"的原则，创新了会议召开的新形式——电话会议。

二、地方行政权力属性型会议法律程序的价值目标与基本原则

法律程序价值理论主要研究人们在评价和构建一项法律程序时所应依据的价值标准，以及人们在通过法律程序实施法律时所要达到的价值目标①。会议法律程序之价值存在既是会议程序立法、执法、司法之指引，也还是评价会议程序之合法性、合理性等之依据和标准，是会议程序所追求的目标。以权力和权利的二元属性将会议法律程序划分为不同的类型，其缘由还在于每一种不同类型会议内在属性和价值追求也截然迥异。权力属性型会议法律程序因为权力主体的纯粹，利益取向大多一致，所以程序设置可以相对精简。总体法律程序的价值理念概括起来包括有程序正当、公开、公平、公正、效率等，单一权力主体召开的会议法律程序属于会议法律程序的特殊分支，所以仍然必须遵循法律程序之一般价值。但是除以上原则应当遵循之外，此种程序仍有

---

① 陈瑞华. 程序价值理论的四个模式 [J]. 中外法学, 1996 (2)：1-7.

特殊需要注重的价值取向。

（一）地方行政权力属性型会议法律程序解读——以地方决策会议为例

就全国性权力属性型会议法律程序而言，人民代表大会是我国的权力机关（以下简称人大），全国人民代表大会是我国最高权力机关。它的议事程序是权力运行会议程序中的典型代表。人大议事的对象是关系国计民生的重大事项，并且我国人大议事规则立法较早、相较其他权力运行议事规则更为完善。广义言之，人大议事程序主要存在我国宪法、人大议事规则、立法法、人民代表大会代表法中。在地方行政权力属性型会议程序中，地方立法活动中的地方权力机关立法会议不属于行政程序，此处暂不讨论。地方行政首长联席会议、立法决策会议或其他决策性会议则一般属于比较典型的纯粹的以权力为基础，属于权力运行的会议活动。比如：《湖南省行政程序规定》中的"第十六条"和"第三十九条、第四十条"的内容，《云南省重大行政决策程序规定》中的第七章中的内容等。

《湖南省行政程序规定》

第十六条 行政管理涉及多个政府工作部门的，可以建立由主要部门牵头、其他相关部门参加的部门联席会议制度。

部门联席会议制度应当明确牵头部门、参加部门、工作职责、工作规则等事项。

部门联席会议协商不成的事项，由牵头部门将有关部门的意见、理由和依据列明并提出意见，报本级人民政府决定。

第三十九条 重大行政决策方案草案经政府分管负责人审核后，由行政首长决定提交政府常务会议或者政府全体会议讨论。

政府常务会议或者政府全体会议审议重大行政决策方案草案，应遵循以下程序：

（一）决策承办单位作决策方案草案说明；

（二）政府司法行政部门作合法性审查或者论证说明；

（三）会议其他组成人员发表意见；

（四）决策事项的分管负责人发表意见；

（五）行政首长最后发表意见。

第四十条 重大行政决策在集体审议的基础上由行政首长作出决定。

行政首长可以对审议的事项作出同意、不同意、修改、暂缓或者再次审议的决定。

作出暂缓决定超过1年的，方案草案退出重大决策程序。

行政首长的决定与会议组成人员多数人的意见不一致的，应当说明理由。

政府常务会议或者政府全体会议，应当记录重大行政决策方案的讨论情况及决定，对不同意见应当特别载明。

《云南省重大行政决策程序规定》

第七章　集体讨论决定

第二十八条　重大行政决策应当经政府常务会议或者全体会议讨论决定。

第二十九条　政府合法性审查部门提出重大行政决策事项草案合法性审查意见后，政府办公厅（室）应当在10个工作日内，按照下列规定处理：

（一）认为重大行政决策事项草案可以提交政府讨论决定的，应当将决策事项草案及有关材料报政府分管领导审核后，由政府主要领导决定提交政府常务会议或者全体会议讨论决定；

（二）认为重大行政决策事项草案暂不能提交政府讨论决定的，经请示政府主要领导或者分管领导同意后，退回决策事项承办单位，并书面说明理由。

第三十条　政府常务会议或者全体会议应当对决策事项草案作出通过、不予通过、原则通过并适当修改、再次讨论决定或者暂缓决策的决定，并根据会议情况制作会议纪要。

作出暂缓决策决定的决策事项草案，经修改完善超过1年仍然达不到提请讨论决定要求的，决策事项草案自动终止。

第三十一条　政府常务会议或者全体会议讨论决定重大行政决策事项时，政府办公厅（室）、决策事项承办单位、政府合法性审查部门负责人应当列席会议，必要时就该重大行政决策事项的有关情况作出说明。

第三十二条　重大行政决策出台前应当按照规定向同级党委请示报告。

重大行政决策事项需要报请上级机关批准的，按照有关规定办理。

重大行政决策事项依法应当向本级人民代表大会或者其常务委员会报告的，按照法定程序办理。

纳入民主协商的重大行政决策事项，按照民主协商程序办理。

第三十三条　重大行政决策通过后，除依法不得公开的情形外，政府办公厅（室）、决策事项承办单位应当及时通过政府网站、新闻媒体等途径，公布重大行政决策结果。

另外，地方行政程序制度中的监督会议程序、过错责任追究会议等程序活动的内容，亦应当属于纯粹权力属性型的地方行政会议法律程序。

（二）地方行政权力属性型会议法律程序的价值目标

1. 程序正义

正当程序原则是英美法系国家一条重要程序原则。在英美国家，程序正当是"自然正义"在程序法领域的延伸，它包含了程序中立、程序理性、参与者平等、程序自治、程序公开等基本内涵。虽然程序正义在西方程序理念中首先起源于司法审判程序，但在笔者看来，司法审判程序大多由大大小小的不同会议程序组成。随后，程序法和实体法人为地分开研究之后，程序正义突破了最初的刑事审判领域向行政、立法，甚至包括私权利领域延伸。权力属性型会议法律程序作为程序的特殊分支，它首先应该具有我们所谓程序希望达到的最低价值目标：程序正义。作为做出决策，通过决议，或是学习指导方针、政策的载体，程序正义是权力属性型会议法律程序的基础需求：

一是权力主体自己不做自己的法官，决策者兼听则明；二是保障参会主体获得告知、陈述、申辩等程序性权利。二者都应该贯彻在会议法律程序之始终。这样，一方面，在会议过程中，会议主体之间可以维持权利义务之平衡，防止公权力滥用，遏制腐败；另一方面，对于参会主体中的弱势一方，正当程序中的参与者平等、程序中立等对于保障人权，保护公民、法人和其他组织的合法权益不受公权力主体滥权、恣意行为侵犯有着极其重大的意义。这些是从"程序正义"中衍生出来的对会议法律程序之基本要求。如此为权力属性型会议设定科学化、规范化的法律程序，使之有章可循，实现程序的公平、权力和权利的制衡，尊重和保障人权，维护和正当化公权。①

2. 程序民主

提到会议，人们很自然地便会联想到民主和决策。民主是一种社会管理体制，在该体制中社会成员大体上能直接或间接地参与或可以参与影响全体成员的决策②。权力属性型会议法律程序中，民主并不必然体现为按照每一个参与者的意志来决定最终事务，而是指参会主体大体上能直接或间接地参与或可以参与影响全体成员的决策。笔者所研究会议程序对民主的追求更多地表现为通过法律程序预设，实现程序主体和程序行为的规范化和具体化，最终集合形成行政会议法律程序。③

权力属性型会议法律程序是将关系到国计民生的重大问题通过会议法律程序的形式，在参会主体的积极参与下促进程序理性与程序民主。就像《罗伯特议事规则》一书中说的那样："民主最大的教训是要让强势一方懂得，他们应该让弱势一方有机会自由完整地表达自己的意见，而让弱势一方明白，既然他们的意见不占多数，就应该体面地让步，承认对方的观点是全体的决定并积极参与实施，同时他们仍有权利通过规则来改变局势。"具体到程序的设置上，譬如：保障参与者的发言权，辩论权；投票表决制度；确保参与者的投票权，监督权；等等。无论是人大代表会议，还是法院内部的合议庭会议等都是通过对相关的程序设置，从而保证在会议在内容和形式上实现程序之民主。

---

① 黄捷，孟海燕，李晶淼. 地方行政会议法律程序研究 [J]. 湖南警察学院学报，2013 (6)：57-62.
② 科恩. 论民主 [M]. 聂崇信，朱秀贤，译. 北京：商务印书馆，1994：10.
③ 黄捷，孟海燕，李晶淼. 地方行政会议法律程序研究 [J]. 湖南警察学院学报，2013 (6)：57-62.

3. 程序经济

自 20 世纪经济分析法学兴起以来，法律的经济效益性得到重视。在诉讼中，程序经济是程序主体以最低程序成本取得最大法律效益，实现诉讼目的。有人还提出了程序经济的两方面要求：一是资源耗费最小化，达到最低程序成本；二是加速程序进程，缓和程序拖延。① 日本诉讼法学者棚濑孝雄就将"生产正义的成本"分为两个部分：国家负担的"审理成本"和当事人负担的"诉讼成本"。② 权力属性型会议法律程序作为程序之特殊，其追求经济效益有着法理、现实基础。首先，此类型会议经费由国家财政承担，应尽量做到经费的取之于民、用之于民。其次，会议法律程序的效率性要求。在西方有句古老的法律谚语：迟来的正义非正义。会议的议程也应注重效率与精简的统一。再者，程序经济的价值追求符合当下国家提倡的节俭、精简之作风，符合十八届三中全会之会议精神。经济性要求表现在单一规范国家权力运行会议法律程序的具体程序上，一方面对举行会议内容的规定和限制，使会议程序化、规范化，决议内容条理化；另一方面，会议设置有效的表决机制，尽可能科学、合理设置表决机制，做到实效，避免一事多会，议而不决。行政会议程序的良好运行设置，有效地避免了会议极易出现的形式主义。

（三）地方行政权力属性型会议法律程序的基本原则

基本原则是规范会议法律程序的灵魂。规则、原则和基本原则是对法律规范的细密和确定性程度的划分，相较而言，基本原则对调整会议程序及程序主体间的法律关系拥有更大的弹性，也更抽象。基本原则是适用于整个权力属性型会议法律程序之原则，并且通过原则、继而具体规则等规范会议程序之中的法律关系。会议法律程序的基本原则是指导会议法律程序立法、执法以及指导、规范议事行为实施等的基础性规范。笔者通过对权力属性型会议法律程序的文本研究，特别是人大议事，结合国内外议事程序之优劣、借鉴其先进经验与制度，归纳出以下基本原则，以反馈于我国权力属性型会议法律程序规则之完善。

1. 辩论原则

在权力属性型会议法律程序中设立辩论原则有着长远、深刻的意义。辩论在古希腊、罗马的哲学、法学经典文献中就早有存在，如柏拉图的《理想国》就是以对话辩论的形式完成。在我国的法律原则中，该原则最早出现在我国的《民事诉讼法》中。在单一权力运行的会议法律程序中，权力主体议事解决的事项是关系国计民生、社会管理和公民重大人身、财产、疑难问题。所以，会议决定的作出必须经过充分的辩论，

---

① 徐昕. 程序经济的实证与比较分析 [J]. 比较法研究，2001 (4)：15 – 31.
② 棚濑孝雄. 纠纷的解决与审判制度 [M]. 王亚新，译. 北京：中国政法大学出版社，1994：283 – 296.

以求科学化、合理化。首先，辩论原则引入权力属性型会议法律程序可以弱化会议中不稳定因素的干预。辩论是会议程序中的帝王原则，没有辩论就无法实现法律意义上的自由表达。程序中的辩论是与会人意志表达的最主要途径，是主体对话和交锋的最主要形式。不管是会议主持人还是会议召开的权力机关，在辩论中的权力将得到弱化。其次，就辩论的范围而言。辩论事项应该在明确范围的基础上，不应仅仅局限于实体性问题，还应包括程序性事项。此时的辩论原则不仅仅是民主发言权的保障，更是为了实体正义、科学决策。

2. 效率原则

效率原则是权力属性型会议法律程序追求的另一个重要原则，是经济价值在会议法律程序中的重要体现。效率原则在该法律原则中的重要性一方面是由于会议经费的来源是国家财政拨款，国家财政是国家为了满足社会公共需要而对社会产品所进行的一种集中性分配行为，财政的作用往往是国家宏观的社会管理，其资源具有有限性。另一方面，效率是公权力机关进行国家管理的要求，国家进行社会管理的活动必须及时与有效，不得怠慢。效率的提高既是权力主体资源的有限和国家职能的必然要求。权力主体在开会中，应该以最小的成本获得最大的社会效益。在会议法律程序中需要注意：

（1）权力属性型会议法律程序的合理期限。该会议法律程序作为法律程序要高效召开，合理地设置召开前的准备期限，缩减会期、精炼程序主持人和参与人的发言、精简程序；

（2）权力属性型会议法律程序规则的完善。追本溯源，目前我国权力主体召开会议存在的诸多程序乱象主要根源在于会议法律程序规则的不够完善，议事规则位阶较低，没有上升到法律程序的研究领域。程序主体在程序中享有过多的自由裁量权，最终人为地控制程序，导致程序的恣意和决策的效率低下。

3. 多数原则

多数原则即少数服从多数原则，是民主集中制中把民主与集中结合起来的一项核心内容。多数原则是权力制衡机制，是实现公民权利平等条件。法律制度中的多数原则不能停留在简单地将多数意志贯穿在程序或程序的结论中，而是应该注意到：①多数原则不是多数任意压制少数，而是多数充分尊重少数，保障少数人的发言、辩论和表决权。②多数原则不是众意原则，而是公意原则。多数原则是民主妥协的产物，它的价值目标是追求公意。③多数原则不是是非原则、最优原则，而是程序原则、合理原则。① ④多数原则并不仅仅是数量上的多数，还应该考虑涵盖领域的广泛性，如行

---

① 周仲秋，王清."多数原则"新解［J］. 湖南师范大学学报，2004（5）：77 – 80.

业、城乡、年龄等等。

权力属性型会议法律程序中的多数原则主要体现在会议程序表决制度上,如我国宪法的修改必须经2/3以上的多数表决;一般议案的通过也必须达到1/2以上的形式多数的通过。权力属性型会议法律程序中的多数原则应当是一种程序原则,它不应涉及价值判断。多数应该和民主一样,本质意在求善,通过程序取得更好的结果。从它产生的法律效果上看,多数原则要保证的不是决策结果的价值大小而是决策程序是否合理。最终达到哈贝马斯指出的那样:"面对这样一个程序,人们总是可以坚持有效的结果和在一个制度框架范围内合理的可以接受的结果之间的差异。"①

值得关注的是,多数原则和当下的行政首长负责制原则并没有本质冲突,二者能很好地并存于行政权力属性型会议法律程序中。在行政程序中,行政首长负责制并不意味着首长独断专权,而是与集体领导相结合,构成行政民主集中制。如根据《中华人民共和国国务院组织法》的规定,国务院工作中的重大问题,需由国务院常务会议或者国务院全体会议讨论决定,这就会形成一个多数意见,当然,首长最后的决定是意在求善,不一定是多数人的意志,但至少应该符合公意。

4. 公开原则与保密原则

公开性原则在权力属性型会议法律程序中指程序公开。实践中表现为对外公开和对内公开两方面的内涵。对外公开指对参会主体以外的成员公开;而对内公开则表现为对参与主体的公开。对外公开能更好地沟通权力与民意;对内公开是为了程序之辩论与结果之科学。

保密原则在权力属性型会议法律程序中确立是个人利益、公共利益与社会利益相互冲突与平衡的产物。综观我国该类型的程序,我们可以发现权力属性型会议解决的多个事项,参与人员都应当遵守一定程度的保密。如我国人大议事规则规定了全国人大的秘密会议、专门委员会的秘密会议与调查委员会的保密义务。这些规定表明,我国权力主体召开法定的会议时都遵循了保密原则的规定。只是在不同的议事程序中,保密的具体内容也各不相同。

值得注意的是,保密原则与信息公开原则并存于我国权力属性型会议法律程序中并不冲突,二者可以取得较好的平衡。只要公民的个人利益、公共利益与社会利益得到明确,三者之间制定明确且具体的区分标准,二者能很好地共存于同一法律制度中。

三、地方行政权力属性型会议法律程序之不足与完善

立足于我国目前权力属性型会议法律程序之立法的部分文本和施行现状,在参照

---

① 尤尔根·哈贝马斯. 后民族结构 [M]. 曹卫东, 译. 上海:上海人民出版社, 2002.

西方议会和行政会议法律程序的基础上，反思我国现行该法律程序之不足。在发现问题之后针对性地提出解决建议、采取有效的措施是我们目前亟待重视的。

（一）地方行政权力属性型会议法律程序之不足

程序正义的最低两条标准随着实践的发展，总是拿来衡量不同法律程序的好坏。同时，也总是用来发现和解决现行程序之问题。目前我国权力运行中遇到的许多问题都可以在政治学或者行政管理学中找到解读或研讨，依照实体法中固有的价值取向，我们貌似很难找到问题，却总是在程序结束之后得到许多不合理或不那么令人信服的答案，这是值得我们深思的一个现象。本文重点不在讨论国家权力从何处来的问题，那往往是政治家争执的对象。文章专注于法律文本与国家权力运行过程中产生的"异化"现象，最终反馈于程序本身。在文章的开始，我们就对会议法律程序进行了定义，立法确定的会议法律程序包含了程序主体对话、商谈、论证、表决等过程，如果一味地照抄其他国家立法制定我国会议法律程序，势必会出现一些问题。

1. 程序主体事先沟通不足

在我国单一权力主体存在的会议法律程序中，我们可以发现我国的会议法律程序主体在程序开始之前的沟通存在很大的不足。虽然我国人大议事规则中第六条规定：全国人民代表大会常务委员会在全国人民代表大会会议举行的一个月前，将开会日期和建议会议讨论的主要事项通知代表，并将准备提请会议审议的法律草案发给代表。但是这些规则局限于个别法定的程序中，且仍然有程序主体于会期之前沟通不足问题。由于我国的此类会议之程序公开不足，会议法律程序之效力往往只及于参会主体内部，导致即使有许多议题能在会议之前提出，但是却因为公众不清楚程序而不能取得很好的社会效果。

2. 程序过程规范缺失

权力在不断的运行中应该不断的规范化、制度化。有关会议这种程序性十分强的程序活动应该在不断地运行中凸显其规范性。在权力属性型会议法律程序中，程序的规范性缺失主要表现在辩论、表决等规则的缺失，"程序性"与"程序度"低下。

程序的一个重要的功能就是克服恣意，争取在正确的价值取向下走向规范化和制度化。一旦程序规则过于简单和稀疏，程序主体在程序过程中就会享有更多的自由，最终导致任意，实质上就是人治。在这里提出程序的性与度的概念。"程序性"与"程序度"不是一个新词，但是却一直未被广泛地运用到程序价值和程序规则的实现中。程序性指法律程序作为法律规则集合体所体现出的程序化程度。① 这种程序化程度是一个衡量标准体系，是对程序独立价值的实现程度。而程序度指各个程序规则彼此之间

---

① 黄捷，刘晓广，杨立云，等. 法律程序关系论［M］. 长沙：湖南师范大学出版社，2009：13.

由于链接或衔接状况的不同，而使程序表现出的纯度和韧度问题。① 程序度是程序规则对程序实体价值的表现程度。笔者认为，程序性与程序度结合起来作为衡量程序价值的实现不仅只是规则间的简单堆积，更应是不同规则间的主体要素、对象要素、行为方式要素、时间要素、空间要素、权力或权利限定范围要素等的和谐衔接和逻辑接合所产生的程序效果，是程序规则间对不同价值的平衡和取舍，是对程序的最好控制，其作为实现程序价值和目标的标准是科学、合理的。

而综观我国目前的权力属性型会议法律程序，我们不难看出，我国人大议事规则存在辩论规则缺乏、程序主体事先沟通不足等问题。除此规则之外，其他的权力属性型会议法律程序大多存在议事范围不明确、程序规则简陋、辩论等陈述意见规则缺乏、简单多数的表决制、规则效力等级低等问题，除了一般参会主体之外，会议法律程序的列席主体的权利义务规范缺少。对应以上程序性和程序度的原理，此类型会议法律程序就存在程序性较低，程序度不高的问题。

3. 程序监督缺失

谈起我国权力属性型会议法律程序之不足，其还有一个关键是规范权力机关运行之程序缺乏监督。要让权力在阳光下运行就必须使权力暴露在监督之下，使权力位于可控的范围之内。当然，权力被关进笼子里光靠监督还不够，程序主体还必须自律，但是自己做自己的法官必然使权力走向腐败。所以，监督是使权力变得可控的第一步。鉴于权力的性质和权力主体的特殊性，我们不可能将权力主体的所有的会议内容和会议程序赤裸裸地置于舆论的眼球下，因为这个中间还有一个度的问题。况且监督的方式也不只是社会监督一种，还包括人大监督、上级机关监督等等。监督范围也不只是对程序经费的监督，还应综合包括会议效果的考评、参会主体的满意度、会议议期、会议程序决策的科学性等各个因素的综合考评。当然，对权力运行的监督还要把握一个"度"的问题，需要制定更加精细的标准来完善权力属性型会议法律程序，这并不是一日之功，也不是能直接移植别国标准来完善的，需要进行深度研究。

（二）地方行政权力属性型会议法律程序之完善

对我国现有权力属性型会议法律程序的修改与完善需要在重申该类型程序价值之基础上完善程序规则，并进一步完善该类型程序配套的相关制度。李步云先生在《论法治》中诠释了"良法"这一概念，他认为良法是指对社会发展起积极或推进作用的法，并提出了良法的衡量标准——"真""善""美"，并指出"真"是指符合事物性质、反映时代精神、适应客观条件；"善"是指法的价值的合目的性，体现人类正义，实现人民利益，促进社会进步；"美"是指法的形式的合科学性，必须达到结构严谨合

---

① 黄捷，刘晓广，杨立云，等. 法律程序关系论［M］. 长沙：湖南师范大学出版社，2009：20.

理，体系和谐协调，语言规范统一。① 会议程序法律是程序法中一个重要的分支，它的"真""善""美"之实现必须往以下方面发展：

1. 重视程序之"真"——突出程序之间的同异

对权力属性型会议法律程序的研究首先必须明确该类型程序和权利属性型会议法律程序、双权属性型会议法律程序之间的差异与程序的相似性。权力属性型会议法律程序要体现通过对程序的设置使"权力或决策的做出得控制在一个合理的度的范围之内"，这需要人们对权力和程序做出理性的思考与科学的论证。要让权力这种具有很强攻击性、强制性的意识形态通过一次会议理性地表达出来，往往需要程序的兼容和开放。如我国的人大议事程序就在很大程度上对社会实现了开放，包括了议案的选择、议案的讨论结果，甚至程序参与主体、程序过程都实现了公开（秘密会议除外）。但是人大只是权力主体之一，法、检之司法权属性会议法律程序大多是与司法审判权和检察监督权相关的议题，所以并不都是直接和社会大多数有直接的利害关系，必须甄别不同的程序之于相对人的影响，细化会议议题对人或对事，直接或间接的关系。所以，笔者主张在现有的法律体系之基础上，细化单一权力运行之不同会议的任务，根据不同的权力之性质和会议之性质确定更具体的标准。以此，反映新时期下的程序本身之客观情况和对控权理念的贯彻。

2. 重视程序之"善"——树立正确价值取向

重申权力属性型会议法律程序之价值问题实质上是对程序的"根"的寻求。正义的价值追求要求会议主持人和决策者自己不能随意裁决自己的意见；在程序中，一旦列入会议讨论的事项必须通过陈述、辩论等程序才能得到最后的结论。民主的价值追求要求会议决策的做出必须通过辩论与合意，求善，并且力求多数和公意。经济的价值追求尽量缩减议事议程、节俭、控制经费。权力属性型会议法律程序的设置必须符合这些正确的价值取向，必须以正义、民主、经济为目的。基于此类的程序设置的表决权平等、效率、公开、多数决、保密等制度也是程序立法应当遵循的。

3. 重视程序之"美"——完善程序与相关配套制度

权力属性型会议法律程序在我国目前的立法体系中处于被程序法忽视的领域，程序需要在正确的价值观的指导下完善：①完善程序的主体制度。如在人大议事程序中，人大代表的主体资格有待进一步严格的审核，扩大人大代表的选拔范围，使真正对国家决策起有益作用的人真正地参与到程序中来，避免诸如衡阳贿选案这样的事件再次出现。在司法权属性型会议程序中，在现有的基础上将列席法院审委会的检察人员之权力加以明确，赋予一定的辩论、投票等表达利益机制权。在行政权属性型会议法

---

① 李步云. 论法治［M］. 北京：社会科学文献出版社，2008：223-240.

律程序中注重和其他相关权力主体之间的沟通。②完善议案提出、辩论和表决规则。权力属性型会议法律程序规则在我国出现了程序性较低、程序之间的联系稀疏等特征，必须在现有的基础上针对性地充实权利义务等具体规则，使程序得以改进和完善。③健全与权力属性型会议法律程序之相关配套制度。除了程序规则的完善之外，此类型会议的监督制度也亟待完善。笔者建议扩大在我国现有的制度之基础上完善社会监督，加大上下级权力主体、同级权力主体监督力度，进一步完善会议经费公开制度，制定完整的会前审批、会中控制和会后监督制度体系。

第四节　地方行政权利属性型会议法律程序

地方行政程序制度中，涉及单纯权利关系的会议程序安排相对较为空乏，因为地方行政程序制度，总是对应行政主体开展内部活动，或者开展针对相对人的管理活动，或者进行公共服务执法活动，而设置和确定程序制度的内容。单纯的规范相对人之间，以权利为底蕴开会的法律程序几乎不存在，因为它们之间的活动本质是平等主体之间民事性质的活动。但是，不应忽略部分具有自治性质的领域发生的法律活动。本质上它们是平等主体之间协商沟通的一种活动，并且因为法律程序的存在，他们之间的会议活动就拥有其不同于其他会议法律程序的一些特征，值得关注。

一、地方行政权利属性型会议法律程序的界定和范围

行政权利属性型会议法律程序是相对人立场的社会主体，他们处于相对行政主体的立场，又彼此利益和观念大同而小异，通过会议协调立场和观点，统一思想和步调的会议规则。

（一）地方行政权利属性型会议法律程序的界定

权利属性型会议法律程序不同于其他会议法律程序之处在于程序约束的对象是权利主体通过会议做出决定或讨论彼此权利义务之法律程序。地方行政权利属性型会议法律程序是指在法定的程序和条件下通过地方立法制定的规范平等主体（公民、法人或其他组织）之间会议活动的法律程序规则之集合。此种定义下的权利属性型会议法律程序的范围比较有限。因为在公权力领域法无授权即禁止，在私权利领域法无禁止即自由，法律干预私权利必须必要且有正当的理由。因此，此类型会议法律程序必须确立正确的价值取向、合理的原则。

（二）权利属性型会议法律程序的主要依据及地方行政权利性会议范围

将权利属性型会议法律程序定义为以立法形式预设的程序。遍历我国的私法领域中的会议法律程序，我国目前的法律体系中约有以下规范权利行使的权利型会议法律程序：

1. 权利属性型会议法律程序主要依据

（1）《中华人民共和国村民委员会组织法》《村民委员会选举法》

《中华人民共和国村民委员会组织法》在第四章和第五章 16 个规则规定了村民会议和村民代表会议两种，具体而言，对该两种会议的主体资格、会议任务或职能、会议召开时间、召集主体、表决制度、公开事项、会议监督等做出了较为详细的规定。《村民委员会选举法》则是对村民的选举活动进行的全方位规定，该法包括村民会议与村民代表会议，村民委员会，民主理财与村民委员会换届前村财审计，选举工作机构，选民登记，候选人产生，竞选演说，选举大会，另行选举和重新选举，罢免、辞职和补选，违法认定与法律责任，村民委员会印章制发使用和管理等十五个章节共计 336 条规则。

（2）《中华人民共和国公司法》《最高人民法院关于适用〈中华人民共和国公司法〉若干问题的规定（二）》

《中华人民共和国公司法》及其司法解释二明确了公司的股东大会、董事会、监事会以及公司的创立大会四种形式的法律会议。我国公司法第九十至九十二条规范了公司的创立大会。我国破产法、《最高人民法院关于〈中华人民共和国企业破产法〉施行时尚未审结的企业破产案件适用法律若干问题的规定》、《最高人民法院关于审理企业破产案件指定管理人的规定》中还有另外一种和公司息息相关的会议法律程序——债权人会议。债权人会议是全体债权人参加破产程序进行权利自治的临时机构，是人民法院审理企业破产案件中的一个重要而复杂的环节。我国破产法中明确债权人会议设立债权人委员会并负责处理公司的破产过程中遇到的问题。

（3）《中华人民共和国拍卖法》

《中华人民共和国拍卖法》一共六个章节、68 个条文对我国的拍卖这种会议法律程序做出了规定。拍卖这种特殊的会议是在拍卖人、委托人、竞买人和买受人四方主体组织与参与下展开的法律程序活动。拍卖活动应当遵守有关法律、行政法规，遵循公开、公平、公正、诚实信用的原则，必须在相关行政机关的监督下进行。因拍卖在民事行为中的特殊性，所以我国拍卖法规则对当事人主体和拍卖程序有了较为特殊的规定。

（4）《中华人民共和国人民调解法》

笔者在研究中倾向于将人民调解这种程序活动也纳入会议法律程序的研究范畴，

调解本身是程序性活动，它是在人民调解员的主持下，解决纠纷的活动，很多时候人民调解都是以调解会的形式进行。并且，调解的多方主体都是平等的民事主体，是没有公权力加入的行为。《中华人民共和国人民调解法》中的 35 个规则分别对调解员的选拔、资格、调解的程序、调解的原则、当事人在调解中的权利义务、调解协议的效力包括调解协议的司法确认程序做出了规定。

（5）其他

权利属性型会议法律程序的范围还不仅仅局限于以上的相关法律，广义言之，还有如民政部关于村民大会之相关的规章等等，这些丰富了会议之相关法律程序，使程序变得灵活和丰富，同时也为我们研究村民大会提供了有益的素材。鉴于篇幅有限，不在此做过多赘述。

2. 地方行政权利性会议范围

地方行政程序制度中一般不发生纯粹权利属性的会议活动，涉及部分纯粹以权利为基础的平等主体之间的会议活动，亦多是属于行政职权相关联的外围活动或辅助性活动。比如：决策或处罚程序中所征询的由受咨询机构组织的专家论证会、行政相对人在行政调解过程中自主进行的协调会和座谈会等会议。

二、地方行政权利属性型会议法律程序的价值目标与基本原则

价值目标是权利属性型会议法律程序立足于实然规则基础上的应然追求，与权力属性型会议法律程序不同，权利属性型会议法律程序对程序正义的追求"似乎"不那么强烈。从程序性和程序度的角度来看，权利属性型会议法律程序之程序规则一般较少。就程序主体而言，一般不对程序主体资格进行严格审查，放低了参会主体的要求标准；就会议程序所确定的规则而言，此类型的会议程序强制性规定少于任意性规定；就程序的效力而言，此类型程序所确定的结果往往只具有相对效力，较少涉及第三人；就程序所产生的结果来看，此类型之程序所产生的协议一般不直接产生司法或行政法上的效力，需要通过司法程序或行政程序进一步确认才能产生法律约束力。所以此类型会议法律程序除一般程序之共同价值之外，还应有区别于权力属性型会议法律程序之不同的价值取向。

（一）权利属性型会议法律程序解读——以股东会会议法律程序为例

在私权利领域，法不禁止即自由。除非必要，法律一般不对私权利主体的民事行为进行干预。在会议程序领域，典型的权利属性型会议法律程序有村民会议法律程序，选举会议法律程序，股东会、董事会会议法律程序，公司创立会议法律程序，债权人会议法律程序，拍卖会议程序，等等。笔者将股东会会议法律程序规则作为权利属性型会议法律程序的典型代表进行剖析，而地方行政中的权利属性会议法律程序系更为

具体和附属的一种程序，可以在探索理解一般权利属性型会议法律程序的基础上，进一步归纳。

股东会议事主体规则。我国公司法中指出股东会有两种类型：一是有限责任公司的股东会会议，它的股东会由全体股东组成；一是股份有限公司的股东会会议，股东会都是由股东组成。

股东会议事范围。股东会是公司的最高权力机关，我国《公司法》明确股东大会行使下列职权：（一）决定公司的经营方针和投资计划；（二）选举和更换非由职工代表担任的董事、监事，决定有关董事、监事的报酬事项……但是，有限责任公司的股东会对前款所列事项股东以书面形式一致表示同意的，可以不召开股东会会议，直接作出决定，并由全体股东在决定文件上签名、盖章。

股东会议事时间规则。股份有限公司股东大会应当每年召开一次年会。有下列情形之一的，应当在两个月内召开临时股东大会：（一）董事人数不足本法规定的人数或者公司章程所定人数的三分之二时……召开股东大会会议，应当将会议召开的时间、地点和审议的事项于会议召开二十日前通知各股东；临时股东大会应当于会议召开十五日前通知各股东；发行无记名股票的，应当于会议召开三十日前公告会议召开的时间、地点和审议事项。单独或者合计持有公司百分之三以上股份的股东，可以在股东大会召开十日前提出临时提案并书面提交董事会；董事会应当在收到提案后二日内通知其他股东，并将该临时提案提交股东大会审议。临时提案的内容应当属于股东大会职权范围，并有明确议题和具体决议事项。股东大会不得对前两款通知中未列明的事项作出决议。……有限责任公司股东会会议分为定期会议和临时会议。定期会议应当依照公司章程的规定按时召开。代表十分之一以上表决权的股东，三分之一以上的董事，监事会或者不设监事会的公司的监事提议召开临时会议的，应当召开临时会议。

股东会主持人规则。股东大会会议由董事会负责召集，由董事长或董事长指定的副董事长或者其他董事主持。有限责任公司设立董事会的，股东会会议由董事会召集，董事长或副董事长或半数以上董事共同推举一名董事主持；不设董事会的，股东会会议由执行董事召集和主持。

股东会质询规则。股东有权查阅公司章程、股东大会会议记录和财务会计报告，对公司的经营提出建议或者质询。

股东会议事表决规则。股份有限公司股东会会议中，股东所持每一股份有一表决权，股东可以委托代理人出席股东大会。在有限责任公司中，股东会会议由股东按照出资比例行使表决权；但是，公司章程另有规定的除外。一般表决事项都是1/2以上通过，但是对修改章程、公司合并、分立或者解散公司作出决议，必须经出席会议的股东所持表决权的2/3以上通过。

股东会会议记录。股份有限公司股东大会应当对所议事项的决定作成会议记录，由出席会议的董事签名。有限责任公司股东会的会议记录应由出席会议的股东在会议记录上签名。

通过对股东会会议法律程序20条规则的简单解读，笔者认为，因为有限责任公司和股份有限公司的人合与资合、股东人数、公司规模等差异，我国公司法更多羁束股份有限公司的股东会，而放纵有限责任公司的公司章程、更多地尊重了股东的意志自由。

而对比村民自治中的村民法律会议，比如《中华人民共和国村民委员会组织法》第二十五条规定：村民代表应当占村民代表会议组成人员的五分之四以上，妇女村民代表应当占村民代表会议组成人员的三分之一以上。该条实质上是对男女平等、妇女权益保障的明确规定。宏观来讲，关于村民会议的法律法规数量就多达400条以上，关于选举一项会议法律活动就有336条。法律规范内容的不同程度体现了国家对公民选举这种政治活动的重视，是国家的宏观调控与村民自治的结合统一。

相对而言，地方行政中涉及的权利属性型的会议，以辅助性和外围性为主，是行政权力外部的，但是有关联的活动。行政立法对此规范相对匮乏，内容不多。

（二）权利属性型会议法律程序的价值目标

1. 平等与公平

正义是社会制度的首要价值，正像真理是思想体系的首要价值一样。[①] 权利属性型会议法律程序法应该通过平等、公平、自由等具体价值实现程序正义。平等是民事属性型程序法律关系个体之间的同等对待，表征是平衡个体与个体之间的社会关系。公平作为程序法律的价值追求，是指在权利属性型会议程序中程序主体的法律地位平等和权利义务分配公正即利益平衡。[②] 根据罗尔斯的正义理论，平等与公平包括实体上和程序上的平等与公平。在权利属性型会议法律程序中，权利主体之间的正义表现为：①相对平等分配会议程序主体之权利与义务，包括程序合作所产生的经济效益和负担、程序对权利义务平等的参会主体同等开放、补偿给会议程序中较少受惠者以利益。②程序主体之中的每一个人平等地享受程序自由和各种政治权利。会议程序中的个体应享有平等的发言、辩论、参与的权利，程序主体也可放弃自己的权利，如选举权、破产中的债权等等。③在权利属性型会议法律程序中，允许参与主体社会经济不平等，但是此类型程序之目的往往是通过程序的控制使处于社会最不利地位的成员获得正当的利益，或者和其他参会主体一样的利益。平等与公平是此类会议法律程序之灵魂，

---

① 约翰·罗尔斯. 正义论 [M]. 何怀宏，何包钢，廖申白，译. 北京：中国社会科学出版社，1988：68.
② 喻磊. 中国（大陆）社会转型时期的民法价值研究 [D]. 武汉：武汉大学，2005.

所有程序与制度的设置都可以归结于平等与公平。

2. 自由与秩序

凡是仅仅由自身本性的必然性而存在，其行为仅仅由它自身决定的东西叫作自由。① 权利属性型会议法律程序形成的过程是一般自由、法律限制自由、法律掌控自由的过程，是公民意志从一般规则上升到法律规则的过程。但是自由与法律并不冲突，亚里士多德曾说，公民们都遵守一邦所定的生活规则，让各人的行为有所约束，法律不应该被看作和自由相对的奴役，法律毋宁是拯救。② 在公民的政治生活、日常生活领域，该"生活规则"的重要部分就包括了民主生活的会议程序规则。

在追求自由的过程时必须有完整的保障自由之正常秩序，自由和秩序是一组辩证的价值取向，二者相辅相成。民主不等于自由，民主和自由之保障不能仅仅依靠偶然、任意的制度、形式。规则和秩序本身对任何要摆脱单纯偶然性和任意性而取得社会的固定性和独立性的生产方式来说，是一个必不可少的要素。这种规则和秩序，表征为一定的物质的、精神的生产方式和生活方式的社会固定形式，因而是它们相对摆脱了单纯偶然性和任意性的形式。在权利属性型会议法律程序中，这种形式就是指法律。程序秩序的目的是保障程序主体权利的真正自由。秩序是权利属性型法律程序的基础价值，是程序民主、经济、平等、公平等其他价值的前提，二者统一于促进规范权利行使型会议法律程序之价值取向。

3. 安全与效益

人民的安全乃是至高无上的法律。安全价值是会议法律行为之可预见性、确定性与稳定性所确认的另一种新的价值取向。在权利属性型会议法律程序中，普通的权利主体意志不能凌驾于程序之上，但是权利主体却可以通过会议这种法律程序稳定地预见一个对程序对权利主体所带来的法律上或事实上的后果，并且权利主体还可以通过自身的努力或是与程序中的弱势主体联合起来共同实现其合法目的。因为这里的安全价值安全含义在于合法、确定、连续，它是一种实质性价值，即社会正义所必须设法促进的东西。③ 而效益原则在经济学上的概念，它是从一个给定的投入量中获得最大的产出，即以最少的资源消耗取得同样多的效果，或以同样的资源消耗取得最大的效果。④ 在权利属性型会议法律程序中，安全本身就是程序对风险的控制，程序的安全会带来程序的稳定的效益，不止如此，权利型会议法律的召开也是节省国家和社会资源的重要决策方式，因为会议法律程序解决法律问题事实整合了社会资源，用最小的成

① 斯宾诺莎. 伦理学 [M]. 贺麟，译. 北京：商务印书馆，1983：4.
② 亚里士多德. 政治学 [M]. 吴寿彭，译. 北京：商务印书馆，1965：276.
③ 喻磊. 中国（大陆）社会转型时期的民法价值研究 [D]. 武汉：武汉大学，2005.
④ 张文显. 法学基本范畴研究 [M]. 北京：中国政法大学出版社，1993：273.

本付出取得了最大的法律效益。如在调解这种形式的会议法律程序中，调解协议的达成是节省了诉讼资源、促进了社会的和谐；村民会议中设立村民代表会议也节省了资源，实现了村集体资源的最小消耗与最大收益。

当然，除了以上的几组价值之外，有的权利属性型会议法律程序还有公开、民主等价值追求，这些价值在程序中也是不可忽视的，也应该成为应当树立的价值标杆。

地方行政权利属性型会议法律程序的价值目标在上述统一的内容之外，还有两项特定的内容：一是科学和前瞻，因为地方行政中涉及的交由专家或被咨询单位研讨的问题，通常都是专业性和科学性突出的问题，会议需要科学态度和着眼未来；二是大局和平衡，因为地方行政的关联性权利性质型会议一般是行政职权相关的矛盾化解或相对权利行使，需要不损害大局，需要平衡与相关利益的关系。

（三）权利属性型会议法律程序的特征和基本原则

1. 权利属性型会议法律程序的特征

通过与权力属性型会议法律程序规则的简单对比，我们可以发现权利属性型会议法律程序有如下法律特征：

（1）权力属性型会议法律程序规则往往使用或隐含"应该""必须""不得"等强制性、义务性表述，而权利属性型会议法律程序规则多用"有权""可以""或者""至少"等权利性、选择性强的表述。从这个特征可以看出来，权利属性型会议法律程序给予了会议主体更多的自由和选择余地。

（2）权力属性型会议法律程序往往单独成一部完整的法律、法规，且规程大部分都属于程序规则，实体规则比较少；而权利属性型会议法律程序更多地表现为实体价值判断规则和程序规则集于同一部法律中。

（3）权力属性型会议法律程序从法律的效力和位阶上来讲，既包含了全国人大制定的人大议事规则，还包含了国务院部门制定的会议经费管理办法等等，效力层级跨度大、法律位阶广。同时，这些会议法律的效力对象是特定的，而且大部分只具有对内的法律效力，程序开放性不足。而权利属性型会议法律程序一般指全国人大及其常委会制定的法律，另外一小部分是指最高人民法院的司法解释，其效力是对世的、对象是普遍大众，程序的开放性强。

2. 权利属性型会议法律程序的基本原则

因为与权力属性型会议法律程序的差异，其各自价值目标的不同和程序的特定对应对象，权利属性型会议法律程序应有许多区别于其他类型会议法律程序之原则。地方行政程序关联的权利属性型会议制度的原则当然亦在其中。

（1）处分原则

处分原则和辩论原则是民事诉讼的两大基本原则，共同支撑了职权主义下的当事人主义诉讼模式。在我国，大多数人都能认识到当事人对实体权利和诉讼权利处分的价值，但这种认识和承认却只停留在当事人对诉讼程序的起始、发展和终结的作用以及诉讼法某项具体权利的处分这一层面上，① 很少涉及其他程序领域。权利属性型会议法律程序中，参会主体对所享有的实体权利处分权表现在：①会议程序当事人对程序的参与的选择权，遍历我国规范权利行使之会议法律程序，我们可以发现程序的当事人对此类型程序的启动、展开、结束都有一定程序的选择，或者称为影响，当事人在足够的比例下可以左右程序时间长短或者程序的结果，所以在此类型的会议法律程序中，欲主导程序的进程、掌控程序结论的当事人必须想办法说服其他参会者以取得数量上或者表决权上的大多数。所以，此时的多数并不是形式上的多数，而是实质的、权利的大多数。也不一定是绝对的大多数，有时是相对的多数即可。②会议程序当事人对实体权利的选择权，在权利属性型会议法律程序中，表现为享有对实体权利的选择权，即权利主体可以放弃实体权利，每一个权利行使型会议法律程序中的当事人都享有一定的权利并承担一定的义务，权利主体对自己权利的放弃不受第三人的影响，是意思自治在会议法律程序中的体现。③会议程序当事人行使处分权的后果。在此种类型之会议法律程序中，当事人行使处分权——行使或放弃自己的程序或实体权利时都对当事人产生一定的法律效力，但是不管是行使抑或是放弃，当事人都不可避免地受会议程序之结果之约束。也就是说，权利人对自己的权利的放弃不能产生对第三人的约束，大多时候即使放弃了自己的权利也仍然受到集体会议程序之结果约束，程序结果对当事人的影响是权利与义务共存的。

（2）诚实信用原则

诚实信用是民商法领域的帝王原则，它虽然具有很深的理论背景，但却是来源于人们的日常生活与交易。诚信是被吸收到法中的人类生活关系要素，但法并非在不赋予其术语的精确性的情况下吸收它，而是把它转化为一个法律概念。换言之，诚信并非立法者的凭空创造或想象，它有先定的内容，并且来源于客观活动。立法者不过把这一内在于人类行为的原则扩张于全部人类行为的最广泛的领域，就如民法领域。把它确定为规则是为了使其具有法律效力。这时，先前的自然的诚信就被转化为法定的诚信。所以，诚实信用虽然广泛地存在于民商事领域，但是却并非天生的民事专有。实质上在我国新修的民事诉讼法中，我国已经将诚实信用原则引入了该法。权利属性型会议法律程序属于程序活动，虽然不是诉讼程序活动，但是程序主体也应当遵守诚实信用之基本原则。在选举会议中，不得损害国家、其他人的利益，不能贿赂选民，等等；在拍卖会议法律程序中，拍卖人有权要求委托人说明拍卖标的的来源和瑕疵，

---

① 张卫平. 民事诉讼处分原则重述 [J]. 现代法学杂志，2001（6）：89 – 95.

同时委托人、买受人要求对其身份保密的，拍卖人应当为其保密，等等；调解会议中调解员不得损害被调解人之利益，等等；股东会会议决议不能损害其他股东的权益，充分地保障股东知情权，等等。这些不同的程序规定都是诚实信用在不同的会议程序中的体现、是公民在生活中遇到的问题，会议法律程序将这些人与人、人与社会之间的诚信关系、诚信义务法律化的表现。

（3）行政、司法监督原则

在权利属性型会议法律程序中，还有一个重要原则，那就是行政、司法监督原则。此类型的会议法律程序中，行政机关、司法机关等权力机关都不参与程序，不直接参与程序的过程，而是间接地引导或监督程序往程序追求的价值方向发展。如拍卖活动就由市场监督管理部门进行监督、选举活动由地方各级人民代表大会和县级以上地方各级人民代表大会常务委员会进行监督和保障、公司的股东大会、创立大会、债权人会议等则由法院进行司法监督。权利属性型会议法律程序中的行政、司法监督原则表现在以下几个方面：①监督主体是国家公权力机关，此类型会议法律程序监督主体主要由行政机关和法院组成，行政机关主动地监督会议召开过程、司法机关被动地干预会议程序；②监督的方式是间接干预，不管是何种监督，公权力机关都不直接对单一规范权利运行之会议程序进行干预，最多是对程序进行管理，一般只是进行引导或帮助，或者是司法被动地判决。此种类型之监督更像是一种对会议稳定秩序的保障。

三、权利属性型会议法律程序之不足与完善

考察此类型会议法律程序之不足必须立足于会议实践活动，既需要立足于我国现行的权利属性型会议法律程序文本，又不能僵化地停留在法律文本的简单解读。权利属性型会议法律程序在运行中表现出了极大的韧性，一方面，对当事人主体资格要求标准之低，表现了程序的极大包容性；另一方面，程序的规范性较弱，也就是程序性和程序度相比权力属性型会议法律程序较低。其是程序自治和法律监管的统一。在权利主体掌控之会议法律程序中适当的控权和放权要把握一个度的问题，那就是规则的多少、紧密程序与任意性程序规则、强制性程序规则的比例问题。

（一）我国权利属性型会议法律程序之不足

总而言之，我国权利属性型会议法律程序在立法中笔墨不多，色彩极淡。法律与私权利主体之间的议事，就好比国家宏观调控和微观调控的关系、市场经济与计划经济的关系一样。市场本身就应该是开放、自由的，市场主体的准入应该放宽，需要注入新的活力，这样市场才能进步，才能真正地惠及普通民众。但是放宽对市场的控制不等同于放任，因为市场本身的自我调节具有盲目性、滞后性、自发性等特征，国家依然宏观地调控着市场的发展。在权利主体主导的会议程序中，权利主体本身也具有

盲目性、自发性，少数权利主体很容易成为弱势一方而得不到救济，造成严重后果。权利属性型会议法律程序主体的盲目性表现在权利主体法律意识淡薄，维权意识差，如果没有法律调控，少数权益得不到应有的尊重和重视。我国现行权利属性型会议法律程序主要有以下几个方面的不足：

1. 程序规则相对缺乏

权利属性型会议法律程序应至少达到数目适当、满足基本的会议活动需求的四级要求，甚至进一步更严格地能达到保证程序能够有序进行，并且开会主体有较大程度的时空自由的五级要求。从程序度的角度衡量，《程序法律关系论》中，考察程序可以从以下几个等级衡量程序的度：

一度程序（程序规则衔接松弛，其他主体或程序可随意切入或穿插交错）；

二度程序（程序规则衔接适当，程序主体有机会同时参与其他程序活动）；

三度程序（程序规则衔接稍紧，程序主体大多无暇参与其他程序活动）；

四度程序（程序规则衔接紧密，程序主体无暇参与其他程序活动）；

五度程序（程序规则衔接严谨，程序主体无暇且无机会参与其他程序活动，程序高度自闭）。

从这个标准来看，程序规则应达到规则衔接适当、程序主体大多无暇[1]参与其他程序活动的"三度程序"。依此标准来考察我国权利属性型会议法律程序，现行权利属性型会议法律程序规则缺乏表现在：

（1）会议法律程序之召开方式、主持规则不完善

原有的权利属性型会议法律程序召开方式一般是面对面的当面议事，虽然这种方式有利于信息沟通与双方交流，但是却浪费了会议资源，也不利于会议的效率提高。在程序正当中有两条重要的原则：一是自己不做自己的法官，在会议中表现为裁判者或主持人中立；另一条是听取当事人意见，当事人享有被告知、陈述和申辩的权利。在权利属性型会议法律程序中一般对会议主持人的权利、义务没有明确规定，如公司召开股东大会时，由董事长主持股东会就会模糊董事长和中立主持人的身份。

（2）会议法律程序之辩论规则缺失

如果说诚实信用是民法中的帝王原则，那么辩论就是议事中的帝王规则。不经辩论无法得出最佳结论，通俗来讲，会议法律程序中的议事结论必须是在经过了充分而且自由的辩论协商之后才能做出，一旦做出才能产生约束所有的参与者之效力。同时，参会的每一个人都有权利通过辩论说服其他人接受自己的意志，甚至通过形成人数或权利的大多数，一直到这个意志变成总体的意志。

---

① 黄捷，刘晓广，杨立云，等. 法律程序关系论［M］. 长沙：湖南师范大学出版社，2009：21.

（3）会议法律程序之表决规则不完善

在权利属性型会议法律程序中，形成了两种表决方式。一个是多数人的意志决，多数人的意志成为会议的决策，如选举会议决定；另一种是权利多数决，只要取得表决权的大多数即可，如股东会决议。就具体表决事项来看，可以分为对一般事项的一半以上的简单多数决和重大事项的 2/3 以上的绝对多数决。但是多数决原则未免过于绝对，无法解决会议表决陷入僵局的情况，如当有人弃权时，或不能形成多数时，是否给予部分人特殊的表决权，给予多大范围的表决权是在现实中遇到的问题。

（4）会议法律程序配套的执行规则缺乏

法律的生命力不仅仅在于其是正义的保障，更在于法律的执行，会议决议如果不能很好地执行那么就会成为一纸空文，失去任何效力。在权利属性型会议法律程序中，我们可以为了得出更好的会议决议设置更适合的程序规则，但是却不能保证会议决议有效的施行。在执行方面，如股份有限公司的股东会、村民大会、债权人会议。一方面执行主体有待进一步确定或完善，另一方面执行反馈制度还有待健全。

2. 程序监督与救济有待完善

正义不仅要实现，还要以看得见的形式实现。正义实现的看得见的形式就是程序，而看得见的程序必须有看得见的监督形式。以笔者于 2012 年 6 月接触到的一个股东知情权案件为例。2012 年某公司以合作进行开发的名义将公司名下的房产和土地使用权进行处置，公司股东某甲以自己的股东权益受侵害为由请求查看公司股东会、董事会决议、公司与其他公司的开发合同、会计账簿等。但是公司却以这些资料属于公司内部机密为由拒绝股东的查询，并以公司已经召开董事会，做出了有效的董事会决议为由拒绝股东向公司提出的申请。于是无奈之下，股东只好向法院以知情权受侵害为由提出起诉，一审判决中法院支持了原告的查询公司股东会、董事会决议等诉讼请求，但是拒绝了原告查询公司会计账簿、与其他公司的开发合同的请求。经查明，公司在没有召开股东大会、只召开了董事会的情况下对公司的不动产进行低价处置，使公司的资产严重缩水，严重损害了小股东的权益。到目前为止，该案还没有得到很好的执行，股东也因无法查到关键性的文件和资料也无法提起侵权之诉。不得不说，这是我国公司法对股东权益、股东会决议、董事会决议等保护不了、监督不到位、救济缺失等原因所致。

（二）我国权利属性型会议法律程序之完善

面临当前会议法律程序问题屡次出现，立法无法有效解决问题的境况，我们必须重新衡量各种立法价值，重新审视我国与之相关会议法律程序之制度。

1. 引入专业人管理机制，促进会议程序专业化、规范化发展

在权利属性型会议法律程序中，引入专业人参与制度是会议国际化之大势所趋，也是会议本身发展之主观需要，是社会主义市场经济下会展事业发展需要。在我国原有的权利属性型会议法律程序中，我们可以肯定大部分都是专业性较强、综合性较强的行业性会议，如拍卖会议、公司内部股东会、调解会等等。立法者毕竟不能未卜先知，专业的管理人才能透析行业中的问题，针对性地提出解决和完善建议。在村民会议中，引入专业选举主持人能掌握程序的进程，监督选举主体的选举活动；在上市公司中设立独立的董事在董事会会议中享有的独立的否决权，有权直接向股东大会、证监会等部分报告，还享有一定的独立发表其意见的权利；在拍卖会中引入专业的拍卖管理人能审查拍卖中的问题，确保拍卖中各方当事人的权利的实现、义务的履行，确保拍卖活动有序进行。所以在权利属性型会议法律程序中确立专业人管理制度能更好地促进会议法律程序往更规范的方向发展。

2. 完善会议法律程序本身，把握程序自治与法律干预的合理"度"

要实现权利属性型会议法律程序往更规范、更科学的方向发展，不能一味地从加强立法的层面考虑，法律不能万能，并不能监控到会议程序的每一个角落。所以，在完善权利属性型会议法律程序立法之时，更要掌握好法律调整"度"的问题，建立或完善与之相配套的其他各项制度。

（1）健全权利主体参与程序。首先，在纯粹的权利主体参与这种法律程序中，可以用加强技术性规则的设定来避免程序出现极端异化现象，这就必须强调程序设置的技术性要求。法律言语上必须尽量地规范化、统一化，不产生歧义；结构上严谨，程序各项环节联系紧密，无程序漏洞；各个法律之间协调统一，注重程序之和谐。具体就会议来讲，从动议提出—议案选择—辩论—表决—执行五个环节完善程序规则，将主持人、秘书、参会人的权利义务明确，使法律程序更规范和完整。其次，在此类型会议法律程序中，应协调好多方的利益关系。因参会主体的多元，容易形成利益集团，不利于弱势群体权益维护，所以应以公平为考虑因素，将少数人的声音纳入程序的范围，使会议更加民主。

（2）制定或完善表决效力和瑕疵决议之法律效力。我国公司法列举了需做出特别决议的重大事项，并规定绝对多数为"代表 2/3 以上表决权的股东"。由于股东会会议中的表决权按照出资比例决定。这就难以避免出现一种极端现象的出现，如果其中一个股东占出资的 2/3，甚至是 2/3 以上比例时势必会造成一人独大的局面，如此之规定没有任何操作意义。所以，在诸如公司股东会会议法律程序、债权人会议法律程序中应确定每个权利主体行使充分的表决权，对绝对多数和绝对多数的例外情况作出合理、明确规定，更加关注少数人的权利，并且完善瑕疵的会议决议制度。从而保障此类型法律程序主体的利益的有效实现。

（3）完善监督人制度。在目前的立法体系中，我们可以以行政监督和司法监督两条线对会议法律程序进行调控，但是公权力机关监督的这两种模式都太有限，都必须在法律范围内进行，往往不能能动地反映实践活动的变化和趋势。且权力对私人之间的会议活动进行过度干预有越权之嫌，不宜过分夸大。在权利属性型会议法律程序中，除可以引入专业人管理机制之外，还可以完善参会主体的代理人制度，由参会者对会议法律程序进行监督，维护自身的合法权益。从与会者的角度考虑监督会议程序可以节省国家的资源、实现会议法律程序的效益最大化。

第五节　地方行政双权属性型会议法律程序

双权属性型会议法律程序在法律程序中占有重要的一席。能否让权力在阳光下运行、反对腐败与本类型会议法律程序的存在状态有莫大关联，双权属性的会议法律程序重要性有待于深入解析和探索。地方行政程序中，这种会议显然是最具有代表性的会议形态，亦是最需要法律规范和产生行政效能的会议形态。

一、地方行政双权属性型会议法律程序的界定与范围

双权这里是指会议的参与者中，既有以权力作为支撑的权力主体，参与会议亦即行使职权；亦有以权利作为基础的相对人主体，参与会议是为了实现或维护权益。

（一）地方行政双权属性型会议法律程序的界定

1. 地方行政双权属性型会议法律程序的含义

对比前两章关于权力属性型会议法律程序、权利属性型会议法律程序之界定，双权属性型会议法律程序可以被定义为国家通过立法制定或确认的用来规范国家公权力机关及人员，以及非公权力机关、组织或人员，彼此共同参与，或经办或主办的会议活动之法律规则的集合体。地方行政双权属性型会议法律程序是指在全国立法基础上，进一步通过地方立法用于规范或调整的本辖区内由公权力主体和私权利主体共同参与或主办、经办的会议的法的规则集合体。

2. 地方行政双权属性型会议法律程序的特征

双权属性型会议法律程序不像较为纯粹的权力属性型会议法律程序和权利属性型会议法律程序，它们之间有着巨大的差别。主要表现在：

（1）双权属性型会议法律程序主体为复杂成分主体。在双权属性型会议法律程序中，程序主体是复杂主体，至少包含了两个或两个以上的不同类型主体。其中，至少有一方是权力主体，而另外一方是权利主体。有时还存在三方或三方以上的不同主体，

如刑事审判会议法律程序中可能就有公安机关、检察机关、法院、被告人、被害人等多方主体；

（2）程序主体的法定性。在双权属性型会议法律程序中，权力主体一般是法定主体，司法审判会议中，法院、检察院、公安机关的职权法定；在听证会议法律程序中，行政机关的职权与听证会议程序的主体也是由法律明确规定；

（3）程序过程具有延续性。在双权属性型会议法律程序中，程序主体参加所有的活动都具有交涉性，会议结论不是一蹴而就的，程序从启动到终结都有着严格的法定期限，程序主体如果不遵守法律程序就会产生不利的法律后果；

（4）程序结论对相对人的效率法定。行政许可中的听证会议程序有案卷排他原则，听证笔录是行政许可决定做出的依据；法院庭审所做出的判决结果对当事人、第三人有法律拘束力等等。

（二）地方行政双权属性型会议法律程序的范围

1. 双权属性型会议法律程序的一般范围

双权属性型会议法律程序中的两个关键因素：公权力因素、私权利因素。此类型会议法律程序其实质是公权力和私权利通过会议的形式博弈的过程。双权属性型会议法律程序总体上可以包括以下内容。比如：民事诉讼法、刑事诉讼法、行政诉讼法等诉讼类型会议法律程序。我国三大诉讼法中的庭审程序符合双权属性型会议法律程序之定义，是此类型之会议法律程序的典型代表。近年来，我国三大诉讼法中的民事诉讼法和刑事诉讼法已经进行了修改，现在行政诉讼法修改也已经提上了日程。我国的诉讼法中双权属性型会议法律程序有以下几种：一是庭审会议法律程序。庭审会议法律程序包括一审庭审程序、二审庭审程序、再审程序、公诉案件当事人和解程序等。一审、二审、再审的会议法律程序各自产生不同的法律效力，诉讼会议法律程序可以说是最完整的会议程序，既有原则性规定又不乏具体的细致规则。微观而言，管辖、回避、辩护与代理、证据、期间、送达等会议配套制度完整且操作性强。二是庭前会议程序。我国民事诉讼法和刑事诉讼法确立的庭前会议程序在不同国家称呼不同，德国称之为中间程序，法国称之为预审程序，美国称之为庭前会议，日本、中国台湾地区称之为庭前整理程序。虽然称呼迥异，但是各国立法大多是为了解决程序性问题，如回避、证人名单的确定、非法证据排除等问题进行预先裁决，从而确定庭审重点，节省庭审资源。三是庭前司法调解会议法律程序。庭前司法调解会议法律程序，是在诉讼初始阶段，被告应诉答辩后，开庭审理前，通过对双方当事人提交的诉讼材料进行认真的分析、审查，对法律关系明确、事实清楚的民事案件，经当事人双方同意，可以尝试启动调解程序，双方当事人在审判人员的主持下直接进行调解。至于该条之法律效力，我们可以从民事诉讼法第一百零二条规定：调解未达成协议或调解书送达前一方反悔的，人民法院应当及时判决。立法法、中华人民共和国地方各级人大和地方人民政府组织法、行政处罚法、程序许可法、行政复议法、规章制度程序条例等法律、法规确立的行政决策或执法性会议法律程序。

2. 地方行政双权属性型会议法律程序的范围

地方行政双权属性型会议法律程序一般包括：由地方法规或地方规章确立的行政决策性或行政执法性的会议法律程序。其范围涉及所有地方立法中确立了会议或类似于会议的程序安排。比如决策会议、权力主体和权利主体共同参加的研讨会、听证会、论证会、协调会等等。涉及的地方法规或规章众多。比如：《湖南省行政程序规定》《山东省行政程序规定》《江苏省行政处罚听证程序规则》《南京市行政复议听证程序规则》《湖南省人民政府制定地方性法规草案和规章办法》等等。在我国目前的行政权能与私权利主体间的会议法律程序立法体系中，双权属性型会议法律程序表现出的主要不足是：程序化程度低、程序性弱的问题。据初步统计，我国规章制定程序条例中有6个法律条文，行政处罚法中有2个法律条文，行政许可法中有3个法律条文，《湖南省人民政府制定地方性法规草案和规章办法》中2个条文，立法法中7个条文，《湖南省行政程序规定》中较多，有16个法律条文对地方行政决策等会议法律程序做出规定等等。这些会议法律程序规则提出了听证会、座谈会以及专家论证会的要求。

二、地方行政双权属性型会议法律程序的价值目标与基本原则

双权属性型会议法律程序从权力运行的意义上来说属于权力机关的外部行为。从权利实现的角度其是与公权力之间的交互行为，或意在实现权利，抑或意在帮助权力，抑或意在约束权力、表达意见。因该型会议相对权力或权利均属相对对外，特有属性区别于单一纯粹规范权力运行、单一纯粹规范权利行使的会议法律程序，又因其特有的协商与对话特征不同于执行等其他程序。所以，双权属性型会议法律程序拥有其不同于一般会议法律程序的价值目标。笔者重点针对司法机关、行政机关外部会议法律程序和行政规章、规范性文件中涉及的会议程序做了一些基本价值和原则的分析。

（一）地方行政双权属性型会议法律程序解读——以行政听证会议法律程序为例

1. 关于一般意义的双权属性型会议法律程序

听证会议法律程序和司法庭审程序是双权属性型会议法律程序的典型代表。庭审会议法律程序可以说是会议法律程序中最具代表性的一种，也是至今为止制度较完善、规则最全面的会议程序类型，但是其属于司法属性，是司法权主导案件裁决的必然过程，开庭审理案件本质上属于会议的一种特殊类型，不在这里重点观察。但是听证会议法律程序则不然，听证法律程序，特别是行政听证法律程序在我国产生较晚，从我国行政处罚法、行政许可法中的听证法律程序的寥寥数条规则可以看出，我国的行政

听证会议法律程序主要包含以下几个方面的规则：

听证程序范围与程序启动。行政处罚法中的听证都是被动提起的，主要包括：（1）责令停产停业；（2）吊销许可证或者执照的；（3）对个人处以2000元以上的罚款，对违反边防出入境管理的个人处以6000元以上的罚款，对法人或者其他组织处以10000元以上罚款的。而行政许可法对听证的范围则规定模糊，它主要是两类型事项。一种类型由法律规定行政机关依职权的听证：（1）法律、法规、规章规定实施许可应听证的事项；（2）实施机关认为需要听证的其他涉及公共利益的重大许可事项。另一种类型是直接涉及申请人与他人之间重大利益关系的许可依申请人申请的情形。

听证程序主持人。行政处罚法与行政许可法都明确听证由行政机关指定的非本案调查人员或非审核本申请工作人员主持。不同的是行政处罚的回避申请人是当事人，而行政许可可以将申请人扩展为申请人和利害关系人两类主体。

听证程序时间规则。行政处罚和听证许可听证都要求行政机关在听证7日前告知听证主体举行听证的时间、地点。但是关于听证程序的启动时间，行政处罚中听证要求当事人应当在行政机关告知后3日内提出申请；而行政许可中听证要求申请人、利害关系人在被告知听证权利之日起5日内提出听证申请，并要求行政机关在20日内组织听证。

听证笔录的效力。行政许可中的听证笔录有案卷排他性，而行政处罚则没有。有学者主张的行政处罚中也应对听证笔录的效力进行规定，有学者认为行政许可中的案卷排他原则也应在行政处罚中得到确立和研究。

行政许可法中的听证程序相比行政处罚法中的听证程序，我们不难看出二者在程序的设置上没有本质上的差别，而通过对比《湖南省行政程序规定》和《山东省行政程序规定》中同样规定的行政决策会议法律程序中的听证规则几乎一致，对程序主体之间的权利、义务设置也相类似，不尽完善。

2. 关于地方行政双权属性型会议法律程序

地方行政双权属性型会议法律程序最经典和常见的，当属地方立法所设置的各类听证会。此外还有一些协调会、通报会、讨论会、发布会、表彰会等等。比如《湖南省行政程序规定》第三十七条规定：重大行政决策方案草案公布后，决策承办单位应当根据重大行政决策对公众影响的范围、程度等采用座谈会、协商会、开放式听取意见等方式，广泛听取公众和社会各界的意见和建议。公众参与的范围、代表的选择应当保障受影响公众的意见能够获得公平的表达。这里所提到的座谈会、协商会，便是其中的代表，但是这一类会议如何有效和有序地开展，目前相关的规则显然不足。地方程序中有关双权属性型的会议程序大约只有"听证会"被确立了较为完备的程序性，规则比较丰满。

（二）地方行政双权属性型会议法律程序的价值目标

下述的这些价值目标既是全部双权属性型会议法律程序的价值目标，当然亦更是地方行政中双权属性型会议法律程序的价值目标。只是在具体的会议中，这些目标可以有轻重和先后之别。

1. 程序正义与实体正义

双权属性型会议法律程序作为会议法律程序的特殊分支，它首先就应该具有我们所谓程序希望达到的价值目标：程序正义。作为做出决策，通过决议，或是指导方针、政策的学习等的载体，程序正义在此中是行政会议法律程序的必要需求；再具体到有相对人参与的行政外部会议中，相关的法律程序是最大限度保证正义的会议结果的决定因素，是彰显会议结果权威性、正当性的标签。双权属性型会议法律程序一般表现为庭审或类于庭审的会、听证会、论证会、座谈会等会议形式。尤其能充分彰显程序正义的"自然正义"原则的内容：任何人均不得担任自己诉讼案件的"法官"；"法官"在制作裁判时应听取双方当事人的陈述。在双权属性型会议法律程序中也通过程序的严格设置来保障程序正当、程序正义。譬如程序的主持者在会议过程中保持中立，与会主体的正当发言与表决等权利应得到更多的程序保障。这是从"程序正义"中衍生出来的对会议法律程序之基本要求。如此为地方行政会议设定科学化，规范化的法律程序，使之有章可循，实现程序的公平、权力和权利的制衡，维护和正当化公权，促进实体正义，使程序正义落实到制度实处，最终实现实体正义，将实体正义与程序正义统一于同一个法律程序之中。

2. 民主

双权属性型会议法律程序解决的是与公民人身和财产利益息息相关的事项，关系到民生的问题以会议法律程序的形式，通过多元利益主体的参与可以促进程序理性。双权属性型会议法律程序为了更好地服务于相对人，所以地方行政会议除了对依法行使公权力的追求之外，对民主的追求更甚。[①] 具体到程序的设置上，譬如：保障参与者的发言权，辩论权；投票表决制度；确保参与者的投票权，监督权；会议公开；等等。听证会、论证会、座谈会等地方行政会议通过对相关的程序设置，最后形成完整的法律程序，从而保证会议在内容上：行政相对人或其他社会公众充分参与，陈述意见，申辩反驳，参与者的意见能够充分表达；在形式上，公开行政会议受公众监督，接受公众就公开事项的申诉起诉，使公众意见民主、自由表达。

3. 经济

经济是双权属性型会议法律程序追求的另一类型价值。双权属性型会议法律程序，

---

① 刘洪涛. 区（县）级政府行政会议改革研究——以济南市市中区为例 [D]. 济南：山东大学，2011.

如行政听证程序必须保证行政机关的行政管理活动顺利进行，同时又尽可能使会议小型化，少量化，实效化，提高政府的行政效能。在追求程序的经济价值时，也必须处理好效率和便民的关系。公权力机关在法定的时限内履行法定职责、提高办事效率的同时也必须适当考虑相对人的利益，为相对人提供优质的服务。也就是说，该类型之会议法律程序应将行政机关的经济效益扩张到综合考虑公权力主体与相对人的成本分析，必要时甚至可以将便民原则优先于效率。

4. 人权

尊重和保障人权是民主政治的基本价值观及其制度安排，它作为价值观和制度的产生和发展一直都受国际上人权理念的影响。自我国政府 1997 年签署《经济、社会和文化权利国际公约》、1998 年签署《公民权利和政治权利国际公约》，2001 年全国人大常委会先后批准了该两个国际公约以来，我国已经批准加入的国际性人权公约已经达到 19 个。中共十五大报告第一次提出了尊重人权的口号，随后的十六届三中全会在修宪建议中将尊重和保障人权加入我国宪法中。人权是公民在社会生活中不可转让、不可或缺的根本性权利，它是人作为社会公民自然产生的最起码、母体性权利。人权直接指向公民的利益、自由和主张，利益是基础，自由是前提，主张是取向。① 在我国双权属性型会议法律程序中，尊重和保障人权之价值取向正在慢慢渗透入制度中并得到重视。如我国刑事诉讼法第二条：中华人民共和国刑事诉讼法的任务，是保证准确、及时地查明犯罪事实……尊重和保障社会主义建设事业的顺利进行。尊重和保障人权除了在刑事诉讼庭审程序中，在民事诉讼、行政诉讼、立法会议、听证会议规则中都有一定的体现，如民事诉讼中的处分、行政诉讼中的行政机关对具体行政行为的合法性进行举证、听证中的陈述和申辩等等都是人权在双权属性型会议法律程序中的体现。

（三）地方行政双权属性型会议法律程序的基本原则

基本原则是指导和规范行政法的立法、执法以及指导、规范行政行为的实施和行政争议的处理的基础性规范。② 双权属性型会议法律程序中的待决内容必须来源于法律法规，但是又必须根植于本程序特色的观念在程序设置时体现。双权属性型会议法律程序除遵守一般的会议程序法之基本原则之外，即除遵守依法执行、尊重和保障人权、信赖利益等法律普遍原则之外，还应该具有以下几个基本原则：

1. 公权力主导原则

双权属性型会议法律程序的公权力主导原则是指在既有权力运行又有权利行使之会议法律程序中，一方为权力主体、一方为相对人主体，由公权力主体主导整个会议

---

① 吴家清. 21 世纪我国宪法变迁的价值取向［J］. 江汉论坛，2001（11）：58－60.
② 姜明安. 行政法基本原则新探［J］. 湖南社会科学，2005（2）：48.

法律程序的进行。这种主导体现在：双权属性型会议法律程序（狭义的包含法院庭审会议程序、行政听证会议程序、行政座谈会等等）由司法或行政机关主导。双权属性型会议法律程序是一种司法或行政法律程序，它由公权力机关的行使职权行为规则的集合而来，解决的往往是公权力机关的公共决策或司法判断等事项。不管是行政主体参加行政规章制定书面意见征求之程序，还是有相对人参与的行政决策程序，甚至是决策中的行政听证会议程序、司法审判程序、审前程序性事项审理会议程序，公权力机关始终掌控着程序目标的实现，正如行政处罚和行政许可一样，权力属性型会议法律程序的形式承担着相同或相类似的行政管理职能或是司法判断职能。

2. 权力与权利制约与平衡

传统法治主要着眼于控制授予政府权力的范围，而现代法治则更注重于规范政府权力的行使。① 现代法治以权利约束权力的观念更加注重事前与事中的程序控制，将行政行为审查重心从组织法控制转向程序控权。也就是说，在具体行政行为中，更加注重行政主体和行政相对人的理性对话。而这种理性对话的最佳表达形式就是——会议。行政程序和行政相对人有着最紧密的联系，行政或司法会议法律程序解决的往往是攸关相对人直接利害关系的问题。

如 2009 年长沙市人民政府在决定橘子洲景区是否收费的问题上，就引起了民众的强烈反应，长沙市市民纷纷要求政府召开听证会表达意愿，最终长沙市政府采纳了民众的意见，橘子洲得以免费向民众开放。类似的行政决策做出过程中听取民众意见的例子屡见不鲜，行政机关在行政过程中可以也必须允许民众通过会议程序这种合理的方式表达对政府管理的态度。所以，在现有的法律法规之基础上，必须进一步地深入研究行政会议法律程序对行政决策作出的效力，也就是加强公民表达之法律效力研究。重大行政决策、规章等规范性文件起草过程中的听证、专家论证会之法律效力并没有得到深入研究，有些权力属性型会议流于形式的设置，无法体现权利与权力机关的协商与对话，其规范的实质仍然是传统法治中的权力控制权力。

同样，在司法机关主导的双权属性型会议法律程序中，检察权监督审判权，审判权监督公民权，公民权监督审判权、检察权。在此类型会议法律程序中权力与权利的对话，立法、执法趋势也是对公权力主体进行适当约束，使权力和权利通过相互对话达到平衡与和谐。

3. 辩论原则

辩论原则本身是我国民事诉讼的一项基本原则。将民事诉讼中的原则引入行政会议法律程序有着深刻、长久的意义。首先，辩论原则引入双权属性型会议法律程序可

---

① 姜明安. 行政程序：对传统控权机制的超越 [J]. 行政法学研究，2005 (4)：16.

以弱化会议中不稳定因素的干预。辩论应是会议程序中的帝王原则，没有辩论就无法实现法律意义上的自由表达。行政程序中的辩论是行政相对人意志表达的最主要途径，是权利与权力对话和交锋的最主要形式。不管是会议主持人还是会议召开的行政机关，在辩论中其职权将得到弱化。其次，就辩论的范围而言，行政权力与私权利属性型会议法律程序中的辩论应当就行政行为做出适用的法律依据与法律程序做出辩论。

4. 比例原则

比例原则源自德国法治理念及存在于基本人权保障之原则中。具体是指当国家权力的行使影响到公民权利时，要求国家行为要达到的目标和对公民权利的影响之间要保持一定的合理的比例关系。而双权属性型会议法律程序中，权力机关处于主导地位，权力运行也应该和公民权利行使保持在一定的比例范围之内，遵守适当性原则、必要性原则和狭义比例原则，适当性原则要求权力机关通过会议这种手段完成的"目的""结果"是适当的，只要手段不是完全或全然不适合即不违反比例原则。符合适当原则和标准，如果通过会议这种法律程序"手段"不能达成解决问题、实现效能，那么就违背了会议法律程序的比例原则。如会议的结论是强制不会开车的某甲开公交车等。必要性原则要求在实现"目的"的多样"手段"之中，具体考量是必须以侵害公民权利最少、最温和的手段实现此类型会议法律之目的。如在召开会议的议程选择上，如若能将议程缩短为 3 天，就不要将议期定为 5 天，因为后者对资源的浪费更严重，对相对人的消耗也更加大。比例原则是国家行为所欲达成的目的和该行为对人民权利的影响应合乎一定比例，如果为了采取一定的国家行为对人民带来的负担和国家行为追求的目的的价值相比明显不成比例，则不得采取该国家行为①。此时就要衡量公共利益与个人利益之间的冲突和选择了，将此类型会议法律程序所达成的结论所带来的效益和牺牲的个人之间进行综合衡量，如果该法律行为所带来的负担超出了所收获的利益，那么就应该理性思考行为存在之必要性。

5. 个案平衡原则

个案平衡原则是指在双权属性型会议法律程序中，当处于同一位阶上的法的价值发生冲突时，必须综合考虑程序主体间相同的、不同主体的利益需求，在此基础上巩固多方的利益。尊重和实现利益的多元化，不是一味地追求终极的绝对正义，因为正义不是绝对而是相对的，正义的标准不可能脱离现实。凯尔森认为，正义和个体无关，正义是社会幸福，此时之社会幸福必然是客观、集体意义上的幸福。所以，正义是主观的、特定社会之产物，大多数人对正义的看法受特定的政治、经济、文化环境之影响，呈现主观性特征。人对价值的判断总是表现为客观、绝对价值下结论的普遍有效

---

① 张新新. 试论我国刑事强制措施制度中比例原则的构建［D］. 北京：中国政法大学，2007.

之规范。绝对正义是不存在的、超验的。所以，对社会整体正义的实现实质是依靠着在每一个程序中中立的主持者在充分考虑事实和依据的基础上，平衡各个不同利益的结果。在双权属性型会议法律程序中，如法院庭审会议、听证会议等都是多元利益主体参加的会议法律程序，当不同会议法律价值相冲突时，应考虑个案平衡以维护社会整体利益。

6. 效率原则

效率原则是双权属性型会议法律程序追求的另一个重要原则。地方行政机关在开会中，应该以最小的成本获得最大的行政效益。在双权属性型会议法律程序中需要严格遵守：①会议法律程序的合理期限，双权属性型会议法律程序作为法律程序要高效便民地召开，合理地设置召开前的准备期限，缩减会议召开时间、凝练程序主持人和参与人的发言、精简程序；②行政会议法律程序规则的完善。追本溯源，目前我国行政会议召开存在的效率低下主要根源在于此类型会议法律程序规则的不够完善，行政主体在程序中享有过多的自由裁量权，最终人为地控制程序，导致恣意和决策的效率低下。

三、地方行政双权属性型会议法律程序之不足与完善

我国现行双权属性型会议法律程序体系复杂，包含了多种法律关系。在行政外部法律关系中就存在行政机关和行政相对人主体；在司法机关审判程序中，还有可能存在5方法律主体。所以对这类型法律程序进行研究必须在宏观的整体研究的基础上进行针对性的细化分析。

（一）地方行政双权属性型会议法律程序之不足

宏观层面，受限于我国立法体系的混乱，我国目前为止仍没有一部统一的行政法典，存在大量的行政法规、行政规章。同时，除了基本法之外，仍然还有一些司法解释，所以相关会议法律程序体系立法分散、法律位阶高低不一。

微观而言，我国现有相关会议法律程序还存在以下几个方面的问题：

1. 程序规则"度"的研究缺失

我国现有的相关会议法律程序中，程序规则的数量多寡不一。因此，不同程序规则之间衔接状态的差异使得程序表现出不同的韧性和纯度，封闭或开放，内在系统或零散，对外抗干扰或无区别。纯度高的程序是指程序各个规则之间具有较好的串联和联系，或者说将各个规则联系起来的作用力和向心力具有足够的能量，因而程序对外的韧性就高，抗干扰的能力强，程序以外的作用力施加于程序的非程序性影响就可以得到很好的排斥①。而纯度低的程序之间的规则联系起来明显衔接不够，向心力不足以

---

① 黄捷，刘晓广，杨立云，等. 法律程序关系论［M］. 长沙：湖南师范大学出版社，2009：20.

对抗外部因素的干扰。程序能否自我修正、自我完善、独立运行的区别就决定了程序能否不受干扰地正常进行。听证会议法律程序本身应该是什么样的？而庭审会议法律程序又应该是什么样的？

我们不能将所有类型的会议法律程序囫囵吞枣地以一个标准进行判断，这是不科学的。不能将听证会议法律程序中对听证主持人的要求和司法庭审中对审判员的要求混同。所以在规则设置时，应给予听证程序主持主体更多的程序自由裁量权，但是自由裁量权的大小与多少却没有明确规定，听证会议中的许多问题还没能得到有效解决或研究。程序主体能否很好地定位、程序规则是否紧密、韧性是否适当等等，这些问题都是对程序定位不清、程序主体间权利义务规则不明确等原因造成的。归根结底，属于对程序"度"研究的缺失。程序的"度"的问题，其实质是程序适当问题。双权属性型会议法律程序规则间"度"的缺失体现了权力主体控权的缺失和权利主体保障的不足。

2. 程序过程规范不足

正义不仅要实现，还要以看得见的形式实现。在双权属性型会议法律程序中，这种看得见的正义不仅仅表现在会议的结果应该是符合实体正义的价值追求，更应该表现在程序过程中主体之间的平等对话与协商。而双权属性型会议法律程序中的主体沟通与对话大致分为三个事前、事中、事后阶段。

事前对话。随着庭前会议制度在我国诉讼法中的确立，表明立法者已经逐步认识到事前的沟通对双权属性型会议法律程序的重要性。但是截至目前，这些制度仍然局限在个别领域。最重要的是，此时的会议程序的性质没有明确，沟通机制并不健全，几乎没有辩论规则，监督也不到位，很多都只是流于形式。

事中沟通。庭审会议法律程序中，程序主体有一系列比较完整的沟通规则。法庭调查、法庭辩论、最后陈述等等，机制相对健全。但是除此之外，以我国行政听证会议法律程序为例，目前为止，我国没有一部统一的行政程序法，听证法律程序规则共计的寥寥数条无法确保听证会议的完整进行。

事后对话。我国现有双权属性型会议法律程序体系中，程序主体事后对话制度几乎没有。在司法机关主导之庭审会议法律中，权力主体与权利主体的"对话"可能体现为一审判决之后的上诉提出，或是二审判决之后的再审。其实质是原会议法律程序的终结、新会议法律程序的提起。而在此类型中行政主导会议法律程序中则没有关于事后对话的相关规定。

当然，程序过程的规范的缺失或不完善不仅仅表现在对话、辩论规则的缺失与缺陷，还表现在程序主体规范不足等等各个方面。

3. 会议程序公开不足

行政权主导的双权属性型会议法律程序还面临着公开不足的问题。在双权属性型会议法律程序中，公开不足表现在：首先，此分类之公开制度不健全，有的会议法律程序甚至没有对公开进行规定。程序主体、程序议题、程序过程、程序结果都没有在此类型会议法律程序中有充分的研究与论证。其次，还表现在与此类型会议法律程序相配套的其他各项程序或制度的不健全。如制度的核心——政府信息公开制度就不健全，虽然 2007 年 4 月国务院公布了《中华人民共和国政府信息公开条例》，但是对公开事项、公开范围、公开程序等都存在模糊之处，其制度的科学性值得进一步研究。

司法权主导的双权属性型会议法律程序中，公开不足主要表现在此类型会议法律程序中对庭审、庭前会议程序等结论、判决之做出中的说明理由制度的不健全导致程序参与主体对结果公开的误解。判决书中论理不足、论据不明导致的公开受限也不利于法律的教育与宣传。

立法权主导的双权属性型会议法律程序中，公开制度的问题主要表现在我们目前立法会议法律程序不透明导致了立法主体片面与局限，不能很好地反映现实需求、不能代表最广大人民的根本利益，立法过程的不公开导致法律的操作性不足。

（二）地方行政双权属性型会议法律程序之完善

鉴于此类型之程序的复杂性，在完善此类型会议法律程序时，我们必须高屋建瓴地树立正确的立法、执法之价值取向，宏观地考虑制度本身与相关制度建设，在专门立法的基础上，推进各项配套制度的建设。以立法促进和规范实践、以实践反馈和完善立法，让法律和实践不再停留在两张皮的状态，而是更好地融化与相互促进。

1. 专门的会议程序制度

专门的会议程序立法是目前我国立法体系中忽视的领域，健全我国的会议程序立法也是我国法律国际化的趋势的要求。以美国为例，19 世纪 30 年代罗斯福新政以来美国联邦监管的范围、深度和权力的不断深化扩张。特别是，政府活动方面，随着联邦政府的实体内容的扩张，行政程序规范化亟待提高。美国的行政会议的最主要目的在于"借助外部专家的力量，提供合理安排，以便联邦行政机关能够合作研究共同问题，交流信息，制定合适的行动建议，从而让私人权利得到充分保护，监管职能和其他联邦职责能够以符合公共利益的方式迅速得到实施"。从美国行政会议的职能来看，它非常适合研究行政法总体上面对的各种问题。它既没有专业能力也没有足够资源为诸如医药、移民、医疗保险、预算等众多行政领域提供整套解决方案。但是，它在解决这些具体领域相关的程序问题上却有着充分的优势。事实上，行政会议被认为是扮演诚实中立的中间人角色，对于程序改革的实体效果不存在利害关系。不仅如此，行政会议既没有调查权，也没有审查预算的权力，而只有建议权。这也使得各行政机关愿意参与行政会议，并倾听行政会议的意见。行政会议只拥有"说服的力量"，不像管理预算局和政府责任署那样总揽大权，也不像总务行政局和人事管理办公室那样成为众矢之的，因而能被视为善意的顾问而取得行政部门和国会的信任。这些都使得美国的行政会议取得了很好的法律和社会效果。

我国专门的会议程序制度可以参照美国的行政会议制度，着重研究行政会议以促进服务型政府建设。笔者认为，我国的行政会议制度建设应树立行政会议之中立态度以构建一个相对平等、公正的平台实现行政主体和相对人更好地沟通与对话。同时，应充分学习别国的先进经验——专家治国。充分发挥管理、法律专家的优势，注重调研和数据以促进会议决策科学。在具体制度设计方面，虽然我国的行政会议制度有了初步雏形——1986 年 10 月在时任全国人大法律委员会顾问陶希晋先生倡导下成立的专门研究行政立法的机构——全国人大常委会法制工作委员会行政立法研究组。① 但是没有制度支撑，资金来源并不独立等诸多原因导致该小组的设置并没有产生很好的效果，不能产生长远效益。我国的行政会议制度顶层设计亟待提高法律效力等级，使行政实体法、行政程序法、行政法规形成完整的法律体系，行政会议顶层制度将更加可行、精细。

还有另外一种完善思路，那就是制定完整的会议法，以基本法的形式将会议法律程序确定下来。我国的会议法应包括价值目标、基本制度、会议主体、职权范围、议案提出—议案辩论—议案表决、程序救济、责任承担等几个方面的基本内容。会议法应当成为我国会议制度的基本标准、最低正义限度。在会议法的基础上根据不同会议的属性和职能制定更加细化的规则以满足实践需求。

2. 会议程序中引入科技手段

科技是会议法律程序的辅助手段，但是随着实践的发展，科技在法律实现中起着越来越重要的作用。将科技引入双权属性型会议法律程序中可以节约程序资源，还可以提高效率，符合现代程序价值追求。会议法律程序中引入科技手段可以运用在以下几个方面：（1）告知程序。在我国民事诉讼法中，人民法院有六种送达方式。主要是直接送达、留置送达、委托送达、邮寄送达、转交送达、公告送达。在目前的法律体系中可以尝试着加入电话送达、邮件送达、视频送达等不同的形式，使程序更加精简。（2）会议召开程序。以往的会议法律程序进行一般都是面对面地进行，创新召开形式，提高视频会议、电话会议的比例，能更好地实现会议召开的有效性。

3. 推进行政会议的公开化

自 2007 年《中华人民共和国政府信息公开条例》制定以来，政府信息公开就一直

---

① 邱春艳. 鲜为人知的行政立法研究组［N］. 法制早报，2006 - 10 - 30（5 - 7）.

是行政法领域研究的重点问题。但是对于政府信息公开和公民知情权，信息保密与信息公开一直是一对矛盾的命题，需要更进一步研究。如何在政府信息保密的基础上实现公开仍然是一个"度"的问题。行政会议公开化的推进还需要进一步公开会务财务、人事、会议记录等特殊事项，将公开事项落到实处。公开化不应仅仅停留在理论研究和制度设置方面，更多地应注重实践中的公开范围、公开程序及其可行性。不能凭空设想，不顾现实情况地公开；也不应过于保守，将公民基本知情权摒除在制度之外。

会议法律程序是法律程序的特殊部分，地方行政会议程序更是其中特有的部分。但是，笔者对会议法律程序的研究并不想停留在简单地梳理会议法律程序的类型，就程序论程序的表面。而是想通过对会议法律程序的理论研究，明确会议程序之价值目标与基本制度需求，结合实践中存在的问题，在现有的法律体系上提出改善意见。促进制定一部独立的会议法，或者完善我国会议程序法律体系。如借鉴美国的行政会议法，完善我国的行政程序法律体系。因为一部良好的会议法或者完整的会议法律程序的规范体系将不仅仅规范程序行为运行的法律依据，更是约束权力、保障权利的重要工具。当然，细化到程序的各个方面，会议程序主体、会议程序的过程、会议程序的责任等等各个方面都仍然有很多问题亟待研究和解决。特别是会议法律程序过程如何科学化、民主化更应成为程序法中的关键问题，程序规则也因而应得到更多的重视。科学、民主的程序还不能仅仅停留在法律文本的分析上，而更应该得到有效的实施，所以会议程序还有一个很重要的方面就是程序规则的可操作性和程序的监督，这需要今后进一步研究。

在研究会议法律程序，以及地方行政会议法律程序的过程中，两种特殊的会议议事程序引起了笔者注意，党的会议和政协会议。中国共产党是我国的执政党，政协是中国人民爱国统一战线的组织，是中国共产党领导的多党合作和政治协商的重要机构。它们二者都有着特殊性，值得以后另行深入研究。目前，预计会议法律程序在短时间内还不能引起广泛的重视，我国的会议民主建设也不是一日之功。程序民主时代的到来需经过无数次理论与实践的反复实验，但是程序民主发展的大趋势是程序由低级到高级、由简单到精细的过程不会改变。

第六章
地方行政程序制度的程序规则

　　研究地方行政程序法律制度，必须关注和研究地方行政程序规则；而关注和研究程序规则就必须首先了解统一的法律程序规则的含义。

　　我国已经出现大量被称为"程序规则"的文件。如《公证程序规则》①《江苏省行政处罚听证程序规则》②《天津市人民政府重大事项决策程序规则》③ 等等。这些文件当中的"程序规则"是针对文件所有内容的总体概括，其含义指向文件所包含的全部内容。对比发现，法律文件当中的"程序规则"一词的概念与理论研究中的"法律程序规则"存在着较大的差异。既然这一名词已在法律文件中得以广泛适用，基于理论与实践的关系，就应当经受这样的理论询问：什么是法律程序规则？它有哪些特点？它存在于哪里？是否只存在于上述行政法规或地方性法规、地方政府规章当中？研究它对实践有何重要意义？

　　地方行政程序规则是其程序制度重要的构成元素。作为法律程序规则的重要组成部分，地方行政程序制度中的程序规则和所有的法律程序规则一样需要在理论上进行深入的厘清和解析。因为人们对法律程序规则的认识目前还存在较多的差异，甚至是偏差。至于何谓"法律程序规则"，人们对这个概念的解读和运用并不统一。笔

---

　　① 《公证程序规则》已经 2006 年 5 月 10 日司法部部务会议审议通过，自 2006 年 7 月 1 日起施行。司法部 2002 年 6 月 18 日发布的《公证程序规则》（司法部令第 72 号）同时废止。

　　② 江苏省行政处罚听证程序规则（试行），由江苏省人大常委会 1996 年 11 月 30 日颁布，1997 年 3 月 1 日起实施。

　　③ 《天津市人民政府重大事项决策程序规则》已于 2008 年 5 月 12 日经市人民政府第 7 次常务会议通过，自 2008 年 7 月 1 日起施行。

者认为："'法律程序规则'是法律程序的具体存在形式，也是其实际内容。它是分别由表达一定意志内容的语言文字，所表达的对特定社会活动中，特定主体的特定行为的立法期待或特许。这里的'期待'通常表现为法律程序义务，'特许'通常表现为法律程序权利，它们具体应当分别是那些构成法律文件内容的'法律条文和款项'。笔者这里更愿意将法律程序规则和法律程序文件中的法律条款看作相同的对象。因为将法律程序规则看作传统法理学中的三结构或二结构形式的法律规范是不成立的。"① 据此，可以将地方行政程序规则也理解为地方行政程序的具体构成元素，其必须是针对特定行政活动中的共同主体或不同主体，由表达一定意志内容的语言文字形成的语句，所阐明的时间、地点或行为方式方面的立法命令、期待或特许。

第一节　地方行政程序规则概述

程序规则是法律程序的基本元素。在新程序法理论中，法律规则是构成法律系统的元素，由组成法律文件的所有法律条文为代表。程序规则是法律规则类型之一，是程序法律规则体系中的构成单位，其与实体规则相对应。

一、地方行政程序规则的界定

地方行政程序规则属于统一的法律程序规则的有机组成部分，其本质应当和其他法律程序规则具有必然的共同特征。

通过对地方行政程序规则的研究可以使得我们认识地方行政程序的质量，核定其中的价值标尺，矫正其中的非正义元素，提高地方依法行政的法治环境和立法质量，促进有效的依法行政和法治政府建设。

（一）地方行政程序规则的含义

地方行政程序规则是指以地方立法命令、期待或特许的方式，针对特定行政活动中的共同主体或不同主体，在时间、地点或行为方式等方面作出的，可以体现一定意志内容的语言文字的语句。

这里关于地方行政程序规则的定义有这样几层含义：第一，地方行政程序规则是地方立法表达出来的意志内容；第二，地方行政程序规则是针对特定行政活动中的主体形成的规则；第三，地方行政程序规则的内容是关于时间、地点和行为方式的；第

---

① 黄捷，刘晓广，杨立云，等.法律程序关系论［M］.长沙：湖南师范大学出版社，2009：12.

四，地方行政程序规则的外在形式是语言文字组成的语句。

（二）地方行政程序规则的性质

地方行政程序规则属于地方行政程序制度的基本存在元素，其本质是法律规则。是从理论上将法律规则进一步区分为法律实体规则（实体法法律规则）和法律程序规则（程序法法律规则）的基础上，属于法律程序规则（程序法法律规则）的组成部分。又因为本书的研究专门指向地方行政程序制度，所以这个程序法法律规则也就限定在地方行政立法的地方行政程序法规和规章的范畴之内。

随着程序法理论的深入，法律实体规则和法律程序规则分别又进一步可以区分为法律实体规则中的实体性规则和程序性规则，以及法律程序规则中的实体性规则和程序性规则。所以，地方行政程序规则还可以进一步进行实体性规则和程序性规则的解析和研究。

（三）地方行政程序规则的范围

地方行政程序规则的外延应当非常的广泛。因为从需要具有法的地位作为依据来说，我国享有地方立法权的主体已经由省级政府、省级政府所在地的市和国务院确认的较大市，进而扩展到所有"设区的市"。也即除中央政府以外，所有设区的市级权力机关和政府，以及该级别以上的权力机关和政府制定的规范性文件，均具有了法的地位，分别属于本辖区内有效的法规和规章。它们亦都属于地方立法的范围，在它们所确定的地方法规或规章中的那些属于行政程序性的法规、规章中的所有条文，也就构成了这里所界定的地方行政程序规则。因而，地方行政程序规则应当是所有地方立法中的以行政工作为内容的、程序性立法文件的具体内容，表现为地方行政立法中的具体条文、款、项等。

二、地方行政程序规则的特征

认识地方行政程序规则的特征，需要先行认识所有的法律程序规则统一的特征，在此基础上，深化对地方行政程序规则的特征认识。

（一）法律程序规则的一般特征

地方行政程序规则属于法律程序规则的范畴，所以首先认识法律程序规则与法律实体规则的不同，是一种必要的理论前提。在此基础上，再行认识地方行政程序规则的特有属性才具有逻辑和现实的意义。

法律程序规则的特征根据笔者在原湖南师范大学出版社出版的《法律程序关系论》中的描述如下：

法律程序规则和法律规范（实体规范）相比，具有这样一些显著的特征：

（1）是集合性或集体性。

法律程序规则可以单独存在，但在其单独存在的时候，其程序意义一般并不存在。只有将其与其他法律程序规则编辑（打包）在一个集体中时，它才能够凸显出自己的程序性质。因而，它不应是孤立的、独立的。

（2）是对应性或相对性。

法律程序规则被编辑在一个集体中，但其每一个具体的规则都具有自己的指向意义和相对意义。我们可以根据其指向或相对性判断出它的权力或权力属性，以及程序权利（权力）或义务属性等。并且，几乎所有的规则也具有这样的属性，即它会使其所对应的主体在活动过程中因相对不同的其他主体关系而表现出权利义务的二重性。因而它也不是单纯的①。

（3）是虚拟动态关联属性。

这是指法律程序规则编辑在法律程序中，但也虚拟地存在于所对应、未来将实际发生的社会活动过程中。法律程序规则皆是编来针对不同程序主体的行为而存在的。在特定的社会活动中，这些行为只能遵循法律程序规则的要求，随活动的展开而作为或不作为、随活动的过程而出现的权利（权力）或义务，是动态的进行时。这种进行时，由于法律程序规则集体性的虚拟编排而成为彼此关联的行为秩序。法律实体规范一般不具有这些属性。所以法律程序规则是活性的或关联的，不是静止的和凝固的。②

上述的这些特征，是指整个法律程序规则相对于实体法律规则而言的。将其视域放大，亦是程序法相对于实体法而言的。程序法总是需要针对特定的人类活动，运用集合的法律规则群体，使得该活动获得秩序和节奏。实体法则总是针对人类的某种关系或价值做出约束要求或授权，使得人们获得判断是非和去向何方的标准与尺度。

（二）地方行政程序规则的特征

地方行政程序规则属于法律程序规则，必然亦具有上述的特征。在此基础之外，地方行政程序又拥有地方性和行政性，地方性使得其存在的前提必须在服从全国性统一法治的基础上运行；行政性使得其必须顺应行政的价值和工作目标。所以地方行政程序规则亦有自身的一些特有品格和特点。

1. 区域范围的特定性

地方行政程序规则从属于地方立法的特征必然表现出充分的地方性，必须服从全国法治的大局和统一的国家立法依据。在此前提下，因为是属于地方立法确立起来的程序规则，其发生作用的区域必定在立法权所限定的辖区。这一特征也就决定了地方

---

① 是指法律程序规则不能单纯简单地被归纳为义务性规则、授权性规则或禁止性规则等。

② 黄捷，刘晓广，杨立云，等. 法律程序关系论［M］. 长沙：湖南师范大学出版社，2009：13.

行政程序规则不能跨区域发挥作用，相对于其他区域而言，其可以成为有益的经验参考或借鉴的教训，但不能直接用作调整和规范特定行政活动的程序依据。

2. 对应关系的特定性

地方行政程序规则必须是对应行政活动的法程序规则。法律程序规则的对应性和相对性主要是指所有的法律程序及其内在的所有规则都统一指向一类或一种或一个具体的社会活动过程。当我们将这个对应性局限在地方行政活动的范围内，才能是属于地方行政程序规则的对应范围。这一特点将决定这种程序规则的相对纯洁性。他们的程序活动结构形式相对统一，权力属性相对一致，因而适用的规则相对简洁。

三、地方行政程序规则的分类

在了解法律程序规则的一般类型基础上，再行认识分析地方行政程序规则的类型，对于深入探索地方行政程序的存在价值和意义，自然是十分必要的。

（一）法律程序规则的一般类型

法律程序规则本身便是与法律实体规则相对应而成立的一种类型化的法律规则。因为法律内容和现象的丰富和复杂，简单的分类并不能满足我们分析和探究的需求。所以对法律程序规则进一步分类，不仅认识上有必要，而且对于构建相关理论亦非常重要和有益。我们可以尝试着将法律程序规则中对应权力主体的规则和对应权利主体的规则区别开来；亦可以将法律程序规则中对应的不同性质的社会活动区别开来；还可以将法律程序规则的语句形式作为标准，分开其中的授权、禁止或期待性的命令。总之，分类有益于我们深化对研究对象的了解和研判，便于整理和构建对研究对象的全面认知。

1. 权力属性程序规则和权利属性程序规则以及混合属性程序规则

权力属性程序规则是指法律程序中所有的那些对应权力主体而设定时间、地点和行为方式，以及设定目标、约束或权能的程序规则。比如我国民事诉讼法第六十九条："人民法院收到当事人提交的证据材料，应当出具收据，写明证据名称、页数、份数、原件或者复印件以及收到时间等，并由经办人员签名或者盖章。"《湖南省行政程序规定》中的第四条："行政机关应当平等对待公民、法人或者其他组织，不得歧视。行政机关行使裁量权应当符合立法目的和原则，采取的措施应当必要、适当；行政机关实施行政管理可以采用多种措施实现行政目的的，应当选择有利于最大程度地保护公民、法人或者其他组织权益的措施。"第五条："行政机关应当将行使行政职权的依据、过程和结果向公民、法人或者其他组织公开，涉及国家秘密和依法受到保护的商业秘密、个人隐私的除外。"这些条文便是分别针对审判机关中的基层人民法院，行政机关设定的规则。

权利属性程序规则是指法律程序中所有的那些对应非权力主体,反过来也就是权利主体而设定时间、地点和行为方式,以及设定目标、约束或权能的程序规则。比如我国民事诉讼法第五十四条:"原告可以放弃或者变更诉讼请求。被告可以承认或者反驳诉讼请求,有权提起反诉。"《湖南省行政程序规定》中的第六条第一款:"公民、法人或者其他组织有权依法参与行政管理,提出行政管理的意见和建议。"这里的条文针对的便是民事诉讼中的原、被告或公民、法人或者其他组织等非国家权力主体。

混合属性程序规则是指法律程序中那些同时对应权力主体和非权力主体而设定时间、地点和行为方式,以及设定目标、约束或权能的程序规则。比如我国民事诉讼法第八十五条第一款:"期间包括法定期间和人民法院指定的期间。"《湖南省行政程序规定》中的第六十四条第一款:"行政执法程序依法由行政机关依职权启动,或者依公民、法人和其他组织的申请启动。"这里民事诉讼中的条文针对的是所有的诉讼主体,《湖南省行政程序规定》中的条文针对的亦同时包括行政机关和公民、法人或者其他组织。

2. 授权性程序规则和约束性程序规则

"我们把法律程序规则中包含有'可以'或'有权'或'享有'词义要素的条文规则,看作是标志意义的'权利性'法律程序规则;把法律程序规则中包含有'应当'或'必须'或'不得'词义要素的条文,看作是标志意义的'义务性'法律程序规则。"①

根据笔者在《法律程序关系论》中的这一区分,授权性程序规则显然是和"权利性"法律程序规则有相似和类同的规则,即其是相对程序主体设定适当的权利和释放特定的自由的规则。而约束性程序规则则显然是和"义务性"法律程序规则相似和类同,这种规则主要相对程序主体设定约束,安排必然,增强限制。不过,总体而言,法律程序规则在根本上不论是授权性程序规则,抑或是约束性程序规则,其本质都是义务为本位的法律规则,因为法律程序中,最大的自由是没有规则。所以,任何规则的存在便是约束的一种。只不过表现为"授权性程序规则"的程序规则,具有程序内的选择权和处分属性,因而亦自然是与约束性程序规则相对应的另一类规则形式。

3. 程序性程序规则和实体性程序规则

程序性程序规则是指法律程序中主要规范相关主体在特定活动中所应当遵循或可以选择性遵循的时间、空间、行为方式等技术性规则。程序性规则具有可操作性、预置性、连贯性等特点,在程序法中主要表现为规范程序主体、程序行为方式、程序时间要素、程序空间要素等内容。程序性规则是构成法律程序的主体内容,其规则设置

---

① 黄捷,刘晓广,杨立云,等. 法律程序关系论 [M]. 长沙:湖南师范大学出版社,2009:18 - 19.

的水平高低、多少、明晰度等，反映了程序法所具有的内在正当性。其本身亦是程序法立法目的、价值导向的重要体现。

实体性程序规则是关于程序活动目的、性质和价值指引的规则，是围绕着特定社会活动而设定目的性或目标性内容，通过应然或或然方式为相关主体赋予权力（权利）、设置义务（责任）的规则。实体性规则亦可视为品格规则，是立法者对不同程序主体提出的价值要求，或赋予的目标期待、权利（权力）内容等等。

4. 程序时间规则、程序地点规则和行为方式规则

程序对应特定社会活动的对应属性，便已经决定了程序必须在物理空间和时间轴线的四维空间中设定规则。所以程序必须使用丰富的时间规则用以规范特定的主体的行为秩序和顺序，否则人们在特定的活动中不知道自己何时为或不为一定的行为。地点规则不可缺少的道理和时间规则一样。时间和地点是任何人类活动都不可短缺的基本秩序性规则，所以亦是所有程序规则体系中必须具有和必须随着程序的科学化、精密化予以规范和标准的规则。

行为方式规则是除时间和地点规则以外，对特定主体如何实施具体行为的要求，它可能标明和指示了行为的方向、形式、幅度、程度、对象，以及必须或可以借助的手段、条件、时机等等。程序中的行为方式规则是程序中最为常见的规则，其在目前的理论研究中还存在一定的模糊性，需要进一步的关注和总结研究。

（二）地方行政程序规则的特有分类

1. 法规类行政程序规则和规章类行政程序规则

根据地方立法的两种不同途径，亦是两种不同法律地位的地方立法表现形式，地方行政程序规则分为法规类行政程序规则和规章类行政程序规则。法规类行政程序规则是由地方权力机关通过和颁布的行政程序性的规范性文件中所包含的规则；规章类行政程序规则是由享有地方规章制定权的政府制定和颁发的地方行政程序规章中所包含的规则。

这个区分有利于分清地方权力机关和地方政府分别颁发的规范性文件。因为，这两种不同途径的立法的意义是非常不同的。地方权力机关实行民主表决式立法，其制定的法程序规则，理论上应当更具有民主和民意属性，可行性和权威性更加适宜和高端，所以其法律效力层级亦高于同级的规章。地方政府的规章立法方式，根据我国立法法"地方政府规章应当经政府常务会议或者全体会议决定"，但是限于政府行政权的运行特点，实行首长负责制权力属性，必然决定了其立法的执行性和应时性。所以，不同法律形式中的行政程序规则，其权威程度和效力意义有所不同。

2. 省级行政程序规则和市州级行政程序规则

根据我国立法法第八十条规定："省、自治区、直辖市的人民代表大会及其常务委员会根据本行政区域的具体情况和实际需要，在不同宪法、法律、行政法规相抵触的前提下，可以制定地方性法规。"第八十一条第一款规定："设区的市的人民代表大会及其常务委员会根据本市的具体情况和实际需要，在不同宪法、法律、行政法规和本省、自治区的地方性法规相抵触的前提下，可以对城乡建设与管理、生态文明建设、历史文化保护、基层管理等方面的事项制定地方性法规，法律对设区的市制定地方性法规的事项另有规定的，从其规定。设区的市的地方性法规须报省、自治区的人民代表大会常务委员会批准后施行。省、自治区的人民代表大会常务委员会对报请批准的地方性法规，应当对其合法性进行审查，认为同宪法、法律、行政法规和本省、自治区的地方性法规不抵触的，应当在四个月内予以批准。"第四款规定："自治州的人民代表大会及其常务委员会可以依照本条第一款规定行使设区的市制定地方性法规的职权。自治州开始制定地方性法规的具体步骤和时间，依照前款规定确定。"由这里的法律依据便可以看出，我国地方权力机关的地方法规立法权，可以分为：省（包括自治区、直辖市）一级权力机关和设区的市（包括自治州）一级权力机关。

根据我国立法法第九十三条规定："省、自治区、直辖市和设区的市、自治州的人民政府，可以根据法律、行政法规和本省、自治区、直辖市的地方性法规，制定规章。"由此可知，地方规章的制定权同样可以分为省一级政府和设区的市、自治州一级。

值得注意的是设区的市和自治州一级的权力机关和政府，制定本地地方法规和规章时，应当限于立法法所框定的"城乡建设与管理、生态文明建设、历史文化保护、基层管理等方面的事项"以及为执行法律、行政法规的规定，需要根据本行政区域的实际情况作具体规定的事项等，而且，设区的市、自治州一级的法规正式生效亦还要依法报省级权力机关批准。

3. 冠名行政程序规则和非冠名行政程序规则

在地方行政程序的相关地方立法中，有些地方法规和规章是直接称之为"×××
×程序规定"或"××××程序办法"、"××××程序条例"；另外，有一部分地方法规和规章，其内容和上述地方法规和规章相似和类同，但是其冠名并没有"程序"一词，仅直接地称之为"××××办法"或"××××条例"、"×××规定"等。所以，将前一种称之为"冠名行政程序规则"，后一种称之为"非冠名行政程序规则"，以示区分。同时亦提示部分地方加强程序意识，提高和彰显程序性立法，推动地方法治建设。

第二节　地方行政程序中程序性规则

程序性规则是与实体性规则相伴而生的概念，两种属性的规则同时存在于实体法与程序法之中，程序性规则对相关主体在特定活动中所需要遵循的时间要素、空间要素、行为方式等作出规范和约束。在程序法中，它们和"程序法规则（法律程序规则）"相比，是其下位的概念，是程序法规则或法律程序规则的内在组成部分。

一、地方行政程序中程序性规则的界定

地方行政程序规则是程序规则的组成部分，同样需要先完成针对所有的程序性规则的分析，以此才可能继续深化对地方行政程序规则的了解。

（一）程序性规则和地方行政程序中程序性规则的涵义

1. 程序法中程序性规则的定义

（1）关于程序法、程序法规则和程序性规则

程序性规则是纯粹针对法律规则的个体品性进行判断而归纳出的一类规则。与其相对应而成立的是实体性规则。

程序性规则在程序法中属于程序法规则总和的一部分，在实体法中属于实体法规则总和的一部分；即该类规则是一种具有自身特点和普遍存在的规则。它们通常表现为对人们的行为方式、时间、地点等做出具体规范，是以技术性和操作性为主要内容的法律规则。

程序法的规则构成中是由程序性规则占主导地位和主要成分的法律类型。所以针对程序法中的程序性规则予以分析研究，有着不同寻常的意义。首先需认识程序法，这是了解程序性规则的一个前提性基础性问题。在程序法概念的发展过程中，学者们根据不同标准对程序法和实体法进行了划分。有学者以法律中是否存在权利和义务为标准，认为程序法是除开以权利和义务为内容的实体法之外的"助法"；以结果和过程为标准，认为程序法是关于"按照一定的顺序、程式和步骤制作决定的过程"的法律；以法律规范内容为标准，认为程序法是"规定程序内容的法律规范"；还有学者根据法律对某一行为法律关系调整内容的不同为标准，认为程序法是调整程序法律关系的法律。①

---

① 李颂银．走出实体法与程序法关系理论的误区 [J]．法学评论，1999（5）：55 - 60．

以上观点或存在误区，或过于强调程序法的工具性，均没有对程序法的涵义做出准确界定。笔者认为，实体法与程序法的划分是为了认识、分析和研究法律现象而进行的法理概括，在理论上和实践中，这种划分都不是绝对的，不能机械地、形而上学地理解两者的关系。程序法以规范特定的社会活动为目标，在内容上涉及主体、时间、地点、行为方式等要素，相较于实体法而言，其内容的各部分之间的联系密切，具有整体性、系统性、独立性等特点。例如民事诉讼法、刑事诉讼法、行政诉讼法、行政许可法、行政处罚法等，分别是对应民事诉讼活动、刑事诉讼活动、行政诉讼活动、行政许可活动、行政处罚活动等。这些立法，以调整特定活动的方式形成系统的规则体系。由此《法律程序关系论》一书中将程序法定义为："以法律形式出现，直接对应和指向某一特定的社会活动如何进行，从而使得这些特定的社会活动的开展受到约束并具有秩序而达成有序化的法律文件或法律部门。"① 该观点着眼于程序法本身的运行机制，把程序法放置在一个动态的社会环境之中，强调程序法是各种程序法制化之后得以存在的表现形式，以此为基础，我们再来尝试完成对程序性规则的解析。

正如踢足球需要制定足球比赛规则，开会需要拟定相关议程，特定活动有序化开展的前提是提前具有相关程序，而使程序得以确立并能反复适用的具体表现是程序的内容（组成程序的每一个具体规则）均能被人们所遵行。这些规则基于特定社会活动被集合在一起，以法律拟制的形式确立下来，进而形成了程序法。可以说，程序法规则（亦称法律程序规则）是构成程序法的基本内容，它们在形式上表现为程序法中的每个具体的法律条文②。我们根据每个法律条文在程序法中作用和功能的不同，进一步将程序法规则分为涉及特定活动运行时所需要遵循的主体、时间、空间、行为方式等技术性规则，以及用来界定程序活动目的、程序主体权力属性、程序活动任务，以及各种行为是非优劣的伦理性规则。技术性规则属于程序性规则范畴，伦理性规则属于实体性规则的范畴。

纯粹从规则构成的意义上说，一部法律究竟是实体法还是程序法，要看构成该法律的法律规则是程序性规则占据主要方面还是实体性规则占据主要方面。在这个意义上说，实体法和程序法的划分是就其调整对象和主要内容而言的，在规则构成上，二者并不是完全割裂开来的，而是相互交叉的关系。

（2）地方行政程序中程序性规则与程序法的关系辨析

在一部程序法法典之中，包含少则数十、多则上百条具体条文，每一条具体条文

---

① 黄捷，刘晓广，杨立云，等. 法律程序关系论［M］. 长沙：湖南师范大学出版社，2009：4.

② 笔者将程序法中的所有条文统一称之为"程序法规则"或"法律程序规则"，并以此和本章中的"程序性规则"有所区别。

因其内容的不同拥有不同的规则品质。其中一些规则是围绕着社会活动而设定的、具有目的性和目标性，或者通过应然或或然方式为相关主体授予权利/权力、设定义务/责任，规定相关后果，具有价值判断功能，是关于"是什么"的规则，表现出实体性特征，因而将这些规则称为实体性的程序法规则。例如民事诉讼、刑事诉讼和行政诉讼中确立的审判独立原则、两审终审原则等基本原则，反映出一般诉讼程序的普遍特点和精神实质；又如民事诉讼法第五章第一节，对于当事人的相关规定中"当事人有权委托代理人，提出回避申请，收集、提供证据，进行辩论，请求调解，提起上诉，申请执行……"是赋予当事人诉权的规则，以上均属于民事诉讼法中的实体性规则。在地方行政程序的相关立法中，比如《湖南省行政程序规定》第三条"行政机关应当依照法律、法规、规章，在法定权限内，按照法定程序实施行政行为"，《江苏省行政程序条例》第九条"公民、法人和其他组织有权对行政行为提出意见和建议，依法参与行政活动。行政机关应当拓宽公众参与行政活动渠道，丰富参与形式，提供参与行政活动的必要条件，采纳其合法、合理的意见和建议"均属于程序法中的实体性规则。

程序法中的程序性规则，也是指程序性的程序法规则。在程序法的法律文件中，与实体性规则相对应的，那些规范相关主体在特定活动中所需要遵循的时间、空间、行为方式，具有较强的技术性和可操作性，具有技术操作功能，是关于"如何做"的规则，表现出更多的程序性特征，因而将它们称为程序性的程序法规则。以行政处罚法第六十三条为例，"行政机关拟作出下列行政处罚决定，应当告知当事人有要求听证的权利，当事人要求听证的，行政机关应当组织听证：（一）较大数额罚款；（二）没收较大数额违法所得、没收较大价值非法财物；（三）降低资质等级、吊销许可证件；（四）责令停产停业、责令关闭、限制从业；（五）其他较重的行政处罚；（六）法律、法规、规章规定的其他情形"，是行政处罚程序的适用过程中关于行为方式的程序性规则。《湖南省行政程序规定》第六十二条："行政机关在行政执法过程中应当依法及时告知当事人、利害关系人相关的执法事实、理由、依据、法定权利和义务。行政执法的告知应当采用书面形式。情况紧急时，可以采用口头等其他方式。但法律、法规、规章规定必须采取书面形式告知的除外。"《江苏省行政程序条例》第三十七条第一款："行政机关作出减损当事人合法权益或者增加当事人义务的行政行为前，应当听取当事人的陈述和申辩。"

由上述举例可看出，实体性的程序法规则和程序性的程序法规则（即程序法规则分为实体性和程序性两大类规则）是将程序法全部解析为规则元素的基础上，所做的二次划分，是程序法下涵盖的二级概念，它们的关系可以表示为图 6-1：

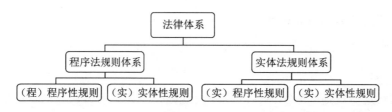

图6-1 法律体系的多层级结构及其每个层级之下的实体和程序二元结构

本章要讨论的便是程序性的程序法规则，也可称为程序法中的程序性规则。所谓程序法中的程序性规则，是指所有程序法中用来规范具体程序内容的那一部分规则，该部分规则主要表现为对不同程序行为的时间、地点、行为方式、先后次序做出具体规范。它们集中体现在民事诉讼法、刑事诉讼法、行政诉讼法、行政许可法、行政处罚法、行政复议法、行政强制法、仲裁法、治安管理处罚法等程序法文件的程序法规则体系中。除此之外，地方性行政程序立法如《湖南省行政程序规定》《宁夏回族自治区行政程序规定》《山东省行政程序规定》《浙江省行政程序办法》《广西壮族自治区行政执法程序规定》《辽宁省行政执法程序规定》《四川省行政执法程序暂行规定》等。这些程序法的规则体系中包含有大量的程序性规则，不少法规和规章中设置了"程序"专章，但是里面包含的程序性规则数目则有多有少，对"程序"的规范化程度也有所不同。

在一部程序法属性的法律文件中，其中程序性规则质量的好坏是衡量该程序法能否准确、及时地为权利的实现和职权的行使提供必要手段和秩序的重要指标。

综上所述，笔者认为程序法中的程序性规则是指程序法规则体系中，围绕特定社会活动而设定的，规范相关主体在特定活动中所应当遵循或选择遵循的时间、空间、行为方式等技术性规则。地方行政程序性规则是指地方立法成立的程序法的规则体系中，用于设定行政主体或相对人主体（公民、法人或其他组织）在特定活动中的行为方式、时间要求和地点要素的规则。

2. 程序法中程序性规则的特点

程序法中程序性规则的设置不是杂乱无序的，各个程序性规则必须经过科学合理的编排，相互衔接配合，形成一个有机整体，才能使程序法发挥出最大效用。与程序法中的实体性规则相比，程序法中的程序性规则呈现出以下突出的特点。

（1）连贯性。这里的连贯性是指程序性规则彼此之间的关系排列具有内在秩序联系。程序法中实体性规则并无必然连贯性，它的设立只需符合规则的内在逻辑即可。以行政诉讼法为例，其中第四、五、八条分别规定了独立审判原则、以事实为依据以法律为准绳、当事人法律地位平等原则，这些实体性规则适用于不同行政案件，可以独立发挥效用而无须捆绑使用，即便其中缺少关于法律原则方面的实体性规则，也不会阻碍法律程序活动的开展。与实体性规则不同的是，单独的程序性规则一般不具有程序意义①，只有多个程序性规则基于特定程序活动被集合在一起时，单独的程序性规则才能在这个程序规则集合体中发挥其作用和价值。程序性规则集合体发挥作用的特性表现为一系列规则相互衔接、有序组合，从而产生的连贯性。例如民事诉讼活动中，审判活动的开始以当事人诉权的行使为起点，一方当事人在自己的或依法受自己管理或支配的民事权益受到侵害或存在争议时，可以以自己的名义请求法院予以审判保护。当事人不可能越过起诉阶段而直接得到审判结果。由此可见，程序性规则被人为地编排成为彼此关联的行为秩序，任何一个程序性规则的缺失和错位都将影响程序法的完整性和效能的充分发挥，只有各个程序性规则之间环环相扣，有序排列组合起来发挥作用，才能使法律程序活动顺利推进。

（2）明示性。是指程序性规则的内容具有明确的意思表示。任何活动的有序进行和开展都离不开规则的约束，针对特定活动设立的规则只有具有可操作性才能为活动的开展指明方向，提供选择路径和有益指导。否则，如果具体规则的制定脱离了其所根植和作用的社会环境、不考虑各主体之间的相互关系和运行机制而盲目执行规则，其结果就如同十九世纪初期西欧的"乌托邦"一样，空有美好的理想，却没有结合时代大背景，背离自由经济下世界融合的趋势而行，最终淹没在历史的滚滚浪潮中，无法在实践中获得存在和发展的空间。同样的，如果一部程序法规则缺乏可操作性，它最终的命运便是被束之高阁，不仅失去存在的意义与价值，也造成了司法资源不必要的浪费。而程序法中的程序性规则，便是根据法律程序运行的需要，对参与其中的特定主体在时间、空间、行为方式上设置规范，使该程序活动达到一种程序化、法制化状态。每一条程序性规则都明确地指向特定程序活动的某一方面，以规范程序活动主体的程序性规则为例，不管是程序活动的发起者、程序活动的主持者、程序活动的代理人，都有一个明确的主体与之对应，这些根据自己在程序活动中的身份和角色，或自觉或被动地参与到该程序活动中，按照程序活动发展的阶段积极作为或消极不作为。

（3）稳定性。程序性规则大多数情况下设定在法律程序的某个特定环节或顺序中，不可随意挪动，亦不可任意适用。其在程序中的地位类似于民法物权中的"不动产"，任意适用和挪用程序性规则，其不能发生法律意义的规范作用。

（4）预置性。程序性规则本身并不自始存在，而是由立法活动拟制并确定下来的，这是程序性规则发生作用的前提条件。它们被预先保存在法律程序中，针对特定主体

---

① 马昊. 论法律程序规则的集合性［D］. 长沙：湖南师范大学，2017.

在未来可能实际发生的社会活动产生指引和规范的作用。在特定活动中，这些行为只能遵循程序性规则的要求，积极作为或不作为，并跟随活动的过程而行使权利（权力）或履行义务，由此对程序活动进行控制和收缩，使程序活动结果的产生具有确定性和中立性。相反，实体性规则与生俱来的道德品质和价值导向，作为一种道义基础或伦理精神已存在于法律规范当中，对预置性的要求没有程序性规则强烈。

（5）相对性。根据《法律程序关系论》一书中的观点，法律规则不能简单地归纳为授权性规则、义务性规则或禁止性规则。这是指在同一个程序法规则集合体中，每一个程序性规则个体都具有指向特定或不特定主体的意义，它使特定主体在法律程序活动中因相对不同的其他主体而产生权利义务的二重性。从这个角度上，程序性规则的相对性表现为特定主体程序权利的行使，相对应的是另一主体程序义务的履行。例如行政诉讼法第五十五条第一款"当事人认为审判人员与本案有利害关系或者有其他关系可能影响公正审判，有权申请审判人员回避"，针对当事人来说这是一条关于申请审判人员回避的程序性权利规则；相对地，针对审判人员来说，当其与案件存在利害关系或有影响案件公正审判的其他关系存在时，这是一条配合当事人申请选择回避的程序性义务规则。这与实体性规则不同。实体性规则往往是单向地指向权利主体自己，且该权利主体是不特定的。只有程序性规则指向的两方相互合作、密切配合，该程序性规则的作用才得以显现。否则若是"剃头挑子一头热"，该程序性规则的设置便失去了意义。

地方行政程序的程序性规则除了具有上述和其他程序性规则共有的特点之外，还拥有一些自身的特征：第一，地方行政程序的程序性规则应当具有更加明晰的可操作性。因为，地方行政本身的属性便是属于执行性为目标的工作。且地方行政程序的程序性规则通常应当是在国家统一的法律法规基础上进一步落实有关工作目标或具体化有关法律精神的地方立法安排，所以必须运用更明晰意义的程序性规则，才能达成目的。第二，地方行政程序程序性规则具有更强的相对性。因为，地方行政程序必须结合本地实际情况，重点在于从实际出发，使法律精神和立法意图在结合本地具体情况的基础上获得实现。所以，地方行政程序的程序性规则必须有结合本地特色的元素和成分，方能具有存在的意义。

（二）程序性规则在程序法中的地位和作用

基于上文对程序性规则与程序法关系的论述，程序性规则作为在程序法中占据主导地位和主要成分的技术性规则，其质量高低直接决定了该程序法在理论上是否完备以及在实践中的施行效果如何。

1. 程序性规则的地位

根据唯物辩证法中矛盾论的观点，每一个矛盾中的两个方面力量是不均衡的。其中，处于支配地位、起主导作用的方面是矛盾的主要方面。而处于被支配地位、不起主导地位的方面叫作矛盾的次要方面。事物的性质是由主要矛盾的主要方面决定的。矛盾的主要方面和次要方面既相互排斥，又相互依赖，并在一定条件下相互转化。

在程序法中，程序性规则和实体性规则作为一个问题的两个方面，前者是解决程序问题的技术性规范，是程序法的主要方面，决定了程序法的性质和作用；后者则是为程序法提供价值导向的伦理性规则，为特定主体设定具体的权利/权力或义务/责任，是对程序法功能的补充和完善。二者相互区别又相互依赖，共同构成了程序法整体。

2. 程序性规则的作用

任何法律程序活动的进行，都始终需要以程序性规则加以约束和引导，否则会落入无序和混乱的状态。

首先，程序性规则的设立是"正当程序"或"程序正义"在程序法中的体现。正当程序理念的核心内容包括：一、任何人都不应成为自己案件的法官；二、任何人在遭受惩罚或任何其他不利处分前，都享有获得告知、说明理由和提出申辩的权利。这对于保障公民合法权利，防止公权力的专断和滥用，实现公民权利救济方面具有重要作用。程序运行的核心是过程，而过程的塑造离不开程序性规则，它帮助某种程序得以达到并实际发生某种立法期待的效果。因此，随着法律现象的复杂程度提高，程序法的设计也将趋于精致，程序性规则为程序法规则的严密化构建提供了可能，随着可操作性的程序性规则的展开，程序化法治得以实现。近年来随着正当程序理论研究的不断深入，程序性规则的制定水平也在不断得到推进和更新。例如在宪政领域选举程序的完善、违宪审查制度的探索等。2015 年实施的行政诉讼法中，明确规定了行政首长出庭应诉制度、跨区域管辖制度、附带审查规范性文件制度等等，这一系列修改亮点都表明立法者已经着手从完善程序性规则的角度保障公民享有的实体性权利，并对政府权力进行有效制约。没有程序性规则的直观公正，实体性规则将寸步难行。从这个角度上讲，程序性规则是实体性规则的起点和铺垫。

其次，程序法中的程序性规则具有选择功能。它会对程序活动中实际产生的行为进行筛选和过滤，同时为下一步程序活动指明方向。"只要未经法定程序过滤的事实材料都不能作为决定的根据。常见的程序性过滤装置是辩论和质证程序。"① 程序法中的程序性规则好比构成一张编制精密的网，相互连接、牵引着，相关事实材料经过筛选

---

① 吕世伦. 当代西方理论法学研究 [M]. 北京：中国人民大学出版社，1997：239.

和过滤成为做出决定的根据。在程序实际运行中，程序性规则为可能产生技术性或实体性失误提供程序性救济，起到了安全阀的作用。

程序性规则在地方行政程序的程序法文本中，更应当是其重点设计和审慎确定的内容，是该地方性立法的技术价值和实用前提。

二、程序法和地方行政程序中程序性规则的类型

不仅仅是法律程序活动，生活中的各类活动均须遵循一定的规则。这些规则通过对活动的主体范围、活动时间、活动空间或区域、活动的行为方式等进行约束和规范，使各类活动得以有序而有效的推进和开展。由此，笔者将程序法中程序性规则划分为以下几个类型，包括规范程序主体的程序性规则、规范程序时间要素的程序性规则、规范程序空间要素的程序性规则以及规范程序行为方式的程序性规则。

(一) 规范程序主体的程序性规则

程序的正常运行离不开参与到程序中来的主体，规范程序主体的程序性规则是程序法规则的重要组成部分。这与实体法不同，实体法规则往往是针对不特定主体设置权利义务，例如民法调整的是平等主体间的财产关系和人身关系，此时的平等主体即泛指受民事法律关系调整的自然人、法人或非法人组织，这是基于该主体本身所具有的自然属性或在社会中所具有的社会属性而作的划分。他（它）们自身带有一定属性，可能是具有血缘关系的兄弟姐妹（自然属性），也有可能是同一个单位中有隶属关系的上下级（社会属性）。但在程序法中，其主体往往指向的是特定活动中的特定主体，具体表现为相关主体在参与到特定的程序性活动中时具有明显的角色拟定性。也就是说，在特定的程序性活动中，该主体本身所具有的自然属性和社会属性被淡化或覆盖，取而代之的是该主体将以事先拟定好的某个角色为名义采取行动，其行为方式也因角色的事先拟定性而受到规制。例如重大事项听证程序中的听证主体，它往往是听证程序活动的组织者。又如审判活动中的原被告和审判机关，它们分别对应审判程序活动的当事人和组织者。上述主体因为在程序性活动中地位和作用的不同而被赋予了不同的身份，以及基于该身份而拥有的权限和职能。

程序法中关于程序主体规则的设置，使每个人参与到法律程序中时脱离了本身具有的身份地位、社会属性，因而才使相关法律程序的进行不受人为因素的干扰，使结果的产生具有中立性。笔者认为程序法中程序性规则对程序主体的规范有两种：一是对某一法律程序活动参与者的范围与资格加以规范。以民事诉讼法第四章为例，就是对在相关诉讼程序中审判人员的主体资格进行程序上的审查，对其需要回避的情形设定相关规则。二是为参与法律程序中的主体拟定角色、设置名称，并赋予其特定的权

限，因而使其所适用的相关法律程序具有普遍性和可重复性的规则。例如在诉讼程序中参与的主体有法官、原告、被告、第三人、诉讼代理人、证人、鉴定人等，这些角色及其功能的存在不会随着某一诉讼程序的终结而消失，而当某一角色表现消极或其怠于行使相关权利、履行相关义务时，将承担程序结束后不利的实体性后果。

（二）规范程序时间要素的程序性规则

英国一句法谚说：迟来的正义非正义。这里格外强调了司法程序正义的时效性，不论是对当事人、审判机关抑或社会公众来说，即使司法裁判的结果是公正的，如果过迟做出裁判，或者过迟告知当事人，程序上的不公正也将使裁判陷入非正义的状态，近年来多起冤假错案再审程序的启动就是典型例证。这种时间上的不正义不仅会损害当事人的合法权益甚至会造成某些无可挽回的后果，同时使审判机关的专业程度、公信力受到质疑。因此有必要从时间角度对法律程序活动设置相关规则。

规范程序时间要素的程序性规则是指在程序法中含有时间要素，并以时间要素为条件规范特定主体行为或特定客体效力的规则[1]，包括对期间和期日的规定。这些程序性规则往往以时间为条件，对程序主体做出的法律行为的效力和应承担的法律责任等加以界定。包括设定某一行为的期间或为两项及以上的行为设定先后顺序。行政处罚法第三十六条规定："违法行为在二年内未被发现的，不再给予行政处罚……前款规定的期限，从违法行为发生之日起计算；违法行为有连续或者继续状态的，从行为终了之日起计算。"这一条规定分别包含了违法行为处罚时效的期间规定以及确定违法行为开始时间的期日规定，使违法行为的处罚程序衔接更加紧密、合理，也对处罚机关的权力行使进行约束。

（三）规范程序空间要素的程序性规则

除了时间要素，法定空间也是法律程序得以开展的基本要素之一，时间和空间共同构成了法律程序活动的基本形态，行为方式才能在这种立体的三维模型中得以存在和延续。法律程序活动的开展是正式的、严肃的，程序法中对程序空间要素的规范决定了法律程序活动得以进行的地点和方式等，一定程度上保证了程序的公开度和透明度，是实现程序正义的一部分。

规范程序空间要素的程序性规则是指，含有空间要素，并以空间要素为条件，规范特定主体行为的程序性规则。在程序法中，规范程序空间要素的程序性规则主要表现为对案件管辖问题的规定。行政诉讼法第十九条"对限制人身自由的行政强制措施不服提起的诉讼，由被告所在地或者原告所在地人民法院管辖"，第二十条"因不动产

---

① 梁秋焕. 论法律程序的时间规则［D］. 长沙：湖南师范大学，2017.

提起的行政诉讼，由不动产所在地人民法院管辖"，等等。这些规则不仅划分了人民法院之间的分工和权限，也为当事人正确地行使诉讼权利提供了方向和指引，解决了公民、法人或其他组织认为国家机关作出的具体行政行为侵犯其合法权益时该向哪个法院提起行政诉讼的问题，是出于方便当事人诉讼的目的而设立的。此外，2017 年新修改的行政诉讼法中亮点之一便是第十八条第二款中跨行政区域管辖制度的确立，它规定"经最高人民法院批准，高级人民法院可以根据审判工作的实际情况，确定若干人民法院跨行政区域管辖行政案件"。该制度将司法管辖区域和行政区划在一定程度上进行分离，不仅减少了地方政权对司法权的不当干预，保障法官依法独立行使审判权，保障公民、法人和其他组织的合法权益，同时对司法资源的优化配置、行政案件审判人员专业化的提升有重要意义。

（四）规范程序行为方式的程序性规则

程序法中程序性规则的设定为特定主体开展程序活动提供了可遵循的依据和指导，经过规范化、程式化的行为方式排除了不确定因素对程序活动的干扰，让特定主体的特定活动在特定时间、空间内有迹可循。因此，规范程序行为方式的程序性规则是对参与到程序中来的主体开展程序活动的一种立法期许或立法期待，因而使程序主体能够按照预置的程序规范自己的行为①而不至于陷入混乱无序的状态。

规范程序行为方式的程序性规则首先是为程序主体"如何做"而设计的相关手段方法和技巧。以集会游行活动为例，它并不是一群人毫无秩序、没有组织地涌到大街上拿着横幅喊着口号表达诉求，而是要按照许可的事项、目的、标语、口号在事先拟定好的时间、地点、路线进行，同时还要求活动的组织者和责任人维持活动秩序，并严格防止其他人加入。若没有程序性规则在程序行为方式上的严格控制，任由程序主体为所欲为，程序法存在的正当性基础将不复存在。

规范程序行为方式的程序性规则还表现在对程序的预见并由此带来的立法期待上。仲裁法第二十四条规定："仲裁委员会收到仲裁申请书之日起五日内，经审查认为符合受理条件的，应当受理，并通知当事人；认为不符合受理条件的，应当书面通知当事人不予受理，并说明理由。"民事诉讼法第一百二十六条："……符合起诉条件的，应当在七日内立案，并通知当事人；不符合起诉条件的，应当在七日内作出裁定书，不予受理；原告对裁定不服的，可以提起上诉。"这两个条款便是对仲裁委员会或人民法院是否受理案件及相应处理方式的程序性规定。根据这两条规定，仲裁委员会或人民法院可以视当事人的申请情况决定是否开始仲裁程序或诉讼程序，对当事人的立法期待或期许做出相应回应。

---

① 马昊. 论法律程序规则的集合性［D］. 长沙：湖南师范大学，2017.

三、我国地方行政程序中程序性规则立法现状——以《湖南省行政程序规定》部分内容为例

为了对程序法中的程序性规则有一个针对性的考察和认识，笔者把本章将要讨论的程序性的程序法规则限制在地方行政决策或执法程序之中，具体指的是《湖南省行政程序规定》第三章行政决策程序和第四章行政执法程序的程序法律规则条文，通过分析其中程序性规则的本体质量、数目和密度，探寻我国目前地方行政程序中程序性规则的立法状况，并对其中存在的问题进行提炼和总结。笔者选取这一部分程序性规则出于以下几个方面的考虑：首先，在地方程序法建设中，《湖南省行政程序规定》具有指标性意义，产生了良好的示范效应，具有代表性。其次，地方行政程序制度最核心的内容便是决策和执法活动。此外，其他地域所开展的地方行政程序立法中虽因自身地域不同，内容有所差异，但程序性立法内容和表达技术均与《湖南省行政程序规定》有所相似。所以，针对该规定的程序性规则进行抽样性研究，从中可以发现立法者立法思维和立法标准的差异以及侧重点的不同，以此对我国现阶段地方行政程序法中的程序性规则有一个"窥一斑而知全豹"的了解，也对地方行政程序法的立法方向和立法质量产生导向性作用。

（一）程序性规则在《湖南省行政程序规定》中的体现

《湖南省行政程序规定》作为典型的地方行政程序制度建设的标志性规章文本，其属于程序法范畴的立法。其中的所有规则亦均属于程序法规则（法律程序规则）。但是按照我们已经阐述了的理论，组成《湖南省行政程序规定》的所有程序法规则中，依然是分为程序性的条文（程序性规则）和实体性的条文（实体性规则）。该规定是由具有两种属性表现的条文共同构成的。《湖南省行政程序规定》中包含的实体性规则需要体现行政机关的职权、类型、目标、目的和受到的约束、责任等，以及公民、法人和其他组织的权利、义务，等等。

根据我们上文对程序性规则的分类，现在尝试分别以规范程序主体的程序性规则、规范程序时间的程序性规则、规范程序地点的程序性规则和规范行为方式的程序性规则为出发点，对《湖南省行政程序规定》中的"决策程序"和"执法程序"中的程序性规则分布情况进行一个梳理和统计。

现行的《湖南省行政程序规定》共有178个法律条文，其中关于第三章行政决策程序和第四章行政执法程序的条文共有64条，其中行政决策程序共25条，行政执法程序共39条。合计占到了总数的约三分之一多。其中第三章行政决策程序内容包括：第一节重大行政决策16个条文；第二节制定规范性文件9个条文。第四章行政执法程序分为一般规定、程序启动、调查和证据、决定、期限、简易程序、裁量权基准共七节。

具体分类情况如下表 6 – 1 所示:

表 6 – 1　《湖南省行政程序规定》条文数目分布

程序性规则的类型		程序主体数和涉主体	程序时间	程序地点	行为方式
第三章　行政决策程序 25 条	重大行政决策共 16 条	19/12	3	0	12
	制定规范性文件共 9 条	12/6	1	0	7
第四章　行政执法程序 39 条	一般规定 10 条	11/9	0	1	9
	程序启动 2 条	7/2	1	1	2
	调查和证据 9 条	8/7	0	0	8
	决定 5 条	9/3	1	0	5
	期限 7 条	5/7	2	1	6
	简易程序 3 条	3/3	3	3	3
	裁量权基准 3 条	5/3	0	0	2
小结		65/52	11	6	54

可以看出程序性规则在这两章程序法规则中有明显体现，特别是关于行为方式的程序性规则的数目明显高于其他三项。不难理解，实践中由于民事活动类型多，不同法益之间容易产生冲突，为了尽快定分止争，促进社会主义经济发展和维护社会和谐进步，《湖南行政程序规定》作为国内第一部由省级人民政府颁布的综合性、行政性、程序性的规章，因此关于规范活动主体行为方式的程序性规则也较多。但是需要注意的是，很多的程序性规则是由两个或两个以上的程序性规则要素复合而成，单独由一种程序性要素构成一条完整的程序性规则的情况较少，因此表格中关于各个类型的程序性规则的数目可能被重复计算。许多条文是规范行为方式的程序性规则和规范程序时间的程序性规则相结合，使该条程序性规则同时兼有两项或三项元素。并且，大量条文具体分列了款和项，在这些款、项中，立法者同时表达了实体意义的授权或约束，亦安排了程序性的行为方式和秩序要求，从而使得条文的内容有了较多的成分，亦使得有关程序规则程序性的判断有了更多的混淆和模糊。

（二）我国程序法立法中程序性规则设置存在的问题

根据上文中对《湖南行政程序规定》的梳理和总结，笔者认为当前的地方行政程序立法中存在以下问题。

1. 编写体例差异

对《湖南行政程序规定》的行政决策程序和行政执法程序进行横向比较可以发现，二者在编纂结构上存在较多差异。首先，行政决策程序是按照不同的决策内容做出了程序意义上的区分，在《湖南行政程序规定》中，重大行政决策和制定规范性文件，分别成为"决策程序"中的两个不同的种类。而行政执法程序则是按照执法的实施过程进行的程序安排。其次，行政决策程序主要属于行政内部行为，主要是权力属性的主体彼此之间的关系互动，附加有权力主体之外的专家或咨询机构作为辅助。行政执法程序则主要是行政外部行为，是行政职能实现的主要模式，是行政机关或拥有行政权力的其他主体和相对人之间的互动关系。但二者在地方立法中的反映并不明显。最后，《湖南行政程序规定》的程序性规则在程序主体的设置上，存在明显的杂乱和多元，称谓和定性亦也不尽相同，使得关于程序运行的过程性安排并不明确，结构关系亦多元复杂。

《湖南行政程序规定》在具体规则的立法设计上的不同，显示出了不同类型的程序性规则在程序立法上的思维差异。暴露出我国地方行政程序性立法逻辑的不统一，立法技术有待完善。

2. 缺乏必要的衔接和一致性

当前一个很突出的立法现象是，一部程序法颁布后，随后而来的是关于该程序法的大量司法解释的颁行。可以说程序法原本就是为法律程序活动中特定的活动主体开展法律活动的时间、空间、行为方式提供指引和路径选择，为何还要用司法解释来解释法律活动程序的具体操作规范？特别是司法解释本身的不规范性和抽象性容易导致司法解释过乱和越权解释，其中的逻辑差异难免在法律规则的适用上产生偏差，影响该程序法的权威和公信力。笔者认为，程序法和司法解释的"组合装"适用其深层原因在于程序性规则衔接不当的问题。

以行政程序中的行政复议程序和行政诉讼程序的衔接为例，行政复议和行政诉讼分别由行政机关和法院来实施，二者虽都是行政争议法定解决机制，但各成体系又前后衔接。妥善解决行政争议，需要发挥行政复议与行政诉讼的合力，因此实现两者在制度上的"无缝"衔接尤为重要。现行行政诉讼法、行政复议法确立了行政复议与行政诉讼的基本关系：对行政行为不服的，当事人可以申请行政复议，也可以提起行政诉讼；当事人不服行政复议决定的，还可以提起行政诉讼，这是原则；同时，其他法律、法规规定行政复议为必经程序，其他法律规定行政复议决定为终局决定的，依照其规定执行。因此，复议前置、复议终局都是例外规定。目前我国在这方面实行"当事人选择为原则，复议前置为例外"原则，虽然有一些复议终局的规定，但具体衔接上存在一些突出问题。这也是行政诉讼法、行政复议法修改面临的一个重要课题。行政复议与行政诉讼如何衔接可以归纳为三个方面问题：行政复议是否为行政诉讼前的必经程序，即是否实行复议前置？行政复议之后能否提起行政诉讼，即是否有复议终局的情形？以及复议机关是否当被告等一些具体衔接问题。而行政复议法和行政诉讼法中关于二者衔接的程序性规则的缺失，不利于行政纠纷的解决。作为地方行政程序制度的地方行政程序立法在这些方面需要不同层级的地方行政程序制度建设上下协同或梯次配合，如何保持法治的统一和衔接显然需要不断地摸索。

3. 规则设置简化

程序性规则设置的简化指规则的设置缺乏科学性和合理性，主要表现程序性规则的缺失，程序的抗干扰能力弱。以行政执法程序为例，行政执法作为一种程序化的法律运行机制，其核心在于梳理好行政机关，以及拥有行政权的其他主体和相对人、利害关系人的法律关系，以及在执法具体活动过程中形成良好的执法秩序，但从现有的《湖南行政程序规定》相关内容中可以看出，这些规则中涉及时间元素的条文在第三章行政决策程序仅有四个条文，在第四章行政执法程序中亦才仅有七个条文。涉及地点元素的条文更少，在第三章行政决策程序中一个条文都没有，在第四章行政执法程序中亦才仅有六个条文，说明地方立法对真正的程序过程关注并不充分，所谓的"程序"中的程序性规则，还有许多升级的空间。

四、完善我国地方行政程序立法的若干建议

针对上述的分析和认识，本文提出部分不成熟的看法和意见，为地方行政程序立法和执法提供一些参考，诚愿对地方法治有所助益。

（一）深化程序性规则的理论研究

我国程序法法治理论的发展缺乏历史的积累，传统法律程序体系自成一派但合理化程度不高。当前得到普遍认同的程序法和实体法关系理论存在较大的理论失误，给法学理论研究和立法、司法、执法实践造成了混乱。当前程序价值理论主要着重于程序法规则的内在价值研究，学界中对"程序性规则"和"实体性规则"的认识还处于起步阶段，明确提出该概念的只有湖南师范大学的黄捷教授及其所带领的研究生研究团体，众多学者将大部分的目光还停留在程序法与实体法的关系地位及法律程序价值的研究上，对于程序法中的程序性规则鲜有涉及，因此程序性规则的制定也无法在理论的深入中得到科学升级和完善。在我国程序法中，其立法重点仍放在价值导向为主的实体性规则上，但程序性不足的问题已日益显现。因此要深化程序法中程序性规则的理论研究，为其提供理论支撑，要重视对程序法中内部结构的研究。法律规则是程序法中的组成部分，只有对程序法本身包含的法律规则属性有一个明确的认识，才能更好地认识程序法的立法价值，确定正确的立法导向。特别是在行政权力不断扩张的今天，程序法在抑制公权力的自由裁量权和保护公民私益方面，有不可替代的意义和作用。对程序法中程序性规则的内涵外延等基础性问题进行体系化研究，探明其实质和特点，将为程序法立法工作提供有益指导。

（二）优化程序性规则的形式意义属性

程序性规则的形式性要求程序性规则的设置在外在表现上具有科学性。为了保证法律程序活动的有效、有序运行，就涉及程序性规则设置的数目多少和强弱程度的问题。程序性规则设置越是数目适当、衔接紧密，行为主体实施程序行为越是时空充裕，程序高度自闭，越有利于程序预设目标的实现；反之，当程序性规则数目过少或过多，衔接松弛或超强，无法满足程序活动有序的需要或使程序主体无法应付，均会使程序法的实际运行和效能发挥大打折扣。可以说程序性规则设置的密度和质量一定程度上决定了该程序法是否能够流畅地运行，影响其存在目标和价值的实现。程序性规则的优劣可通过程序性规则表现出的"程序性"和"程序度"加以评判。这里"程序性"和"程序度"均来自黄捷教授在《法律程序关系论》中所提出的概念。笔者将在下文展开具体论述。

1. 加强程序性规则的程序性

"程序性"是指"某一特定的法律程序因为其所包含的程序法规则数量关系不同（疏密不等）而表现出的程序意义的强弱"①，由此可以将程序分为"简单程序"和"复杂程序"。在原始社会形成之初，人们开展活动极少受到行为规则的约束，后来氏族公社的出现，使社会活动的控制开始靠传统和家长来维系，而不是习惯法和政府权力。随着现代社会的发展和成熟，各种规则开始架构起社会活动的框架，人们可以根据自己的意志选择并参与到特定社会活动中来，与此同时受到活动规则的约束。不过，在规则没有规范的区域，活动主体仍享有"自由"空间。然而，公权力自身的扩张性导致行政权越来越渗透到社会生活的各个领域。法律哪怕仅仅是赋予行为的自由，也仍然代表着一种对行为自由的约束，因为这意味着你只能按照法律规定的方式和范围自由行为，任何法律赋予权利范围的扩大，同时都意味着依自身意志的自由行为（任意行为）权利范围的缩小。所以，针对特定社会活动究竟需要设置多少规则才能使其有序、公正、合理地进行，实现"自由但不放任"的制度设计，是个值得探讨的问题。如果对某一特定社会活动仅仅设置时间、空间规则，使行为主体能够聚集自主开展活动，此时行为主体将享有充分"自由"的活动空间，其表现出的程序性也是极弱的；相反，若行为主体不仅在某一时间、空间内聚集起来，并严格按照既定规则做出某种行为，使整个过程呈现出收缩、谨慎的状态，此时该社会活动就表现出较强的程序性。若将程序性从零至九由弱到强划分为十级，在零程序的情况下，没有任何程序法规则的绝对自由，因而程序不存在；在九级程序时，行为主体会因为程序法规则数目过多而难以实施程序行为。以鸟笼为例，制作一个鸟笼子是为了限制小鸟的活动同时达到

---

① 黄捷，刘晓广，杨立云，等. 法律程序关系论［M］. 长沙：湖南师范大学出版社，2009：13.

观赏效果，此时原材料只需要用到竹篾即可；如果强行焊造一个看管猛兽的铁皮笼子，就使设计鸟笼子的初衷被扭曲，即便达到了关住小鸟的效果，却使赏玩的趣味大打折扣。

程序性规则的设定是衡量程序法程序性的重要标准。程序性规则技术性和可操作性的特点使程序法对行为主体的活动区域和活动限度进行规制，是行为主体实施行为程序时对"自由"与"限制"的直接感受。提高程序性规则的程序性就是程序性规则在对行为主体的行动"自由"做出限制时，能够协调好行为主体的开展活动与满足该活动有序开展所需的时间、空间、行为方式需求两者的平衡关系，不仅是程序性规则之间内部的平衡，也要做到程序性规则和实体性规则的平衡。

2. 提高程序性规则的程序度

如果说"程序性"概念侧重于一部程序法所构成的规则集合可以使其称之为程序法以及它像一部程序法的程度，那么"程序度"则侧重于这部程序法中所有规则的关联程度和柔韧程度。一部程序法中所有法律规则结合越紧密，越协调，其作用才能得到更大程度的发挥，特别是程序性规则和实体性规则的有效结合、相互配合，才能得到"1+1>2"的效果。

在每一个程序内，当程序法规则达到一定数量的时候，程序法规则彼此之间的联系就会成为重要的程序性内容。只有当程序法规则彼此之间具有较强的联系的时候，才可以说其程序度比较强。而当程序法规则彼此之间由于程序设计本身预留下较多的时空间隔或自由回转余地时，这个程序度就是弱的。

如果将程序度从低到高划分为五度，一度程序的程序法规则衔接松弛，其他主体或程序可随意切入或穿插交错；随着程序度的提高，程序法规则的衔接紧密程度逐渐提高，达到五度程序时，程序主体无暇且无机会参与到其他程序活动，此时程序的运行呈现出高度"自闭"，即该程序法规则足够纯净和强韧，其内在的系统性拥有足以抵抗外界非程序性影响的能力。同样以鸟笼来作比，程序度就好比编造鸟笼的竹篾之间的距离。竹篾的间距太大，则无法关住小鸟；随着竹篾的间距减小，才能对小鸟的活动起到限制作用，同时不影响其观赏效果。

提高程序性规则中的程序度，就是提高程序性规则之间的联系程度，根据所对应的程序活动性质的不同，设置不同的程序条件，使程序活动能够在特定的时间、空间和理念背景中，完整且独立地运行。

（三）实现程序法中程序性规则与实体性规则的有效衔接

在第一章笔者已经对程序法和实体法、程序性规则和实体性规则之间的关系进行了阐释，这四者间的相互作用机制业已明确。程序法是由程序性规则和实体性规则共同构成的，二者衔接的紧密性决定了程序法运行机制的牢固性和对于社会快速发展的需要的适应性。在当前的立法实践中，经常出现一部程序法颁布之后，相关司法解释或补充规定随之而来的情况，这就在一定程度上反映出由于程序性规则和实体性规则不够契合，在实际操作中暴露出缺陷或漏洞。长此以往下去将使该部法律的可行性和公信力大打折扣，也在一定程度上造成司法资源的浪费。

因此，实现程序法中程序性规则和实体性规则的有效衔接，首先要提高我国程序法立法水平，使程序性规则的设立真正对程序法的内在价值追求起到指向作用，增强程序性规则设计的科学性。其次，要加强立法工作者的程序意识，尤其是要加强对程序法基本理论的认识，要明确它们不是相互割裂、互不干涉的两部分。实际上，程序性规则为程序主体如何选择和开展具体行为提供了选择路径，而实体性规则提供了判断行为结果肯定与否的价值导向，二者一动一静，共同指向社会主义法治化目标。最后，要实现程序性规则和实体性规则的对应设立。如果将程序法比作一幅完整的拼图，那么实体性规则好比表面形形色色的图案，程序性规则则是背后分区规划好的拼接轨迹。程序性规则的条块化脉络，帮助实体性规则更加快速地找到自己所在位置，二者合力勾画出丰富多彩的法律程序活动蓝图。

第三节　地方行政程序实体性规则

实体性规则这一词汇是与程序性规则概念相对应而提出的，当前众多的研究文献中把"实体性规则"的含义与"实体规则"相混同，而本章提出的实体性规则与"实体规则"以及"法律实体"有所联系但却并不完全相同，这一词汇虽然在众多文章中被提到，但是对它的内涵及外延的认识都不尽相同，在本章中它的概念是在笔者师生们提出的"法律程序"理论基础上所进一步衍生出的全新概念。

一、地方行政程序法中实体性规则的界定

（一）实体性规则的定义

1. 实体性规则相关的几组概念

在分析实体性规则的定义之前，我们必须要了解与其表述相关的几个词汇。首先需要明确实体的内涵。实体这一词汇最早起源于哲学范畴中表示万物本原的开端是什么，通常指具体的事物和现象中不变的东西，也就是世界的本质为何。而它被应用于其他领域中时也总是表示事物的本质属性和内容。它通常从静态角度去认识事物，如在数据处理范畴，实体为实际存在的物体。这一概念被援引至法学领域中时，同样保

留了其基本含义。而在法学中，实体的内涵也被作为考察法律现象和内容时的独特概念而得以延伸，也就是实体法或实体法律。①

关于实体法的定义，众多的学者已经给予解释可供参考。在当前主要的观点中：一种认为实体法是所有法律体系中的主要组成部分及各部门法的主要部分，它是有关特定情况下特别的法律上的人所享有的法律权利和应履行的法律义务的法律。② 这种观点简单粗暴地把权利义务都划定在实体法的范畴，并没有很好地区分实体法与程序法。（我们这里说明实体法的含义无非是想通过区分其与程序法来进一步地体现"权利与义务"不仅只存在于实体法律当中，以便于之后更好解释实体性规则。）而这种观点显然并不能全面地概括实体法，与笔者之后论述相悖而致使命题陷入困境。另一种观点是谢晖在《论法律实体》中定义法律实体（这里法律实体即为实体法，两者并无区别）是"是指法律体系内部用来调整主体交往关系中具有的以目的性或目标性权利和义务为内容的法律"。这种观点中在"权利义务"之前加了"目的性或目标性"作为限制词，把实体法的规定内容从全部权利义务内容缩减到一定的范围内；也间接地肯定了程序法中也必然有一定程度权利义务的存在；同时这一概念中也指出实体所具有的目的性或目标性。这种观点与本章中笔者的论证更为贴合，因此笔者更为支持此观点。

而实体法中所规定的内容（这里指规则）多数情况下被称为实体规则。许多文章在论述实体规则与程序规则时都将其与实体法与程序法重合。也就是认定实体规则是实体法的具体存在形式，是实体法所做的一系列规定。笔者同样这样认为，原因是实体规则作为与程序规则相对的概念，也必然有相通之处。借鉴程序规则的含义界定也可得出实体规则是实体法的实际内容。

2. 实体性规则的定义

通过对实体几个相关概念的理解，我们可以知道"实体"所具有的目的性或目标性。同时要尤为注意的是，本章要论证的实体性规则与上文中提到的实体规则并不相同。实体法中所规定的规则内容被统称为实体规则，它更多的是对法与法之间界限的划分。而我们所要论证的实体性规则是指规则本身所具有的某种属性，它更为贴近法律规则③本身的划分，而不考虑其身处实体法阵营或程序法阵营。而笔者认为，实体属性的规则和程序属性的规则是不管在程序法抑或实体法中都存在的。而这些规则构成

① 根据上下文论证的需要，这里将实体法，实体法律等概念视为相同的涵义；将程序法，程序法律等概念视为相同的涵义。

② 戴维·M. 沃克. 牛津法律大辞典 [M]. 邓正来，邹克渊，邵景春，等译. 北京：光明日报出版社，1988.

③ 笔者所称的法律规则区别于传统理论的"两要素说"和"三要素说"，传统理论下的法律规则过于抽象，无法与现实的法律条文对应，因而在对具体法律规范进行整理、分析、总结的时候难免陷于烦琐。为了便于进行整理分析，笔者在本文中所使用的"法律规则"的概念是与具体的法律条文对应的具体法律中的规则条文。

的是程序法还是实体法，就看两者在相互依存中哪个占据主导地位，程序性的规则居于主导地位的就是程序法，实体性的规则占据主导地位的就是实体法。这一现象是归纳而来的，事实上那些用来调整特定社会活动的法总是由程序性规则来主导的；那些用来调整特定社会关系或主体身份的法总是由实体性规则居于主导地位。比如民事诉讼法主要针对民事诉讼过程中起诉、审判、执行等程序做出规定，其中的规则基本上是涉及诉讼时间、空间、行为方式等程序性的，但是也有涉及规定当事人具有辩护权等实体性的。因此民事诉讼法当然地以程序性规则为主体兼有少量的实体性规则，被认定为程序法。而到底什么是实体性规则呢？

法律规则在对人们行为进行规制时，必然要考虑两个基本问题。其一是对行为的定性问题，考虑满足什么条件时这种行为可作、应作、不作以及之后会产生的后果；其二是这种行为具体怎么实现的操作步骤问题。这也是我们考虑问题的一般思路，通常我们认定前一种是实体性的、后一种是程序性的，前者是后者的存在基础，两者之间具有的目的与手段、内容与形式的关系。这也说明了实体性内容在法律中必然起到价值和目标指引的作用，如同航程中引导航程的灯塔，指引船舶不至于迷失方向。黄捷教授认为实体性规则是指那些围绕着社会活动而设定目的性或目标性内容，通过应然或或然方式为相关主体授予权利（权力）或指明义务（责任）的规则。这更加印证了实体性与目的性、目标性之间的共通关系。笔者也认同这一观点，但是单纯说实体性规则设定目的性或目标性内容过于抽象，到底何为目的性或目标性内容并不明确。为了更为明确实体性规则的定义，所以笔者结合黄捷教授对实体性规则定义，认为实体性规则是围绕某种社会活动而设定的关于作出行为的条件和行为的定性以及产生的后果等目的性或目标性内容，为主体授予权利或赋予义务的规则。

而与实体性规则对应的程序性规则①是指那些规范相关主体在特定活动中，所需遵循或选择遵循的时间、地点、行为方式等技术性规则。实体性规则为程序性规则提供了目标、性质、价值指引。而本章所要研究的是存在于现行被定位于程序法中的实体性规则，也就是在程序法中，能够为构成其的主导元素——程序性规则以及整个程序法做出目的、性质、价值指引的实体性规则。

3. 程序法中实体性规则的特定含义及其特征

结合上述笔者对实体性规则的定义，程序法中实体性规则是指围绕特定程序活动而设定的，有关作出行为的条件和行为的定性以及产生的后果等目的性或目标性内容，

---

① 本文中的程序性规则同样要与法律程序规则相区别。法律程序规则是程序法的实际内容。它是分别由一定意志内容的语言文字，所表达的对特定社会活动中，特定主体的特定行为的立法期待（法律程序义务）或特许（法律程序权利）。

为特定主体授予权利或赋予义务的规则。实体性规则在程序法中与在实体法中的最显而易见的区别就在于其在实体法中往往在比例上占主导地位，而程序法中是相对地占据少量比例。但即使只是少数也起到了不可忽视的作用。实体性规则结合程序法所具有的特殊性，其也表现出独有的特点。

首先，实体性规则虽然与实体法中规则比较相似，都是规定了主体可以在什么条件下作出什么行为后产生什么后果。程序法中的主体及对象有别于实体法中的，比如，民法中的行为主体可以是任何人；合同法规则虽然有存货人和保管人的规定，但因为民事行为遵循意思自治原则，任何人都可以依法成为"存货人"和"保管人"，但民事诉讼法中的实体性规则则不然，其主体是某项程序活动中的特定主体和对象，如民事诉讼法中的原告、被告、法院、审判人员、证人等，各自都具有其特殊身份。在规定实体性规则时，行为的主体也具有了特定性，民事诉讼法第十四条规定了人民检察院法律监督的权力，是一条典型的实体性规则，它的主体"人民检察院"就是一个程序中有特殊身份的主体。

其次，实体性规则在程序法中所要达成的目的目标往往具有一定的程序阶段性，这与实体法不同，比如民事诉讼法第四十八条中当事人具有的申请回避权，这一实体性规则只是审判程序中所实现诉讼公正的短期目标，而当事人所要实现的最终目的当然还是实体法中实体性规则所规定的权利义务。

4. 地方行政程序中实体性规则的含义

地方行政程序实体性规则是指由地方立法确立的对应特定程序活动而设定的，特定主体作出行为的权力或权利，特定主体行为的性质和后果等目的性或目标性内容，为特定主体授予权利或赋予义务的规则。地方行政程序中虽然是需要以程序性规则为主导的规则体系，但实体性规则仍然是其不可或缺的组成部分。而且，实体性规则在程序法的系统里，其往往起到确定程序行为方向，肯定行为意义，填补程序漏洞等不能替代的作用。

（二）实体性规则存在的理论基础

自从18世纪英国边沁创造程序法这一类概念之后，实体法与程序法这种法的分类方法正式被肯定下来。随着对于实体法和程序法的不断深入和细化，同时结合法律规则的认识，对于两类法律中的规则内容依据属性的不同又进一步划分为实体性规则和程序性规则。其中实体性规则出现在程序法当中本身根植于马克思的辩证唯物主义思想和中国传统的易经理论。

1. 辩证唯物主义思想

辩证唯物主义中的矛盾法则是承认（发现）自然界（精神和社会两者也在内）的一切现象和过程都含有互相矛盾、互相排斥、互相对立的趋向，它指出世界上所有的事物包括"法"这一大的规范体系和其中的程序法或实体法中都是由对立统一的矛盾体构成。实体法与程序法是构成法的一对矛盾体，而实体性规则与程序性规则就是构成程序法（程序规则）以及实体法（实体规则）的一对矛盾体。这些实体的目的和程序的过程通过不断的相互演化和对立统一共同促进法的发展。它们之间的对立表现在其各自的价值追求不同、表现形式不同、内容也不相同等，比如民法追求平等主体间的权利义务划分，而民事诉讼法追求因权利冲突如何解决纠纷以及解决过程中的方式、时间、空间等问题。统一则表现在两者在一个共同体中配合着调整行为和维护社会关系和秩序稳定。比如民法和民事诉讼法在互动中共同推动诉讼进程以及主体间的民商事关系。由此及彼，实体性规则和程序性规则在程序法或实体法中同样如此。在程序法中实体性规则与程序性规则共同处于法律程序的规则集合体中，实体性规则解决实体的公道和价值判断问题，程序性规则解决程序的技术问题，运用辩证思维，两者成为程序法规则中的主要方面和次要方面，要相互搭配才能打造出良性的程序法。一项完整的程序规则必然由程序性规则和实体性规则构成，在这种结构中不管缺失哪一方面对程序法都是致命的打击。其结构见图。

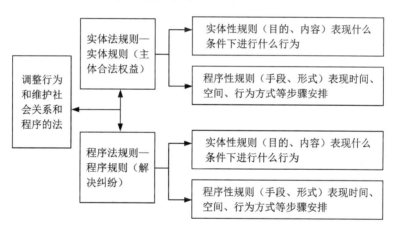

图 6 - 2　程序法内部的实体性规则和程序性规则的二元结构

2. 易经理论

《易经》有云："一阴一阳之谓道。""万物负阴而抱阳，冲气以为和。"它作为中国哲学思想的源头，其中反映的内容与马克思的唯物辩证法有异曲同工之处，同样认为万物之间皆存在有矛盾性。矛盾双方的相互作用是事物发展的根本动力，而《易经》中的"太极"结构就是主次矛盾以及构成矛盾的主次方面相互运动进行推理的过程，表现在法律中恰恰揭示了实体与程序在法律发展和适用过程中的运行规律。实体法与程序法是事物的矛盾，实体性规则和程序性规则分处程序法矛盾的主要方面或次要方面。实体性规则和程序性规则作为矛盾的两方面通过博弈的方式决定了其所属法律体系的属性。程序法中的实体性规则和程序性规则两者之间，如同轮椅的两个轮子共同扶持于程序法这一大的规则体系，但同时两者有自己独特的功能意义。法律体系中按照所反映内容不同分为实体法和程序法相当于太极生两仪的过程，而实体法和程序法因为各自内在的因素又分化为实体性规则和程序性规则相当于两仪生四象的过程。这一太极运行规律如图：

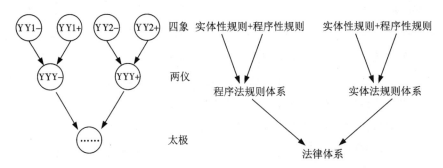

图 6 - 3　易经理论和法律体系的多层级结构、实体程序二元结构类比

（三）实体性规则在程序法中的意义

1. 构成程序法不可或缺的组成部分

任何程序法都不可能真正脱离实体性规则，这是程序法与实体法内在对应性要求和现实不可分特征的必然结果。正如辩证唯物主义理论所反映的，实体与程序的划分同样没有一条绝对分明和固定不变的界限，虽然实体法以及程序法在设计构想中是分别以实体性规则和程序性规则为内容组合而成，但是在现实发展中，实体法和程序法的划分界限是处于模糊状态，实体法中除了作为主导内容的实体性规则外，还纳入了一些程序性规则，同样的程序法中除了程序性规则作为主导内容之外还包含了实体性规则。以民事诉讼法为例，第四十六条规定："审判人员应当依法秉公办案。审判人员不得接受当事人及其诉讼代理人请客送礼。审判人员有贪污受贿，徇私舞弊，枉法裁判行为的，应当追究法律责任；构成犯罪的，依法追究刑事责任。"这一条规则，并未对具体操作的内容加以规定，而只是规定了审判人员的义务以及违反这一规定所应承担的法律后果。对于这样的规定，应当归属于实体性规则而非程序性规则。

随着我国法律发展中对程序法的愈加看重，我们必须要承认程序法的独立价值以及完善其理论的深层意义。应然角度程序法被预设为所有程序性规则的集合，但这毕竟只是理想中的预想，能够被运用进而更好地调整社会秩序的程序法必然是贴近生活的现实的规则集合。无论传统定性为实体法或程序法的法律部门，其规则构成中都必然内在地蕴涵着实体和程序两大规则元素，既有实体性的法律规则，亦有程序性的法律规则。[①] 对程序法只单纯地看到它其中的程序性规则元素，相对容易产生片面观点，

---

① 黄捷，段平华. 论刑事诉讼法"涉审"规则的二元性 ［J］. 湖南师范大学社会科学学报，2013（3）：42 - 46.

反而造成实践中实体与程序之间失衡状态，同时对于程序法中的内容并不能全面认识和理解。考察具体的程序法文本，从法律部分条文中逐句分析，实在无法从一些内容中看出程序化的表述，强硬地将其拉拢于程序性规则的集体中，将会导致该部分内容因为与实际的程序性规则并不吻合而处于尴尬孤立的地位。而将程序法中程序性规则和实体性规则区分开进行研究，不仅可以弥补程序法研究的缺憾，有助于强化程序法的程序化设计和科学运行，更会成为未来完善程序法理论的重要内容。

2. 进行法律适用极为重要的价值指标

霍贝尔所言："一件事（规则——笔者注）如果没有在适用法律的活动（诉讼——笔者注）中被承认，我们将永远不会认识它。"[①] 实体性规则与程序性规则若欲获得生命力的内容也必然要依靠法律适用。一项程序法规则的适用依照惯常的思维模式，肯定先要考虑某个主体有没有职权，能不能做出某项行为的实体性问题，才能进一步考虑行为怎么运行、运行的过程中要遵循的时间、空间等因素所构成的程序性问题。在诉讼活动中，诉讼程序的进行无法避免与实体性规则结合产生共同作用。比如民事诉讼法中起诉这一程序活动的开始必然要关联到人民法院主管权限和受理案件的范围的规定；诉讼代理人进行法庭辩论这一程序活动必然要明确诉讼代理人的权利义务等。尤其是规定在民事诉讼法中的证据规定在法律适用中最为直接地表明了实体性规则的不可或缺，证据规则要想得以运行，证据在司法程序中能够被质证和采信，先要明确证据的基本内涵及外延，何为证据即证据种类、双方当事人应当出具何种证据也就是举证责任分配皆是要考虑的实体性的规则，这些条件明确之后还要考虑证据由谁质证、质证的方式、地点、质证的对象等程序性规则。

3. 衡量程序性规则德性的伦理基础

程序法中会有一部分规则的功能着眼于法律程序本身的价值取向和最终目标的法律程序规则是法律程序的实体性规则，它们虽然在法律程序中相对而言为数不多，但同样举足轻重。实体性规则所体现的是整个法律程序所具有的内在德性，而这些内在德性往往会转化为法律程序的价值取向和最终目标，用于满足法律程序存在的价值。其中定位于实现指向特定活动、实现特定结果的方式方法、作为技术手段规则被设定出来的程序性规则，在运行中最终的目的是保证实体性规则的实现。这些有关"怎么做"的内容应当与实体性的目标价值相适应，才能判断一项法律程序规则是正当的抑或是不正当的。当程序性规则欠缺实体性规则的指引和评价，所设计的手段和技巧就显得多余，没有可用之地。换言之，当程序性规则缺乏实体性规则的引导，一切的手段方法都将在为所欲为、没有也罢的恶性循环中深陷。实体性规则的目的性或目标性

---

① 霍贝尔. 原始人的法 ［M］. 严存生，等，译. 贵阳：贵州人民出版社，1992：32.

内容，就像帮助引导船舶航行的航标一样，成为判断程序性规则善恶的有效指标。我们以赌博作为例子分析的话，为赌博这一活动设定程序，程序性等内容只要考虑赌博规则是明确完备的、赌博是自愿进行的、没有人使诈欺骗等等，但是赌博这一行为本身评价来说就应当受到批判，那么为此而设计出的一系列关于庄家、赌客、赌资的赌博规则整体就应当给予否定评价。

二、程序法中实体性规则的认定标准

上文虽对实体性规则在程序法中地位和重要性等有了一定程度的认识，但是具体怎么判断区分一个规则在程序法中是实体性的还是程序性的，需要进一步明确实体性规则的认定标准，实质上也就是把握实体性规则和程序性规则之间的区别标准，更甚于要明确实体性规则在程序法中存在的类型。

（一）实体性规则与程序性规则的区分标准

程序法中实体性规则和程序性规则之间的关系实质上有点类似于传统中认定的实体法与程序法的关系，两者之间具有目的与手段、内容与形式、静态与动态的关系。一方面，实体性规则为程序性规则提供目标、指引目的地，相当于"程序法中的实体法"；另一方面，程序性规则为实体性规则提供到达目的地的方式方法。两者不管是价值标准上、功能上、主体上、内容结构上都呈现不同的形态。

1. 价值标准不同

众多的研究中对程序价值都有过探讨，但是对于程序法规则内部结构的要素分别的价值则认识不深。笔者借鉴各学派对程序的价值理论的分析对其中实体性规则和程序性规则的价值做区分。以边沁为代表的"程序工具主义"认为，法律程序不是作为自主和独立的实体而存在的，它没有任何可以在其内在品质上找到合理性和正当性的因素，它本身不是目的，而是用以实现某种外在目的的工具或手段。[①] 这种观点中把程序纯粹地作为实现实体法的道具看待，只看重能否达成实体的目的，而忽略法律程序本身也应当具有的正当性。对于程序法的发展也很不利，因为其间接也否定了程序法规则内部实体性规则和程序性规则共存的结构。笔者认为"程序工具主义"虽然片面，但其中倡导的工具价值恰恰与程序性规则的价值相符。

而少数英美学者还提出了与程序工具主义处于相反极端的"程序本位主义"，认为评价法律程序的价值标准在于它本身是否具有一些内在的优秀品质，而不是它在确保好结果得以实现方面的有用性。[②] 这种观点倡导法律程序所具有的独立的价值，强调程

---

① 陈瑞华. 程序价值理论的四个模式 [J]. 中外法学, 1996 (2): 1.
② 陈瑞华. 程序价值理论的四个模式 [J]. 中外法学, 1996 (2): 3.

序的内在德性否定程序作为工具的价值，认定只要程序正当，结果得失可以忽略不计。笔者认为"程序本位主义"中满足法律程序有益性的内部价值，正是本章中实体性规则的价值体现，从内部结构因素中反映程序的公正及合理与否。

关于法律程序的整体价值评价笔者认同黄捷教授以及陈瑞华教授提出的理论，认为应把上述两种理论结合，具有独立内在德性和工具两种价值标准。前者属于其中实体性规则的价值，后者是程序性规则的价值。

2. 功能不同

实体性规则虽与程序性规则共存于程序法这一个规则群中，两者除了相互适应所呈现出的以保证权利（职权）与义务（职责）实现的各种程序①顺利进行的整体功能之外，两者分别具有其各自特殊的功能，在各自的领域发挥作用，当两者搭配达到均衡水平时，程序也可显现出健全的姿态。实体性规则在程序法中是关于程序性质、目的以及价值目标的规则，负责解决法律程序的公道和价值判断问题，为行为行使提供了前提条件。其在程序法中应该起到的功能，是一种价值的判断指标，是一种精神内核层面上起到核心作用的精神引导、目标性、定性、原则性的作用，就像人的躯干之内必须有灵魂意识存在。而程序性规则是关于程序活动具体操作的技术性规则，负责预置程序活动中的步骤，为行为行使设计方式方法。两者就好比建筑时的设计图和建造过程，实体性规则作为设计图构造了蓝图目的，而如何使其变为现实则需要各方面统一协作，一步步添砖加瓦。

3. 涉及主体不同

实体性规则在程序法中规定时，虽然主体具有一定的特殊身份，但一般只涉及一个主体。这里的一个主体不是单纯地指一个"人"，而是一个特殊身份的人，比如当事人的质证权，当事人可以包括原、被告双方。民诉中原告的起诉权、当事人的申请回避权、被告的反诉权、人民法院有权取证等实体性规则的主体都是具有某一身份的一类人。而程序性规则中一般涉及一个程序当中的众多主体，民事诉讼法中第八十三条规定："勘验物证或者现场，勘验人必须出示人民法院的证件，并邀请当地基层组织或者当事人所在单位派人参加。当事人或者当事人的成年家属应当到场，拒不到场的，不影响勘验的进行。"其中有勘验人、当地基层组织、当事人等多个主体出现构成程序性规则。

4. 内容结构不同

根据笔者定义的程序法中的实体性规则，简单来说就是规定行为产生的条件及行为的定性（有权、无权、应作、可作、不作）的规则。它的内容结构跟实体法有相似

---

① 这里的"程序"指程序法中规定的各种程序，如一审程序、管辖程序、起诉程序等。

之处，基本呈现"如果 A，那么 B，否则 C"的结构。虽然在法律语言的表述上不管何种属性的规则很多都以授权型规则和义务型规则的形态呈现，但还是有一定的区别。法律条文的表述上既有明确的实体性规则，也有与程序性规则交叉的模糊的实体性规则。下面笔者通过法条的对比来说明其结构形态，首先以民法典作为实体法的代表，其中第五十三条："被撤销死亡宣告的人有权请求依照本法第六编取得其财产的民事主体返还财产；无法返还的，应当给予适当补偿。"其次作为程序法中实体性规则的代表，民诉法中第四十七条，"审判人员有下列情形之一的，……当事人有权……有权申请他们回避……"通过对比两者，基本呈现出"行为条件 + 行为 + （行为后果）"的形态，而且其总是处于静态模式。这里所说的行为的条件指的是产生行为的实质条件（原因），而不是形式上以程序启动者对其他程序的启动作为行为的前提。而程序性规则是"谁来做，指向谁，做的时间、方式、空间，失败的救济"的结构，是动态衔接的过程。实际上，一项实体性规则的表述一个条文基本可以涵盖，模式也比较简单，但是程序性规则就相对比较复杂。

（二）实体性规则在程序法中的类型

不管是实体性规则和程序性规则在形式上都表现为一个一个的法律条文，在法条上的表述以及所具有的内涵可知实体性规则也拥有各种不同的类型：

1. 权利限定规则和权力限定规则

权利或权力规则严格说来是对程序法中不同主体行为的权限做出的规定。根据实体性规则的内涵，其基本可以覆盖整个实体性规则。以行使特定行为时主体的不同作为分类依据，实体性规则可分为权力限定规则和权利限定规则。这类似于实体法中关于私权与公权主体的区别，对权力主体行为的限定是权力限定，而对权利主体行为的限定是权利限定。在典型的程序法中涉及的主体分为诉讼参与人与国家机关及机关工作人员两类，诸如民事诉讼程序中的原告、被告、第三人、鉴定人、翻译人等是权利限定的主体，而人民法院、检察院及法官、检察官等则是权力限定的主体。而对权利或权力的约束限定其中不光有授权性规则也有义务性规则，在法律语言的描述中多含有"有权""享有""应当""必须""不得"等连接词，比如：民事诉讼法第四十六条规定审判人员应当依法秉公办案。审判人员不得接受当事人及其诉讼代理人请客送礼。审判人员有贪污受贿，徇私舞弊，枉法裁判行为的，应当追究法律责任；构成犯罪的，依法追究刑事责任。这条实体性规则中就有应当、不得等词汇。但是这并不代表所有含有这些词的规则都是实体性的，同时实体性规则的表述也不局限于这几种。第二百二十七条第二款中规定公示催告期间，转让票据权利的行为无效。虽然没有这些连接词，但是其中隐含期间内票据持有人不得转让票据权利。这种规则极易和程序性规则中的行为方式混同，但一般实体性规则中规定主体进行的"一个"行为的约束，而程序性规则的行为方式具有一定的选择性，强调主体采用有何种方式的行使行为。

2. 独立实体性规则和混合实体性规则

上文中笔者所举的民诉法中的实体性规则大多可以从结构上就显而易见没有争议地认定，因为其基本上是以实体性规则的形式独立存在。但是还有很多是实体性规则和程序性规则混合交织在一起的。因此我们依照实体性规则是否独立存在把其分为独立实体性规则和交叉实体性规则。民事诉讼法第一百二十六条就是属于实体性和程序性混合的规则，前半句"人民法院应当保障当事人依照法律规定享有的起诉权利"是实体性规则；后半句"对符合本法第一百二十二条的起诉，必须受理。符合起诉条件的，应当在七日内立案，并通知当事人；不符合起诉条件的，应当在七日内作出裁定书，不予受理；原告对裁定不服的，可以提起上诉"规定了人民法院对原告起诉进行应对的行为方式以及救济方法，是程序性规则。

3. 显性实体性规则和隐性实体性规则

在程序法中有些实体性规则是以法律条文的形式明确被规定下来的，笔者将之称为显性实体性规则。但是有些实体性规则却以隐蔽的方式在法律条文中呈现，被称为隐性实体性规则。总之，实体性规则依照在程序法中是否有具体条文呈现而区分为显性实体性规则和隐性实体性规则。显性实体性规则比较容易辨识，但是隐性的规则的实体性涵义蕴藏在程序性的表达中。《刑事诉讼法》第三十四条规定犯罪嫌疑人在被侦查机关第一次询问后或者采取强制措施之日起，可以聘请律师为其提供一系列的法律服务。该规定是关于询问犯罪嫌疑人这一规则中关于被询问人权利的规定，是其程序性规则的组成部分；同时，这一规则又是一个实体性规则，是关于犯罪嫌疑人获得律师帮助的实体性规则。

三、由《湖南省行政程序规定》看我国地方行政程序法实体性规则现况

本章中涉及实体法和程序法、实体性规则和程序性规则两对概念。程序法与实体法是程序性规则和实体性规则的表现形式，程序性规则和实体性规则是程序法或实体法的内容。这章笔者所要强调的是程序法中实体性规则的分布情况，以及与其对应的程序性规则进行对比。本章主要以我国地方行政程序立法的代表——《湖南省行政程序规定》为样本具体考察分析目前程序法的现状。

（一）《湖南省行政程序规定》中实体性规则分布

1. 《湖南省行政程序规定》为样本的选择

我国近几年地方行政程序性立法愈渐增多，在法律文件形式上，以特定的社会活

动为对象命名的（如：某某程序规则、某某程序规定、某某程序条例、某某程序暂行办法、某某程序实施办法等）基本上被归属于程序法的范畴，《湖南省行政程序规定》作为我国地方综合性程序立法的代表之一，是规定有关地方行政程序的规章，对全国的行政程序的统一立法以及其他地方的行政立法起到了比较有价值的促进作用。它的规则构成也反映了当前地方行政程序立法的状态，具有很高的代表性。

2. 《湖南省行政程序规定》中实体性规则的分布

《湖南省行政程序规定》在 2008 年颁布后，获得了积极的社会评价。该规定通篇分为十章，共有 178 个条文，要对这些条文的属性进行划分，了解具体归类于实体性规则中还是程序性规则，需要针对每一个条文的全部内容，且结合上下条文进行判断。根据该条文的内容，解读其中实体性规则是属于一般意义的设定权利义务，也就是划分一定的职能权限为主体行为提供条件；涉及社会关系主体的实际利益和其他的规则相对缺乏联系，同时也不具有实际的操作性。而程序性规则因为是为实现某种职权和利益而制定的方式、方法、空间、时间的步骤顺序性的规定，所以往往是在特定活动中设定权利义务，使特定活动能够和其他规则有较为紧密的联系，使条文具有实际操作性等。本节以《湖南省行政程序规定》中各项重要制度和诉讼环节为划分对各项条文进行梳理。

《湖南省行政程序规定》中第一章总则 9 个条文，基本都是实体性规则。这些内容皆没有涉及一些特定的活动，没有具体的操作内容，只是立法宗旨、依据，适用范围，基本原则等，其设定的内容皆是抽象意义上的。比如第三条："行政机关应当依照法律、法规、规章，在法定权限内，按照法定程序实施行政行为。"涉及对行政机关的原则要求，遵循的基本原则，明确了应当在"法定权限内"和按照"法定程序"实施行政行为，但是权限和程序如何这些具体的操作内容尚不涉及。

第二章行政程序中的主体，共有 19 个条文，其中关于第一节行政机关 9 个条文和第二节其他行使行政职权的组织 4 个条文，几乎全部应当属于实体性规则；第三节当事人和其他参与人共有 6 个条文，除去第二十五条具有一定的程序性特点之外，其余 5 条亦全部实体性突出。

第三章行政决策程序，共有 25 个条文，包括了重大行政决策 16 个条文和制定规范性文件 9 个条文两部分内容，因为已经明确了本章属于程序属性的内容，所以大多数条文的程序性突出。在第一节重大行政决策 16 个条文中，第二十九条、三十条、三十一条、三十二条以界定范围、界限、授权等为主，这 4 条规则的内容应当属于实体性突出的规则，其他则属于程序性规则。第二节制定规范性文件 9 个条文中的第四十五条和第四十七条则亦应当属于实体性的规则。

第四章行政执法程序，共有 39 个条文，与第三章属性一样该章的所有条文亦较强地体现了程序性的特点。但亦有比如第五十四条和第五十七条等应当属于实体性的法律规则。

第五章特别行为程序和应急程序，共37条文；第六章行政听证，共15个条文；第七章行政公开，共7个条文；第八章行政监督，共15个条文；第九章责任追究，共7个条文；第十章附则，共5个条文。在第五章以下的各章节内容中，该规定便基本以程序性规则统领条款，成为对应调整本地行政行为的重要依据。

（二）《湖南省行政程序规定》中实体性规则的梳理

1. 实体性规则的数目梳理

表6-2　《湖南省行政程序规定》实体性规则数目统计

《湖南省行政程序规定》规则		授权性词汇表述（数目单位：个）				义务性词汇表述（数目单位：个）			
		有权	可以	享有	总计	应当	必须	不得	总计
整体数目	权利主体	7	17	2	26	14	1	1	16
	权力主体	2	54	1	57	232	8	28	268
程序性规则	权利主体	6	14	1	21	11	0	0	11
	权力主体	1	47	1	49	203	4	24	231
实体性规则	权利限定主体	1	3	1	5	3	1	1	5
	权力限定主体	1	7	0	8	29	4	4	37

用授权性和义务性法律语言进行规则的规定是我国的立法习惯，因此笔者以授权性词汇"有权""可以""享有"和义务性词汇"应当""必须""不得"作为统计目标，同时以权力主体（行政机关及其工作人员等）和权利主体（当事人、利害关系人，公民、法人和其他组织等）为区分梳理地方行政程序中实体性规则的数目（见上表6-2①）。其中可以清晰地看出：《湖南省行政程序规定》中程序性规则的数目比实体性规则的数目多出许多，而且其中程序性规则中义务性的表述居多，实体性规则中同样义务性表述居多，这也反映了程序性规则具有的义务本位，而实体性规则的权利本位。还必须注意到的是，这里的大多数义务性程序性规则指向了权力主体，主要是行政主体。实体性规则亦是指向了权力主体，主要是行政主体。这说明地方行政程序立法的重点和主体是约束和规范行政权力。

2. 实体性规则的内容梳理

《湖南省行政程序规定》中所规定的实体性规则通过梳理，主要包含以下一些

---

①　参照黄捷. 论审判行为的程序性和科学化［J］. 政法论丛，2010（4）：34-40. 注：此表格中数据系参照《论审判行为的程序性和科学化》中的方法，严格核对《湖南省行政程序规定》，结合本章文中对实体性规则的认定标准，采取查找方式统计而获得的结果。

内容：

（1）总则：确定本地方规章的宗旨、立法依据、基本原则等。

（2）主体性规则：明晰行政机关的外延范围、职权管辖、相互关系、回避制度等；以此为基础进而明晰其他行使行政职权的组织的种类、范围、职权责任等。同时，亦确定了当事人和其他参与人等主体的资格、权限等。

（3）行政机关相互关系的规则：上下级行政机关之间、行政机关不同部门之间、政府不同部门不同身份的工作人员之间的关系的规则。

（4）界定部分法律概念的规则：该部分规则本身不具有程序意义，仅仅对一些概念进行立法意义的界定和厘清。比如界定什么是当事人、界定重大决策、界定规范性文件等等。

（5）实体授权性或义务性的规则：比如第四十七条："规范性文件不得创设行政许可、行政处罚、行政强制、行政收费等事项。规范性文件对实施法律、法规、规章作出的具体规定，不得与所依据的规定相抵触；没有法律、法规、规章依据，规范性文件不得作出限制或者剥夺公民、法人或者其他组织合法权利或者增加公民、法人和其他组织义务的规定。"

（6）法律责任和后果规则。比如：第一百七十条第一款"责任承担主体包括行政机关及其工作人员"。

综上，这些内容分布于《湖南省行政程序规定》的各个章节和具体程序制度当中，但是每一个具体条文的内容，仅仅从表面上观察，便断定其实体性或程序性，具有较多的主观因素。有一些规则具有较多的实体性特征，属于显性的实体性规则。但是涉及法律责任和后果等有关的部分规则，其实体性很多往往蕴含隐藏在程序活动的过程中，属于隐性实体性规则。如我地方行政程序的考察，仅仅从《湖南省行政程序规定》进行考察，属于管中窥豹。并且亦仅仅属于文本观察，真正深入地研究和观察还需要到实践中考察这种地方立法在现实中的运行状态，才能有利于地方法治的有效建设和发展。

（三）由《湖南省行政程序规定》看程序法中实体性规则的现况

笔者从《湖南省行政程序规定》中实体性规则的现况中以管窥豹，以小见大地抽象出地方行政程序立法中实体性规则的状况。我国近年来法治建设加速，全国性和地方性的程序性质的立法开始增多，全部将其纳入考察对象进行归纳分析，限于篇幅，无能为力，在此暂不作扩展。仅以《湖南省行政程序规定》作为示例，由小及大分析我国地方行政程序立法中实体性规则的现况。

1. 缺乏对程序法中实体性规则理论认识

长期以来，我国对于程序法中规则体系的归类划分分类（程序法规则体系分为实体性规则和程序性规则）鲜少涉及，更多地停留在对法律整体的分类（法律分为程序法和实体法）上。对于程序法的研究集中在程序法与实体法的关系、程序本体问题和程序价值问题上，对于其中的实体性规则并无相关的具体研究成果。而关于实体的研究也集中于程序与实体的关系以及实体的本身研究。虽然很多学者在研究实体与程序时都会提到程序法内容构成上不仅仅只有程序性内容，同样蕴含不少的实体性规则，但对于其中内容的二元性并未有进一步渗透，例如沈宗灵在法理学教材中就只提到了实体法与程序法之间的相对划分。在更多的研究中针对程序法视线总是集中于其主要构成元素——程序性规则的认识完善，对于程序法中实体性规则的研究就处于较为薄弱的状态。如果没有相关的科学理论的指导，程序立法工作就容易出现弊端。

2. "重实体轻程序"立法惯性存在

从《湖南省行政程序规定》的条文规定可以看出因长期受"重实体轻程序"的理念影响，虽然我国一直致力于程序法治建设和程序法的完善，但法律语言上偏重于授权或义务表述。同时在立法初期，总是集中于一些特定活动的权利义务规定上，而忽视了接下来的行为过程问题，然后在之后的修缮或立法解释、司法解释过程中逐渐地增加程序性规则内容，这也间接导致大量的程序法律文件中，程序性规则不突出、不科学、不系统、不够数。以致相当长的时间内我国的许多法律文献颁布之后，普遍感觉缺乏可操作性。《湖南省行政程序规定》作为地方立法中的一个大胆的立法尝试，在程序性规则的设置上迈出了较为扎实的步伐，程序性规则设置相对较多和完备。但是，法学者在研究诉讼程序问题时仍然更多地关注其中的实体性规则，而忽略了旨在确保这些实体性规则适用的程序因素。虽然对程序法中实体性规则的单独认识理论有所局限，但长期以来我国在构建规则体系时的思维习惯偏向实体，可以说，在诉讼程序的独立价值得到强调的今天，一种新型的"重实体、轻程序"现象仍然极为普遍地存在于许多学者的论著之中。其中最为明显的表现就是重视一个完整的程序规则的确立，而不关心这些程序性规则本身的实施问题。

3. 对应的程序性规则的不完善

程序法最大的特色就是使其中的各部分都能够"动起来"，如果在其中实体性规则存在的地方缺乏必要且适当的程序性规则进行规范，根本无法实现有效规制有关行为的目的。而程序性规则不完善主要有两种：第一种是实体性规则对应的程序性规则结构不完整或不完善、有提高的空间，有待进一步加强；第二种是直接缺失对应的程序性规则。根据上文中论述的程序性规则的结构要素可知，考察一个程序性规则是否完整要从程序主体、行为方式、时间、地点等几个方面进行分析判断。但实践中存在的主要不足现象多是设定程序主体不明晰，时间元素不设置，地点元素不具体等。现行立法更习惯的是规定相关主体的权力或权利，习惯通过使用实体性规则的方式为程序活动中的主体设定行为的界限或方向。所以，与其相应的程序性规则的程序性并不突出。程序意义的流程、过程亦因该方面的原因，表现得不突出。

四、地方行政程序中实体性规则的完善建议

程序法中所实际需要的实体性规则数目是非常难以确定的，而且我们研究程序法中的实体性规则也并不是要使程序性规则与实体性规则分立。完善程序法中实体性规则从根本上还是为了完善程序法这一结构整体，而实体性规则作为构成程序的一项元素，要探索其如何完善要在深化理论基础上，对其设立提出建议。

（一）从理论认识上完善程序法中实体性规则

1. 深化程序法中实体性规则的理论体系研究

程序法本身以法律形式呈现出社会倡导的程序法基本理论。程序法的立法完善必然离不开科学理论的指导。有关理论的不完整也是我国程序法规范存在弊端的原因之一。当前程序法的理论研究中对于程序法中内部规则的属性研究涉及尚少，也造成了之后程序立法工作的障碍。因此要完善我国程序法中实体性规则必须先从理论研究上开始。首先，重视对程序法中内部结构的研究，法律规则是程序法中的主干内容，我们从规则的属性上认识程序法的内容结构，即认识到程序法的规则体系必然由实体性规则和程序性规则组成，实体性规则和程序性规则都是程序法中必不可少、缺一不可的元素。当前仅仅是部分人认识到这一结构形式虽然也是一个很好的现象，但把这由部分人的认识形成科学理论，就需要使理论形成体系。其次，要对实体性规则的内涵外延以及其在程序法中实体性规则的特定含义以及特征投入更多关注加强研究，进而形成理论体系，对程序立法实践工作提供指导。

2. 加强程序法中实体性规则的功能认识

在立法工作中对内部结构的各个方面进行完善，从而能够影响到程序法整体的完善，那就需要对其中实体性规则和程序性规则两方面的内容都加强认识。尤其要重视实体性规则在程序法中的功能地位，才能在实际中不致偏颇，忽略实体性规则的存在。必须认识到实体性规则为程序性规则提供了存在的基础和条件，反过来程序性规则为实体性规则提供实现的方法和途径。离开实体性规则，程序性规则肯定无法存在；反之，实体性规则规定的内容也不可能顺利实现。实体性规则形成了有关具体程序法规则的基础。实体性规则是相关行为的价值判断标准和目标性指示标志，是权力支撑或权利基础。它可以使相关主体的权力或权利行为获得法律上抽象和目标意义的正当性。但如何使该正当性化身为具体衡量指标和实施过程，则需要程序意义的专门活动，同时需要规范这一活动的程序性规则。

（二）从设立衔接上完善我国程序法中实体性规则

1. 实体性规则应与程序性规则对应设立

实体性规则和程序性规则应当对应地并存设立，才可构成完整的程序调整机制，实现调整和规范人们行为的使命。首先，程序法规则体系中一个具体的程序规则如果要产生，必须先有实体性规则作为基础，因此使程序法不断完备就先要使其中的实体性规则确立下来。其次，每一个具体的实体性规则能够实现，需要程序性规则操作和控制。实体性规则条文仅仅完成了特定事项的法律授权。如果并没有设定权利实现的步骤、方法的相关规则的话，那么如何促使权利的享有从文字载体跳脱出来，便只是相关主体的自由（极有可能充满恣意）。那么某些所谓程序制度的规定就寸步难行、形同虚设了。而一旦法律进一步设定程序性规则，具体为运行的方式方法设置更为缜密的规则，则实体性规则和程序性规则的对应性成立才使程序法具有了实践的意义。在现实应用中，虽然有些内容实体法中有与程序规则相对应的地方，但考虑到诉讼有关的一些权利义务和程序某些环节中的权利义务分配被规定在程序法体系之外，其内涵等极有可能发生偏差。因此在程序法中实体性规则的存在很有必要的。同时考虑到其所属法律的特殊性，程序性也是不可忽视的问题，其设定要与其中实体性规则相对应。程序性规则缺陷的存在，要么参与主体的行为可以溢出程序所限定的时空范围而无所制约；要么程序以外的主体可以随意切入程序活动对特定程序主体的意志和行为施加不当影响，最终容易导致程序偏离自己的实体性目标，不利于实体性规则的实现。比如民事证据规则中对于人民法院以及诉讼参加人有权调取证据的实体性规则，必然要配合着在有关主体进行收集证据工作时的程序性规则：必须告知身份；询问对方身份；征求对方许可；出示有关证件文书；等。否则对于某些行为的实施就没有约束，自由裁量的范畴一旦增多就容易形成肆意，那么程序法就失去程序规范的意义。

2. 实体性规则应与程序性规则有效衔接

程序法中实体性规则和程序性规则除了应当相互对应设立，同时这些规则之间也要有效衔接，才能够形成完备的具有抵御外部干扰能力的程序法。就好比建房子时，砖头以及钢筋已经堆好，但是要把其黏合在一起建筑物才会稳固。程序法中实体性规则和程序性规则之间的衔接就需要有效的黏合剂。如果在衔接上两项"齿轮"有所错位，就会在程序法这个笼子上打开口子，看似坚硬完备，但是在法律运用的实践当中将出现种种弊端漏洞。在现实中，程序法法律适用时经常会出现需要司法解释或补充规定的情况，其中有一方面的原因就是规则在衔接的过程中出现了空隙。同时，一部程序法的规则体系其整体是由实体性规则和实体性规则构成的，那么其中一个个具体的程序规则也同样由这两部分构成，例如民事诉讼法中的一审程序、二审程序、再审程序以及贯穿其中的证据规则、管辖规则等，这些规则是关于诉讼行为的规定，可以成为另一个法律程序规则中的实体性规则。也就是说，整个法律程序不但是一个前后衔接的程序规则体系，而且也是一个往下派生、一脉相承的程序规则体系。

第四节　地方行政程序规则之时间规则

研究时间规则，尤其是研究程序中的时间规则，研究法律程序中的时间规则，有着非同寻常的意义。程序之所以有价值，一个重要的因素便是其使得人们的社会活动在空间上有了秩序，更重要的是使其在时间上有了顺序和节奏。

一、法律程序时间规则的界定

法律规则中与时间有关的非常多，但有的清晰，有的模糊。表达时间的概念亦非常多，有的通用、明白，有的仅在少数人中使用。力争把概念界定清楚，有利于后续的分析。

（一）法律程序时间规则的含义

法律程序的时间规则，是由法律程序与时间规则组合而成的新概念。时间是法律规范不可或缺的元素，它与法律规则结合成为时间规则，从时间角度上对社会活动进行规范。

1. 法律程序、法律程序规则与程序法的含义探析

（1）法律程序的界定

近年来，国内对法律程序和程序法的研究日渐升温，对法律程序的定义，学者们各亦有所见。但法律程序的本质究竟为何，尚有进一步探讨的空间和必要。就法律程序一词的定义来看，目前具代表性的观点有如下几种：

①认为法律程序是作出法律决定的过程和关系。有观点认为"程序，从法律学的角度来看，主要体现为按照一定的顺序、方式和步骤来作出法律决定的过程"。① 另有观点认为"从法学角度来分析，程序是从事法律行为、做出某种决定的过程、方式和关系。由于国家一般对制作各种法律决定的程序都在专门的法律规范中做出了规范和

---

① 季卫东. 法律程序的意义——对中国法制建设的另一种思考 [J]. 中国社会科学, 1993 (1)：85.

限定，因此这种程序又被称为'法律程序'"。①

②认为法律程序是"由法律规定、特定主体为实现一定的目的而对相应行为予以的时间和空间上的安排"，并认为法律程序"由一连串的程序行为组成"，由程序主体、主体行为、行为时序、程序法律关系内容、程序后果等基本要素构成。②

③认为应区分"法律程序"与"法律程序活动""法律程序现象"，并提出法律程序是"通过立法方式，运用法律形式拟制，对应特定社会活动的、具有内在关联属性的法律规则的集合体"。③

笔者认为，法律程序和法律程序活动并不能画上等号。法律程序在法律程序活动开始之前就已由法律规范预先拟制，以文本的形式表现出来，并在人们的观念中静态地存在；法律程序活动是人们依循法律程序所进行的动态性的活动。法律程序与法律程序活动正如乐谱与演奏活动，乐谱在演奏前已创作完成，演奏行为因循乐谱进行，因演奏者素质、音响设备、场地的影响，演奏过程可能与曲谱完美契合，亦有可能"跑调"。同样，法律程序在程序活动开始前已存在，具有稳定性；而在法律程序的条框中进行法律程序活动，因参与主体的主观因素、客观环境的影响而出现不同形态：同样是进行诉讼活动，在不同案件中，活动的过程可能会发生中断，可能会因和解而终止，可能会受不正当因素的干扰而出现程序违法，若法律程序活动的过程即是法律程序，则法律程序将表现为不稳定的状态，他们会因为程序主体行为的多样性而"瞬息万变"。由此观之，法律活动的过程、相互关系、步骤、形式、行为等只是法律程序活动的一部分，法律程序活动运行所遵循的一系列法定的、具有稳定性的规则是构成法律程序的元素，这些规则的集合体才能被称为法律程序。

因此，笔者认为，第一种观点将法律程序描述为从事法律行为或作出法律决定的"过程""方式""步骤""相互关系"，实质上混淆了法律程序和法律程序活动。但第一、第二种观点中对法律程序特征的描述却反映了法律程序的一些基本特征，笔者亦认同，法律程序针对特定活动，时间要求和空间要求是法律程序的重要内容。第三种观点从定义上看，将法律程序定义为指向特定主体、对应特定目的法定的时空安排，事实上正确地区分了法律程序和法律程序活动，但其后提出"法律程序行为组成"，法律程序包含程序主体、主体行为、行为时序、程序法律关系内容、程序后果等基本要素，又再次将法律程序和法律程序活动混为一谈。第四种观点将法律程序定义为对应特定社会活动的、具有内在关联性的法律规则的集合，准确地将法律程序的本质从法

---

① 孙笑侠. 程序的法理 [M]. 北京：商务印书馆，2005：15.

② 徐亚文. 程序正义论 [M]. 济南：山东人民出版社，2004：234 - 235.

③ 黄捷，刘晓广，杨立云，等. 法律程序关系论 [M]. 长沙：湖南师范大学出版社，2009：9 - 10.

律程序活动、法律程序现象中剥离了出来，故笔者亦认同此观点。综上所述，笔者认为，法律程序是："通过立法方式，运用法律形式拟制，对应特定社会活动的、具有内在关联属性的法律规则的集合体。"①

（2）法律程序规则的界定

法律程序规则是构成法律程序的基本元素，也是法律程序的具体存在形式，它以文字为载体，指向特定活动，表达对特定主体的特定行为的立法期待或立法特许。其中，"立法期待"通常表现为法律程序义务，"立法特许"表现为法律程序权利。

在法理学理论中，法律规则在逻辑结构上存在两要素说和三要素说。两要素说认为，法律规则由行为模式和法律后果构成；三要素说则认为，法律规则由假定、处理和制裁三要素构成。无论是两要素说还是三要素说，都认为法律规则不能等同于法律条文：一方面，法律规则只是构成法律规范的要素之一，除了法律规则之外，法律规范中还有法律概念和法律原则；另一方面，根据上述两种理论，完整的法律规则应包含"行为模式和法律后果"或者"假定、处理和制裁"，以此对照，法律规则和法律条款并不一定重合，有时一个法律条款能包含多个法律规则，有时一个法律规则需要由几个法律条款组合而成。法律程序规则作为法律规则的一种，按照这两种理论也应是由两要素或三要素构成，但是若简单地将这两种理论适用于法律程序规则则存在局限性。法律程序规则具有明确的指向性和对应性，② 它"更多的是紧密围绕着特定社会活动而设置的由主体（特定性）要素、对象要素、行为方式要素、时间要素、空间要素权利或权力限定要素范围等综合要素混合所构成的行为规则"，"不一定需要设置制裁或者法律后果等内容"。此外，"两要素说"和"三要素说"理论下的法律规则过于抽象无法与现实的法律条文对应，因而在对具体法律规范进行整理、分析、总结的时候难免陷于繁琐。因此，为了能够区分法律程序规则与传统法理学中的"法律规则"一词，还原法律程序规则的本质，同时便于进行整理分析，笔者将在本文中所使用的"法律程序规则"的概念与具体的法律条文对应，本文所称的"法律程序规则"即是具体的程序法条文。

（3）法律程序与程序法

在法理学理论中，法律有程序法和实体法之分。实体法是"规定法律关系主体权利义务或职权职责，以追求实体正义为主要内容的法律规范的总称"；程序法是"保障法律关系主体的权利义务的实现以及规定诉讼过程中带有程序性的法律关系主体权利

---

① 黄捷，刘晓广，杨立云，等. 法律程序关系论 [M]. 长沙：湖南师范大学出版社，2009：9 - 10.
② 黄捷教授在《法律程序关系论》一文中提出，"实体法中的法律规范调整对象一般指向不特定主体，程序法中的法律规则调整对象则需要明确指向特定社会活动中特定的主体"。

义务的法律规范的总称"。① 单从这个定义出发，"实体法"和"程序法"仍然让人感到困惑。因此有学者提出，实体法和程序法的定义和分类应当建立在法律行为之上，实体性法律规范规定行为许可与否，程序性法律规范规定行为的时空方式，并主张以部门法律包含的原则、规范的主要内容来区分实体法与程序法，实体法律部门是主要规范权利和义务的存在状态的法律部门，程序法部门是主要规范权利义务的实现状态的法律部门。② 较之第一种观点，第二种观点对程序法和实体法的解释更为清晰。对具体的部门法进行分析可以发现，但凡那些以特定的社会活动为对象命名的法律文件（比如：赔偿法、处罚法、许可法、复议法、拍卖法、仲裁法、诉讼法等）基本上都属于程序法的范畴；而那些以组织特定主体为对象命名的法律文件（如：组织法、民族区域自治法、公务员法、法官法、公司法、企业法等）则总体性质大多属于实体法范畴。

法律程序是对应特定活动、围绕一定目的，以法律形式拟制的具有内在关联属性的法律程序规则的集合体。从二者的关系上看，程序法是法律程序的载体，是法律程序的具体表现形式。在宏观视角下，抽象意义的法律程序与程序法重合，二者都是由具有内在关联性的法律程序规则构成的集合体。换句话说，广义的法律程序就是程序法，二者是一体两面的关系。而在谈论具体法律程序的语境下，程序法包含法律程序。或者说狭义的法律程序包含于程序法。一部程序法中可包含多个具体的法律程序（狭义），例如《刑事诉讼法》中包含侦查程序、审查起诉程序、一审程序、二审程序、死刑复核程序、执行程序等。这个时候，法律程序表示的范围要小于程序法。

（4）法律程序时间规则与相关概念的关系总结

为了更好地说明法律程序时间规则与相关的几个概念（即法律程序、程序法、法律程序规则、法律程序活动），笔者在此对这些规则的相互关系进行了梳理，并在此基础之上，绘制了一个示意图，以描述这些概念之间的相互关系。

①法律程序、法律程序规则与法律程序时间规则的关系

法律程序是由法律程序规则围绕一定目的，按照一定方式集合而成。法律程序规则根据其效用来看，可表现为规范主体的主体资格规则、规范主体行为方式的行为规则、以时间条件规范特定对象（主体行为或客体效力等）的时间规则、以空间要素规范特定对象的空间规则以及发挥其他效用的其他规则。需要注意的是，此处称法律程序规则的表现形式有主体规则、行为规则、时间规则、空间规则等并非按照规范对象

---

① 张文显. 法理学（第四版）［M］. 北京：高等教育出版社，2011：59.

② 徐亚文. 程序正义论［M］. 济南：山东人民出版社，2004：234-235.

对其进行分类，而仅是从不同的角度来描述具有不同功能的法律程序规则。实际上，上述几类规则并非泾渭分明，反而多有重叠。例如法律程序时间规则中有很多条款是以时间条件规范特定主体行为的规则，着眼于对时间要素的研究分析，可将其归入时间规则，从对行为规范的角度看，又可纳入行为规则。

②法律程序与程序法的关系

法律程序是程序法所界定的特定社会活动的流程，其寄寓于程序法的规则系统之中，二者皆由法律程序规则构成，是一体两面的关系。广义的法律程序等同于程序法，狭义的法律程序为程序法所包含。

③示意图

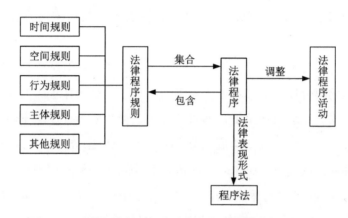

图 6-4　法律程序规则组成法律程序，规范社会活动原理

2. 法律程序时间规则的基本属性

时间要素在法律中无处不在，它与法律规则相结合成为法律时间规则，从时间上对社会活动进行规范。法律时间规则往往以时间为条件，界定客体效力、规范主体行为、确定法律责任等，功能多样，形态各异。就法律现象整体而言，程序法和实体法中都有大量的法律时间规则，实体法中的法律时间规则，如民法中的时效规则和时效计算规则等，程序法中的期限规则和期日规则等，本文限于选题目标和篇幅，仅就程序法中的时间规则进行探讨，实体法中的法律时间规则暂且搁置不谈。

（1）法律程序时间规则的形式表现

从广义上说，程序法是法律程序的法律表现形式，二者一体两面，均是由法律程序规则构成。因而，从宏观角度上看，法律程序的时间规则，即是程序法中的时间规则。那么，组成法律程序的诸多法律程序规则中，究竟哪些规则才是法律程序的时间规则？这需要结合现行立法一一厘清。法律程序对法律程序活动的规制主要从时间和空间两个角度进行，对特定对象的时间安排和空间安排构成了法律程序的主要内容。

在法律程序中，从时间角度对法律程序活动的各个部分进行规制的规则，即是法律程序的时间规则。结合现行立法来看，从时间角度对法律程序活动的各个部分进行规范的规则主要有以下几类：

①规定特定主体行为实施的时间条件的规则（以下简称"行为性时间规则"）。行为性时间规则指的是为特定主体的行为的实施设置一定时间条件的规则。行为性规则规定的时间条件可能是设定行为的期间，也有可能是两项或者两项以上的行为设定先后顺序，即行为的时序，例如《中华人民共和国民事诉讼法》第五十条规定：人民法院对当事人提出的回避申请，应当在申请提出的三日内，以口头或者书面形式作出决定。申请人对决定不服的，可以在接到决定时申请复议一次。复议期间，被申请回避的人员，不停止参与本案的工作。人民法院对复议申请，应当在三日内作出复议决定，并通知复议申请人。又例如我国行政处罚法第四十一条：行政机关及其执法人员在作出行政处罚决定之前，不依照本法第三十一条、第三十二条的规定向当事人告知给予行政处罚的事实、理由和依据，或者拒绝听取当事人的陈述、申辩，行政处罚决定不能成立；当事人放弃陈述或者申辩权利的除外。

②设置违反时间要求的法律后果或法律手段的规则（以下简称"制裁性时间规则"）。制裁性时间规则指的是规定特定主体未按法律程序时间规则设置的时间条件完成或进行相应行为的法律后果的时间规则。制裁性时间规则是法律程序规则中较为特殊的一个部分，它与行为性时间规则一样指向特定主体的行为，但不直接为该行为设置时间条件，而是给予不遵守时间要求之行为否定性后果或对应手段，来保障法律程序规则的有效实施。例如我国行政处罚法第五十一条针对当事人逾期不履行行政处罚的情况设定了可以采取加罚、划拨、申请法院强制执行等措施的规定。

③规定特定客体的时间效力范围的规则（以下简称"效力性时间规则"）。法律程序中的效力性时间规则指的是规定特定客体效力产生、变更和消灭的时间条件的规则。效力性时间规则依其指向的客体不同可分作三类：一是规定法律程序活动中产生的法律文书（例如审判活动中的判决书、裁定书等）的生效、失效时间的规则，例如我国仲裁法的第五十七条：裁决书自作出之日起发生法律效力；二是规定法律规范的时间效力范围的规则，例如我国民事诉讼法第二百九十一条：本法自公布之日起施行，《中华人民共和国民事诉讼法（试行）》同时废止；三是规定特定权利的时间效力范围的规则，即时效规则，例如我国民事诉讼法第二百四十六条：申请执行的期间为二年。申请执行时效的中止、中断，适用法律有关诉讼时效中止、中断的规定。

④辅助确定时间条件的规则（以下简称"辅助性时间规则"）。辅助性时间规则指的是法律程序中用以辅助其他时间规则确定时间条件的规则。此类规则是法律程序时

间规则里比较特殊的存在，它不直接规范特定主体的行为，也不直接规范法律程序中的法律文书，而是指向法律程序时间规则本身，是"法律程序时间规则的规则"。辅助性时间规则有两类：一类是用于确定期限的长短、起止、计算单位等的规则，例如我国民事诉讼法第八十五条、第八十六条；另一类是适用于确定日期的规则，例如我国民事诉讼法第八十七条第二款之规定。

（2）法律程序时间规则的共同特点

通过对上述几类规则进行总结分析可发现，这些规则虽然形态各异，却具有如下几个共同特点：

①含有时间要素。时间要素是法律程序时间规则的基本特征，是区分法律时间规则与其他规则的首要标志。法律程序的时间规则中均含有时间要素，行为性时间规则以时序和时限规范特定主体行为，制裁性时间规则以违反时间要求为归责前提，效力性时间规则以时间条件作为效力产生和消灭的要件，辅助性时间规则用于确定时间单位、计算方法、障碍元素的确认与排除等。含有时间要素，才能成为法律程序的时间规则。

②具有与时间对应的安排，使时间条件起规范作用。对应的安排即与时间条件对应的具体要求。行为性时间规则规定特定主体在相应时间条件下的行为方式，制裁性时间规则安排违反时间要求的法律后果，二者相互配合，确定特定主体的权利（权力）和义务，起到规范主体行为的作用；效力性时间规则规定特定客体的生效和失效时间，以规范其效力状态；辅助性时间规则用以确定时间条件，与其他时间规则相结合，间接地起到规范特定主体行为或特定客体效力的作用。

③法律程序时间规则具有对应性。法律程序时间规则都有特定的指向对象。行为性时间规则和制裁性时间规则指向特定主体的行为，效力性时间规则指向法律文书、法律规范等特定客体，辅助性时间规则指向其他时间规则中的时间元素本身。

综上所述，笔者将法律程序的时间规则定义为：法律程序当中，含有时间要素，并以时间要素为条件，规范特定主体行为或特定客体效力的规则。在适用法律程序时间规则过程中，时间条件的变化往往会引起法律程序活动内部各个环节、步骤或者法律关系的变化。在法律程序活动中，法律程序时间规则的时间条件影响着权利义务关系的变更、法律后果的产生、客体效力的变更以及法律程序活动整体或者某一个环节的启动、中止和终止，进而使得程序不断演进或暂停、停止，呈现出动态性。

（3）相关性非时间规则（相关性时间规则）

需要注意的是，法律程序当中，除了时间规则之外，还存在一些与时间要素相关的规则，这些规则与本文所讨论的法律程序时间规则一样，与时间相关联，但因其不具备与时间条件相对应的时间安排或其中的时间元素不起规范作用，笔者将其列为相关性非时间规则或相关性时间规则，但排除在本题研究的范围之外。这些规则有以下几种类型：

①有时间要素，但无相应时间安排的规则。在有的法律程序规则中，时间要素虽然存在，但是并没有与之相对应的时间安排，这一类规则，笔者将之排除在法律程序时间规则的范围之外，不在本文中讨论。例如我国行政处罚法第五十九条规定："行政机关依照本法第五十七条的规定给予行政处罚，应当制作行政处罚决定书。行政处罚决定书应当载明下列事项……（六）作出行政处罚决定的行政机关名称和作出决定的日期。"该规定中，时间要素"作出决定的日期"仅作为制作文书的要求事项，不具有针对程序行为的直接时间意义的规范性，故该条款不属于法律程序时间规则。

②时间条件不发挥规范作用的规则。在法律程序时间规则中，时间条件应当发挥规范的作用。在有的法律程序规则中，虽然有时间条件存在，但时间条件不起规范作用，而是用来描述被规范的对象或者仅是以某个时间去描述某种事实，笔者将这类规则亦排除在研究范围之外。例如我国民事诉讼法第二百四十八条规定："被执行人未按执行通知履行法律文书确定的义务，应当报告当前以及收到执行通知之日前一年的财产情况。"该条款中，时间条件用来限定应报告财产的范围，而不是用来规范报告财产的行为，时间条件不起规范作用。

③以与时间有关的措辞描述非时间条件的规则。法律程序中，有的规则在文字描述上看似为法律程序主体的行为设定了时间条件，但事实上表征的是当某个非时间性条件出现时，法律程序的主体应当或可以采取某些行为。例如《中华人民共和国刑事诉讼法》第二十四条规定："上级人民法院在必要的时候，可以审判下级人民法院管辖的第一审刑事案件"，在该条文中，单从文字上看"必要的时候"是一个对时间描述，但结合上下文可知，该条文表达的意思是"在上级人民法院认为有必要的情形下，可以审判级人民法院管辖的第一审刑事案件"，而不是"上级人民法院在认为有必要的那个时间点，可以审判下级人民法院管辖的第一审刑事案件"，条文中强调的是"认为有必要"，而不是"认为有必要的那个时间"，本质上并未对法律程序主体提出时间要求。

（二）法律程序时间规则的法律表现形式

法律程序时间规则的法律表现形式是指法律程序时间规则在程序立法中的具体形态，即法律程序时间规则以何种语言和逻辑结构出现在程序立法当中。在我国现行的程序立法中，法律程序时间规则所涉及的时间条件有多种类型，其所规范的对象亦各不相同，二者各自结合，使得法律程序时间规则呈现出了多种具体的表现形式。本节将结合我国现行立法，对法律程序时间规则的各种形式一一进行梳理。

1. 行为性时间规则

行为性时间规则即以时间条件规范特定主体行为的法律程序时间规则。这类规则是法律程序时间规则中最常见的表现形式。在行为性规则中，时间条件可能是期限或期日，也可能是两个以上行为的时序，行为方式可能是作为，也可能是不作为。依据时间条件的类型及其发生作用的方式不同，行为性时间规则可划分为四种具体的表现形式。

（1）规定特定主体行为实施的时间条件的规则

规定特定主体行为实施的时间条件的规则是法律程序时间规则最常见的表现形式之一。这类规则的时间条件有两种作用：约束特定主体行为和保障特定主体行为。约束特定主体行为的规则一般表现为：规定特定主体应当或者必须在一定时间内完成或进行一定行为，或者不得在一定时间条件下实施一定行为。例如我国民事诉讼法第五十条规定："人民法院对当事人提出的回避申请，应当在申请提出的三日内，以口头或者书面形式作出决定……"该条款即是以"三日内"作为时间条件约束人民法院处理回避申请这一行为。保障特定主体行为的规则一般表现为：规定特定主体可以在一定的时间条件内完成或进行一定行为。例如我国刑事诉讼法第三十八条规定："辩护律师在侦查期间可以为犯罪嫌疑人提供法律帮助；代理申诉、控告；申请变更强制措施；向侦查机关了解犯罪嫌疑人涉嫌的罪名和案件有关情况，提出意见。"该条款即是以时间条件保障辩护律师行使辩护权的一系列行为。

（2）时间条件和其他条件结合规范特定主体行为的规则

这类规则中，时间条件不单独发生规范作用，而是与其他条件相结合，共同约束或保障特定主体的行为。其中，起约束作用的规则一般表现为：规定在同时符合时间条件和其他法定事由的情况下，特定主体应当实施一定的行为。例如我国民事诉讼法第一百二十七条规定："人民法院对下列起诉，分别情形，予以处理……（六）依照法律规定，在一定期限内不得起诉的案件，在不得起诉的期限内起诉的，不予受理……"起保障作用的规则一般表现为：在规定时间条件下，出现法定事由，特定主体可以实施相应的行为。例如我国民事诉讼法第五十七条第一款规定："诉讼标的是同一种类、当事人一方人数众多在起诉时人数尚未确定的，人民法院可以发出公告，说明案件情况和诉讼请求，通知权利人在一定期间向人民法院登记。"

（3）时间条件和其他条件结合延长主体行为期限的规则

这类规则是上述两类规则的延续，它不直接规定主体行为的期间，而是规定若特定主体无法在上述两类规则规定的期限内完成相应行为，在履行一定手续后，可以延长期限。例如我国民事诉讼法第一百五十二条规定："人民法院适用普通程序审理的案件，应当在立案之日起六个月内审结。有特殊情况需要延长的，由本院院长批准，可以延长六个月；还需要延长的，报请上级人民法院批准。"

（4）规定特定主体两个以上行为的时序的规则

与上述三类规则不同，第四类规则不是以期间而是以时序来约束或者保障特定主体的行为。这类规则一般表现为：规定在特定主体需要实施两项或两项以上不同行为的情况下，哪一项行为先做出，哪一项行为后作出。例如我国民事诉讼法第一百四十四条第一款规定："法庭辩论按照下列顺序进行：（一）原告及其诉讼代理人发言；（二）被告及其诉讼代理人答辩；（三）第三人及其诉讼代理人发言或者答辩；（四）互相辩论……"

2. 效力性时间规则

效力性时间规则即以时间条件规范特定客体的效力的规则。这类规则以时间条件或者以时间条件与其他条件相结合，规范特定法律文书、法律程序规则效力的产生和消灭，或者规定特定权利的有效存续期间。具体说来，效力性规则的表现形式有三种。

（1）以时间条件规范客体效力的规则

规定特定客体生效的时间条件的规则即规定法律程序活动中产生的法律文书或法律程序规则本身等特定客体何时产生效力以及效力何时消灭的规则。规定特定客体生效时间的规则，例如我国仲裁法第五十七条规定："裁决书自作出之日起发生法律效力"；规定特定客体效力消灭时间的规则，例如我国民事诉讼法规定："本法自公布之日起施行，《中华人民共和国民事诉讼法（试行）》同时废止。"

（2）结合时间条件与其他条件规范特定客体效力的规则

这一类规则同样是以时间条件规范客体效力，但与上一种规则形式不同，在此类规则中，时间条件不能单独发生作用，而是需要与其他法定条件结合共同规范特定客体的效力。这类规则一般表现为，在特定时间条件下，出现法定事由，则特定客体的法律效力因此改变。例如我国民事诉讼法第五十七条第四款规定："人民法院作出的判决、裁定，对参加登记的全体权利人发生效力。未参加登记的权利人在诉讼时效期间提起诉讼的，适用该判决、裁定。"

（3）规定权利存续期间的规则（时效规则）

规定权利存续期间的规则即通常所说的时效规则，指的是法律规定法律程序主体在一定时间期限内不行使权利即丧失相应的权利或者相关利益不再受到保护的规则。例如我国民事诉讼法第二百四十六条规定："申请执行的期间为二年。申请执行时效的中止、中断，适用法律有关诉讼时效中止、中断的规定。"时效规则虽然不直接规定权利的生效或失效时间，但在实质上规定了特定权利的有效存续期间，一旦过了时效期间，就相当于相应的权利或利益过了"保鲜期"，不再受到国家强制力的保障，可以看作是丧失其应有效力，故笔者将其划入效力性时间规则的范围。

3. 制裁性时间规则

制裁性时间规则指的是规定特定主体未按法律程序时间规则设置的时间条件实施相应行为，或者在一定期间内实施了违法行为的法律后果或法律对应手段的时间规则。制裁性规则有两种表现形式，一是规定逾期未完成相应行为的法律后果的规则，二是以某段时间内发生的事实为制裁要件的规则。

（1）规定逾期未完成相应行为的法律后果的规则

规定特定主体逾期未完成法律规定的行为，则应当承担相应法律后果的规则，是制裁性时间规则的具体表现形式之一。这类规则以行为性时间规则为前提，并且往往不直接规定时间条件，而是把特定主体在规定的时间条件内不作为或未按要求作为当作制裁的前提要件。例如我国民事诉讼法第二百五十四条规定："财产被查封、扣押后，执行员应当责令被执行人在指定期间履行法律文书确定的义务。被执行人逾期不履行的，人民法院应当拍卖被查封、扣押的财产……"

（2）以特定主体在某段时间内的行为为制裁要件的规则

此类规则的一般形式为：规定在法定的期间内，如果特定主体实施了一定行为（一般是违法行为），则要承担相应的法律后果的规则。这类规则与上一类规则不同，其制裁的前提不是特定主体逾期不作为或未按要求作为，而是特定主体在法定期间内的违法作为。例如我国民事诉讼法第二百零七条规定："当事人的申请符合下列情形之一的，人民法院应当再审……（十三）审判人员审理该案件时有贪污受贿，徇私舞弊，枉法裁判行为的。"根据该条款，若审判人员在审理案件期间有贪赃枉法、徇私舞弊的行为，则该案件应当再审。

4. 辅助性时间规则

辅助性时间规则指的是法律程序中用以辅助其他时间规则确定时间条件的规则。因期限和期日有不同的确定方式，故辅助性时间规则有两类：一类是用以计算期限的规则，另一类是用于确定期日的规则。

（1）计算期限的规则

计算期限的规则即规定如何规定期限的长短、起止时间，以及计算的方式、计算的单位等的规则。例如我国民事诉讼法第八十五条规定："……期间以时、日、月、年计算。期间开始的时和日，不计算在期间内。期间届满的最后一日是节假日的，以节假日后的第一日为期间届满的日期。期间不包括在途时间，诉讼文书在期满前交邮的，不算过期。"

（2）确定日期的规则

确定日期的规则指的是确定法律程序时间规则所规定的日期具体是哪一日或哪个时刻的规则。例如我国民事诉讼法第八十七规定："送达诉讼文书必须有送达回证，由受送达人在送达回证上记明收到日期，签名或者盖章。受送达人在送达回证上的签收日期为送达日期。"

（三）法律程序时间规则的特征

法律程序时间规则的特征是法律程序时间规则内涵的外在表现，也是法律程序时间规则区别于其他对象的特性。法律程序的时间规则因与纷繁复杂的法律程序活动相联系而具有多元特征。一方面，法律程序时间规则作为法律规则的一部分，具有法律程序规则共有的预置性、动态拟制性、对应性和集合性；另一方面，作为法律程序规则中与时间相关的特殊存在，法律程序时间规则具有时间规定性和时间计量性。

1. 法律程序时间规则特有的特征

（1）时间规定性

时间规定性是法律程序时间规则的本质特征。法律程序规则的时间规定性表现在：以对特定主体的时间要求为媒介，使得法律程序活动呈现出时序性和时限性。具体来说，法律程序时间规则的时间规定性由两个方面构成：一是时序规定性，二是时限规定性。

一方面，法律程序时间规则通过时间要求划定特定主体的程序行为在时间上的先后顺序，从而使特定主体的程序行为以及法律程序活动的各个环节具有时序性。换句话说，法律程序时间规则的时序规定性表现在：在法律程序时间规则的指引下，特定主体的程序行为、法律程序活动的各个环节之间在时间上均有一定的先后次序和连续性，从而保证了法律程序活动进程的连贯性。

另一方面，法律程序时间规则通过时间要求设定法律程序主体行为乃至法律程序活动各个环节的时间限度，使得法律程序主体的行为、法律程序的活动各个环节被限定在一定的时间范围内，防止其在时间上无序扩张，最终使得整个法律程序具有一定的时限性。换句话说，法律程序的时限规定性体现在：在法律程序活动的各个环节之中，法律程序主体权利（权力）的行使、义务和责任的承担，乃至法律程序的各个环节都有一定的时间限度。

时序规定性表现为以时间条件规范特定主体行为和法律程序活动各阶段的先后，法律程序时间规则具有时序规定性意味着各个部分有序进行，而非各行其是；时限规定性界定特定主体行为实施、法律程序活动各个阶段进行的时间范围，从而使得法律程序的各个部分在时间上持之有度，不至于无休无止。时序规定性和时限规定性的共同存在，是法律程序活动顺利推进、并最终得出决议的关键。而法律程序时间规则的时序规定性和时限规定性又构成了法律程序时间规则的时间规定性。

（2）时间计量性

法律程序时间规则以时间条件规范特定主体行为和特定客体效力，时间条件是其核心成分。在行为性时间规则、效力性时间规则和制裁性规则中，作为核心成分的时间条件很多情况下并不能一眼确定，而需要辅以辅助性时间规则进行计量方能准确定位，因此称法律程序时间规则具有时间计量性。需要注意的是，大多数的法律程序时间规则都需要对时间条件进行计量，才能确定特定主体的行为的实施应对应日历上的哪个时间区间，或者特定客体效力对应的时间范围。当然其中也有少部分特殊规则，不需要进行计量，例如规定计量单位和计量方法的辅助性规则，它本身就是计量的工具，因而并没有需要计量的时间条件。虽然管存在一小部分"异类"，但是从总体的角度看，时间计量性仍然是法律程序时间规则的显著特征。

2. 法律程序规则共有的规则

（1）动态拟制性

法律程序时间规则的动态拟制性体现在：时间条件的成就，能够引起法律程序活动各个环节和步骤的变化。这种变化不仅仅是时间的流逝，还会随着时间流逝而产生空间的位移、权利义务的变化、效力的产生和消灭以及程序活动进程的推进。例如在民事诉讼程序中，判决书生效的时间条件达成，判决书的生效，意味着争讼双方权利义务尘埃落定，意味着程序活动的终止，还意味着如若义务人不履行判决书确定的义务，权利人可以申请启动强制执行程序，等等。法律程序时间规则的动态拟制性由律程序活动的目的性和时间的单向性、流动性共同决定。法律程序活动中至少有两方以上的互动。为了保证法律程序活动的目的能够最终实现，法律程序就得为法律程序主体设置一定的约束和保障，赋予其程序权利（或权力），为其设置程序义务（或责任）——包括给予机会，还包括给予利用机会的时间和时间限制。时间条件的加入使得法律程序主体之间的互动在你来我往之间呈现出动态的过程。法律程序时间规则正是通过时间要求拟制这种动态互动来推动法律程序活动的前进。

（2）预置性

预置性是法律程序时间规则产生作用的前提。法律程序时间规则的时间要求必须是在法律程序活动开始便已设定完成。预置性是法律程序的特征之一，法律程序时间规则作为法律程序的组成部分之一，承袭了法律程序的这一特点，同时，因法律程序时间规则以时间要求为核心要素，预置性在法律程序时间规则中显得尤为重要。时间的不可逆性决定了法律程序时间规则的时间要求必须指向未来，才能起到指引和规范行为的作用。在现今的科技水平下，任何人都不能打破时间的藩篱，逆转时间，回溯过去。因而，法律程序时间规则的时间要求，只能用于规范未发生的行为，而要使法律程序得以保有时间上的秩序，保证法律程序活动的进行能够排除时间上的肆意，只得预先设置时间规则。

（3）对应性

法律程序规则都具有对应性，作为其中一部分的法律程序时间规则亦不例外。法律程序时间规则的对应性指的是，法律程序时间规则都具有其特定的指向对象。在法律程序时间规则中，时间条件规范的对象都是特定的，行为性时间规则和制裁性时间规则指向特定主体的行为，效力性时间规则指向特定客体的效力，辅助性规则指向法律程序时间规则的时间条件。时间条件和规范对象一一对应，故称法律程序时间规则具有对应性。

（4）集合性

法律程序时间规则是一个集合性或集体性概念，是由程序法中含有时间条件，并以时间元素为特定对象设置限制或提供保障的规则组成的集合体。单独存在的法律程序时间规则虽也能表达一定的意义，给予法律程序主体一定的指向，但只有将放在整个集体中，法律程序时间规则能凸显出它的程序意义。孤立存在会使得法律程序时间规则的程序功能难以发挥，因而法律程序时间规则应当放在集合体中予以考察。单独的法律程序时间规则只能够规范法律程序活动的一个小节点，而法律程序活动却是个涉及多个方面的、环环相扣的、动态的活动。因此，作为法律程序活动在时间维度上的规范，法律程序时间规则只能够"群居"，而不能"独来独往"。

（四）法律程序时间规则的意义

法律程序时间规则的意义指的是法律程序时间规则的运行对外界所产生的影响和作用。

1. 影响法律程序活动的效率

效率的基本意义是：以定量的投入获得最大的产出，即以最少的资源消耗取得同样的效果，或者以同样的投入获得更大的产出。在法律程序活动中，效率意味着以尽量短的时间和尽量少的人力物力资源获得最符合目的、最符合公平、公正要求的合理结果。因此，合理地配置时间是提高法律程序活动效率最重要的途径之一。在法律程序活动中，时间在各个环节、各方主体之间的配置需要由法律程序时间规则来完成，由此观之，法律程序时间规则的设置对法律程序活动的效率有着至关重要的影响。安排得当、设计合理的法律程序时间规则有助于督促法律程序主体积极行使权利或职权，以及及时履行义务和职责，能够促使法律程序活动的参与者为了避免丧失时间利益而积极地参与到法律程序活动中，从而促进法律程序活动尽快得出决策，定分止争。反之，若法律程序时间规则设计不当，则有可能使得法律程序主体怠于行使权利和职权，或者逃避履行义务或指责，使得法律程序活动过程过于冗长，最终即便获得了公正的结果，也有可能因时间过久而减损最终决策的公正性。例如在侵权损害赔偿的案件中，诉讼过程能否尽快结束，很大程度上决定着案件的判决能否得到执行，胜诉一方能否实现应有权利：诉讼过程尽早结束，意味着被侵权人能够尽早获得补偿，避免损失进一步扩大；诉讼过程若是久久不能结束，一方面被侵权人的损失有可能进一步扩大，另一方面其利益也有可能因侵权人恶意转移财产、判决书得不到执行而导致受损的权利得不到救济。综上所述，法律程序时间规则能否合理设计和有效运行，影响着整个法律程序活动的效率。

2. 规范法律程序活动的秩序

法律程序活动往往牵涉甚广。大多的法律程序活动都有两方或多方主体参与、需要经历多个环节、涉及多个方面的问题。为了达到既定目的，法律程序活动所涉及的主体之间、各个环节之间，以及各方面的问题之间必须保持一定的秩序。我们通常所说的秩序指的是事物之间以及事物内部各要素之间在时间和空间上的相对稳定性。也就是说，秩序包括时间秩序和空间秩序两个方面。法律程序活动的时间秩序和空间秩序都需要通过法律程序时间规则直接或间接地进行规范。在时间秩序方面，特定权利法律程序活动秩序的确立，离不开法律程序时间规则对法律程序活动的调整。一方面，在法律程序活动中，主体的行为、客体的效力、权利的存续需要法律程序时间规则的直接调整。主体行使权利或职权以及履行义务的行为在时间上应当如何约束和保障、主体行为的先后顺序应如何安排、各个客体在时间上的效力变化、特定权利的存续期间以及法律程序活动各个环节所占用的时间应如何调整等，都需要法律程序时间规则加以确定。例如在民事诉讼活动中，当事人起诉和答辩的时间、当事人提出回避申请以及法院处理申请的时间限制，以及庭审过程中各方主体发言的顺序等等，都需要法律程序时间规则加以确定，如此才能保证民事诉讼活动的秩序。另一方面，主体与客体之间相互关系的确定与变化、权利义务的变更都需要以时间作为参照，需要法律程序时间规则为其框定时间背景。例如，根据民事诉讼法第四十条第三款规定，陪审员在执行陪审职务时，与审判员有同等的权利和义务。该条款虽然没有直接规定人民陪审员行使审判职权、履行审判义务的具体时间，但是框定了其行使审判职权、履行审判职责的时间背景。由此观之，法律程序时间规则是规范法律程序活动秩序的重要手段，是法律程序活动有序进行的重要基石。

3. 控制法律程序活动的节奏

法律程序活动应当追求正义的过程和结果，要兼顾效率，还要保证一定的秩序。这就要求法律程序活动应当保持适当的节奏，快慢合宜、张弛有度。法律程序活动节奏的调节需要由法律程序时间规则来完成。一方面，法律程序时间规则要对各方主体的行为、法律程序活动的各个阶段的时间进行分配，并且调控特定权利的存续期间以及法律文书和法律程序规则的效力变化，以保证法律程序活动在整体上具备一定的模式、保持一定的节奏。另一方面，法律程序时间规则又需要留出一定的裁量空间，使得法律程序具备一定的灵活性，得以应对各种不同情况，保证法律程序活动的流畅性。法律程序时间规则相互之间衔接得当、疏密得宜，是法律程序活动节奏分明、张弛有度的基本条件。由此可知，法律程序时间规则是调节法律程序活动节奏的重要杠杆。例如根据我国民事诉讼法第一百四十四条的规定，法庭辩论应当按照一定的顺序进行，确立了各个主体行为在时间上的先后顺序，确定法庭辩论的基本节奏；同时当事人及其代理人的发言时限、审判长的询问时限又未作具体约束，审判长得以根据具体情况控制进程，从而保证了庭审活动得以顺利进行。

4. 促进法律程序活动公平化

公平即公正而不偏不倚，是法律所追求的基本价值之一。在法律程序活动中，公平意味着权利义务的平等和平衡、资源分配的合理、机会的均等，以及受损的权利可以得到救济。对法律程序活动而言，时间的安排是影响其本身公平性的重要因素。从时间的角度上看，主体获得和行使相应权利是否有时间上的保障，权力的行使和义务的履行是否受到时间的制约，各自行使权利或权力、履行义务所占有的时间是否能保持平衡都会影响到法律程序活动的公平化程度。法律程序时间规则作为一种以时间条件调整主体行为、规范客体效力的规则，其基本作用就在于通过时间条件保障特定主体权利，约束特定主体权力，督促特定主体及时履行义务和职责，并且通过对不同主体在不同情境下行使权利或权力以及履行义务的时间进行分配平衡主体的权利（权力）义务，从而保证法律程序活动的公平化。例如，根据我国民事诉讼法的规定，法院行使审判权，但是法院审理案件的时间不能遥遥无期，否则最终将损害当事人的利益，因而要为法院设置审理的期限以约束其审判权；但是，在案情重大复杂，在审理期限内无法完成审理工作的情况下，一味追求速度，有可能会影响案件的质量，因此需要规定法院可以通过法定程序延长审限，有助于保障其职权的行使，平衡法院的权力和义务。因此，法律程序时间规则的存在有助于促进法律程序活动的公平化。

二、法律程序时间规则的类型

对时间规则进行一次类型化的梳理，非常有益于了解不同的时间规则是如何对程序活动中的人们起到规范作用的。

（一）权力性时间规则和权利性时间规则

以法律程序时间规则约束的主体作为分类依据，法律程序时间规则可分为权利性时间规则和权力性时间规则。权利性时间规则指的是规范权利主体①的规则，权力性时间规则指的是规范权力主体的规则。法律程序主体参与到法律程序当中、进行程序活动，依据的是法律规定的权力或者权利。根据法律程序主体在进行程序活动是行使权力还是权利，可将法律程序的主体分为权力主体和权利主体。在法律程序中，行使权力的是权力主体，例如法院、检察院、仲裁机构等；行使权利的是权利主体，例如民事诉讼当事人、犯罪嫌疑人、辩护人等。

1. 权力性时间规则

在法律程序中，用以规范权力主体的职权行为的法律程序时间规则，是权力性时间规则。权力性时间规则有两个特征：第一，其规范的主体是依据法定职权参与到法律程序中、在法律程序中行使职权的主体；第二，其规范的是权力主体的职权性行为。例如《中华人民共和国刑事诉讼法》第一百八十七条规定："人民法院决定开庭审判后，应当确定合议庭的组成人员，将人民检察院的起诉书副本至迟在开庭十日以前送达被告人及其辩护人。"该条款规范的主体——人民法院，是依据法定的审判权参与到刑事诉讼程序中，并且所约束的事项——送达起诉状副本，是人民法院依据审判职权所作出，是职权行为，故而该项规定是权力性时间规则。

2. 权利性时间规则

在法律程序中，用以规范权利主体行使权利的行为的法律程序时间规则是权利性时间规则。例如《中华人民共和国民事诉讼法》第四十八条规定："当事人提出回避申请，应当说明理由，在案件开始审理时提出；回避事由在案件开始审理后知道的，也可以在法庭辩论终结前提出"，该条款规范的主体是依据诉讼权利参与到诉讼程序中的民事诉讼当事人，规范的行为是民事诉讼当事人行使申请回避之权利的行为，属于权

---

① 这里的权利主体不限于行使权利的主体，而是泛指非公权力主体，与行使公权力主体的主体相对。

利性时间规则。

（二）约束性时间规则、保障性时间规则、复合性时间规则

依据法律程序时间规则设定的目的是约束法律程序主体的行为还是保障主体的权利，可将法律程序时间规则分为约束性时间规则和保障性时间规则以及复合性时间规则。

1. 约束性时间规则

为特定主体设置义务、对特定主体进行约束的规则是约束性时间规则，也可以称为义务性时间规则。约束性时间规则往往表现为：要求特定主体在一定时间内为一定行为或者不为一定行为。约束性时间规则往往以"应当""必须""不得"等词语为标志。例如，《中华人民共和国民事诉讼法》第六十八条规定："当事人对自己提出的主张应当及时提供证据"，"人民法院根据当事人的主张和案件审理情况，确定当事人应当提供的证据及其期限"，"当事人逾期提供证据的，人民法院应当责令其说明理由；拒不说明理由或者理由不成立的，人民法院根据不同情形可以不予采纳该证据，或者采纳该证据但予以训诫、罚款"。该条款即规定了民事诉讼当事人举证责任完成的时间要求，以及未按时完成举证责任的不利后果。

2. 保障性时间规则

为特定主体设置权利、以为其特定行为提供保障的规则是保障性时间规则，又可称为授权性时间规则。保障性时间规则在法律程序中往往表现为：允许法律程序主体在一定时间内为一定行为或者不为一定行为。保障性时间规则往往以"可以""有权"等词语为标志。例如，《中华人民共和国刑事诉讼法》第三十四条规定："犯罪嫌疑人自被侦查机关第一次讯问或者采取强制措施之日起，有权委托辩护人；在侦查期间，只能委托律师作为辩护人。被告人有权随时委托辩护人。"该条款规定了刑事诉讼犯罪嫌疑人委托辩护人的时间期限，其根本目的在于保障犯罪嫌疑人的辩护权，因而该条款即属于保障性的时间规则。

3. 复合性时间规则

复合性时间规则指的是既为特定主体设置权利、提供保障，又为其设置义务、进行约束的法律程序时间规则。在立法实践中，法律程序时间规则的权利义务性并非泾渭分明。一方面，针对一个特定主体的约束性规则从另一个主体的角度上看，可能起的是保障作用；另一方面，在约束性规则和保障性规则的中间地带，会存在一部分规则，既有权利属性，又有义务属性，既起约束作用，又起保障性作用。复合性时间规则有可能表现为在同一条款中同时为同一主体设置权利义务，也有可能是在同一条款中为一个主体设置权利，为另一个主体设置义务。前者如我国民事诉讼法第一百五十二条规定，适用普通程序的案件应在 6 个月内审结，遇有特殊情况，经特定主体的批准可以延长；后者如我国民事诉讼法第二百三十四条规定，对于当事人、利害关系人的执行异议申请，法院应当在十五日内进行审查，并作出相应裁定，又规定了当事人对裁定不服根据不服的内容或者依照审判监督程序办理，或者可在十五日内提起诉讼。

（三）期间性时间规则和时效性时间规则

根据法律程序时间规则规范的主体是特定主体行为还是权利的效力可以将法律程序时间划分为期间性时间规则和时效性时间规则。

1. 期间性时间规则

法律上的期间指的是行为人完成或进行一定行为所要进行的一定时间期限。法律程序中的期间规则指的是为法律程序主体完成或进行的行为设定一定时间期限的规则。期间可分为期日和期限，据此，期间性规则可分为期日规则和期限规则。

期日规则指的是确定法律程序主体进行一定行为的具体时间的规则。例如诉讼法中确定开庭日期的规则。

期限规则指的是规定法律程序主体完成一定行为或者保持一定行为的时间限度的规则。期限规则所规定的时间限度，是一个有起始点的时间过程，期限规则要求主体在这个时间段之间完成某一项行为或者自时间段开始即进行某项行为并保持至期限结束。例如《中华人民共和国民事诉讼法》第一百七十四条"原审人民法院收到上诉状，应当在五日内将上诉状副本送达对方当事人，对方当事人在收到之日起十五日内提出答辩状"即是一个典型的期间性规则。

2. 时效性时间规则

时效指的是指："一定事实状态在法定期间持续存在，从而产生与该事实状态相适应的法律效力的法律制度。"[1] 民法理论中，时效分为取得时效和诉讼时效。取得时效是指："占有他人财产，持续达到法定期间，即可依法取得该财产权的时效。"诉讼时效是指："因不行使权利的事实状态持续经过法定期间，即依法发生权利不受法律保护的时效。"因我国没有规定取得时效，故在此处，我们不对其进行讨论。此外，诉讼时效是民事诉讼中的制度，而在刑事诉讼中，时效制度表现为追诉时效。据此，笔者将时效规则分为诉讼时效规则和追诉时效规则。

诉讼时效规则是指在民事诉讼中，规定法律程序主体在一定时间期限内不行使权

---

① 魏振瀛. 民法（第四版）[M]. 北京：北京大学出版社，2010：190.

利即丧失法律对权利的保护的规则。在我国的立法中，诉讼时效虽是程序规则，但往往规定在实体法律当中。例如，《中华人民共和国产品质量法》第四十五条："因产品存在缺陷造成损害要求赔偿的诉讼时效期间为二年，自当事人知道或者应当知道其权益受到损害时起计算。"

追诉时效规则是指在刑事诉讼中，规定犯罪已过法定追诉时效期限，即不再追究犯罪分子的刑事责任；已经追究的，应当撤销案件，或者不予起诉，或者宣告无罪的规则。例如，《中华人民共和国刑法》第八十七条规定，犯罪经过下列期限不再追诉：①法定最高刑为不满 5 年有期徒刑的，追诉时效的期限为 5 年；②法定最高刑为 5 年以上不满 10 年有期徒刑的，追诉时效的期限为 10 年；③法定最高刑为 10 年以上有期徒刑的，追诉时效的期限为 15 年；④法定最高刑为无期徒刑、死刑的，追诉时效的期限为 20 年。如果 20 年后认为必须追诉的，须报请最高人民检察院核准后，仍然可以追诉。

（四）　明晰性时间规则和模糊性时间规则

以法律程序时间规则中时间要求是否明确为标准，可将其分为明晰性时间规则和模糊性时间规则。

1. 明晰性时间规则

明晰性时间规则是指时间要求是明确的时间点或者是可以确定的某个时间区间的法律程序时间规则。在明晰性时间规则中，时间要求可在时间轴上定位，并且众人根据条文要求可以得出统一结论，对时间要求的理解受主观影响的幅度较小。例如，《中华人民共和国民事诉讼法》第一百五十二条规定："人民法院适用普通程序审理的案件，应当在立案之日起六个月内审结。"此条款中所确定的时间要求是"立案之日起六个月内"，此项时间要求清晰明确，运用此条款时可清晰定位，且人们对此认识趋于统一，不会因主观而有过多差异，是为明晰性时间规则。

2. 模糊性时间规则

模糊性时间规则指的则是时间要求模糊不清的法律程序时间规则。在模糊性时间规则中，时间要求多用"及时""立即"等词语表示，人们虽可得到时间指示，但因表示时间要求的用语模糊，易因主观差异而多有不同认识。此类规则的适用中，时间要求的确定往往需要根据具体情况加以确定。例如，《中华人民共和国民事诉讼法》第一百零二条规定："调解未达成协议或者调解书送达前一方反悔的，人民法院应当及时判决。"根据该条款可知，时间要求是"及时"，然而何谓"及时"，可说是见仁见智。不仅如此，在不同的程序中、不同的情形下，"及时"的含义也会呈现出各种形态，需要综合考量各方面因素，加以确定。此类法律程序时间规则即为模糊性时间规则。

（五）显性时间规则和隐性时间规则

依照法律程序规则的时间要求在程序法中是否有具体条文作为载体，可将法律程序时间规则分为显性时间规则和隐性时间规则。

1. 显性时间规则

显性时间规则是指以法律条文的形式明确规定的、法律程序当中的法律程序时间规则。显性时间规则是法律程序时间规则的一般形态，我们能在程序法中看到、以文字形式表达出来的法律程序时间规则都属于显性时间规则。在显性时间规则中，立法者的时间要求以文字为载体出现在程序法中，人们很容易就能看到它们、遵照其指示而调整自己的行为。前文所列举的具体法诉讼法条文，不论是规范权力主体的规则，还是规范义务主体的规则，也不论是约束性时间规则还是保障性时间规则，抑或是期间性时间规则、时效性时间规则、明晰性时间规则、模糊性时间规则，但凡在诉讼法中以具体条文的形式出现，皆属于显性时间规则之列。

2. 隐性时间规则

除明确被规定在程序法条文中的时间要求之外，还有一些时间要求虽未明确列入程序法当中，法律程序主体也应当遵循，其效力并未因未以文字形式表现出来而有所减损。例如，在民事诉讼中，除了诉前财产保全、诉前证据保全等特殊情况外，民事诉讼当事人的各项诉讼行为以及人民法院的各项审判行为，应在民事诉讼开始到终结这段时间进行；再如，刑事诉讼被告人刑罚的执行应在刑事诉讼判决生效之后进行。在这两项举例中，"民事诉讼开始到终结期间""判决生效之后"都是参与到相应法律程序中的法律程序主体所应遵守的时间要求，它们虽未以文字规定的形式出现在程序法中，但拥有与显性时间规则同等的法律效力。此类未以文字形式规定在程序法当中，却具有为法律程序主体所遵守的法律效力的法律程序时间规则，即为隐形时间规则。隐性时间规则与显性时间规则同样，在保证法律程序的时间秩序、限制肆意、保证程序运行等方面起着重要作用，只因这些规则不言自明，参与到法律程序中的法律程序主体都应自然而然地遵循，不需赘述，故而隐于法律程序之中，无形之态并不影响其作为法律程序一部分的地位。

（六）即时性规则和定时性规则

根据包含的时间条件是某一特定时刻还是某一特定时限可将法律程序时间规则划分为即时性规则和定时性规则。

1. 即时性规则

即时性规则指的是以某一特定的时刻作为时间条件规范特定对象的法律程序规则。

即时性规则往往表现为要求特定主体在某一特定时刻即时进行某项行为，或者规定特定客体的效力在某一特定时刻产生变化。例如我国民事诉讼法第一百四十条第二款规定："开庭审理时，由审判长核对当事人，宣布案由，宣布审判人员、书记员名单，告知当事人有关的诉讼权利义务，询问当事人是否提出回避申请。"在该条款中，时间条件是"开庭审理时"，审判长核对当事人等特定行为要在这一时刻即时进行，故称该条款为即时性规则。

2. 定时性规则

定时性规则又称为限时性规则，指的是以某一段期限作为时间条件规范特定对象的法律程序规则。定时性规则一般表现为要求或者允许特定主体在一定期限内完成或保持一定行为，或者规定特定客体在经历一定期限后生效或失效，抑或规定特定权利的存续期间。例如我国刑事诉讼法第三十四条第二款规定"人民检察院自收到移送审查起诉的案件材料之日起三日以内，应当告知被害人及其法定代理人或者其近亲属、附带民事诉讼的当事人及其法定代理人有权委托诉讼代理人。……"该条款中，时间条件为"自收到移送审查起诉的案件材料之日起三日以内"，为一段有起止的期限，人民检察院应当在此期限内履行告知义务，因此称该条款为定时性行为。

三、法律程序时间规则在程序中的功能

法律程序时间规则的功能即法律程序时间规则在法律程序的内部发挥的有利作用。[①] 法律程序时间规则具有克服和防止法律程序行为恣意性和随机性平衡法律程序主体之间的权利义务、约束权力和保障权利、保持法律程序的稳定性与灵活性以及确定法律责任等功能。

（一）强化法律程序限制恣意的功能

正如美国大法官威廉·道格拉斯所言："正是程序决定了法治与恣意的根本区别。"季卫东先生在《法律程序的意义——对中国法制建设的另一种思考》一文中提出，为实现一定目的而进行的活动经过不断反复而自我目的化，称为"功能自治"。功能自治性是程序实现限制恣意功能的基本制度原理。程序的功能自治性需要通过两个基本途径来实现：一是运用法律规范建立起一个相对独立于外部环境的、决策的"隔音空

---

① 法律程序时间规则的意义和功能是两个不同的范畴，法律程序时间规则的功能是其对法律程序本身所起到的有利作用，法律程序时间规则的意义则是指其对于法律程序以外的其他事物所产生的影响和作用；功能是其起到的积极作用，意义则有积极意义和消极意义之分。

间"，二是程序的各种角色担当者的功能自治。① 法律程序功能自治性的实现离不开法律程序时间规则的功能的发挥。

1. "隔音空间"的建立

法律程序功能自治性的发挥需要建立起一个相对隔离于外界的"隔音空间"，类似于罗尔斯的"无知之幕"。这个独立空间的建立，需要时间、空间、主体资格和行为方式等各要素的相互配合，也就离不开法律程序时间规则。一方面，法律程序时间规则在宏观上为整个法律程序活动及其各个阶段框定时间背景，特定主体身份的确定、权利义务的存续、行为的发生，乃至决策的效力都需要在法律程序时间规则所确定的时间背景中进行。脱离了这个时间背景，则角色分配、权利享有、义务承担、行为效力都无从谈起。例如，在民事案件中，参与到诉讼活动之前，发生纠纷的双方还不是原、被告，法官还未参与到案件审理中，无论是当事人还是法官，都还未能行使多数诉讼权利、还未有承担部分的诉讼义务，② 法官也未开始行使审理该案件的职权。而一旦诉讼程序启动，法律程序的参与者就要各就其位，各司其职，在具有相应权利的同时，还要抛弃世俗的身份，围绕着定分止争的目的，平等地参与诉讼活动。在这个借助法律程序时间规则与其他程序规则配合而建立起来的"隔音空间"之内，外来的干扰得以排除，主体资格的享有、权利的行使和义务的承担、行为方式的选择、客体的效力范围都要遵循时间的约束，恣意的空间受到挤压，法律程序限制恣意的功能得以发挥和强化。

另一方面，法律程序时间规则也非"密不透风"，而是通过对时间的把握在控制外部影响的情况下，有选择性地、过滤性地让一些信息反馈到程序中来。例如我国《民事诉讼法》规定人民陪审员执行审判职务的过程中，具有与审判员同等的权利义务，就是有选择性地保持审判权与社会的联系。

2. 实现角色的功能自治

"程序是一种角色分派体系"，每一个程序参与者在法律程序活动中都有其特定的身份，比如诉讼活动中原告、被告、公诉人、审判长、证人、鉴定人等。角色功能自治性的发挥有赖于各个程序参与者各司其职，相互制约和配合。这个目标的实现，需要法律程序时间规则的指引。除了为程序及其各个阶段活动框定时间背景，法律程序时间规则更重要的作用是以时间条件规范特定主体的行为、权利义务以及特定客体的

---

① 季卫东. 法律程序的意义——对中国法制建设的另一种思考 [J]. 中国社会科学, 1993 (1): 87 - 88.
② 这里所说的"多数权利"和"部分义务"指的是在诉讼活动开始之后才能为当事人所具有权利义务，例如申请回避的权利、质证权、遵守法庭纪律等。

效力。法律程序规则运用时间条件，在法律程序活动的各个具体场景中提供具体指引，为特定主体权利的行使提供保障，为特定主体权力的运用设置制约，行为和客体效力都有所制约，有利于程序参与者们发挥其角色功能，得以井然有序地配合和制约，从而达到限制恣意的目的。例如根据我国刑事诉讼法的规定，犯罪嫌疑人、被告人委托辩护人有时间上的保障，公安机关、检察院、法院采取强制措施有时间上的限制，这两方面的规则相互配合，使得各方主体形成相互配合又制约的局势，对于维护犯罪嫌疑人、被告人的合法权益、防止公权力机关恣意侵害其权利有莫大的帮助。

（二）平衡法律程序主体的权利义务①

从辩证法的角度看，权利义务是对立统一的关系。一方面权利和义务是各自独立又相互对应的概念，各自包含独立的内容、具有独立的价值。另一方面，权利义务具有结构上的相关性、数量上的等值性和功能上的互补性，二者相互依存，不可分割。从法律程序的角度来看，法律程序主体的权利义务应当保持一定的平衡。一方面，特定主体的权利义务在数量上应当保持平衡。程序的参与者应当享有一定权利，并负有对等义务和责任，只享有权利不负有义务，或者不负义务只享有权利，都难以发挥其角色的功能。另一方面，不同的程序主体之间权利义务应当在总体上保持平衡，不能一方只享有权利，一方只负有义务，否则难以形成相互配合又相互制约的局势。法律程序时间规则作为调整法律程序主体权利义务的关系的重要规则之一，是平衡主体权利义务的重要手段。法律程序时间规则平衡主体权利义务有两大途径：一是通过时间条件分配权利义务的归属，二是通过时间条件规范特定主体行使权利、履行义务的具体行为和途径。

1. 分配权利义务归属

法律程序时间规则分配权利义务归属的具体方式有两种。第一种方式是规定特定主体具有权利义务的时间条件。例如根据我国民事诉讼法十二条的规定，人民法院审理民事案件时，当事人有权进行辩论。该项规定即是规定了当事人享有辩论权的时间条件。第二种方式是规定特定主体权利或义务的存续期间。例如根据我国民事诉讼法第二百四十六条的规定，当事人申请执行的期间为二年，即是为当事人申请强制执行的权利设定了存续期间。两种方式相互配合，对特定主体的权利义务进行分配，可以保证特定主体的权利义务在数量上保持相对的平衡，使得程序参与者在总体上具有了

---

① 在法律程序活动中，除了权利义务关系之外，还存在权力义务关系，本节为精简语言，在整体描述法律程序活动中的法律关系时，统一用"权利"指代权利和权力，用"权利义务关系"指代权利义务关系和权力义务关系。此种表述方式限于本节。

"各司其职"的资本。

2. 规范权利义务实现的方式

法律程序时间规则平衡主体权利义务的另一种途径是以时间条件为特定主体行使权利和履行义务提供具体的指引，以达到保障权利、督促义务履行的目的。首先，保障性的时间规则为权利的行使提供时间保障，使之得以有充足的时间考虑、安排和完成行使权利的行为，落实法律赋予的权利。其次，约束性的时间规则为权利的行使设定时间条件，防止权利的滥用，使得法律程序主体的权利被控制在适度的边界内。再者，法律程序时间规则为义务的履行提供合理的期限，避免因时限过短而导致义务过重，最终导致权利义务失衡。最后，法律程序规则设定履行义务的期限和未按期履行义务和承担责任的不利后果，有利于促使义务主体积极履行义务。例如根据《民事诉讼法》的规定，当事人应当在举证期限内完成举证行为，因特殊原因不能完成举证可以申请延长举证期限，在指定的举证期限内不能完整举证责任要承担相应的不利后果。这些规定从权利、义务和法律后果等各方面出发，使得当事人在履行举证责任的过程中能够保持权利义务的平衡。

（三）规范、约束权力和保障、制约权利

正如孟德斯鸠所言，"一切拥有权力的人都容易滥用权力，这是一条万古不易的经验"。自我扩张是权力的本性，没有边界、不设制约的权力都有可能会不断膨胀，从而损害私人的权利。对权力进行约束和为权利提供保障是法律程序的目标之一。法律程序时间规则是实现这个目标不可或缺的基石。

1. 约束权力的功能

约束权力是法律程序时间规则基本的内容之一。据笔者统计，在我国程序法中，针对公权力主体而设置的法律程序时间规则里，对权力进行约束的规则占了绝大多数。法律程序时间规则对权力的约束往往通过三个方面来进行。第一，规定特定主体行使权力行使的时间前提。根据我国民事诉讼法第五十七条规定："诉讼标的是同一种类、当事人一方人数众多在起诉时人数尚未确定的，人民法院可以发出公告，说明案件情况和诉讼请求，通知权利人在一定期间向人民法院登记。"第二，规定特定主体行使权力的期限。例如根据我国刑事诉讼法的规定，侦查机关采取指定居所监视居住措施，应当在二十四小时之内，通知被监视居住人的家属，无法通知的除外。第三，规定特定主体滥用权力的法律后果。例如根据我国民事诉讼法第二百零七条的规定，审判人员在审理案件的过程中，如有贪污受贿、枉法裁判的行为，当事人申请再审，应当裁定再审。

2. 保障权利的功能

法律程序时间规则对权利的保障有三个方面。第一，法律程序时间规则规定权利存续的期间。例如我国民事诉讼法第二百四十六条规定，当事人申请强制执行的期间为两年。第二，法律程序时间规则为特定主体行使权利提供时间保障。例如根据我国民事诉讼法第一百七十一条规定，当事人不服一审判决的，可以在判决书送达之日起十日内提起上诉。第三，为当事人受到损害或者因客观原因不能实现的权利提供救济。例如我国民事诉讼法第八十六条规定，当事人因不可抗力或其他正当事由耽误期限，可以在障碍消除后十日内申请顺延期限。

（四）设置法律程序责任

法律程序责任指的是"由于滥用法定权利或者违反法定义务而应当由法律程序关系主体依法承担的程序风险或不利后果。在特定的情形下，时间是确定法律程序责任的重要条件"。[①] 特定主体行为实施的时间优势决定着其是否承担法律程序责任。以时间条件为前提的法律责任的设置，是由法律程序时间规则完成的。法律程序规则设置法律程序责任的途径有两个，一是为特定主体违反时间规则的行为设置法律责任，二是以特定时间背景下特定主体的违法行为作为承担法律责任的前提要件。

1. 设置违反时间规则的行为的法律责任

行为性时间规则往往会为特定主体的行为设置一定的条件，用以规范其行为。如果特定主体未在指定的时间条件内完成或进行相应的行为，则应当承担相应的责任。例如我国行政处罚法第七十二条规定，当事人逾期不履行行政处罚决定，作出该处罚的行政机关可加处罚款、拍卖查封扣押的物品或划拨冻结款项、申请法院强制执行。根据此项规定，当事人若逾期不履行行政处罚决定确定的义务，则要承担加处罚款、查封扣押的物品被拍卖或被划拨冻结款项，或者被法院强制执行的责任。

2. 以特定时间内的违法行为作为责任构成要件

设置法律程序时间规则的第二种形式是以特定时间条件内特定主体的违法行为作为其承担法律程序责任的条件。第一种形式与第二种形式相比，前者是以特定主体在一定时间条件内不作为法律程序责任要件，后者则是以一定时间条件内，特定主体"乱作为"为法律程序责任的构成要件。例如根据我国仲裁法第五十八条规定，仲裁员在仲裁案件时，存在贪污受贿、徇私舞弊、枉法裁判的行为的，人民法院经组成合议庭核实之后，应当裁定撤销该裁决。根据该条款，仲裁员若在仲裁案件的期间有规定

---

① 黄捷，刘晓广，杨立云，等. 法律程序关系论［M］. 长沙：湖南师范大学出版社，2009：119.

的违法行为，则应当承担仲裁决定被撤销的责任。

四、法律程序时间规则在我国程序法中的体现和不足

在上文论述的基础上，认真解析和了解现有程序法立法和地方行政程序立法中的普遍问题和特有问题，有益我们未来的法治发展。

（一）法律程序时间规则的评判标准

对法律程序的评判应当从两个方面着手：一是从价值判断和选择的角度即实体的角度考量法律程序的"正当性"，二是从程序的角度考量法律程序的程序性和程序度。① 法律程序时间规则作为法律程序的组成部分，其评价也应从这两个方面、三个标准来进行考量。

1. 正当性

法律程序的正当性来源于两个一脉相承的理念，即英国的程序正义理论与美国的正当程序原则。英国的程序正义理论有两个基本原则：任何人均不得担任自己的案件的法官；法官在裁判时应听取当事人的陈述和申辩。除了渊源不同外，美国的正当程序原则的内涵也有了进一步的发展。美国的正当法律程序原则既包含程序性正当法律程序，又包含实质性正当法律程序。从最低限度正当要求的角度来看，程序性正当法律程序包含三个方面的基本要求："告知相对一方有关的事实和权利""为相对一方提供有效的听证机会""主持者的独立"。② 实质性正当法律程序则要求立法机关所制定的法律符合公平和正义。

法律程序应当具有正当性，法律程序时间规则作为法律程序的重要组成部分，也应当符合正当性要求。这就要求法律程序时间规则至少应当预留审查裁决者中立性的时间，在时间上给予法律程序主体或者相应信息以及表达观点和主张的机会，并在一定限度上对公权力进行限制。

2. 程序性

程序性指的是"法律程序作为法律规则的集合体所体现出来的程序化程度"。法律程序时间规则的"程序性"则专指在法律程序中，由一系列法律程序时间规则组成的集合体所体现出的程序化程度。法律程序时间规则的程序性是由法律程序时间规则对应的社会活动内在复杂性程度和法律程序时间规则为其设置的程序规则数目，经过彼

---

① 法律程序既有实体方面的问题，也有程序方面的问题。前者着眼于法律程序本身的价值取向和最终目标，后者定位于实现指向特定活动、实现特定结果的方式方法。

② 徐亚文. 程序正义论 [M]. 济南：山东人民出版社，2004：74–75.

此比例分析和测量后，提出的用来衡量法律程序的程序化的指标体系。法律程序时间规则的程序性与其在法律程序中的数量和密度相关联，在对具体的法律程序进行研究和分析时，法律程序的程序性问题可以转化为对法律程序规则的数量和密度的考量。

法律程序时间规则的程序性应当从三个方面来衡量：第一，在该法律程序中，是否对应某特定的社会活动而设置了相应的时间规则；第二，具有对应性的法律程序时间规则是否对活动主体的行为、权利（权力）等设置了义务性的要求；第三，法律程序时间规则的数量和密度是否得当。

在《法律程序关系论》中，黄捷教授将程序性视作程序规则数目和程序活动客观需求的比值，并以此为标准将法律程序划分为十个等级：从零级程序到十级程序。法律程序规则的数量和密度越大，程序主体的自由选择空间越小。法律程序时间规则亦可参照此标准，以法律程序时间规则数目和程序活动客观需求为尺度，考量法律程序时间规则的数量和比例，以及法律程序主体在时间上的自由空间来考虑法律程序中时间规则是否适度。

3. 程序度

程序度体现法律程序的韧度，"讨论程序规则的关联状态和程序柔韧程度，以及程序自身的纯洁程度"。法律程序时间规则的"程序度"则关乎法律程序时间规则时间的关联性与衔接状况，以及法律程序时间规则体系对抗外界干扰的能力。一个法律程序中，时间规则关联性越高、衔接度越好，法律程序对抗外来干扰的能力越强，程序度也越强；时间规则关联性越低、衔接度越差，规则之间的疏漏越多，程序度也越弱。

法律程序时间规则的程序度可以从三个方面进行考察：第一，法律程序时间规则在整个法律程序中的分布情况；第二，法律程序中，时间规则的衔接状况；第三，法律程序时间规则与所在法律程序的目的和特性相契合。

（二）法律程序时间规则在我国程序法中的体现

我国程序法中的法律程序时间规则的品质如何，需要从正当性、程序性和程序度出发进行分析。本文限于篇幅，侧重于从程序方面，即其程序性和程序度进行分析，暂且不从实体的角度对程序法中的法律程序时间规则分析。对法律程序时间规则的程序性和程序度进行分析，首先要考虑各个具体条文的权利义务属性，然后再着眼于其在程序法中的数量和密度来分析其程序性，最后从其在程序法各个章节中的分布、衔接状况，及其与该部门法的目的、需要和特点是否契合等方面来考察其程序度。

就法律程序时间规则的属性方面，笔者拟从其权利义务属性的角度，将其归为约束性规则、保障性规则和复合性规则三类。

1. 法律程序时间规则在民事诉讼法中的分布

我国现行的民事诉讼法的284个[①]条文中，属于法律程序时间规则的条文约有102条，约占条文总数的36%。其中约束性的条文有66条，保障性的条文有28条，复合性的条文有8条。这些条文在民事诉讼法的各个篇章均有分布，但主要集中在第二编"审判程序"和第三编"执行程序"。民事诉讼法的各项规定主要围绕民事诉讼当事人和人民法院进行设置，故笔者从这两个主体的角度切入，统计并分析了围绕这两个主体设置的法律程序时间规则的数量、分布章节以及属性。具体的情形如表6-3所示。[②]

表6-3　民事诉讼法程序时间规则数目统计

规范主体		当事人			人民法院		
		约束性	保障性	复合性	约束性	保障性	复合性
总则		0	8	1	7	5	0
审判程序	一审普通程序	3	0	0	10	5	0
	简易程序	0	0	0	2	1	0
	第二审程序	1	1	0	3	1	0
	特别程序	0	2	0	7	0	0
	审判监督程序	2	0	0	5	0	0
	督促程序	0	0	0	3	0	0
	公示催告程序	0	3	0	2	0	0
执行程序	一般规定	0	3	0	4	2	1
	申请和移送	0	1	0	2	0	0
	执行措施	3	1	0	2	0	0
	执行中止和终结	0	0	0	0	0	0
涉外民事诉讼程序		0	1	0	1	0	0
小结		9	20	1	48	14	1
合计			30			63	

[①] 该条文数目是我国民事诉讼法2012年修订和2017年修订之后的条文总数。不过，我国2021年12月第十三届全国人大常委会第三十二次会议对民事诉讼法进行了第四次修订，修订之后，当前的民事诉讼法总条文数目已经是291条。

[②] 表6-3分别从当事人和人民法院的角度出发对民事诉讼法中法律程序时间规则进行统计，有的条文既对当事人进行规范，又对法院进行规则的，分别计入规范当事人的规则和规范法院的规则中。例如，民事诉讼法第五十条中，既规定了当事人申请回避的期限，又规定了法院处理的期限，则两边各记一条。规范其他主体或不特定主体的规则不计入表格。表6-4，表6-5亦同。

根据表6-3可知，民事诉讼法中，规范当事人的法律程序时间规则共有30条，其中约束性时间规则有9条，保障性时间规则有20条，复合性时间规则有1条。从这组数据可以看出，在民事诉讼法中，规范当事人的法律程序时间规则更注重于对当事人权利的保障，这是与民事诉讼法的特点相适应的。根据民事诉讼法的规定，在法律允许的范围内，当事人对自己的民事权利和诉讼权利具有处分权，这是民事诉讼法的一个基本原则。与之相适，法律程序时间规则更侧重于从时间上对当事人的权利进行保障，而不过多地对其进行约束，仅是从保证法律程序活动有序性和连贯性的目的出发，对其进行必要的约束。规范法院的法律程序时间规则共有63条，其中约束性时间规则有48条，主要分布在审判程序和执行程序中；保障性时间规则仅有14条，主要分布在总则和审判程序中；复合性时间规则有1条，分布在执行程序中。可见，在民事诉讼法中，规范法院的法律程序时间规则以约束法院权力为主，保障法院权力为辅。侧重约束的原因在于：第一，注重从时间上约束法院权力，有利于压缩法院的自由裁量空间，防止诉讼过程的不确定性和不稳定性；第二，通过约束法院的权力来防止其对当事人权利的伤害。以保障法院权力为辅的原因在于，在前述两点考量下，法律程序时间规则给予法院完成一定行为应有的时间，以保证法院在时间上能够有效和顺利地履行职责。从属性的分布来看，民事诉讼法中的法律程序规则基本上与该法的特点相契合。综上所述，民事诉讼法中的法律程序时间规则在数量上具有了一定的规模，且能够与民事诉讼法在大体上契合，可以认定其具备了基本的程序性和程序度。

2. 法律程序时间规则《刑事诉讼法》中的分布

我国现行的刑事诉讼法中，符合法律程序时间规则特征的条文共有112条，约占全部条文的39%，在程序法中数量最多。其中，约束性时间规则有67个条文，保障性时间规则占32个条文，复合性时间规则占13个条文。与民事诉讼法相比，刑事诉讼法约束的主体更为多元。民事诉讼法中的法律程序时间规则涉及的主体有当事人、法院、证人、鉴定人等，其中以当事人和法院为"主角"。而刑事诉讼法因包含的程序更为复杂，约束的主体涉及侦查机关、检察机关、犯罪嫌疑人、被告人、辩护人、审判主体、自诉人及其代理人、被害人及其代理人、执行机关以及鉴定人、证人等主体。刑事诉讼程序的主体结构比较复杂，因此对刑事诉讼法中的法律程序时间规则要结合主体的特点具体分析。在实践中，公诉案件相较于自诉案件数量较多，而公诉程序设计的最主要的主体有侦查机关、检察机关、法院、犯罪嫌疑人、被告人和辩护人，因此笔者对刑事诉讼法中规范这五类主体的法律程序时间规则进行统计整理，并分析其主要特点。笔者统计的结果如下表所示。

表6-4 刑事诉讼法规范不同主体的时间规则统计

规范主体		侦查机关①			检察机关②			法院			辩护人			犯罪嫌疑人、被告人		
		约束性	保障性	混合性	约束性	保障性	复合性	约束性	保障性	复合性	约束性	保障性	复合性	约束性	保障性	复合性
总则	基本任务	0	0	0	0	0	0	0	0	0	0	0	0	0	0	0
	管辖	0	0	0	0	0	0	0	0	0	0	0	0	0	0	0
	回避	1	0	0	0	0	0	0	0	0	0	0	0	0	0	0
	辩护与代理	3	0	0	3	0	0	1	0	0	1	5	0	1	2	0
	证据	1	0	0	2	0	0	2	0	0	0	0	0	0	0	0
	强制措施	9	1	1	3	1	0	3	0	0	0	0	0	1	1	0
	附带民事诉讼	0	0	0	0	0	0	0	0	0	0	0	0	0	0	0
	期间、送达	0	0	0	0	0	0	0	0	0	0	0	0	0	1	0
立案侦查起诉	立案	3	0	0	2	0	0	2	0	0	0	0	0	0	0	0
	侦查	8	2	3	3	0	1	0	0	0	0	0	0	0	0	0
	提起公诉	1	0	1	0	0	0	0	0	0	0	0	0	0	1	0
审判	审判组织	0	0	0	0	0	0	1	0	0	0	0	0	0	0	0
	第一审程序	0	0	0	1	1	0	7	7	2	0	1	0	0	1	0
	第二审程序	2	0	0	2	0	0	3	0	1	0	0	0	0	0	0
	死刑复核程序	0	0	0	1	0	0	1	0	0	0	0	0	0	0	0
	审判监督程序	0	0	0	1	0	0	6	1	0	0	0	0	0	0	0
执行		0	0	0	1	0	0	1	0	0	0	0	0	0	0	0
特别程序		0	0	0	2	0	0	5	1	0	0	0	0	0	0	0
小计		28	3	5	21	2	1	32	9	3	1	6	0	2	6	0
合计		36			24			44			7			8		

① 本表中的侦查机关包括公安机关、行使侦查权时的检察机关，还包括在侦查过程中执行强制措施的机关。

② 规范检察院的法律程序时间规则按其指向的职权归类，主要用于规范检察院在自侦案件中的侦查权的条款计入规范侦查权机关规则，用于规范检察院检察权、监督权的条款计入规范检察机关的规则。

从表 6-4 可以看出，刑事诉讼法中的法律程序时间规则主要围绕侦查机关、检察机关和法院进行设置。刑事诉讼法的 112 条法律程序规则中，用以规范侦查机关的条文共有 36 条，其中约束性时间规则有 28 条，大部分集中在强制措施和侦查两个部分；保障性时间规则有 3 条，同样集中在强制措施和侦查两个部分；复合性时间规则有 5 条，主要分布在强制措施、侦查、提起公诉三个部分。规范检察机关的法律程序时间规则共有 24 条，其中约束性时间规则有 21 条，主要分布在辩护与代理、侦查、强制措施等章节，保障性时间规则和复合性时间规则，分别为 2 条和 1 条。规范法院的法律程序时间规则有 44 条，其中约束性规则有 32 条，主要分布在第一审程序、审判监督程序和特别程序等章节；保障性时间规则有 9 条，复合性规则有 3 条，均主要分布在第一审程序。规范辩护人的法律程序时间规则有 7 条，其中保障性时间规则有 6 条，主要集中在辩护与代理一章，规范犯罪嫌疑人、被告人的法律程序时间规则有 8 条，其中保障性规则有 6 条。

由以上数据可知，从条文的总量上看，刑事诉讼法中的法律程序规则的数量远远超过民事诉讼法和行政诉讼法，在密度上与民事诉讼法相近，远超行政诉讼法，这是由刑事诉讼程序的复杂程度所决定的。从属性上看，总体上以约束性时间规则为主，从规范的主体上看以公权力机关为主，在规范公权力机关的条款以约束性时间规则为主，规范私权利主体的条款以保障性为主。这样的设置有助于约束公权力机关、防止权力被滥用，有助于保障犯罪嫌疑人的基本权利，与刑事诉讼法的基本价值相契合。从章节分布上看，规范侦查机关的法律程序时间规则主要集中在强制措施方面和侦查阶段，规范检察机关的法律程序时间规则主要集中在强制措施、侦查和审查起诉阶段，规范法院的法律程序时间规则主要集中在审判程序和执行程序中，这与各个主体的职权范围和特征相吻合。综上所述，基本上可以判定刑事诉讼法中的法律程序时间规则具有了基本的程序性和程序度。

3. 法律程序时间规则在行政诉讼法中的分布

我国现行的行政诉讼法中，法律程序时间规则的数量为 26 条，其中约束性时间规则有 16 条，保障性时间规则有 9 条，复合性时间规则有 1 条。虽然行政诉讼在结构上与民事诉讼较为相似，行政诉讼法很多规则是都参照民事诉讼法的规定，但是，行政诉讼的原、被告又与民事诉讼的原、被告却存在着差别。这种差别不仅在于民事诉讼的原告一般都是私权利主体，行政诉讼原告一般是私权利主体而被告恒为行政机关，更在于二者在权利义务上的不同。因此，笔者将行政诉讼的原、被告分开考虑，分别从原告、被告、法院的角度对行政诉讼法中的法律程序时间规则进行分析。

表6－5　行政诉讼法程序时间规则数目统计

规范主体	原告			被告			法院		
	约束性	保障性	复合性	约束性	保障性	复合性	约束性	保障性	复合性
总则	0	0	0	0	0	0	0	0	0
受案范围	0	0	0	0	0	0	0	0	0
管辖	0	0	0	0	0	0	0	0	0
诉讼参加人	0	0	0	0	0	0	0	0	0
证据	0	1	0	2	1	0	1	0	0
起诉和受理	3	3	0	0	0	0	1	0	0
审理和判决	0	2	0	2	2	0	5	2	2
执行	0	0	0	0	0	0	0	1	0
涉外诉讼	0	0	0	0	0	0	0	0	0
附则	0	0	0	0	0	0	0	0	0
小结	3	5	0	4	3	0	7	3	2
合计	8			7			12		

从表6-5可以看出，在行政诉讼法中，规范原告的法律程序时间规则共有8条，约束性时间规则占3条，集中在起诉和受理环节；保障性时间规则共有5条，集中在起诉和受理以及审理和判决环节。规范被告的法律程序时间规则有7条，约束性时间规则占4条，保障性时间规则占3条，均分布在证据以及审理和判决两个环节。规范法院的法律程序时间规则有12条，约束性时间规则占7条，主要分布在审理和判决部分；保障性时间规则有3条，复合性时间规则有2条，均主要分布在审理和判决部分。

根据以上数据，从数量和密度上看，行政诉讼法中的法律程序时间规则远远少于民事诉讼法和刑事诉讼法。这种情况的形成有三个方面的主要原因。第一，行政诉讼程序相较于民事诉讼程序和刑事诉讼程序环节较少。民事诉讼除了一般的审判程序和执行程序之外，还涉及宣告失踪和死亡、认定无主物、公示催告等非诉程序，刑事诉讼在审前有侦查程序、审查起诉程序，判决后还有死刑复核程序等。相较之下，行政诉讼的环节较为简单，行政诉讼法中法律程序时间规则的数量也就相对较少。第二，因行政诉讼法和民事诉讼法在结构上比较相似，故行政诉讼法的第一百零一条，关于期间、送达、开庭审理等各方面问题，本法没有规定的参照民事诉讼法的相关规定。第三，行政诉讼法本身的规定有所缺漏。综上，行政诉讼法中法律程序时间规则数量稀少，有其合理因素，也有其自身缺陷的原因。从总体上看，行政诉讼法的法律程序时间规则仍然存在疏漏和不足。至于程序度方面，由于行政诉讼法中的法律程序时间规则数量过少，并且许多地方都需要参照民事诉讼法予以确定，故从法律程序时间规则的分布上难以直接判断这些规则与行政诉讼法的特征和需求的契合度。若仅就行政诉讼法文本中现有的法律程序时间规则来看，因其数量稀少，所以其韧度难免不足。综上所述，从行政诉讼法现有的法律程序时间规则上来看，其密度和韧度都存在不足。

（三）我国程序法中法律程序时间规则设置的不足

尽管从数量、密度和分布上看，我国程序法除了行政诉讼法外，都具备了基本的密度和韧度，但从现有的规定上看，程序法中的法律程序时间规则都还存在一定的不足。

1. 部分的环节缺乏时间规制或规制不足

单从数量上来看，我们很难说我国的程序法中的时间规则数量和密度是否得宜，但从其分布来看，却可以看出，在部分的诉讼制度和诉讼环节中存在时间规则缺位的现象。有的章节因本身的特点，对时间规则的需求不大，或者可由当事人自行协商或者可由法院根据实践状况判断，在这些章节中时间规则的缺位并无大碍，例如民事诉讼中诉讼费用的部分。但在有的章节中，法院权力需要进行约束，当事人的权利需要保障，但却无相应的时间规则照应，或者虽有时间规则约束力度却不足，则有可能影响程序功能的发挥，减损效益，甚至会影响公正。

例如，在管辖权异议的处理中，当事人提出管辖权异议的期限是答辩期间内，但法院对管辖权异议的处理期限，却无规定，不利于约束法院的权力、保护当事人的权利。又如，在刑事诉讼中，超期羁押由于现象普遍、羁押情节严重、隐蔽性强、纠正难度大，使之成为刑事诉讼的沉疴之一。超期羁押的成因有多方面，其中，超期羁押与办案期限没有合理的区分，导致羁押期限无独立的、有效的规制，是超期羁押问题无法解决的重要原因。再如，在诉讼过程中，民事诉讼和行政诉讼的审理期限，刑事诉讼的侦查期限、审查起诉期限、审理期限经过特定审批程序可以延长，并且延长的次数从总体上不受限制，导致这些期限具有很大的弹性，以至于在实践中诉讼的周期往往都很长，同时还可能引发一系列的问题。

2. 部分环节之间的衔接存在漏洞

法律程序时间规则之间的关联性和衔接度对法律程序功能的发挥、对当事人权利的保障，以及对法院权力的约束，都有着至关重要的作用。一列奔向城市目标的列车，其目标性、方向性、动机目的、动力等要素已经确定的情况下，其车轮必须奔驰在设定的轨道上，其速度和安全可靠程度除了受动力源能量大小的影响，同样也受其车轮与轨道之间的关系影响。车轮和车轨过于紧密的关系会增大摩擦导致列车无法奔驰，但过于疏散的关系又将导致车轮脱轨出现事故。结论是车轨和车轮之间必须相适应。因而，在各类关节和关键的问题中要求适度性相对于一个物体的运动同样是成立的。法律程序时间规则的各个部分就犹如车轮与车轨，衔接不当对程序活动的负面影响是不容忽视的。衔接过密，关联度过强，可能挤压选择空间，衔接过于松散，关联度过小，则可能产生疏漏。

在我国的程序法中，衔接不当的问题亦有存在。例如民事诉讼法中规定当事人不服一审判决的上诉期限是 10 天，规定了原审法院和上诉法院送达上诉状、答辩状的期限，同时规定了上诉案件"应当在第二审立案之日起三个月内审结"，如此一来，上诉状送达上级人民法院的期限和上级人民法院立案的期限之间存在时间空隙。笔者在实践中发现，上诉人在向法院递交上诉状后，往往无法预知二审法院的立案期限，提起上诉和二审立案之间的时间间隙可能是几天，也可能是半个月，甚至有时上诉人要在立案后的一个多月内反复向法院立案庭询问，才能等到二审法院的立案消息。法院的权力在这个空隙之间缺乏约束，是民事诉讼周期过长的成因之一。同样的问题在行政诉讼、刑事诉讼中亦有出现。

3. 与法律程序时间规则匹配的法律程序责任不完善

从法理理论上讲，法律责任是法律规则的必要构成要素。无论是法律规则构成要素理论中的"两因素说"还是"三因素说"，都认为法律规则应当包含"法律后果"。法律程序时间规则应当有与之相对应的法律程序后果，特定的法律程序主体违反了法律程序时间规则的规定，也应当承担相应的法律程序责任。法律程序责任指的是"滥用法定权利或违反法定义务而应当由程序法律关系主体依法承担的风险或不利后果"。[①]

程序参与者滥用法律程序时间规则赋予的权利或者违背法律程序时间规则规定的义务应当承担相应的不利后果。如此一来，基于违反规定的成本考虑，程序参与者往往会选择自觉遵守时间要求，法律程序时间规则作用的发挥就可事半功倍，例如在举证期限内未能完成举证行为的不利后果，就有利于促使双方当事人积极履行举证责任；反之，若不遵守法律程序规则并无相应的不利后果或者成本过低，程序参与者就有可能为追求更大的利益而选择违反时间要求。

在我国的诉讼法中，违反时间规则的后果不明或者后果不当是普遍存在的现象。例如，民事诉讼和行政诉讼的审判，刑事诉讼中的侦查、审查起诉、审理都有一定期限，但若相应主体不能在相应期限内完成审理、侦查、审查的工作，其后果却是可以通过特定的批准程序予以延长，而未有相应的不利后果。从立法目的上来说，侦查期

---

① 黄捷，刘晓广，杨立云，等. 法律程序关系论 [M]. 长沙：湖南师范大学出版社，2009：119.

限和审结期限的延长，目的在于保障重大复杂案件有充足的时间进行侦查和审查、审理，但因为"重大复杂案件"难以定义，期限延长的次数未有限制，不符合延长条件的情况下，不能完成审理工作有没有针对责任主体的不利后果，最终的结果往往是，审期拖延的责任者不承担责任，深受审期过长之害的诉讼当事人却无相应救济。

4. 缺乏与法律程序时间规则对应的责任认定和追究机制

除却后果不明，对于违反法律程序时间规则应当承担的法律程序责任应当通过何种机制进行认定和追究，亦是我国法律程序时间规则体系存在不足的重要表现。违反时间规则的法律程序责任是法律程序时间规则发挥作用不可或缺的因素，责任认定和追究机制的建立和完善则是法律责任落实的关键。倘若规定了违反法律程序时间规则的法律责任，却不规定相应的责任认定和追究机制，那么相应的法律程序责任就会被束之高阁，无法得到落实。

违反法律程序时间规则的法律程序责任认定和追究机制的缺失在我国程序法中也是一个普遍存在的现象。许多的环节既未设置违反法律程序时间规则的法律程序责任，又未规定相应的责任认定与追究机制，导致了法律程序时间规则的运行缺乏足够的保障。例如在民事诉讼中，根据法律规定，调解不成的情况下法院应及时判决。但是，在调解已无可能继续的情况下，若法院并未遵循"及时判决"的要求，是否应当承担法律责任、应当承担什么责任以及责任应如何认定和追究都没有相关的规定。因法律程序时间规则在这个环节存在疏漏，实践中会出现部分法官为了追求调解率"以拖压调"，或者是利用当事人的和解申请拖延审限的现象，这不仅不利于维护当事人的合法权益，而且会对法院的司法公信力造成十分恶劣的影响。

（四）法律程序时间规则在地方行政程序立法中的体现

在考察我国三大诉讼法时间方面的规则情况基础上，我们进而来看看地方行政程序方面的立法情况，因我国地方性立法的多元和繁杂，所以我们选取《湖南省行政程序规定》作为考察的样本，观察一下地方行政程序中，有关时间规则的情况。

1. 法律程序时间规则在《湖南省行政程序规定》中的分布

《湖南省行政程序规定》有178个条文，经统计属于法律程序时间规则的条文约有48条，约占条文总数的26%。其中约束性的条文有25条，条件性的条文有22条，复合性的条文有1条。这些条文在《湖南省行政程序规定》的各个章节均有分布。《湖南省行政程序规定》的有关时间要素的规定主要围绕行政主体进行设置，涉及非行政主体的时间规则仅有3条。故笔者从这两个主体的角度切入，统计并分析了围绕这两个主体设置的法律程序时间规则的数量、分布章节以及属性。具体的情形见表6-6：

表6-6　《湖南省行政程序规定》程序时间规则数目统计

分布	相对人		行政机关		复合性
	约束性	条件性	约束性	条件性	综合
总则	0	0	1	0	0
行政程序中的主体	0	0	1	2	0
行政决策程序	0	0	6	1	0
行政执法程序	0	0	6	5	0
特别行为程序和应急程序	1	1	6	5	0
行政听证	1	0	0	6	0
行政公开	0	0	0	0	0
行政监督	0	0	3	2	0
责任追究	0	0	0	0	0
附则	0	0	0	0	1
小结	2	1	23	21	1
合计	3		45		

根据表6-6中显示的信息，可以知晓，《湖南省行政程序规定》中关于时间的规则，几乎一边倒地全部用于对行政主体的规范和约束。其中共有涉及时间的条文规则48条。用于约束和规范行政机关的有45条，针对关于行政机关以外的主体提出的时间约束条文只有3条。并且在关于行政机关的时间条文中，约束性质的条文占23条，条件性的条文21条，而且从分布情况可知，主要分布在行政决策程序、行政执法程序和特别行为程序和应急程序的章节之中。

2. 地方行政程序中法律程序时间规则设置的不足

地方行政程序立法和全国性程序法的立法问题一样，在时间规则的立法安排方面存在诸多不足，影响整个程序法的质量和法制工作的运行。

湖南省行政程序规定立法中的时间规则数量方面亦明显不足，存在空白或缺失。从时间规则在整个《湖南省行政程序规定》全文中的分布来看，可以看出，在"行政公开"和"责任追究"两章内容中没有时间规则的安排，这种缺位的现象，将直接导致这两章的行政程序工作无法有效地适用和运行。在具有时间规则的章节，亦存在着时间规则分布不均，时间要素规则显示模糊等特征，将会导致相关行政程序因为时间上没有约束而被拖延。从而有可能影响程序功能的发挥，减损效益，影响公正。

再次强调，在目标性、方向性、动机目的、动力等要素已经确定的情况下，一列奔向目标城市的列车，其车轮必须在设定的轨道上奔驰，其速度和安全可靠程度除了受动力源能量大小的影响，同样也受其车轮与轨道之间的关系影响。车轮和车轨过于紧密的关系会增大摩擦导致列车无法奔驰，但过于疏散的关系又将导致车轮脱轨出现事故。结论是车轨和车轮之间必须相适应。程序活动中的时间规则对于这种相适应是一种十分重要的保障。倘若因为时间安排不周，节奏不齐导致车轮和车轨不适应，那么就会影响车辆的运行。《湖南省行政程序规定》显然还缺少这种相适应的考察，其有关时间规则的设定大多是简易的，是"及时"和"即时"、"当场"这种模糊规则，需要认真编入程序之中重新设定，才能有益于形成现代意义的法律程序。

《湖南省行政程序规定》和三大诉讼法中的不足一样，也存在着与时间规则匹配的法律程序责任不完善的问题。法律责任是法律规则的必要构成要素。通过法律责任的设定为法律义务的实现提供法律意义上的保护。从而让不遵守法律义务的行为承担更为不利的后果。在时间规则设定以后，尤其是约束性的时间规则，对其约束的对象便是一种不可悖逆的法律义务，遵守时间，不仅是操守，更是法律义务，不履行义务，便应当有法律责任。法律程序责任指的是"滥用法定权利或违反法定义务而应当由程序法律关系主体依法承担的风险或不利后果"。① 但是，与上文关于三大诉讼法中存在的问题类似，《湖南省行政程序规定》中关于程序时间规则作为义务时的保护存在严重不足，责任设置模糊，责任追究中与时间规则之间的对应关系不明，是今后值得改进和完善的内容。

违反法律程序时间规则的法律程序责任认定和追究机制的缺失在我国程序法中也是一个普遍存在的现象。许多的环节既未设置违反法律程序时间规则的法律程序责任，又没有规定相应的责任认定与追究机制，导致了法律程序时间规则的运行缺乏足够的保障。

五、程序法中法律程序时间规则疏漏的成因与对策

时间要素是法律程序不可缺少的重要元素，因此，法律程序时间规则的重要性不言而喻。从前文的分析来看，我国的程序法中，虽然法律程序时间规则都具备了一定的数量、达到了一定的密度，同时分布也与立法的目的和需要保持了一定的契合度，但是，这三个部门法中的法律程序时间规则都还存在着一些共同的疏漏。本章中笔者将继续以程序法为蓝本，对法律程序时间规则疏漏形成的原因，并在此基础上提出一些对策。

（一）程序法中法律程序时间规则存在疏漏的原因

1. 缺乏对法律程序时间规则的认识和重视

从认识的规律上看，了解一个事物首先要意识到它的存在，并了解其概念和基本

---

① 黄捷，刘晓广，杨立云，等. 法律程序关系论［M］. 长沙：湖南师范大学出版社，2009：119.

特征，然后才能对其进行进一步的分析。换句话说，要了解一个事物，首先应当认识到它的存在，认识它"是什么"，然后才知道"为什么"和"怎么办"。尽管法律程序时间规则在程序法中普遍的存在，目前看来，大家却仍然对其缺乏足够的认识和重视。

长期以来，"法律程序时间规则"并未被明确地提出。尽管法律程序时间规则在程序法中普遍地存在着，却受到了有意无意的忽视。就目前笔者收集到的资料来看，法律程序中的时间问题往往被转化具体的制度问题，例如从期间制度、时效制度等出发对法律程序中的时间问题进行研究。目前，笔者暂未发现关于法律程序规则中时间问题的研究的成果。这间接地说明了，迄今为止法律程序时间规则的存在及其在法律程序中的特殊功能和地位并未受到充分的重视，甚至未得到充分的认识。随之而来的是，虽然法律程序时间规则在法律程序中具有举足轻重的地位，但是在理论研究、立法实践和司法实践中有意无意地被忽视，从而导致了立法和实践中的种种问题不能从根源上得到解决和完善。很多因法律程序时间规则的疏漏而导致的问题被转化成为制度的问题，解决的方案往往是"用制度完善制度"，形成"制度套制度，层层又叠叠"的现象，使得很多通过理顺法律程序时间规则便能解决的问题变得复杂化。

因此，我们要正确地认识和重视法律程序时间规则及其重要地位，这是其理论研究和完善立法的基本前提。

2. 理论上缺乏体系化的研究

理论和实践具有相辅相成的辩证关系，科学的理论对实践具有指导作用，错误的理论则有可能阻碍实践的发展。我国程序法中法律程序时间规则存在疏漏，与相关理论的不完善有很大的联系。

长期以来，我国一直存在"重实体、轻程序"的观念，法律程序基础理论在很长一段时间内都处于比较薄弱的状态。近年来，程序法治理论的探讨开始兴起，法律程序越来越受到关注，与法律程序相关的理论也逐渐丰富起来。纵观国内法的研究成果，对法律程序的研究主要有三条途径：一是从法律程序价值的角度研究法律程序的正当性问题，这部分的理论成果主要着眼于接受国外的程序正义理论或正当程序原则及其本土化的问题；二是从具体的制度出发，研究法律程序制度的构建和完善；三是从法律程序的本体出发，从宏观的、抽象的角度与研究去研究法律程序的概念、特征、功能和构建等问题。这三种途径中，又以第三种途径的成果最为薄弱。对法律程序时间规则的研究即属于法律程序本体问题的一部分。目前笔者尚未发现直接以"法律程序时间规则"为研究对象的研究成果，甚至此前这个概念都未曾被提出过，遑论针对法律程序时间规则的概念、特征、功能、构建等的体系化的研究。法律程序时间规则缺乏体系化的研究，其直接的后果就是法律程序的时间问题被分割到各个具体制度中，使得人们对法律程序时间规则缺乏总体的认识和把握，难以给立法实践提供宏观的指导，难免出现"瞻前不顾后"的问题，导致程序法中的法律程序时间规则有所疏漏。

3. 立法上缺乏整体的把握

对法律程序时间规则缺乏体系化的研究，对实践最直接的影响就是在立法上缺乏总体的把握。从目前的我国程序法中法律程序时间规则的现状来看，法律程序时间规则的设置体系化程度不足。法律程序时间规则体系化不足有两个十分明显表现。第一，因理论指导的缺失，法律程序中的时间问题被机械化地分割到具体的细节当中，缺乏宏观的把握，从而导致法律程序时间规则在部分环节的衔接上不够流畅，为一些有损效率公平的行为留下了可乘之机。例如前文所提到的上诉时间与立案时间的衔接的问题，因程序法都没有规定法院收到上诉人上诉状后的立案期限，在实践中，当事人往往在提交上诉状后就陷入长时间的等待。第二，法律程序时间规则中，行为指引与法律程序责任的配合不够协调。很多为特定主体行为设置了义务或限制的法律程序规则没有相应的法律程序责任与之匹配，使得部分违反了法律程序时间规则的行为得不到应有的制裁。

综上所述，在立法的过程中，对法律程序时间规则设置要从全局的角度出发，系统化地进行规定，尽量避免法律程序时间规则的疏漏。

（二）增强法律程序时间规则效用的立法建议

程序法中法律程序时间规则的设计存在不足的原因是多方面的，与基于理论研究的不足有关，又与立法操作有关。理论研究方面的空间与意义，笔者在此处不再赘述，留待众人进一步开拓。本节着重从立法的层面上，针对我国程序法中法律程序时间规则存在的立法缺漏提出若干完善建议。

1. 填补法律程序时间规则体系的疏漏

法律程序时间规则法律作用的前提是有相当数量的法律程序时间规则存在，并且这些规则相互之间衔接得当，能够有自我防御性，足以抵抗外来的不当干扰。若将法律程序比作笼子，那法律程序规则则是笼子的条框，法律程序时间规则无疑是十分重要的一部分条框。法律程序时间规则在应当约束的地方有所遗漏，或者是相关联的法律程序时间规则在衔接上不够流畅，等于是为"笼子"开了一条口子，一方面给了外界不当因素介入的机会，另一方面，有所疏漏的法律程序时间规则相当"牛栏关猫"，看似有所约束，实际上关不住猫。因此，对法律程序时间规则中存在的空白和漏洞，应当予以足够的关注，并应采取相应的措施来进行补救，使得法律程序时间规则具有完整的体系。

具体来说，填补法律程序时间规则体系的疏漏有两大步骤。第一步是"查缺"。"查缺"即对法律程序时间规则进行总结和分析，查找出程序法中有哪些应当在时间上加以约束而现有的法律程序时间规则又未顾及或者约束力度不够的环节。我国的程序法中，法律程序时间规则确实存在一些漏洞，例如《民事诉讼法》中法院处理管辖权异议的期限问题，又如《刑事诉讼法》中犯罪嫌疑人、被告人羁押期限的问题，再如程序法中都存在的当事人上诉时间和二审立案时间的衔接问题。弥补这些漏洞的首要措施，就是先将这些漏洞排查出来，进行规整，查找原因，以待进一步的完善。第二步是"补漏"。"补漏"即在对程序法中法律程序时间规则的漏洞进行查找和分析的基础上，根据其成因和特点，有选择性地在立法上加以补充和完善。对于诉讼程序中虽未有相应时间规则进行规范，但可以由司法实践弥补的环节，立法不需要面面俱到，可以在实践中加以完善。但是对于那些无法通过司法操作弥合，亟须用制度予以保障的环节，则需要立法进行弥补。例如前文中提到的诸多问题中，审理期限的延长导致审期弹性过大，影响诉讼效率的问题，需要通过限制延长次数来确定；第二审程序的立案时间的问题，则需要由立法进一步明确；刑事诉讼中超期羁押的问题需要对羁押期限进行严格的限定。

2. 明确违反时间规则的法律程序责任

我国的程序法中，虽然具备了一定数量的法律程序时间规则，但是因为很多的法律程序时间规则并没有设定相应的法律程序责任，导致其功能被削弱，没有达到应有的效果。因此，在立法上，应当系统地完善违反法律程序时间规则的责任设置。法律程序责任包含四个方面的构成要素：主体要素、主观要素、客观要素、形式要素。[①] 违反法律程序时间规则的责任本质上归属于法律程序责任，因此也应当从这四个方面进行设置。

第一，主体要素，即解决应当由谁来承担责任的问题。这里的责任主体应当是负有法律程序时间规则规定的义务的特定主体，即被法律程序时间规则要求在一定时间内实施一定行为或者禁止为一定行为的特定主体。

第二，主观要素。根据法理学基础理论，主观要素包括故意和过失，故意分为直接故意和间接故意，过失又分疏忽大意的过失与过于自信的过失。承担违反法律程序时间规则的责任的前提，应当以故意为主，过失为辅。

第三，客观要素。法律程序责任的客观要件有三个方面，一是有一定的行为，二是产生了一定的损害结果，三是特定行为与损害结果之间存在因果关系。

第四，形式要素。即特定主体的行为违反了法律程序时间规则的相关规定。

以民事诉讼中法院采取财产保全措施的通知义务为例，根据《民事诉讼法》第一百零六条规定，人民法院保全财产后，应当立即通知财产被保全的人。目前《民事诉讼法》中并没有规定法院违反立即通知的义务给财产被保全人造成损害结果的法律程

---

① 黄捷，刘晓广，杨立云，等.法律程序关系论［M］.长沙：湖南师范大学出版社，2009：126－127.

序责任。对此若要进行完善，首先应当确定责任主体，即未按时间要求履行通知义务法院；其次，应当明确构成责任的主观要素，包括故意和过失；再者，在客观方面，应当明确法院若存在采取了财产保全措施却未立即履行通知义务的行为，并且该行为造成了财产被保全人的损失即应当承担相应的法律程序责任；最后，应在形式上明确，法院的行为违反了法律程序时间规则的规定。概而言之，应当明确规定，法院在采取财产保全措施后没有立即通知财产被保全人而给财产被保全人造成损失的，应当承担相应的法律程序责任。

3. 完善违反时间规则的责任认定和追究机制

法律责任的落实有赖于责任认定，责任的落实有赖于责任追究机制的运作。因此，要保证法律程序时间规则的有效运行，除了要设置与之相对应的法律程序责任之外，还要在此基础上建立起完善的责任认定和追究机制，以落实法律程序时间规则。

具体来说，认定和追究违反法律程序时间规则的机制应当从以下几个方面着手建立：第一，确定认定责任的主体即解决责任由谁来认定的问题；第二，确定责任的承担方式，即责任主体如何承担责任的问题；第三，确定法律程序责任的认定程序。

第五节　地方行政程序的首长规则

本章从一个特有的角度认识和了解地方行政中的"关键少数"的法治问题：地方行政程序中的首长规则。政府首长是政府的负责人，地方各级人民政府实行首长负责制，所以我国国家立法和地方行政立法均为首长的职权和职责进行了许多有益的规范，以便于通过首长的有效存在和职能发挥，使得政府能发挥现代高效的管理和服务，造福人民。

一、地方人民政府首长职权的界定

地方人民政府的政府首长（后文简称"政府首长"）在其所属行政区域的行政机关内处于核心地位，享有最高和最后的决策权。各级政府首长对其任职行政区域的整个行政系统的所有决策和行为负责。[1] 地方人民政府首长职权是指各级政府及其部门的首长在民主讨论的基础上，对本行政组织所管辖的重要事务具有最后决策权，并对此全面负责。

---

[1]　邹健. 科学界定连带责任完善行政首长负责制 [J]. 领导科学杂志, 2006 (18)：4-6.

（一）地方人民政府首长职权的内涵

地方人民政府是一个相对于中央人民政府而言的一个政治地位概念。我国宪法规定地方各级人民政府是地方各级人民代表大会的执行机关，是地方各级国家行政机关。地方人民政府包括：省级、市级、县级、乡级等。中央人民政府与地方人民政府在层级关系上是领导与被领导的关系。

现代汉语中"首长"一词通常是指：在限定范围内按照一定的标准所确定的职位，处在该职位上的主体能够在该范围内产生重大影响。本文中"首长"用"地方人民政府"一词加以限定，则区别于各级人民政府下的行政机关或职能部门的首长，"职权"系地方各级行政区域的权力分工模式下的行政领域，即在地方各级人民政府内部被赋予最高行政职务以及行政级别，并对该行政领域范围内的政府行政事务享有决定性作用。根据组织法规定，地方人民政府包括：省级、市级、县级、乡级等，则对应各级地方人民政府首长分别为：省长、市（州）长、县（区）长、乡（镇）长。

地方人民政府首长作为同级人民政府的最高决策者，政府首长的"职权"仅指：各级人民政府的政府首长为履行法律等规定的职责时所拥有的权力。我国宪法确定了关于地方人民政府基本的行政领导决策制度——政府首长负责制。在政府首长负责制的领导体制下，政府首长对自己主管的工作有完全决定权并负全部责任，权力相对集中并享有较大的自由裁量权，指挥灵敏，行动迅速，利于提高行政效率和加强行政管理。

（二）地方人民政府首长职权的类型与属性

汉密尔顿等提出，行政首脑最必要的条件是强而有力，因此最适合集权于一人。集权于一人，才有利于明智审慎，保障统一。因为一人行事，在决断、灵活、保密、及时等方面比多人行事要好得多。① 孟德斯鸠认为，政府几乎时时需要急速的行动，所以由一个人管理比几个人管理好些；反之，属于立法权力的事项由许多人处理比一个人处理要好些。② 汉密尔顿与孟德斯鸠在行政职权行使的观点上存在一致，认为：政府首长的职权应集中于一人手中，才可以彰显行政职权行使的灵活性与高效率性等。

1. 首长职权分类

我国宪法规定县级以上地方各级人民政府依照法律规定的权限，管理本行政区域内的经济、教育、科学、文化、卫生、体育事业、城乡建设事业和财政、民政、公安、民族事务、司法行政、监察、计划生育等行政工作，发布决定和命令，任免、培训、考核和奖惩行政工作人员等；第一百零八条对各级人民政府在工作交流中决策地位进

---

① 汉密尔顿，杰伊，麦迪逊. 联邦党人文集［M］. 程逢如，在汉，舒逊，译. 北京：商务印书馆，1980.
② 孟德斯鸠. 论法的精神［M］. 钟书峰，译. 北京：商务印书馆，2020.

行了规定；第一百一十条规定了各级人民政府与国家权力机关的关系。以上三条是我国宪法正文中，关于地方人民政府的相关问题所作出的原则性规定。

主持、领导工作权。《中华人民共和国地方各级人民代表大会和地方各级人民政府组织法》第五十九条对县级以上的地方各级人民政府行使的职权进行了列举式介绍，政府首长作为同级政府的最高决策者，对法律规定的同级政府应行使的职权进行统一领导。第六十二条明确了地方各级人民政府实行"首长负责制"，各级政府首长分别主持地方各级人民政府的工作。第六十六条的第一、二款规定人民政府内部各工作部门受本级人民政府统一领导，并且依照法律或者行政法规的规定受国务院主管部门的业务指导或者领导。各级政府的政府首长作为本级政府的最高决策者，代替地方人民政府行使行政权力，对同级政府各职能机关、各部门，以及下级人民政府的工作，进行统一领导，主持工作。

最后决策权。地方各级人民政府的首长，依据法律授权代表同级人民政府行使行政权力，对本级人民政府内部行政事务享有最后决策权。现有的《湖南省行政程序规定》等政府规章中对政府首长在重大事项上的决策权进行了规定，政府首长对本级政府的重大行政事项享有代表本级政府行使决策权的权利。政府首长提出的重大行政决策事项，由政府首长交承办单位承办。其他非重大事项，均由人民政府的首长拥有最后拍板的权力。

代表权。地方各级人民政府首长有代表同级人民政府的权利。若将一级人民政府比喻成一个独立法人，在对外行使权力方面，政府首长之于政府，即类似于法人代表之于法人。政府首长可以作为政府代表，对外表达同级政府的决定、签署相关文件等。例如：省、自治区、直辖市和较大的市的人民政府，可以根据法律、行政法规和本省、自治区、直辖市的地方性法规，制定规章的，需要同级人民政府首长签署政府令。

2. 首长职权法定

法律赋予的行政职权的确定使得政府首长在特定行政系统内部发挥关键性作用成为可能。从应然角度来看，按照法治主义原则行政系统内仅应存在于法律这唯一的权威体系。根据现代法治精神，涉及国家主要权力的产生以及分配，须由法律规定。宪法第一百零五条规定了地方各级人民政府实行首长负责制，将首长负责制作为地方人民政府运行的原则性规定。地方各级人民政府首长对其辖区内的事项承担最终责任，基于职权与责任的相对性，地方各级人民政府的政府首长对其辖区内事项享有处理、决策、监督等职权。

当前，除了宪法和相关组织法的规定外，专门性的规范还有 2004 年 3 月国务院颁发的《全面推进依法行政实施纲要》，其中规定了权责一致的原则，以及中共中央的《党政领导干部辞职暂行规定》。这两者虽非法律性文件，亦对政府首长职权进行了规定。

宪法有"国务院实行总理负责制"这样的概括性说法，这种概括式规定的优点便于行政机关的灵活设置。政府首长作为政府或行政部门的处于领导、决策地位的人，必须具有与其职位相称的由法律规定的行政权力，这是取决于政府首长个人负责的需要。个人负责就要在行政机关中树立首长的法律权威，使政府首长的命令、决定能够迅速及时地得到执行。而且法律权威的基础就是权力本身，没有权力便没有权威。政府首长具有下列权力：具有最高的决策权即政府首长对本机关的行政事务有最后的决定权；具有监督行政机关各部分与公务员执行决策的权力；具有裁判权即当行政机关各部门或公务员之间出现意见分歧或争议悬而未决时，有权加以变更或撤销。①

3. 首长职权程序

程序是指能够使一个相对独立的社会事务活动的进行过程得以有序的那些制约因素所共同组合成的一套规则系统或支持体系。他们通常表现为一整套特定规则的集合体（包括时间规则、地点规则、行为方式规则、反应规则等），这些规则集合体内的各规则彼此之间存在着内在的关联性。② 简而言之，即对应特定社会活动的、具有内在关联属性的法律规则集合体。③ 首长职权程序，即政府首长在履职过程中，在履职过程中应该遵守的程序。对政府首长职权的程序规定，一方面指导领导的日常工作，另一方面便于政府首长行使职权时接受监督。本文中首长职权程序，是指地方各级人民政府的首长在行使其法律赋予的行政职能时，所应遵守的步骤与程序，通过规定首长职权的行使方式以及相关程序节点的设计，可以从程序的角度规制首长职权的行使，防止滥权与怠权的现象。例如：现有的法律文件《湖南省行政程序规定》中对地方政府首长的在重大行政决策行为中的应遵守的程序进行了规定。法律意义上的程序通常被理解为实施某项有法律影响力的行为所必须遵循的步骤和方式。④

地方各级政府享有宪法及法律赋予的行政权力。行政权力作为国家行政机关以国家强制力为保障执行国家意志，依照法律对全社会进行管理的一种公权力，由政府首长代表政府具体施行。行政权力作为政府代表统治阶级行使国家职权的权力，若无法律进行规制，则极易恣意扩张，故行政权力行使的辐射范围应严格受到法律规制。依据宪法和法律授权，地方各级人民政府的首长代表同级人民政府行使行政权力，政府首长作为该级人民政府的最终决策人。基于"首长负责制"，政府首长在其任职的地方人民政府享有最终决策权，在一定程度上有利于提高行政效率，但在高效行政的同时，

① 张焕光，胡建淼. 行政法学原理 [M]. 北京：劳动人事出版社，1989.
② 黄捷. 论地方程序的意义 [J]. 湖南师范大学社会科学学报，2015（5）：91-97.
③ 黄捷，刘晓广，杨立云，等. 法律程序关系论 [M]. 长沙：湖南师范大学出版社，2009：10.
④ 杨寅. 行政决策程序、监督与责任制度 [M]. 北京：中国法制出版社，2011：68.

权力若得不到控制，则极易导致公平的丧失、社会秩序的紊乱。故地方人民政府首长职权在行使的过程中应如何规制则成了一个亟待解决的现实问题。

二、地方人民政府首长职权的立法现状

在国家立法层面，我国至今尚未制定统一的行政程序法、宪法、国务院组织法和地方人民代表大会和地方人民政府组织法只是对政府机关的职权范围加以规定，关于地方人民政府首长职权行使的程序性立法并未涉及。行政许可法、行政处罚法、行政强制法等相关法律对一系列具体行政行为的处理程序进行了规定，但政府的许可权、处罚权、强制权等通过法律的规定已经分散到行政机关的各个职能部门。现有立法中的地方政府首长，作为地方一级政府的最高决策人，职权内容的实体规定以及职权行使的程序规定未有系统涉及。

（一）地方人民政府首长职权行使的实体性法律规定

1. 宪法中的相关规定

宪法作为中华人民共和国的根本大法，就国家生活中的根本性问题进行原则上的把控。针对具体事项的具体规定，宪法鲜少涉及。

我国宪法第一百零五条规定地方各级人民政府实行省长、市长、县长、区长、乡长、镇长负责制，县级以上地方各级人民政府依照法律规定的权限，管理本行政区域内的经济、教育、科学、文化、卫生、体育事业、城乡建设事业和财政、民政、公安、民族事务、司法行政、监察、计划生育等行政工作，发布决定和命令，任免、培训、考核和奖惩行政工作人员等；第一百零八条对各级人民政府在工作交流中的决策地位进行了规定；第一百一十条规定了各级人民政府与国家权力机关的关系。

我国宪法虽未对地方人民政府的政府首长的具体职权做出规定，但确定了政府首长负责制，地方人民政府的政府首长对其所管辖的行政区域内的行政事宜享有最高决策的权力以及最后责任承担的义务。同时，宪法授权地方人民政府对本行政区域内的科、教、文、卫、体等相关行政工作享有管理职能，即间接对地方人民政府的政府首长的行政职权范围进行了授权与规范。

2. 《中华人民共和国地方各级人民代表大会和地方各级人民政府组织法》中的相关规定

组织法中关于地方人民政府政府首长的规定，集中于职能授权方面，而政府首长如何行使其职能的程序保障方面，并未涉及。

组织法针对宪法已有的原则性规定，做出了补充规定。组织法对县级以上的地方各级人民政府首长可代表同级人民政府行使职能的相关职权进行了列举式授权，如下：执行决议、命令的职权、领导工作的职权、改变或撤销不当决定的职权、人事任免的

职权、管理辖区内行政工作的职权、维护社会秩序的职权、保护各种经济组织合法权益的职权、保障少数民族的权利和尊重少数民族的风俗习惯，帮助本行政区域内各少数民族聚居的地方依照宪法和法律实行区域自治，帮助各少数民族发展政治、经济和文化的建设事业；保障宪法和法律实施的职权；办理上级机关交办事项的职权；等。

3. 行政诉讼法中的相关规定

2014 年 11 月 1 日，十二届全国人大常委会第十一次会议表决通过了修改后的行政诉讼法第三条规定了行政首长出庭应诉制度，要求被诉行政机关的负责人应当出庭应诉。地方各级人民政府作为行政诉讼案件被告时，政府首长应依据法律规定出庭应诉，政府首长不能出庭的，也应当委托政府内部相应的工作人员出庭应诉。这一制度的规定，在诉讼角色上对政府首长行使其行政职权进行了约束，行政首长若没有落实依法行政、合理行政，未对其所辖范围内的行政行为进行合理合法的把控，在一定程度上将会提高政府的应诉率。

行政首长出庭应诉制度从诉讼出庭的角度，间接通过程序设计对行政首长的职权行使进行了约束。

（二）地方人民政府首长地方职权行使的程序性法律规定

现阶段，我国对于政府首长职权行使的程序性规定在法律、行政法规等中未有具体规定，已有规定主要存在于地市级的规范性文件中，其中省级规范性文件据不完全统计有 11 个①。程序性规范有利于促进行政机关合法、公正、高效行使行政职权，保障公民、法人或者其他组织的合法权益。

根据立法法第七十三条授权，地市级制订政府行政规章。湖南省、山东省出台的行政程序规章在重大行政决策程序中，规范包括重大行政决策在内的行政行为；北京市、浙江省等正在进行重大行政决策程序政府规章的起草；重庆市、贵阳市、汕头市、大连市等制订了重大行政决策听证及合法性审查的专门规章。② 2008 年湖南省人民政府为推进依法行政，规范行政行为，根据宪法和有关法律法规，结合湖南省实际，制定了《湖南省行政程序规定》。《湖南省行政程序规定》在重大行政决策程序中对政府首长的职权行使做出了具体程序性规定。

1.《湖南省行政程序规定》中的相关规定

《湖南省行政程序规定》规定了政府首长的重大事项决策方案的讨论程序、决定程序、决策的执行、监督程序等的规定。重大行政决策程序的各程序节点中人民政府首

---

① 分别是青海省、云南省、四川省、湖南省、江西省、甘肃省、山东省、江苏省、广西壮族自治区、天津市和重庆市等。

② 朱海波. 地方政府重大行政决策程序立法及其完善 [J]. 广东社会科学，2013 (4)：225－231.

长的权利或义务以及应该遵守的程序，确定了地方人民政府的政府首长对本级政府重大行政事项享有代表本级政府行使决策权的权利。政府首长提出的重大行政决策事项，由政府首长交承办单位承办。政府分管负责人、政府工作部门和下一级人民政府提出的重大行政决策事项的建议，由政府首长确定是否进入决策程序。地方人民政府政府首长依据法律规定。政府工作部门、下级人民政府以及公民、法人或者其他组织认为重大事项需要提请政府决策的，可以提出决策建议，再由政府首长决定提交政府常务会议或者政府全体会议讨论，政府首长最后发表意见，政府首长在集体审议的基础上作出决定。政府首长可以对审议的事项作出同意、不同意、修改、暂缓或者再次审议的决定。由政府首长负责针对决策方案审议事项作出最后决定，对决策方案有不同于多数人的意见，应说明理由。政府首长对重大行政决策方案的讨论情况及决定应当记录，持有不同意见应特别载明。

（1）重大事项决策方案的讨论、决定程序

自 2012 年 1 月 1 日起施行的《山东省行政程序规定》对于政府首长职权的程序性规定同《湖南省行政程序规定》中关于重大行政决策事项、政府首长的重大事项决策权、重大事项决策方案的讨论程序、决定程序以及决策的执行、监督程序等的规定相似。①由政府首长指定行政决策承办单位。决策承办单位一般由法规条文明确规定或者规定政府首长具有指定相关单位的权限。②政府首长决定是否启动决策程序。决策程序启动后，对重大决策事项的决策方案的拟定、风险评估、合法性审查、听证、论证等均由决策承办单位具体负责执行，明确规定风险评估、专家论证、征求意见及听证等程序成为重大行政决策的必经程序，并对专家论证的效力，听证事项、程序、听证笔录的效力等内容进行了规定。③政府首长决定是否需要将事项提交常务会议或者全体会议讨论，并遵循相应的讨论程序，政府首长最后发表意见。④政府首长负责针对决策方案审议事项作出最后决定，对决策方案有不同于多数人的意见，应说明理由。⑤重大行政决策方案的讨论情况及决定应当记录，不同意见应特别载明。⑥决策作出后，应在规定时间（20 日内）向社会公开。

（2）对行政决策执行程序的规定

《湖南省行政程序规定》对执行机关执行决策程序提出了总体性的要求：要求执行机关根据各自职责，全面、及时、正确地贯彻执行重大行政决策。明确决策机关和监督机关对决策执行情况的监督职责。其中对决策机关的监督方式提到跟踪调查、考核两种。对监督机关的如何进行监督却没有明确规定。规定决策机关在决策执行过程中要针对各方意见对决策方案进行修正的义务。包括决策执行机关、监督机关在内以及公民、法人或者其他组织如果认为重大行政决策及执行有违法或者不适当的，可向决策机关提出。决策机关和执行机关有权根据现实情形的变更作出继续、停止、暂缓、修订决策方案的决定。规定决策机关对决策执行情况的评估义务：一是要定期组织关于决策的落实情况的评估；二是及时向社会公布评估的结果，接受社会监督。

2.《山东省行政程序规定》中的相关规定

《山东省行政程序规定》中，除了借鉴《湖南省行政程序规定》中关于政府首长在重大行政决策上应遵循的行政程序外，在第七章中提出了政府首长职权行使的监督与责任追究程序：（1）针对行政机关及其工作人员（包括政府首长）违反规定的行为，设定了可通过评议考核、听取报告、案卷评查、媒体曝光、公众投诉等方式对政府首长职权行使进行监督检查；（2）政府首长行使职权违反法定程序应受到包括告诫、通报批评、责令道歉、离岗培训、调离执法岗位、取消其行政执法的资格等行政处罚以及警告、记过或记大过、降级、撤职或开除等行政处分；（3）规定了对政府首长追责的程序以及相关的追责主体。

《山东省行政程序规定》将承办单位对重大行政决策方案的风险评估、合法性审查作为重大行政决策的必经程序。承办单位的选择依法定程序确定或由政府首长指定，政府首长要对其指定的承办单位的行为负责。事实上，对重大行政决策方案的合法性审查应由政府的法制机构负责，从决策主体、决策权限、决策程序、决策内容是否合法等方面进行审查，决策不合法之处，法制机构要提出意见，并对合法性审查的结果负责，这是法制机构的职责所在。

两省规定明确政府首长有重大事项行政决策权，其他负责人要协助政府首长决策。政府首长的职权及决策程序具体包括：由政府首长决定是否启动决策程序。决策程序启动后，对重大决策事项的决策方案的拟定、合法性审查、风险评估、论证、听证等由决策承办的单位来进行具体的负责执行，明确了风险评估、征求意见、专家论证以及听证等程序为重大行政决策的必经程序，并对专家论证的效力，听证事项、程序、听证笔录的效力等做出规定；政府首长指定行政决策承办单位。决策承办单位一般由法规条文明确规定或者规定政府首长具有指定相关单位的权限。重大行政决策方案的讨论情况及决定应当记录，不同意见应特别载明。政府首长负责针对决策方案审议事项作出最后决定，对决策方案有不同于多数人的意见，应说明理由。由政府首长来决定，是否将事项提交常务会议或全体会议讨论，遵循相应讨论程序后政府首长来最后发表意见。决策作出后，应在规定时间（20日内）向社会公开。

《山东省行政程序规定》的第七章对监督和责任追究作出了规定，具有一定的可操作性，例如：规定中明确了县级以上人民政府对规定实施情况的监督检查职权，并明确规定了监督检查的方式。针对公民、法人和其他组织的投诉、举报，由监察机关、上级行政机关、政府法制机构依职权处理，并将处理结果告知投诉人、举报人。同时，针对包括政府首长在内的行政机关及其工作人员违反规定的行为，明确了对其进行行政处理和处分的种类，以及相关的追责主体。

除上述两省的行政程序规定，其他省市颁布的行政程序规范在一定程度上都以《湖南省行政程序规范》为蓝本进行借鉴，在此就不再一一赘述。

三、当前地方人民政府首长职权的立法缺陷

总的来说，现有立法中实体法部分主要内容为：授权地方人民政府首长代表同级政府行使、管理、把控行政权力的行使，给予了政府首长偌大的行政权力。在程序法部分目前的规定较少，且做出规定的规范在法律体系中的效力位阶较低。且程序立法中的规定更倾向于保障政府首长职权的行使，而对政府首长的职权行使的监督与规制方面的规定则尚不完善。政府首长作为有思想的个人，其价值观以及主观能动性在其行使行政职权的过程中将起到在一定程度上的影响。而在现有的立法中，不难看出，从程序法角度来规制政府首长行使行政权力的鲜少，即使有所涉及也难以切实到程序规制的关键。

法制化的程序是看得见的正义，程序法出台后，政府首长是否依法行使职权将有明确的法律依据，规范了政府首长权力的运作，也便于各界监督。同时对政府首长责任追究机制的程序化，有利于强化政府首长的责任意识、督促政府首长依法行使职权，减少滥用职权、贪污受贿等腐败问题的发生。

（一）重实体，轻程序

从内容载体的角度来看，我国宪法、组织法以及行政法等法律法规以及行政规章中都对政府首长职权的内容进行了授权，政府首长的职权来源有法可依。关于地方人民政府首长职权的程序性规定，现有法律没有涉及，只是鲜见于行政规章中。从规定载体的效力位阶可见，我国对于政府首长职权的规定存在重实体、轻程序的现状。现今，关于地方人民政府首长的行政职权行使的程序性规定的立法状态较为分散，且在各个法律规范中关于政府首长职权行使的程序性规定亦较为分散。

从内容详尽的角度来看。通过第二小节对现有立法中关于政府首长职权的立法现状进行的阐述，不难看出：对政府首长职权内容的授权性规定多采用列举法进行了较为详细的规范，但关于政府首长职权行使的程序性规定，只见于部分省颁布的政府规章中，且规定中对政府首长职权行使的程序性规范覆盖较窄，仅就重大行政决策的程序进行了规范，但政府首长如何主持工作、代表人民政府行使行政权力的职权等的程序并未做出规定。政府首长的意见在行政决策的做出过程中往往是决定性的，若是缺少程序法对政府首长职权行使进行规制，则政府首长可能作出欠民主、欠公平的行政决策。由一人做决策，缺乏其他权力的约束，决定的作出将易受个人主观因素影响，忽视民主，进而滥用手中权力。在决策执行过程中，若未规定相应监督程序进行监督

执行，监督机关的监督难以落到实处，将严重影响政府形象，导致严重社会后果。

现有法律体系为政府首长授权了较大的实体性职权——代为本级人民政府行使行政职权，但基于现阶段程序性规定的缺失，则为行政职权的行使制造了缺少程序规制的易被滥用的法律环境。亦会导致一个主观性、随意性等弊端丛生的程序漏洞。程序性规范通过规范具体事项实施的程序步骤，从程序角度避免决策欠民主、欠科学等现象，以保障国家利益、集体利益以及人民群众的利益不受行政权力滥用的侵害。

（二）重保障，轻规制

程序法在一定程度上具有其工具性，在现有的关于政府首长职权行使的程序性立法中，侧重于为政府首长的职权行使提供法律保障，而在如何规制政府首长职权行使的，当前立法主要从两个方面来保障政府首长职权行使：其一，通过立法规定具体的政府首长应行使的职权。例如：组织法通过列举的方式授权地方各级政府具体行政职能，政府首长依据法律规定依法组织、领导、主持同级人民政府的具体行政事宜。其二，通过程序性立法以保障实体性授权得以妥善施行。例如：《湖南省行政程序规定》作为湖南省人民政府颁布的政府规章，在政府重大事项决策这一政府首长行使行政职权的重要环节进行了具体的规定，通过设置详尽的程序节点，以保障行政职权能得以依法行使。

但在现有的关于政府首长职权行使的程序性立法中，关于如何规制政府首长职权的行使的程序性规范较少。政府首长责任追究的主要依据只存在于地方性的立法和行政规章中。当前的规定主要对责任主体、责任追究主体、责任承担的情形和责任承担的形式有所规定，规定中并没有涉及政府首长责任追究方面的程序性规定，对于如何实现对政府首长责任的追究，我国并没有相应的法律来建立责任追究程序。以《山东省行政程序规定》为例，该规定中对政府首长职权行使的监督与责任追究程序进行了简单的规定，但就监督政府首长个人责任承担的范围以及方式、对政府首长进行处罚的条件以及程序等问题上的规定亦不明确。同时，责任追究机关在追责过程中享有较大的自由裁量权，可能存在责任追究难以落实到位的情况。①

规定程序规范对于政府首长职权行使的作用有二：其一，通过规定详细的具体的步骤，使得政府首长的职权能切实地得以实施，而不是一个被架空的职位，能通过程序规定保障政府首长的职权行使；其二，通过程序规制政府首长行使其行政权力，减少因首长个人的恣意妄为或者消极怠慢而导致的权力滥用或权力畏用。法律法规中也对该原则加以规范，但规范的内容只是存在于在政府首长的职权的行使、职权的配置、政府首长滥用职权或者消极怠工的责任承担等，保障首长行使职权的程序性规定则未

---

① 谷志军. 决策问责及其体系构建研究 [D]. 杭州：浙江大学，2014.

有涉及。人大应加强立法工作，将合法、有效的规范、政策、制度等上升到法律高度。① 现有的地方性政府首长责任追究规定，在追责主体、适用范围以及政府首长的责任承担方式等方面作出了规定，具有一定的可操作性，但仍然存在很多不足之处：其一，在追责主体方面。政府首长作为本级人民政府最高决策者，享有最高的行政权力，在本级政府内部从级别上分析，没有可以对其进行监督的机关，但是政府部门是权力机关的执行机关，应对权力机关负责、受权力机关监督，所以同级人民代表大会对地方人民政府首长的职权违法违规情况有监督权。在我国行政系统中，上一级政府对下一级政府是领导与被领导的关系，故地方各级人民政府可对下级政府首长进行监督。其二，本级政府往往是对政府首长的职权行使最为了解的，但本级政府的内部责任追究并不能约束本机关政府首长的权力，故在责任追究程序中可以设计由本级政府相关非关联人员加入调查组进行调查。其三，地方人民政府首长针对责任追究不服时的救济措施鲜少有规定，关于救济途径、符合与申诉的期限、主体等。规定政府首长对追责不服时的复核或申诉机关、方式。当然，在《中华人民共和国公务员法》实施后，政府首长可按照该法的规定对追责决定不服提起申诉，但从法律文本完整性的角度考虑，该内容必不可少。其四，缺少对政府首长责任追究的信息公开制度和回避制度的相关规定。

（三）多笼统，少具体

现有法律法规中就地方各级人民政府的政府首长的职权行使问题整体篇幅较小，规定多为笼统的原则性规定。组织法以及其他法律法规规章中关于政府首长主持地方各级人民政府的日常工作、召集和主持本级地方人民政府的全体会议和常务会议等政府首长在日常工作中的具体工作内容的规定极不周全。哪些行政事项能成为政府首长的决策议题？法律规定了政府工作中的重大问题，需通过召开政府常务会议或全体会议进行讨论决定，而"重大问题"的范围以及判断标准是什么？行政决策作出应遵循怎样的程序？是否有决策作出后的监督、跟踪以及事后追责程序？这些细节，现有法律法规规章中都未有详尽涉及。

地方人民政府首长的每项职权都应处于法律授权之下，职权的运作也应有明确的、具体的法律程序进行规范。行政决策权是政府首长的根本职权，有一般决策和重大决策之分。一般决策往往是指涉及地方人民政府日常行政事务中的一些琐碎日常环节；重大决策事项则是非日常性、偶发、涉及国民经济及社会发展的重大问题，政府针对重大问题制定出的决策一旦失误，后果可能将十分严重。政府首长主持地方人民政府工作的具体程序规定存在空白。法律授权了政府首长在其本级人民政府中行使最高决

① 张昭庆. 关于完善当代中国行政首长负责制的思考 [J]. 河北学刊，2011 (3)：131 – 134.

策权，对于行政事项的决策，原则上由政府首长作出；对于重大的行政决策，虽然也规定了一定形式的合议程序，但首长对重大事项亦享有最后决定权。以一定的程序来约束决策权的行使，是保障实体决定民主公平的程序保障，是在政府首长职权行使这一角度上实现程序正义的必然要求。

四、地方人民政府首长职权程序规制的完善建议

通过此节第三小节就现有立法中关于地方各级政府首长职权行使的立法缺陷进行了分析，政府首长被法律赋予了较大的行政权力，现有立法对政府首长职权行使的规定存在"重实体，轻程序""重保障，轻规制""多笼统，少具体"的现状。目前，我国虽然尚未制定统一的规制地方人民政府首长行使其法定职权的程序性规范，但部分省、市的地方人大和人民政府对行政程序的立法工作已经对部分行政程序中政府首长的职权行使进行了探索和尝试。

程序法虽具有其独立价值，但对于实体法的价值实现来说，程序法可起到保障和规制实体法实现其价值的作用。针对此节第三小节分析的现有缺陷，从以下几个方面提出相应的程序规制意见：首先，针对"重实体，轻程序"这一缺陷，可通过制定统一规制的地方人民政府首长职权的程序法，从效力位阶以及丰富内容这两个角度提高对地方人民政府首长职权行使程序的重视；其次，对于"重保障，轻规制"这一现状，我们可通过设置具体的规制首长权力运行、防止首长权力滥用的程序改善这一缺陷；最后，在保障地方人民政府首长行政职权能依法行使的前提下，应设计明确的首长责任追究程序以从事后对政府首长职权进行规制。

（一）制定统一规制的地方人民政府首长职权的程序法

我国现行法律体系中，尚没有统一的政府首长行使职权的程序法依据。根据现有的立法传统，结合实际中关于政府首长职权行使的具体问题，制定出行政程序法的立法框架。主要应包含以下内容：

第一部分：总则。这部分内容应当包括立法目的、适用范围、原则及相关概念的界定。

第二部分：主体。包括行政机关及管辖权，行政人员回避制度。

第三部分：政府首长行使职权的内部程序规定。包括政府首长日常工作中的提议程序、讨论程序、决策程序以及后续责任追究程序等。主要涉及议题的确定程序、作出程序以及决策的执行程序三个方面的内容。

第四部分：政府首长行使职权的外部程序规定。在外部行政行为中，对政府首长所应负责的程序节点进行规范。

第五部分：政府首长行使职权的司法程序规定。我国现行《行政诉讼法》规定了

首长出庭应诉制度，为配合该制度的实施，可在立法中规定首长出庭应诉的程序性规定。

第六部分：法律责任与权力救济。规定政府首长在违反法定程序后所承担的法律责任，包括行政行为的无效或撤销、行政处分、行政处罚、行政赔偿、刑事责任以及政府首长在权力被架空等情况下的救济程序。

实现程序正义可作为实现实体正义的途径，通过程序立法，从规范的内容载体的效力位阶以及丰富内容这两个角度提高对地方人民政府首长职权行使程序的重视。程序正义不是实体正义的可有可无的附庸，是以其独立方式作用于实体正义的实现，坚持程序正义，能通过程序来确保法律实施活动发挥出立法本意以及最佳的效果。① 除此之外，对地方各级人民政府政府首长的职权行使进行地方程序性规制。地方可通过制定地方性程序法规对应具有地方特点的政府首长职权行使的独立程序或全国性的程序，并结合本地特点对全国性程序进行的具体化或填充补白。② 在立法设计中具体用于规制政府首长职权行使的程序规定，在后文中展开。

（二）程序立法规制首长权力运行

现阶段，关于政府首长职权行使的程序立法规范中存在"重保障，轻规制"这一现状，我们可以有针对性地设计相关程序，通过立法的方式规制首长权力运行、防止首长权力滥用。

关于授权政府首长职权的法律法规规章，主要是通过列举对政府首长的具体职权进行授权的。但这些表面上虽较为具体，但在条文规定时最后一条以兜底的方式赋予了政府首长灵活处理个别、特殊、变动性事项的自由裁量空间，以确保政府首长能灵活机动地应对各级人民政府的所有事项，以确保人民安定社会安康。但是，此处的"自由裁量空间"并不等同于"人治"，是因为法律还通过程序法的设定，为政府首长职权行使提供了一套类似于行为准则的程序规定，将庞大的行政权力关进了程序的"笼子"里，以防止恣意裁量等权力滥用或怠用的情况。法律设定留有的这部分自由裁量空间是坚持原则性、普遍性、可预期性和稳定性前提下的"自由裁量"，是追求实体正义和程序正义相统一的"自由裁量"。③ 政府首长职权应在法律规制的情况下行使，可通过公众参与、专家论证、合法性审查、风险评估以及集体讨论决定等程序作为政府首长行使职权的程序手段和重大行政决策的必经程序。借鉴地方行政程序的规定以及国外的经验，规范政府首长权力的运作应至少包含以下内容：

---

① 陈瑞华. 论程序正义价值的独立性 [J]. 法商研究：中南政法学院学报，1998（2）：23-29.
② 黄捷. 论地方程序的意义 [J]. 湖南师范大学学社会科学学报，2015（5）：91-97.
③ 姜明安. 再论法治、法治思维与法律手段 [J]. 湖南社会科学，2012（4）：75-82.

第一，公众参与。可通过设置信息公开程序，将政府信息以及同公众利益息息相关的信息予以公开，让人民群众对事情始末有一定的知情权，进而实现人民群众参与和监督，使得行政首长的职权行使位于阳光下。公众参与是政府尊重民意的重要体现，同时也是实现决策民主的必然要求；长久以来的官本位思想，让人民群众对政府工作的参与度不够，对于政府信息的了解不够重视，再加之，政府信息长期处于封闭或者是半封闭的一个状态，社会公众即使想要获取信息也不知途径，这些都导致了社会公众对行政决策的参与度低。我国是人民的国家，政府代表人民行政，政府首长的行政权力亦是人民赋予的权力。要做到公众参与：其一，结合《政府信息公开条例》的现有规定，将政府的工作以及部分重大行政决策等政府信息，可以通过政府官方网站、社交媒体、通讯报道、手机短信等传播面广的途径①将政府信息予以免费公开，让公众知晓政府日常决定以及重大行政决策事项的信息，开展电子政务，保证公众的知情权，做到全面信息公开。其二，对于重大事项的决策，可设置听证程序。通过立法规定必须进行听证的以及可以进行听证的事项，将听证程序作为该类行政事项决策作出之前的必经程序，通过听取公众意见，在一定程度上保障了决策作出的民主性，降低因政府首长一人的主观原因造成的决策失误的概率，增加决策民主性。在听证会的参加人选择上，再以现有法律规定的"利害关系人"参加作为前提，加以细化规定，确保直接利害关系人的意见能得到表达，亦应考虑利益相关人的意见表达不被忽视。其三，完善民意调查制度，基于听证会等时间成本以及金钱成本较高，在一些非必要召开的情况，可通过问卷调查、县（市、省）长信箱、政府热线、新闻发布会等调查程序进行，让公众参与到行政决策中，通过民意表达限制政府首长职权恣意，确保政府首长职权行使的科学与民主性。其四，公民的事后监督程序。政府首长在行使职权时应充分考虑公众意见，但政府首长基于自由裁量权，根据多年的从政经验以及专业知识做出的确不同于公众意见的行政决策时，应设置一个公众事后监督程序，由政府首长书面出具决策的依据理由并附相应救济渠道。

第二，专家论证程序。政府在行政决策时，可邀请相关领域的专家学者对决策事项进行分析，并提出专业的建议和主张，作为政治智囊团存在。基于政府首长个人的专业知识、经验以及能力等方面有局限性，不可能对现代社会方方面面的公共问题有较为专业的看法，此时若行政首长仍然以其有限的知识作为背景作出行政决策，则很容易造成决策失误或者说无法将社会资源整合制作最优方案，进而浪费社会资源等。在日本，专家审议程序是行政决策中必不可少的程序；在美国，政府决策有专门的政府决策咨询机构为政府决策提供专业的决策信息，提高政府决策的科学性和民主性，

---

① 杨馨梅. 行政首长负责制分程序法规制研究［D］. 青岛：青岛大学，2015.

防止政府首长恣意妄为，随意决策。但是政府日常需决策的事项较多，若事事均参考专家意见无疑是大大降低了政府行政效率，违背了首长负责制、专家咨询制度的初衷。此时，就需要规范专家论证的程序。其一，论证专家选择上，将全国高等教育学校中的教授以及实务部门中拥有多年从事经验且在业界享有一定知名度的专家共同建立一个分专业分领域的专家库，根据待决策的具体事项邀请该专业领域的教授进行论证，原则上邀请该决策事项地区的专家进行论证，同时亦可邀请其他地区的专家参与论证。其二，应通过程序设计，在论证程序中确保专家的意见能得到充分、独立的表达，由专人记录论证过程并存档。其三，建立专家论证的责任、激励机制。对于为做出科学、有效决策提供专业支撑的专家，决策经实践检验，取得优质结果的，予以相应的激励。同时建立相应责任机制，落实责任承担，对在专家论证程序中故意做出错误决策谋取个人私利的专家，严格追究其个人责任，并对不认真履行献计献策责任的、玩忽职守的专家，取消其参与专家论证的资格，并通知其所在单位。对专家咨询程序的启动进行规定，何种事项的决策必须专家咨询，何种事项可以专家咨询。同时，将专家咨询制度的程序节点进行设计，确保效率与专业并存。我国现有法律将专家咨询程序设置成重大决策事项的必经程序，在一定程度上给重大决策事项提供了专业的意见，一方面降低了政府首长的决策失误的可能，另一方面通过提高决策的专业度，进而对政府首长的职权行使进行规制。

第三，集体审议程序。集体审议程序的设置也是为了弥补政府首长个人在专业知识、经验或能力上存在不足的情况下，通过发挥集体优势，提高决策的科学性、民主性，规制政府首长行政权力，是提出决策方案的最后确定程序。① 集体审议程序至少应包含以下规则：其一，提交会议讨论的决策方案，应当是一个经过前述程序（公众参与程序、专家论证程序、风险评估程序等）形成的一个审议稿，该试拟稿对决策作出已有基本方向把握；其二，对于重大决策事项的集体审议可通过集中开会的形式对审议稿进行讨论，非重大事项的审议稿可直接以文本传阅的方式进行审议；其三，审议稿的讨论先由承办单位对审议稿进行说明，再由其他会议组成人员发表意见，针对争议点进行详细讨论与论证，最后由政府首长总结发表意见，根据具体情况做出决定，并说明依据和理由，并由专门人员对会议内容制作会议纪要并存档备案。

第四，完善事后追踪程序。政府首长职权行使的程序规制不仅存在于事前，还应设计事后规制程序，以加强政府首长在其职权行使时的审慎态度，政府首长要对职权行使的程序负责，还应对职权行使后的执行情况负责。若一个合理合法的最优决策无法得到切实的执行，无疑也是无意义的。政府首长应对决策执行以及决策执行中的问

---

① 盛璐．首长负责制中民主集中制的健全途径研究［J］．改革与开放，2015（4）：31－32.

题进行时时追踪并及时解决，对公众的质疑及时回应。行政决策执行程序的规制，要明确决策机关执行机关的执行程序、决策机关方案调整程序、执行情况评估程序和评估结果的公开程序，对决策执行进行全程监督。

通过程序立法，为政府首长职权的行使制定一定的步骤和规则，使得政府首长的职权可以依法有效的行使，同时，设置相应程序法可以使政府首长的职权行使处于法律以及社会的监督之下，防止政府首长权力滥用或者政府首长怠于行使法律赋予的职权等。

（三）明确首长的责任追究程序

保障地方人民政府首长行政职权能依法行使的前提下，应设计明确的首长责任追究程序以对政府首长职权进行规制。规范权力运行是确保职权行使以及职权不被滥用的权力规制关键，而规范的执行离不开监督和责任追究机制的实施，对政府首长负责制的程序法规制还要有监督和责任追究的程序，这既是落实程序法规定的关键，也是规范权力行使，保障政府首长合法权益的关键。

明确规定政府首长责任追究的程序性立法，可以防止责任追究流于形式，让滥用权力的人依法承担其滥用权力所造成的不利后果，让懒政怠政的人依法承担相应的责任，并确保行政首长行使职权出现违法现象时的责任追究制度能公平、公正地落实到个人。现有的追责规范可以为我国地方人民政府首长职权行使的责任追究从程序规制的角度提供借鉴。

关于地方各级人民政府的首长责任追究程序，不仅应明确规定政府首长应被追究责任的情形，还应对有权追责的主体以及政府首长的责任承担方式进行具体规定。同时，还应对以下问题加以规范：首先，对责任追究程序启动应有明确规定，明确权力机关以及上级行政机关的问责程序，同时还要规定公民和社会组织对政府首长的监督方式以及提起对政策的决策者进行追究责任的方式。如政府首长对这些追究责任的方式应在什么时间、场合、通过何种方式回应等内容。再次，规则中要有回避制度，防止"官官相护"，责任追究不到位的情形出现。其次，对政府首长责任的追究要公开，包括决策失误原因、具体的责任者，承担责任的方式等，行政机关要负责主动公开接受社会监督，对法定期限内未公开的，由上级行政机关、信息公开的主管部门、监察机关依法对责任人员进行追究，公民也可向上述机关举报。最后，对政府首长责任的追究也应有相应的申诉制度，法律要明确被追究责任者的申诉期限、方式、申诉机关等，保障被追究人的合法权利。

程序法是实体法得以实施的保障，地方人民政府首长作为政府领导，具有较大的权力。只有规制地方人政府首长的程序完善，才能保证政府首长能有序、有效地行使行政权力，真正做到决策民主、科学，防止行政权力的滥用，进而减少腐败问题的发生。

现行的关于地方人民政府首长职权行使的程序性立法存在一定不足，例如：立法较为分散，无单独规制政府首长职权行使的程序性立法；现有的程序性规则对政府首长职权行使的规定不具体，现有立法的重心主要落在行政职权的实体法部分；现有法律在政府首长的责任追究程序方面也缺少立法规范。政府首长职权行使的程序法规制，应具有明确性和可操作性，一方面，要保证和发扬政府首长决策效率高、责任明确的优势，另一方面，又要着力防止权力滥用、避免决策失误和出现腐败问题。

制定统一规制地方人民政府首长职权的程序法，通过立法来规制首长的权力行使、防止首长权力滥用、明确规定首长的责任追究程序等，在理论和实践的基础上，借鉴各地的宝贵经验，逐步实现通过人大立法制定程序法，规范政府首长职权行使，完善地方人民政府政府首长职权的程序法规制。

参考文献

一、著作类

［1］道格拉斯·C. 诺斯. 制度、制度变迁与经济绩效［M］. 刘守英，译. 上海：上海三联书店，1994.

［2］道格拉斯·C. 诺斯. 经济史中的结构与变迁［M］. 陈郁，罗华平，等，译. 上海：上海三联书店，1994.

［3］姜明安. 行政法与行政诉讼法［M］. 5 版. 北京：北京大学出版社，2011.

［4］黄捷，刘晓广，杨立云，等. 法律程序关系论［M］. 长沙：湖南师范大学出版社，2009.

［5］高小平. 现代行政管理学［M］. 长春：长春出版社，2000.

［6］刘勉义. 我国听证程序研究［M］. 北京：中国法制出版社，2004.

［7］文森特·奥斯特罗姆，罗伯特·比什，埃莉洛·奥斯特罗姆. 美国地方政府［M］. 井敏，陈幽泓，译. 北京：北京大学出版社，2004.

［8］应松年. 外国行政程序法汇编［M］. 北京：中国法制出版社，2004.

［9］理查德·波斯纳. 法律的经济分析（第七版）［M］. 蒋兆康，译. 2 版. 北京：法律出版社，2012.

［10］刘瑜. 民主的细节［M］. 上海：上海三联书店，2009.

［11］徐亚文. 程序正义论［M］. 济南：山东人民出版社，2004.

［12］陈瑞华. 程序正义理论［M］. 北京：中国法制出版社，2010.

［13］约翰·罗尔斯. 正义论［M］. 何怀宏，何包钢，廖申白，译. 北京：中国社会科学出版社，1988.

［14］E. 博登海默. 法理学法律哲学与法律方法［M］. 邓正来，译. 北京：中国政法大学出版社，2004.

［15］卡尔·拉伦茨. 法学方法论［M］. 陈爱娥，译. 北京：商务印书馆，2003.

［16］樊崇义. 诉讼原理［M］. 北京：法律出版社，2003.

［17］王爱冬. 政治权力论［M］. 保定：河北大学出版社，2003.

［18］沈宗灵. 法理学［M］. 北京：北京大学出版社，2003.

［19］科恩．论民主［M］．聂崇信，朱秀贤，译．北京：商务印书馆，1994．

［20］棚濑孝雄．纠纷的解决与审判制度［M］．王亚新，译．北京：中国政法大学出版社，1994．

［21］李步云．论法治［M］．北京：社会科学文献出版社，2008．

［22］斯宾诺莎．伦理学［M］．贺麟，译．北京：商务印书馆，1983．

［23］亚里士多德．政治学［M］．吴寿彭，译．北京：商务印书馆，1965．

［24］张文显．法学基本范畴研究［M］．北京：中国政法大学出版社，1993．

［25］吕世伦．当代西方理论法学研究［M］．北京：中国人民大学出版社，1997．

［26］戴维·M. 沃克．牛津法律大辞典［M］．邓正来，邹克渊，邵景春，等译．北京：光明日报出版社，1988．

［27］霍贝尔．原始人的法［M］．严存生，等译．贵阳：贵州人民出版社，1992．

［28］孙笑侠．程序的法理［M］．北京：商务印书馆，2005．

［29］魏振瀛．民法（第四版）［M］．北京：北京大学出版社，2010．

［30］张文显．法理学（第四版）［M］．北京：高等教育出版社，2011．

［31］汉密尔顿，杰伊，麦迪逊．联邦党人文集［M］．程逢如，在汉，舒逊，译．北京：商务印书馆，1980．

［32］孟德斯鸠．论法的精神［M］．钟书峰，译．北京：商务印书馆，2020．

［33］张焕光，胡建淼．行政法学原理［M］．北京：劳动人事出版社，1989．

［34］杨寅．行政决策程序、监督与责任制度［M］．北京：中国法制出版社，2011．

二、报刊类

［1］季卫东．法律程序的意义——对中国法制建设的另一种思考［J］．中国社会科学，1993（1）：83 - 103．

［2］黄捷．论适度的法律程序［J］．湖南师范大学社会科学学报，2010，39（4）：63 - 66 + 90．

［3］孙彩红．从认识过程的角度论推进行政决策的科学化［J］．江西行政学院学报，2000（4）：9 - 11．

［4］道格拉斯·C. 诺斯，李飞．论制度［J］．经济社会体制比较，1991（6）：55 - 61，64．

［5］彭建军，阳慧．乡镇政府行政自由裁量权的伦理价值［J］．湖湘论坛，2013，26（3）：103 - 106．

［6］张春林．综合行政执法的执法主体制度问题研究——相对集中行政处罚机构设立合法性的法理分析［J］．广西大学学报（哲学社会科学版），2013（1）：69 - 72．

［7］周实，陈娟．我国行政程序主体多元化的理论完善［J］．社会科学辑刊，2005
（5）：78－81．

［8］王季艳，刘秀华．美国地方政府之治理基础分析［J］．理论观察，2006（1）：69－
70．

［9］朱汉卿，苏新．行政相对人程序性权力及其保障［J］．襄樊学院学报，2009（1）：
28－32．

［10］张永斌．世界主要国家与我国处理中央与地方关系的历史考察［J］．上海行政学
院学报，2002：26－38．

［11］宋宁．美国、荷兰行政程序法开放式立法方式对我国的借鉴意义［J］．山西财经
大学学报，2007（29）：192－193．

［12］刘建宏．台湾"行政程序法"制定公布十年之实施经验——为大陆行政程序法起
草工作提供借鉴［J］．甘肃行政学院学报，2011（4）：116－125．

［13］谷茵．西方国家行政问责制的经验及启示［J］．黑河学刊，2012（7）：46－48．

［14］曾洁雯，詹红星．政府职能的转变与行政执法方式的变革［J］．湖南社会科学，
2011（4）：75－77．

［15］章剑生．反思与超越：中国行政主体理论批判［J］．北方法学，2008（6）：68－
76．

［16］胡建淼，章剑生．论行政程序立法与行政程序法的基本原则［J］．浙江社会科
学，1997（6）：65－71．

［17］王朝，王青枚．地方行政程序之基本原则初探——以《湖南省行政程序规定》为
例［J］．湘潮，2013（4）：46－49．

［18］姜明安．行政程序立法及其基本原则［J］．中国司法，1999（3）：12－17．

［19］张引，熊菁华．行政程序法的基本原则及相应制度［J］．行政法学研究，2003
（2）：48－54．

［20］王锡锌．行政程序法价值的定位——兼论行政过程效率与公正的平衡［J］．中国
政法法学学报，1995（3）：60－64．

［21］张树义．行政主体研究［J］．中国法学，2000（2）：79－85．

［22］薛刚凌，王文英．社会自治规则探讨——兼论社会自治规则与国家法律的关系
［J］．行政法学研究，2006（1）：1－8．

［23］江利红．行政过程的阶段性法律构造分析——从行政过程论的视角出发［J］．政
治与法律，2012（3）：140－154．

［24］赵德关．新时期行政复议制度的定位与展望［J］．行政法学研究，2016（5）：75
－84．

[25] 刘小康. 论行政决策公众参与度及其影响因素——基于中国经验的分析 [J]. 北京行政学院学报, 2017 (4): 54 - 62.

[26] 杨叶红. 重大行政决策合法性审查主体研究 [J]. 湖南科技大学学报 (社会科学版), 2017 (4): 100 - 106.

[28] 陈小文. 程序正义的哲学基础 [J]. 比较法研究, 2003 (1): 26 - 31.

[29] 李可. 类型思维及其法学方法论意义——以传统抽象思维作为参照 [J]. 金陵法律评论, 2003 (2): 105 - 118.

[30] 伍光红. 侦查阶段的刑讯逼供及其控制——以结构主义为视角 [J]. 江西社会科学, 2006 (4): 211 - 215.

[31] 陈瑞华. 程序价值理论的四个模式 [J]. 中外法学, 1996 (2): 1 - 7.

[32] 黄捷, 孟海燕, 李晶淼. 地方行政会议法律程序研究 [J]. 湖南警察学院学报, 2013 (6): 57 - 62.

[33] 徐昕. 程序经济的实证与比较分析 [J]. 比较法研究, 2001 (4): 15 - 31.

[34] 周仲秋, 王清. "多数原则"新解 [J]. 湖南师范大学学报, 2004 (5): 77 - 80.

[35] 张卫平. 民事诉讼处分原则重述 [J]. 现代法学杂志, 2001 (6): 89 - 95.

[36] 吴家清. 21 世纪我国宪法变迁的价值取向 [J]. 江汉论坛, 2001 (11): 58 - 60.

[37] 姜明安. 行政法基本原则新探 [J]. 湖南社会科学, 2005 (2): 48 - 56.

[38] 姜明安. 行政程序: 对传统控权机制的超越 [J]. 行政法学研究, 2005 (4): 16 - 21, 28.

[39] 黄捷, 段平华. 论刑事诉讼法"涉审"规则的二元性 [J]. 湖南师范大学社会科学学报, 2013 (3): 42 - 46.

[40] 邹健. 科学界定连带责任完善行政首长负责制 [J]. 领导科学杂志, 2006 (18): 4 - 6.

[41] 黄捷. 论地方程序的意义 [J]. 湖南师范大学社会科学学报, 2015 (5): 91 - 97.

[42] 陈瑞华. 论程序正义价值的独立性 [J]. 法商研究: 中南政法学院学报, 1998 (2): 23 - 29.

[43] 朱海波. 地方政府重大行政决策程序立法及其完善 [J]. 广东社会科学, 2013 (4): 225 - 231.

[44] 张昭庆. 关于完善当代中国行政首长负责制的思考 [J]. 河北学刊, 2011 (3): 131 - 134.

[45] 姜明安. 再论法治、法治思维与法律手段 [J]. 湖南社会科学, 2012 (4): 75 -

82.

［46］盛璐．首长负责制中民主集中制的健全途径研究［J］．改革与开放，2015（4）：31－32.

［47］严冰，黄茜，袁钥．中国加快推进省直管县改革［N］．人民日报海外版，2009－03－20（1）.

［48］温家宝答中外记者问［N］．天津日报，2007－03－17（3）.

［49］邱春艳．鲜为人知的行政立法研究组［N］．法制早报，2006－10－30（5－7）.

［51］严冰，黄茜，袁钥．中国加快推进省直管县改革［N］．人民日报海外版，2009－03－20（1）.

［52］司春燕．程序法的现代理念［N/OL］．学习时报，2002－6－03［2023－11－27］．https：//newspaper. duxiu. com/NPDetail. jsp？dxNumber = 300100473541&d = 87AA1F35AC7BD101EEAA7C47C0CCA2B4&sw = +% E7% A8% 8B% E5% BA% 8F% E6% B3% 95% E7% 9A% 84% E7% 8E% B0% E4% BB% A3% E7% 90% 86% E5% BF% B5&ecode = utf－8.

三、学位论文

［1］庄江山．制度的哲学思考［D］．上海：复旦大学，2007.

［2］刘颖．实现权力与权利的和谐统一———对权力与权利本质关系的探寻与思考［D］．天津：天津师范大学，2007.

［3］喻磊．中国（大陆）社会转型时期的民法价值研究［D］．武汉：武汉大学，2005.

［4］刘洪涛．区（县）级政府行政会议改革研究——以济南市市中区为例［D］．济南：山东大学，2011.

［5］张新新．试论我国刑事强制措施制度中比例原则的构建［D］．北京：中国政法大学，2007.

［6］马昊．论法律程序规则的集合性［D］．长沙：湖南师范大学，2017.

［7］梁秋焕．论法律程序的时间规则［D］．长沙：湖南师范大学，2017.

［8］杨馨梅．行政首长负责制分程序法规制研究［D］．青岛：青岛大学，2015.

［9］谷志军．决策问责及其体系构建研究［D］．杭州：浙江大学，2014.

附录　本作品新概念汇总一览表

新概念名词	体现在作品章节	含义
行政权利	第一章第二节	和行政权力相区别。"行政权利"和"民事权利"并立，指行政管理关系中，行政相对人一方根据法律所享有的具体权利的总和。
地方行政程序主体	第三章	指依照法定程序（包括法律法规预定的程序，以及地方规章设置的程序），在地方行政程序活动的开展中，以自己的名义参与具体的行政程序活动，并承担由此带来的法律后果的主体。与行政主体是不同的概念。
地方行政程序结构	第四章	指地方行政程序主体在地方行政程序中的地位以及相互关系的状态。
权力—权利型线型结构	第四章第三节	指处于线型结构两端的主体分别是权力型主体和权利性的主体。
权力—权力型结构	第四章第三节	指处于线型结构两端的主体皆是以行政权力为基础参与地方行政程序的主体。
权力属性型会议	第五章第三节	指参与会议的各方主体均是以公权力为基础的参与者。
权利属性型会议	第五章第四节	指参与会议的各方主体均是以权利（非公权力）为基础的参与者。
双权属性型会议	第五章第五节	指参与会议的各方既有以公权力为基础的参与者，亦有以权利（非公权力）为基础的参与者。
权力属性程序规则	第六章第一节	指法律程序中所有的那些对应权力主体而设定时间、地点和行为方式，以及设定目标、约束或权能的程序规则。

（续表）

新概念名词	体现在作品章节	含义
权利属性程序规则	第六章第一节	指法律程序中所有的那些对应非权力主体（权利主体）而设定时间、地点和行为方式，以及设定目标、约束或权能的程序规则。
混合属性程序规则	第六章第一节	指法律程序中那些同时对应权力主体和非权力主体而设定时间、地点和行为方式，以及设定目标、约束或权能的程序规则。
程序性程序规则	第六章第二节	指法律程序中主要规范相关主体在特定活动中所应当遵循或可以选择性遵循的时间、空间、行为方式等技术性规则。
实体性程序规则	第六章第三节	是关于程序活动目的、性质和价值指引的规则，是围绕着特定社会活动而设定目的性或目标性内容，通过应然或或然方式为相关主体赋予权力（权利）、设置义务（责任）的规则。
独立实体性规则	第六章第三节	也称为纯粹实体性规则，指规则的内容皆为实体意义的内容。
混合实体性规则	第六章第三节	也称为非纯粹实体性规则，指规则的内容混合了实体性意义和程序性规范。
显性实体性规则	第六章第三节	指以法律条文的形式明确规定的实体性规则。
隐性实体性规则	第六章第三节	指以隐蔽的方式在法律条文中内涵的实体性规则。
首长规则	第六章第五节	指专以规范首长职权和职责的程序性或实体性规则。

后 记

这是一部由作者主持的国家社科基金课题的研究成果经过进一步整理修订后形成的书稿；是一本专门讨论地方行政程序制度的专门著作。

这一成果是作者围绕程序法理论多年思考折射在地方行政程序制度上的结果。它本质上是湖南师范大学法学院程序法研究所部分师生共同的思想成果。长期以来，作者每年都有意地将一些程序法基础理论的选题交给部分同学思考钻研，部分选题在作者指导下，演化为他们的硕士学位论文。这一努力前面已经形成了一本《法律程序关系论》的专著，今天这一本著作同样亦存在相似的痕迹。这部书稿同样荟萃了部分硕士毕业论文的相关内容，经过增补删减、重新整理归纳，而成立的新成果。

新成果吸纳并融入的部分内容的原作者包括：孟海燕、陈莎、梁秋焕、李超、刘洋、胡梦瑶、宋胡丹、王朝、黄惠龙等。他们当时都是湖南师范大学法学院的研究生，应当认为是本书相关内容的共同作者。其中，孟海燕参与的是行政程序会议制度部分的创作；陈莎参与的是行政程序主体部分的创作；梁秋焕、李超、刘洋、胡梦瑶参与的是行政程序制度程序规则部分的创作；宋胡丹参与的是行政程序制度决策类型部分的创作；梁秋焕、黄惠龙、王朝参与的是行政程序结构部分的创作。

在这一成果最终写作、整理成型的过程中，湖南师范大学段蓉同志，以及研究生赵传旭、王勇权、潘鑫鑫曾帮助进行了大量的文字校对和格式清理等工作，在此向他们表示诚挚的感谢！

另外，湖南师范大学出版社吴真文教授、黄林教授和胡雪同志在本书的出版过程中给予了大量的指导和帮助，亦一并在此表示真诚的感谢！

黄　捷
2024 年 1 月 3 于长沙